Chuangye Lilun Ji Nengli Xunlian

创业理论及
能力训练

主　编　杜喜亮

山东人民出版社
国家一级出版社　全国百佳图书出版单位

编委会成员名单

前　言

假如你是一位大学生，还没有进入社会；或者假如你是一位刚刚进入社会的青年，不管你未来是选择创业还是就业，你都应该提高创新意识、学习创业知识，增强创业能力，这对于每一个人最终拥有成功的人生至关重要。

任何一个社会的进步都有两个基础性的过程：一个是教育，一个就是创业。

教育担负着开启年轻人心智、培养年轻人成长的重任；而创业就是把想法变成现实的过程。任何社会的变革和发展，都终将会通过这两个基础性的发展来带动周边领域的发展。因此，创业教育确实可以帮助很多人创造他们的未来。

本书内容通俗易懂，理论和实践相结合。每章节前附有名言警句、案例链接，以提高同学们的学习兴趣和扩大知识面；章节后附有创业实训练习；附录中还编录了与大学生就业、创业相关的最新政策，以供学习参考。

通过“创业”课程教学，应该在教授创业知识、锻炼创业能力和培养创业精神等方面达到以下目标：

1. 使学生掌握开展创业活动所需要的基本知识。认知创业的基本内涵和创业活动的特殊性，辩证地认识和分析创业者、创业机会、创业资源、创业计划和创业项目。

2. 使学生具备必要的创业能力。掌握创业资源整合与创业计划撰写的方法，熟悉新企业的开办流程与管理，提高创办和管理企业的综合素质和能力。

3. 使学生树立科学的创业观。主动适应国家经济社会发展和人的全面发展需求，正确理解创业与职业生涯发展的关系，自觉遵循创业规律，积极投身创业实践。

课程教学要求及方法如下：

1. 设计真实的学习情境。通过运用模拟软件、现场教学等方式，努力将相关教学过程情境化，使学生更真实地学习知识、了解原理、掌握规律。

2. 提供完备的支持条件。根据课程教学需要提供基本的教学条件，重点提供创业模拟实验室、模拟教学软件、创业信息资源等。

3. 拓展有效的实践途径。通过在校内组织开展创业项目设计、创业计划大赛以及创业社团活动，通过在校外组织开展创业者访谈、创业项目考察、企业创办等活动，将课堂知识与创业实践紧密结合起来，培养学生在实践中运用所学知识发现问题和解决实际问题的创业能力。

打开这本书，你将得到一颗创业的种子。当你在社会上积累了足够的创业经验，当你有了一个好的项目和一定的资金，当你有了创业的愿望和创业的技能，你可以勇敢地去创办自己的企业，做自己的老板，为自己和社会创造价值。

本书在编写过程中得到了有关专家的指导和帮助，参考了同行的有关著作和教材，吸取了其中有价值的成果，在此表示衷心的感谢！同时恳请同行专家和同学们给我们提出宝贵意见，帮助我们更好地修改和完善这本教材。

编　者

2015 年 6 月

目 录

第一章　创业概要

第一节　创新与创业

【成功学】

1. 梦想要有的,万一有天实现了呢?

2. 一个创业者最重要的,也是最大的财富,就是你的诚信。

3. 小公司的战略是几个字:活下来,挣钱。

4. 创业很累,创业的失败率很大。创业者都是疯疯癫癫的多一点。

5. 在今天的商场上已经没有秘密了,秘密不是你的核心竞争力。

6. 我并不在乎别人怎么看我,但我在乎自己怎么看这个世界。

7. 今天很残酷,明天更残酷,后天很美好,但绝对大部分是死在明天晚上。所以每个人不要放弃今天。

一、创新的基本概念

1. 什么是创新

创新就是创造新事物。凡是对人类社会发展有益的,能推动人类社会进步,前所未有的事物就叫“新事物”。“新事物”包括新产品、新技术、新思想、新方法、新模式、新机制、新体制等。

创新实践首先是“想”,想前人所未想,想他人所不敢想的事,即创新性思维;其次是“干”,干前人所未干,干他人所不敢干的事,即进行创新实践活动。

随着科学技术的进步和社会经济的发展,人们创新意识的加强和创新水平的提升,创新已不再仅仅指经济现象,而扩展到政治、科技、文化、军事、社会生活的各个方面,出现了许多新的创新概念。如科技创新、技术创新、体制创新、管理创新、金融创新、政治创新、教育创新、文化创新、观念创新、产业创新等。

2. 创新的特征

(1) 新颖性:前所未有,与众不同,即创造出新、奇、特的“事物”。

(2) 普遍性:存在于人类活动的每一个领域之中。

(3) 超前性:创新应该是超前于社会的认识,如果要步入高层次的创新,必须站得高,看得远。

(4) 艰巨性:在不断的失败与艰难中前进,创新还需要有敢为人先的勇气。

(5) 社会性:创新离不开社会,它起源于社会发展的需要,它的归宿是为社会发展服务,推动社会进步。

(6) 实践性:创新依赖于实践,人们要在实践中不断地发现问题,萌发创新意识,创新成果最终也要回到实践中接受检验。

【案例】

大众创业,万众创新

——你我都是中国经济增长新引擎

2015 年 3 月,李克强总理在 2015 年政府工作报告中指出:“打造大众创业、万众创新和增加公共产品、公共服务成为推动中国经济发展调速不减势、量增质更优,实现中国经济提质增效升级双引擎。”

其实,李克强总理较早提到“大众创业、万众创新”是在 2014 年 9 月的夏季达沃斯论坛开幕式上,他发表讲话称,要借改革创新的“东风”,推动中国经济科学发展,在 960 万平方公里土地上掀起“大众创业”“草根创业”的新浪潮,形成“万众创新”“人人创新”的新态势。随后他多次对大众创新创业做出重要指示,强调要将此作为新常态下经济发展的新引擎。

政府要勇于自我革命　以体制创新推动科技创新

从政府层面来说,要推动“大众创业、万众创新”,首先要做的就是加快改革步伐,简政放权,给市场主体创业创新留出空间,搭好舞台。通过政府放权让利的“减法”,来调动社会创新创造热情的“乘法”。

企业是技术创新的主体　推动企业竞相创业创新

2015 年 1 月,正在深圳考察的李克强总理来到“柴火创客空间”,体验各位年轻“创客”的创意产品。总理现场评价说:创客充分展示了大众创业、万众创新的活力。这种活力和创造,将会成为中国经济未来增长的不熄引擎。“创客空间”提供场地和基本的工具,不同年龄、不同行业的人们因为兴趣聚集到一起,分享彼此的想法,并一起动手,将想法变成现实。在北京、上海等大城市,创客的数量庞大,并有着成熟的活动空间。

我国有13亿多人口,9亿劳动力,7000万企业和个体工商户,蕴藏着无穷的创造力。要大力鼓励草根创业创新,鼓励支持利用闲置厂房等多种场所、孵化基地等多种平台、风险投资等多种融资渠道开展创业创新,努力形成小企业"铺天盖地",大型企业"顶天立地"的格局。企业主体要发挥敢于创新、敢于突破、敢于担当的精神,将市场竞争提高到新的高度、新的层次。

创新创造关键在人　充分激发人的创造力

人是创业创新最关键的因素,创业创新关键是要发挥千千万万中国人的智慧,把"人"的积极性更加充分地调动起来。必须充分尊重人才、保障人才权益、最大限度激发人的创造活力,吸引和激励更多人投身创新创业,让人们在创业创新中不仅创造物质财富,而且也实现精神追求和人生价值。

政府工作报告中指出,创新创造关键在人。要加快科技成果使用处置和收益管理改革,使创新人才分享成果收益。引进国外高质量人才和智力,坚决打击侵权行为,切实保护发明创造,让创新之树枝繁叶茂。

培养创新文化　优化资源配置

被称为"淘宝第一村"的浙江义乌青岩刘村,凭借着"全球小商品集散地"的货源优势,电子商务犹如雨后春笋,在义乌遍地开花。这个原本仅有1486名村民的村庄,现在容纳了8000多人,淘宝网店超过2000家,年成交额达数十亿元,成了中国名副其实的第一淘宝村。短短三四年的时间,从青岩刘村起步的淘宝店主,其中很多都发展成了千万级的大网商。这些创业者成为义乌电子商务领域的"偶像",也为后来源源不断到青岩刘村创业的新手们提供了无穷动力。

【案例】

"创业创新政策"链接

2013年10月至2015年2月,国务院常务会先后15次研究讨论创业创新工作,并推出一系列政策措施。具体如下:

2014年4月国务院常务会,决定延续并完善支持和促进创业就业的税收政策。

2014年4月国务院常务会,确定进一步促进高校毕业生就业创业的政策措施。

2014年5月国务院常务会,决定大幅增加国家创投引导资金促进新兴产业发展。

2014年6月国务院常务会,确定进一步简政放权措施促进创业就业。

2014年8月国务院常务会，决定推出进一步简政放权措施、持续扩大改革成效，部署加快发展科技服务业、为创新驱动提供支撑。

2014年9月国务院常务会，部署进一步扶持小微企业发展，推动大众创业、万众创新。

2014年11月国务院常务会，部署加强知识产权保护和运用，助力创新创业、升级“中国制造”。

2014年12月国务院常务会，部署在更大范围推广中关村试点政策，加快推进国家自主创新示范区建设，进一步激励大众创业、万众创新。

2014年12月国务院常务会议，确定新一批简政放权、放管结合措施，促进转变政府职能、建设现代政府，进一步激发市场活力。

2015年1月国务院常务会议，确定规范和改进行政审批的措施，促进行政权力法治化，营造便利创业创新的营商环境，激发社会活力和创造力。

2015年1月国务院常务会议，决定设立国家新兴产业创业投资引导基金，助力创业创新和产业升级。

2015年1月国务院会议，支持发展“众创空间”的政策措施，为创业创新搭建新平台。

2015年2月国务院常务会议，部署改革政府投资管理方式和转变职能，便利投资创业、规范市场秩序。

2015年2月国务院常务会议，确定进一步减税降费措施，支持小微企业发展和创业创新。

2014年出台13个文件为创业创新助力。

二、创新思维与创新技法

1. 创新思维

创新思维是一切产生崭新内容的思维形式的总和。凡是能想出新点子、发现新例子、创造出新事物的思维都属于创新思维。这是对事物间的联系进行前所未有的思考，从而创造出新事物的思维方法。创新思维可分为：发散思维、收敛思维、想象思维、联想思维、逻辑思维与辩证思维。

（1）发散思维

发散思维是指人在思维过程中，无拘束地将思维由一点向四面八方展开，从而获得众多的解决问题的设想、方案和办法的思维过程。发散思维，形象描述就是从问题对象和问题中心出发，各条思维好像多条光线一样向外放射。每一条思维都是由问题中心发出，但各条思维之间没有逻辑上的联系，互相的转换不是直接的。发散思维本质上是一种非逻辑的思维方式。所以，发散思维所捕捉到的思维目标有可能远离头脑中已有的逻辑框架而具有新意，成为一个新的创新萌芽。因而，发散思维在创造活动中具有重要作用。

（2）收敛思维

收敛思维又称集中思维，是一种寻求唯一答案的思维，其思维方向总是指向问题中心。和发散思维相反，收敛思维在解决问题的过程中，总是尽可能地利用已有的知识和经验，把众多的信息和解决问题的可能性逐步引导到条理化的逻辑链中去。收敛思维是一种求同思维，它集中各种想法的精华，达到对问题的系统全面的考察，为寻求一种最有实际应用价值的结果，把多种思维理顺、筛选、综合、统一。发散思维是一种求异思维，把各种不同的可能性都设想到。收敛与发散是一种辩证关系，既有区别又有联系，既对立又统一。没有发散思维的广泛收集，多方搜索，收敛思维就没有了加工材料；没有收敛思维的过程，发散思维的结果再多，也不能形成有意义的创新结果。只有两者协同动作，交替运用，一个创新过程才能圆满完成。

（3）想象思维

想象思维是人脑通过形象化的概括作用对头脑中已有的记忆表象进行加工、改造或重组的思维活动。想象力是否丰富，是想象思维能力强弱的判断依据。

（4）联想思维

联想思维是指在人脑的记忆表象系统中由于某种诱因使不同表象发生联系的一种思维活动。联想思维按联想类型可分为：①接近联想，如时间或空间上的接近都可以引起不同事物之间的联想，由事物间完全对立或存在某种差异而引起的联想；②因果联想，由于两个事物存在因果关系而引起的联想。

（5）逻辑思维

逻辑思维就是依据逻辑形式进行的思维活动。逻辑思维的基本规律有：同一律、矛盾律、排中律和充足理由律。我们平时所说的定义、依据、实验、验证、划分、观察、假设等方法，都是建立在逻辑思维基础上的。逻辑思维在人们的实践活动中的主要作用是：有助于我们正确认识客观事物，使我们通过揭露逻辑错误来发现和纠正谬误，帮助我们更好地去学习知识，有助于我们准确地表达思想。运用逻辑思维也可以取得创新性的思维成果。化学家门捷列夫在创立元素周期表后，就运用逻辑思维，严密地推断出当时还没有发现的新元素的存在，并计算出新元素的原子量。

（6）辩证思维

辩证思维指的是按照辩证逻辑的规律，既唯物辩证法的规律进行的思维活动。辩证思维是高级的思维活动，它依据唯物辩证法来认识客观事物，揭露事物内部的深层次矛盾，它从哲学的高度为我们提供世界观和方法论。辩证思维在创新活动中将起着突破性的作用。

2. 创新技法

创新技法是创新思维的外显形式，创新技法可分为：设问法、组合法、逆向转换型法、分析列举法、联想类比法等。

(1) 设问法

设问法是以提问的方式寻找发明的途径，从不同的角度，多方面来进行设问检查，对拟改进创新的事物进行分析，使问题具体化，以缩小需要探索和创新的范围。

(2) 组合法

组合法就是指按照一定的技术原理或功能目的，将现有的科学技术原理或方法、现象、物品作适当的组合或重新安排，从而获得具有统一整体功能的新技术、新产品、新形象的创新技法。

(3) 逆向转换型法

逆向转换型法就是指以逆向思维的方式进行创新的开发思维的方法。人们将通常思考问题的思维反转过来，以背逆常规、常理或常识的方式去寻找解决问题的新路径、新方法。逆向思维可以挑战习惯性思维，克服心理定势，在理论创新、技术创新、产品创新上有突出的作用。

(4) 分析列举法

分析列举法是通过列举有关项目来促进全面考虑问题，防止遗漏，从而形成多种构想方案的方法。列举法本质上是一种分析方法。分析就是把整体分解成部分，把复杂的事物分解成简单要素，分别加以研究的一种思维方法。列举法有助于克服心理障碍、改善思维方式，在创造发明活动中有实际的作用。如对改进老产品、开发新产品是非常实用的。

(5) 联想类比法

联想类比法是指不同事物或现象在一定关系上的部分相同或相似，通过两类对象之间某些方面的相同或相似推出其他方面的相同或相似的方法。联想类比法在科学研究、技术创新和各种创造活动中均有使用。

【案例】

高职生毕业半年摘得公司技术创新大奖

25 岁的张艳春"不小心"成了公司的红人，尽管当时他尚处在 6 个月的试用期期间。

故事要从一张5人的名单说起。

张艳春所在的山东青能动力股份有限公司，是一家生产汽轮机、泥浆泵、内燃机的能源设备制造厂家。在2010年公司表彰大会公布的一张获奖名单上，与张艳春名字并列的其他4人均是工作多年的高级技工、高级工程师，唯独张艳春刚入职不到半年。

这一奖项名为“技术创新奖”，该公司领导特意撰写了如下颁奖词：“勤于思考、善于思考，为公司带来了技术创新、带来了经济效益、促进了企业发展，他们勇于创新的激情为全体员工树立了榜样。”

由此，初出茅庐的张艳春一鸣惊人，获得了全公司上下500多名员工的关注。

为张艳春赢得赞誉的技术革新项目是由他独立开发研制的“新型自动套筒研磨机”，这使原来需要2～3人、4～5个小时完成的工作，变为无人自动安全操作，并且缩短到1小时左右就能完成。同时，还消除了设备的安全隐患，避免了残次品的出现。

公司装配车间主任阎文强为本报记者粗略地算了一笔账：在这家主要生产汽轮机的企业里，套筒作为汽轮机装配部件之一，之前是纯手工研磨，得几个人交替才能完成，费时费力，采用张艳春的机器后，大概每年可为公司节约几万元费用。

该公司董事长郭伟一度很感慨：一个大学刚毕业，工作还不满一年的年轻人，竟有如此的创新精神，不但工作扎实，还能在工作中发现问题，解决问题，这正是企业目前所需要的。

张艳春的另一身份是淄博职业学院机械制造与自动化系2007级的毕业生，对于他入职不久即取得的成绩，曾担任指导老师的机电工程学院副院长沈梅坦言：“既在意料之中，又在意料之外。”

在校期间，沉默寡言的张艳春给沈梅留下了极为深刻的印象。当时，沈梅教《数控加工工艺编制与实施》课，每次下课后，张艳春一改沉默，似乎总有问不完的问题。在这门讲求程序优化的课程中，沈梅会安排学生分组讨论编程，对于不同的编程方法张艳春常常发问：“为什么是这种而不是那种?”直至完全理解为止。

除了学好理论课，张艳春还积极参加学院组织的各项实训和实践活动，将他的动手能力发挥得淋漓尽致，不仅多次在技能大赛中夺魁，还曾获得国家级奖学金。

刚入职时，张艳春被分配到装配车间调速班工作，负责汽轮机调速器的装配与试验。平日工作中，他发现作为汽轮机装配部件之一的套筒，采用的是手工研磨或车床夹持式研磨的方式进行加工，这种研磨方式不仅费时、费力、耗能、效率低，而且安全隐患大，同时因受力不均还会出现研磨后套筒变椭或变锥而报废的现象。

"为什么不尝试一下技术革新呢？"张艳春立即将想法告诉了车间主任阎文强，阎主任听后非常支持，并鼓励张艳春大胆革新。就这样，张艳春开始了他的技术革新之路。

而对于怀揣梦想、和他一样刚踏入职场的同龄人，张艳春的建议是："一定要踏实，静下心来，通过工作实践不断提高自己的学习力。"

三、增强创新意识

创新意识由好奇心、竞争、怀疑、灵感、求知、个人求发展的动力等心理因素和创造性思维等因素组成。这些心理因素相互联系，相互促进，形成创新意识。

当代大学生在校期间要树立创新使命感，增强创新意识，无论是在理论学习过程中、实验学习过程中，还是在社会活动中，都要注意思维创新和技法创新的训练。

【案例】

史玉柱对创业者的5大建议

从"中国大陆富豪排行榜"上榜者到名噪一时的"中国首负"，史玉柱曾自嘲为"中国著名的失败者"。从巨人汉卡到巨人大厦，从脑白金到黄金搭档，从黄金搭档到《征途》游戏，史玉柱无疑是最具传奇色彩的创业者之一。

建议一：创业初期要聚焦重点，把一个产品做到极致

从深圳大学读完研究生，史玉柱开启了自己的创业之旅。史玉柱把创业项目选在自己所熟悉的软件开发上。他的四人开发团队用了8个月的时间，对开发的软件进行了完善。史玉柱记得，那时除了每天睡六七个小时的觉，几乎所有精力都花在软件的完善上。"创业最基础最核心的问题就是产品好不好，方不方便。"至今，史玉柱仍然对初次创业记忆犹新。他认为产品的生产没有问题，接下来最重要的工作就是营销，用最少的钱让别人知道产品。

史玉柱想到了在专业媒体上刊登广告。他找到了当时中国唯一的专业化媒体——中国计算机报。从未写过广告的史玉柱用3个月找到了写广告的窍门，并一炮走红。"有好的产品，好的广告，好的营销模式，市场自然就打开了。"史玉柱回忆，当时创业的启动资金只有4000元。在他看来，创业初期一定要紧盯项目，对选中的项目要聚焦、聚焦、再聚焦，把自己的才智发挥到极致。

建议二：尽量不要多元化，要抓住一两个行业做深做透

对创业项目的全身心投入，使得史玉柱积累了人生的第一桶金，在上世纪 90 年代初，卖软件一个月的利润就有上千万元。成功一度让史玉柱迷失了自我。史玉柱说："幸福来得太突然，头脑发昏，当时就以为做啥都能成。"接下来，他将自己的创业大船开向了"深海"。

史玉柱开始涉足医药、化妆品、服装、房地产、保健品等领域，迅速构筑起自己的产业帝国。很快，史玉柱就尝试到失败的滋味，由于对不少领域并不熟悉，加之摊子铺得过大，不仅血本无归，还背了两亿元的债。

他总结道：企业尽量不要多元化，要抓住一两个行业做深做透，做成专家。

建议三：失败的教训是最为真实的，低谷是成长的机会

告别了鲜花和掌声，史玉柱开始了认真地反思。"人在成功的时候总结的经验往往是扭曲的，在失败的时候总结的教训往往是最真实的。失败的时候要认真总结，避免头脑发热。"

一路走来，史玉柱认为一旦一个人的创业遇到困难，进入低谷，千万不要气馁，这恰好是上天给予的最好成长机会。史玉柱说，在低谷的时候，要及时地总结。趁着低谷的时候，趁着印象深刻的时候，制定规章制度。

建议四：注重企业管理的方法和艺术

第二次创业，史玉柱选择了保健品脑白金，在产品和研发都准备就绪后，营销却成了难点，史玉柱选择亲自带队营销和管理。"企业小的时候是靠战术，靠企业家亲自动手带领团队；但是做到了一定规模，一定要讲究管理方法及艺术；等企业扩张到了更大规模，管理也会力不从心，这时就要依靠企业文化。"

建议五：创业内容要与爱好结合起来

出身软件工程师的史玉柱，玩游戏是他的偏好。因为喜爱，游戏也慢慢成为他事业的重要组成部分。"我适合打天下，守业不行，我就培养总裁、副总裁。"脑白金成功后，史玉柱就渐渐淡出了管理，但对游戏却总是爱不释手。慢慢地史玉柱从一个游戏爱好者成了一个游戏狂人。"每天不睡觉，酷爱游戏，做梦的时候就是游戏。"正是对游戏的喜爱，史玉柱投了 2000 万元成立了专业的游戏开发公司，开始玩自己的游戏。

史玉柱说："我的事业与爱好高度吻合。如果你做的事业，你本身不喜欢，觉得很枯燥，就不要去做。"

四、为什么要倡导创新

1. 发展的希望在创新

3 月 5 日，李克强总理在 2015 年政府工作报告中指出，打造大众创业、万众创新和增加公共产品、公共服务成为推动中国经济发展调速不减势、量增质更优，实现中国经济提质增效升级的“双引擎”。

报告中指出：“创新是一个民族进步的灵魂，是一个国家兴旺发达的不竭动力，也是一个政党永葆生机的源泉。”跨入新世纪，创新已经成为时代的主旋律。一个民族、一个国家、一个政党的兴旺发达离不开创新，一个地区、一个企业的发展腾飞同样也离不开创新，一个期望事业取得成就的年轻人更离不开创新。

其实，李克强总理较早提到“大众创业、万众创新”是在2014年9月10日的夏季达沃斯论坛开幕式上，他发表讲话称，要借改革创新的“东风”，推动中国经济科学发展，在960万平方公里土地上掀起“大众创业”“草根创业”的新浪潮，形成“万众创新”“人人创新”的新态势。随后他多次对大众创新创业做出重要指示，强调要将此作为新常态下经济发展的新引擎。

此次，写入政府工作报告中，并且提升到中国经济转型和保增长的“双引擎”之一的高度，显示出政府对创业和创新的重视，以及创业和创新对中国经济的重要意义。

2. 创新能力是核心能力的核心

学校的目标应该是教给学生不断发展的能力。不断发展的能力包括三个层次：第一个层次叫做职业特有的能力，即一个职业所需要的特定的能力；第二个层次叫做行业通用能力，每个行业都有其通用的能力；第三个层次是能力核心层次，即核心能力，又称为关键能力，不管从事哪个行业、哪个职业，都需要具有核心能力。

核心能力体系包括8项主要能力，即交流表达能力、数字能力、与人合作能力、自我提高能力、解决问题能力、信息处理能力、外语应用能力和创新能力。理论和实践都已证明，这8种能力，是未来一切劳动者面对产业变革和职业变革，应对社会挑战，实现个人职业生涯成功所必备的基本能力。创新能力作为8种核心能力之一，它又是核心能力的核心，因为其他7种能力本身也存在与创新能力结合的问题。

五、创业者需要培养创新能力

1. 创新能力的培养

能力是通过学习、训练和实践激励出来的，创新能力更是如此。

学习就是学习创新的基本知识，增强责任感，树立创新使命感，学习并掌握常用的创新技法。

学了就练,学练结合。创新思维和创新技法的练习多种多样,要成为一个具有创新能力的人,日常的训练是十分必要的。例如,练习想象力,练习思维的扩散能力、联想能力和变通能力。

创新能力也要在实践中得到提高,所以创新能力的培养要依赖于实践,就是用创新的思维、创新的技法,通过创新活动,创造性地解决问题。

2. 创业需要创新能力

创新精神、创新意识和创新能力是创业者必需的素质。创业的过程本身就是应用创新,是创新的实践。

创新的成果只有转化为现实生产力才有意义。在创新成果的展示、推广与转让的过程中蕴藏着创业的商机。

总之,创业与创新是相辅相成的。作为当代大学生,毕业后要想创就一番事业,在校期间就应努力培养和提高自身的创新意识和创新能力。

【实训练习】

A. 叙述创新的含义。

B. 创新思维的内容有发散思维、辩证思维等,请思考下列各题:

a. 目前,水资源危机已日益威胁人们的正常生产与生活,试列出5种解决的方法。

b. 一项新产品上市后,一般都很难为顾客所认识,欲打开销路,从销售方式看,应有哪些选择?

c. 近年来,许多单位招聘时,要求学历越来越高,你认为这是一种好的趋势吗?

d. 传统上顾客买东西要到商店去,现在为了扩大销路,你有什么新的建议?

C. 为什么说创业者要有创新能力?

第二节 企业的概念和类型

就业的方式无非有两种:一是寻找合适单位去求职,二是通过自主创业来主动就业。在求职大军越来越庞大的今天,具有较高文化基础的大学生一定要改变过去那种被动就业的思维,不能像以往那样通过求职来被动就业,而要有“通过创业来就业”和“就业过程中来创业”的思想,才能应对激烈竞争的新形势。当然,不是所有的大学生都能去创业,因为创业需要具备一定的条件,但即使是被动就业，是否经历过创新创业教育培训，对大学生今后的就业之路也有很大的影响。图1－1显示了创业的途径和就业之间的关系，显然，如果大学生能通过相关的学习和训练，掌握创新创业的基本知识，提高自己的综合素质和能力，那么，不管他今后走哪条路就业，都一定会走得很顺畅。

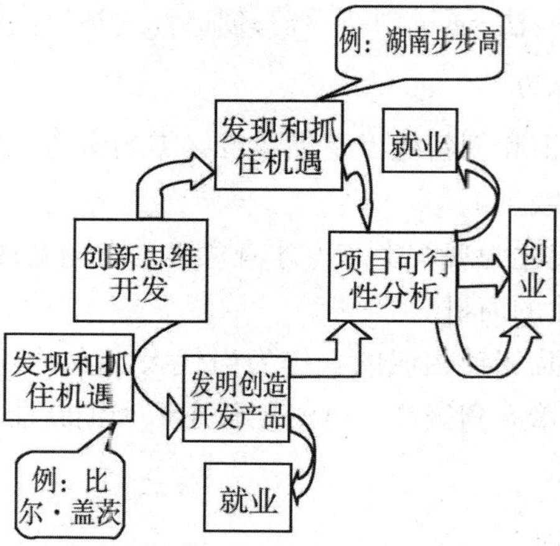

图1－1 创业的途径和就业的关系

需要注意的是，创业当老板虽然是最好的就业方式，但成功的概率并不高，据有关统计，创业失败的概率高达6成。其原因可能有两个方面，一是创业有很大的难度和风险，二是许多初次创业者缺乏创业经验和必备的创业知识，故而失败。因此，学习和了解有关创业的知识，对初次创业者十分有益。

当你下定决心，真正准备实现创办自己企业的梦想时，就会发现创办一个企业有很多很多事情要考虑，并且是千头万绪。本门课程将告诉你创办企业所需的基本素质和要求是什么？如何衡量自己是否适合创办企业？办什么样的企业？怎样去发现并开发你的企业构思？如何写创业计划书？如何开办你的企业？如何确定市场营销计划？怎样组织管理和培训企业的人员？企业要承担哪些相关的法律责任等基本内容。

一、企业的概念

企业是以营利为目的而进行的商品生产和交换活动的经济组织。从动态的角度看，企业是个人或群体以赢利为目的而进行的商品生产和交换活动。一个企业既要从市场上采购商品（产品或服务），又要在市场上向顾客出售其生产加工的商品（产品或服务）。这些经营活动形成了如图1－2所示的两种流动：

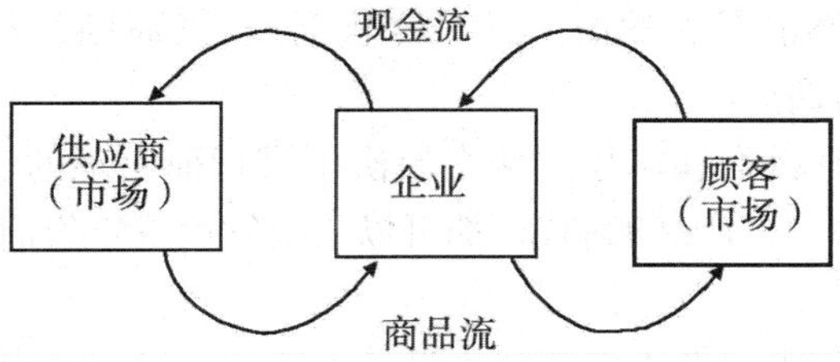

图1－2　企业经营活动形成的两股流向

（1）商品流。企业从供应商购买设备和原料等，并向顾客（市场）销售商品（产品、服务等）的商品活动流。

（2）现金流。企业向供应商支付原材料费用修理费用、租金等资金，同时通过销售产品收回（流入）资金的活动流。

如果企业流入的资金多于支付的资金，则企业赢利；相反，如果流入企业的资金小于流出的资金，则企业亏本。

二、企业的类型

1. 传统企业

传统企业就是：

（1）指的是那些管理理念、经营方式、生产方式、产品结构和现代企业有相当的冲突，并且按照他们的特定方式去经营的企业；

（2）带有明显的中国古老文化底蕴的企业（手工作坊）；

（3）带有明显区域特色的企业（木器加工等，但不是那些家具工厂）这些就是传统企业。传统企业的特点就是，带有明显的中国文化底蕴，而且是机械无法大规模生产，无法复制的。传统企业还有一个特点就是：管理比较松散，带有很强的民族性和区域性（绣花之类的）。

2. 现代企业

现代企业是现代市场经济社会中代表企业组织的最先进形式和未来主流发展趋势的企业组织形式。所有者与经营者相分离、拥有现代技术、实施现代化的管理、企业规模呈扩张化趋势是现代化企业的四个最显著的特点。

据统计，各种行业大约有1400种之多，企业类型按功能主要分为以下四类：

1. 贸易型企业

贸易型企业主要从事商品的买卖活动，他们从制造商或批发商那里购买商品，再把商品卖给顾客或其他企业。这种商品买卖活动有零售商和批发商之分，所有把商品卖给最终消费者的商店都是零售商;批发商则是从制造企业购买商品,然后再卖给零售商。

产品销售都是在批发和零售这两个层次中进行而实现的。但无论是研制产品的厂商,或是销售别人产品的商家,都可以是批发商或零售商,也可以同时兼营批发和零售。

做这一行的人不需要考虑有关产品设计方面的问题,只要精细地考虑如何组织产品的销售就行了。但在组织进货或销售的过程中,有可能会遇到诸如“地区性保护”或“独家经营”等干扰,这需要发挥你的智慧,处理协调好各方面的关系,以使你的进货和销售活动能顺利进行。

2. 生产型企业

生产型企业是一种制造生产实物并将实物销售给市场的企业。例如:纺织厂、家具厂、油漆厂、机械制造厂、化工厂和钢铁厂等都是制造企业。

3. 服务型企业

这里是泛指一切经营服务项目的行业,此类企业不出售任何产品,也几乎不制造任何产品,只提供服务或劳务。例如:房屋装修、水电维修、物品快递、搬家、家政服务、洗衣、咨询、殡葬、旅游、运输、酒店、理发、美容、技术培训等。

4. 种养型企业

这类企业主要是利用土地或水域来进行生产的企业,多为农、林、牧、渔等企业。例如:养鱼、养猪、种花养草、种树等。

上述六类企业仅仅是对当今社会成千上万种职业和工作所作的一个大致划分,因为常常会有互相交叉,故对某些边缘行业或企业,要划归为哪一类行业也是不容易的。例如,你开办一个汽车修理厂,但同时还出售机油、汽车零配件、轮胎等。汽车修理是一种服务性的工作,故其工厂应该属于服务型企业,但你在修理汽车的过程中又出售与汽车相关的产品,故你同时又是零售企业。

各类企业有各自的特点,创业者在创业之前要认真分析,掌握成功经营这些企业的要素。充分考虑到自己的知识、素质、能力、财力以及社会需求等各方面的条件,才能决定自己该干哪一行。

三、各类企业的特征

要想使企业成功,必须对各类企业的特点有一个充分的了解,要对企业的每个方面都进行深入的分析,以求在每一方面你所提供的产品或服务都是最好的。

只有在了解了不同企业类型的特点后,你才会了解创业成功的重要因素。实际上，无论你创办什么样的企业，只要做到真诚服务顾客，真诚关爱员工，就一定会有收获。

各类企业的主要特点

贸易企业	服务企业	制造企业	种养企业
商品有市场	地点合适	产品有广阔的市场	有效利用土地和水源
地段和外观好	顾客满意	生产组织有效	不过度使用土地水源
销售方法好	服务质量好	工厂布局合理	出售新鲜产品
商品选择面宽	服务及时	原料供应有效	降低种植养殖成本
商品价格合理	对顾客诚实	生产效率高	恢复草场和森林植被
库存可靠	服务收费合理	产品质量好	向市场运送产品
尊重顾客	售后服务可靠	浪费现象少	保护土地和水资源

【案例】

万达电商频繁换帅：传统企业转型难在哪？

万达电商CEO再离职，引发商业圈强烈震动。

近日，万达电商CEO董策从万达电商正式离职，而这距离他入职还差一个月才满一年，三年两换CEO。

万达电商的正式成立到如今已近三年，从刚开始的“200万年薪招电商人才”大手笔招聘的轰动一时到后来的联合百度、腾讯，50亿成立新电商公司，万达电商发展的可谓轰轰烈烈。

与万达电商近乎于不计成本的投入相比，它的成绩却不尽如人意。三年两换CEO，发展三年也没有在电商行业内站稳脚跟，甚至有业内人士形容，“什么人做万达电商的掌舵者，都意气风发得进去，灰头土脸得出来”。这样的一份答卷让人不禁咋舌：万达怎么了？

一场本该成功的转型

不缺钱、更不缺人、不缺资源，这样一场本该成功转型怎么会落到如今的尴尬田地呢？着实令人深思。

转型初期的2013年，万达电商推出万汇网，业务涵盖了百货、美食、影院、KTV等领域。万汇网定位于万达广场的O2O智能电子商务平台，为用户提供最新的广场活动、商家资讯、商品导购、优惠折扣、礼品兑换等资讯与服务。看起来似乎非常高大上，其实说白了也就是万达的会员系统。连万达内部都认为这样的格局有点“小”。

之后推出的业务，为万达的客户提供停车、餐饮、电影等多方面的智慧服务，飞凡网希望拓展线上业务，利用低价优惠等方式吸引消费者的目光。这样的出发点本没有问题，但是与万达自身的定位产生了一定的分歧，且纯线上的引流会影响线下的门店生意，导致万达广场从内部断为两截：门店希望电商为他们带来更多客流，电商却希望独立于门店开辟新的增长点。这样的断裂让飞凡网的地位显得尴尬，飞凡网目前的困境也就有理可循。

找最合适的人，走最合适的路

要解决转型路线的问题，找到合适的团队是最重要的，但是什么样的团队才是最合适呢？答案是有经验的团队。

【案例】

2014 传统企业转型互联网十大考验

所有传统企业都有非常严重的危机感，就是大家突然都找不到路标了！都不知道在互联网时代如何转型？未来之路如何走？利润好的企业发愁，利润不好的企业更发愁。

第一，传统营销的势没有了

任何事物，不怕小，就怕没有势。小米雷军说，站对了风口，母猪都能飞上天。风口就是势，没有这个势，企业就是一潭死水，是非常可怕的。如何找回如火如荼的发展之势，是所有传统企业老板最大的命题。

第二，不转型等死，转型怕转死

转型，这个词汇已经在2013年被说烂，但这两个字的确关乎企业生死。尤其是大企业，年销售额过10个亿的企业，靠的就是传统的渠道和团队，转型谈何容易。转的动吗？很难。诺基亚的企业文化、专利创新都是全球顶尖的，但为什么消失？答案很简单，诺基亚和成就他的时代一起被消失了。

第三，传统企业的高管年龄大了

中国传统企业老板平均年龄在40岁以上，高管年龄在35岁以上，这些人在传统营销领域经验丰富，但随之而来的问题是对互联网不精通。企业改革的最大障碍就在这两个人身上，底层员工都是年轻人，不存在问题。

第四，传统企业家对网络营销心里没底

对互联网这玩意儿，传统企业家是拿不准的，尤其很多老板手机上都没有微信或者微博，他们对这东西感觉不到成就感。与新事物中间隔着一道墙。

雷军和董明珠的10亿赌注，背后是新旧思维的碰撞。雷军的模式，是粉丝经济模式；格力的模式，是传统产业链模式。究竟谁输谁赢，我看没有答案。格力积累了巨量财富，光纳税就100亿，如果想转型，那是太轻松了，毕竟格力手里握着遍布全国的售后服务系统，这个是互联网解决不了的。所以，雷军可以卖不需要服务的手机，但卖需要售后服务的空调就有点难了。

第五，错把网络当销售渠道之一

就像马云说的，传统企业对互联网模式往往先是看不见，然后看不起，最后来不及。很多传统企业正在这么做，未来的确非常凶险啊。

第六，传统营销思维根深蒂固

面对未来，我想奉劝所有传统企业人：不要用已知否定未知。

其实，不一定非要在互联网上卖，而是要用互联网思维方式卖！什么是互联网思维方式？就是与目标人群打成一片的思维方式，就是C2B，最后形成粉丝经济，建立起企业自己的粉丝帝国。

第七，产品越来越不好卖了

未来拼的一定是创意文化，而不是传统文化。产品必须充满人情味，而不是自我的夸张与包装。产品必须成为消费者肚子里的蛔虫，才能成功。

第八，五年战略规划失去意义

凡客陈年说了一句话，我永远不知道明天互联网会发生什么。他说对了，互联网时代做3－5年战略规划，是没有任何实际意义的，是自己骗自己的。

第九，搞不懂商业模式创意

因为互联网世界是平的，没有区域市场之分。传统时代，还可以做区域品牌老大，互联网上没有这个机会。所以，一个商业模式只能存活一个企业，这就是为什么腾讯模仿阿里巴巴失败的原因，反过来阿里巴巴模仿微信建平台，我也不看好。所以，传统企业必须好好思考，你的产品如何能直接到达喜欢你的消费者手中，而且让他们爱不释手和广为传播。

第十，2014年考验老板的一年

一个企业的成功，99%归功于老板；一个企业的失败，99%归咎于老板。

在互联网时代，所有行业都不能置身世外，都必须转型。转也得转，不转也得转，倒逼转型会发挥威力，不以人的意志为转移。

2014年，注定是中国传统企业转型元年！

【案例】

大学毕业生回家乡开“非遗网店”传承烙画绝艺

打开90后大学生刘建功开办的“私人订制艺术馆”烙画网店，一幅幅烙画作品色彩鲜艳，有在葫芦上烙的人物头像，也有在木板上烙的风景图案，作品线条细腻,效果逼真,传神唯美。刘建功把烙画艺术的保护和传承作为自己的人生梦想,毅然放弃原本在大城市稳定的工作,回到家乡开办了“非遗网店”,他用心中的信念和手中的烙铁,推广传承烙画技艺,让越来越多的年轻人感受到传统文化的魅力。

今年25岁的刘建功,6岁起跟着父亲学画画。“父亲是一名教师,喜欢画人物肖像。我从小耳濡目染,高中时还成了班里的美术特长生。”大学毕业后,刘建功留在了北京,在一家公司谋得了一份稳定的工作。一次偶然的机会,他在北京潘家园古玩市场第一次见到了传统的“葫芦烙画”,被这种神奇的艺术形式深深吸引了。他当即买下几幅葫芦烙画作品,回到住所就刻苦钻研起来。

从那以后,刘建功买了烙画的工具,一有时间就往烙画店里跑,刻苦和用心让他在不到一年时间就掌握了烙画的流程和技巧。“烙画重在把握火候、力度,它不仅有咱们中国画的勾、勒、点、染、白描等诸多手法,还可以熨出丰富的层次与色调。”说起烙画,刘建功滔滔不绝。

2009年,刘建功注册了网店,主要经营葫芦烙画、木板烙画、手绘肖像,并可根据客户需求,实现个性化订制。“现在年轻人喜欢网购,我可以按照客户给我邮寄的照片烙出作品,让大家切身感受到烙画这种传统的文化魅力。”

刘建功告诉记者,目前通过他学习烙画艺术的年轻人已经有上百人。现在他正在准备申报“烙画”技艺非物质文化遗产传承人,通过传承非遗烙画技艺,让更多的年轻人了解烙画,把中国这种传统文化传承推广开来。

【实训练习】

A. 现代企业如何分类?

B. 有人说:2014年,注定是中国传统企业转型元年!你怎么看?

C. 阅读上文——案例3,大学毕业生回家乡开“非遗网店”,为什么那么成功?

第三节　创业的方式

高校毕业生就业形势不容乐观,以创业带动就业,是推动大学生就业的一项有力举措。专家表示,大学生创业勇气可嘉,精神可赞,但是在校学生创业要选准市场,同时要把保障学业作为第一要务。

一个企业可以有多种构架供选择,而每一种构架,都有它们的优点和缺点,你必须选择其中最适合的一种进行构思设计。

创业的方式从资金上考虑,有独资和合资(合伙)两种方式;从设备或产品上考虑，有全新投人和收购现有企业两种方式。独资创业不涉及其他人的利益，故比较单纯；全新投入也相对比较简单，合伙创业及收购现有企业创业两种情形较为复杂。

一、独资创业

采用独资的方式，创业者可以对你的事业拥有完全的掌控权。因此，这是最简单的事业结构，因为所有权就代表企业，所以从某种意义上说，它不算是真正的"组织"。在法律上，所有权与企业是同样的个体。

设立独资企业所要做的事项比较简单：申请一份企业登记证，并到你营业的当地税务、工商等政府部门进行审批和登记。

一个人可同时以独资方式经营多家企业，每个企业都可能有各自的会计账。经营独资企业，必须面对诸如负债、资金筹措、产品生产、质量和生产管理、客户投诉、销售或资金往来纠纷、各类事情引起的诉讼案件等等，都必须亲自处理。经营独资企业最好能购买保险，可以保护你免于某些付出，但投入将增加，这要看你经营的事业而定。我们从很多例子可以看出，想要保护个人的资产，你可以把其中的一部分资产分配给你的配偶或其他人。若是有一个好律师，处理这些事会对你有很大的帮助。独资的主要缺点，除了个人责任之外，就是所有的人必须把事业的获利，合并到你一个人的直接所得中，去申报个人所得税，这可能会使你付出比公司组织还要多的税。

二、以合伙的方式创业

合伙也叫合资，即是以邀集本国或外国的一个或一个以上的企业，利用彼此的长处，合资经营某个或某些企业，采用共同投资、共同经营、共担风险、共负盈亏的一种经营方式。其最主要优点就是能分散彼此的风险与压力。如果合伙人之间能很好地相处，工作能顺利开展，则很容易将企业做大做强，国内中小企业中，有许多就是由合伙经营而将企业做成全国知名企业的。例如由卢楚其、卢楚隆、卢楚鹏三兄弟而创建的广东万和集团，由戚石川、戚石飞两兄弟创建的泰奇食品企业集团，刘氏五兄弟创建的四川希望集团等，都是合伙成功的典范。

1. 合伙创业的主要优点：

（1）共担风险，减少盲目决策；

（2）资金来源更充足，较多人手帮忙；

（3）有更多的企业资产提高保障；

（4）企业成长的速度比一般独资要快；

(5) 决策上可以获得有效及有用的绩效。

2. 合伙创业的主要缺点

(1) 容易产生意见分歧,产生摩擦问题。国内因为合伙而后来意见不合、不欢而散收场,甚至对簿公堂的例子不胜枚举。

(2) 合伙创业的各家都是“出钱老板”,都有点不买任何人账的味道。因此,要在这些出钱老板之间彼此达成共识,就需要各方都有心去经营与培养。

(3) 若有合伙人发生意外,企业容易受到影响。

鉴于合伙创业的利弊,如何选择合伙人就必须十分慎重了。在合伙谈判过程中,须从以下五个方面考察合伙对象:观念意识是否有分歧,目标认知是否有分歧,利益分配是否有分歧,相互信任是否有问题,性格融合是否有问题。

另外,也可以选择先合伙后独资或者先独资后合伙的创业模式。一般先合伙后独资的情况,可能是原先的合伙人无心事业,中途退出经营或是转让经营权。例如,克拉克与麦当劳当初创业时是合伙形态,而后克拉克与麦当劳在经营理念上各有分歧,故由合伙又转为各自独资形态。

先独资后合伙的情形,是经营者想要集合其他具有合作潜力的对象,一起共同为事业打天下,但也有的是因为资金有问题,需要找人合资入股而放弃原先的独资模式。

3. 合伙创业要“先小人后君子”

不论是哪一项因素而合伙创业,最重要的是,在合伙之前,即使交情再好,双方也应该就出资比例、股权、红利、事务分配等各方面,作妥善的协商,并达成书面文字的协议(合伙协议书)。

同时,在合伙协议书上必须注明盈亏、拆伙时的处理方式,事先声明“合作不成仁义在”,以免日后合作不成就反目成了陌路人,发生伙伴变仇敌的事情。

三、以收购现有企业的方式创业

收购现有企业也是常见的创业方式之一,但是,在购买他人既有企业之前,收购人必须先评估所欲收购企业的风险及优缺点。收购现有企业的优点是企业已具备基础,在资源、商誉、产品、客户、广告促销等都有一定基础的条件下,可变因素较易掌控,因此,能节省创业者的时间。

创业秘诀

天下没有免费的午餐,收购现有企业也可能带来一些负面的影响,例如:负债高、资金缺乏、商誉不佳、设备陈旧、商品无销售利润等等,这些都是可能发生并影响整个企业运作的问题。因此在收购现有企业之前,最好彻底了解以上的负面因素,仔细评估,才不会导致出现全盘皆输的局面。

另外,还可以选择性地收购现有企业的某一部分,如客户名单、商誉,而不收购其陈旧设备、机器或库存产品等等,以减少资金负担。

四、当前常见的创业方式

创业,是新颖的、创新的、灵活的、有活力的、有创造性的,以及能承担风险的。发现并把握机遇只是创业的一个重要部分,创业包括创造价值、创建并经营一家新的营利型企业的过程,来提供新产品或服务,以及有意识地创造价值的过程。当前常见的创业方式主要有:

创业方式一:网络创业

互联网改变了人们的生活,同时也提供了全新的创业方式。网络创业不同于传统创业,无需白手起家,而是利用现成的网络资源。目前网络创业主要有两种形式:网上开店,在网上注册成立网络商店;网上加盟,以某个电子商务网站门店的形式经营,利用母体网站的货源和销售渠道。

创业优势:门槛低、成本少、风险小、方式灵活,特别适合初涉商海的创业者。像易趣、阿里巴巴、淘宝等知名商务网站,有较完善的交易系统、交易规则、支付方式和成熟的客户群,每年还会投入大量的宣传费用。加盟这些网站,创业者可近水楼台先得月。而且,网上创业受到政府的重视,给予诸多的优惠政策和措施,例如,上海现已在普陀、静安两区建立了电子商务创业园,为创业者提供优质的创业环境和服务。

特别提醒:对初次尝试网上创业者来说,事先要进行多方调研,选择既适合自己产品特点又具较高访问量的电子商务平台。一般来说,网上加盟的方式更为适合,能在投入较少的情况下开业,边熟悉游戏规则,边依托成熟的电子商务平台发展壮大。

创业方式二:加盟创业

加盟创业分享品牌金矿,分享经营诀窍,分享资源支持,连锁加盟凭借这诸多的优势,而成为备受青睐的创业新方式。目前,连锁加盟有直营、委托加盟、特许加盟等形式,投资金额根据商品种类、店铺要求、技术设备的不同从 6000 元 - 250 万元不等,可满足不同需求的创业者。

创业优势:加盟创业的最大特点是利益共享,风险共担。创业者只需支付一定的加盟费,就能借用加盟商的金字招牌,并利用现成的商品和市场资源,还能长期得到专业指导和配套服务,而不必摸着石头过河,创业风险也有所降低。

特别提醒:随着连锁加盟市场规模的不断扩大,鱼龙混杂的现象日趋严重,一些不法者利用加盟圈钱的事件屡有曝光。因此,创业者在选择加盟项目时要有理性的心态,不要被花好桃好的宣传所迷惑,而应事先进行充足的准备,包括收集资料、实地考察、分析市场等,并结合自身实际情况再作决定。

创业方式三:兼职创业

2004 年 7 月,上海试行在职人员可向各类企业(外资企业除外)出资入股的政策后,使个人创业又多了一种选择。特别对白领族来说,如果头脑活络,有钱又有闲,想“钱生钱”又不愿意放弃现有工作,兼职做老板应该是最佳选择了。

创业优势:对上班族来说,兼职创业,无需放弃本职工作,又能充分利用在工作中积累的商业资源和人脉关系创业,可实现鱼和熊掌兼得的梦想,而且进退自如,大大减少了创业风险。

特别提醒:兼职创业,需要在主业和副业、工作和家庭等几条战线上同时作战,对创业者的精力、体力、能力、忍耐力都是极大的考验,因此要量力而行。此外,兼职创业族最好选择自己熟悉的领域,但要注意不能侵犯受雇企业的权益。

推荐人群:白领族、有一定商业资源的在职人士。

创业方式四:团队创业

在硅谷流传着这样一条“规则”:由两个 MBA 和 MIT 博士组成的创业团队,几乎就是获得风险投资的保证。虽然,这有些夸大其词,却蕴含这样的事实:如今,创业已非纯粹追求个人英雄主义的行为,团队创业成功的几率要远高于个人独自创业。一个由研发、技术、市场、融资等各方面组成,优势互补的创业团队,是创业成功的法宝,对高科技创业企业来说,更是如此。

创业优势:俗话说,一个好汉三个帮,一群人同心协力,集合各自的优势,共同创业,其产生的群体智慧和能量,将远远大于个体。

特别提醒:创建团队时,最重要的是考虑成员之间的知识、资源、能力或技术上的互补,充分发挥个人的知识和经验优势,这种互补将有助于强化团队成员间彼此的合作。一般来说,团队成员的知识、能力结构越合理,团队创业的成功性就越大。注意:谦虚,团结。创业过程中会出现不断的自我反思和自我总结网络创业成功案例,网络创业点子,实业创业成功案例,实业创业点子,成功人士的创业故事等,值得我们借鉴。

【案例】

大学生创业,如何利用校园资源在毕业之前赚到钱?

十九岁那年,我参加了一个为身患重症的儿童祈愿的组织,成为了一名暑期实习生。这就是我创办 Headbands of Hope 公司的灵感所在。我发现女孩子脱发后,喜欢穿戴束发带,不喜欢穿戴假发。所以,我创建了一个公司,给予每位身患癌症的孩子一条束发带。当然我会收取 1 美元,对每条售出的束发带进行研究。

我当时就读通信专业,不知道如何开创自己的企业,甚至连生产一种产品也没有任何概念。但我知道我对这个创意很熟悉,我知道这种需求尚未满足,于是我义无反顾,决定做下去。

在我于 2013 年 5 月毕业之前,我已经挣了 10 万美元的收入。在毕业之际,我走上舞台,拿到我的毕业证,做起了 Headbands of Hope 公司的全值首席执行官。每年我的公司都在发展,但是企业的第一年给了留下了深刻的印象,当时我还是一名学子,但我在挣钱的同时,完成了自己的全部课程。

以下有一些建议,教你如何在毕业之前挣到收入。

1. 让学生成为你的客户

你的朋友是你的第一批客户。生活在大学校园里,我的朋友、室友、同学以及其他任何我可以谈及公司的人,共同构成了我的第一批支持者。让大学同学成为客户的伟大之处在于他们会在社交媒体上传播声音。他们不仅仅购买我的束发带,他们会买回去,将头戴束发带的图片上传至 Instagram,并且向他们的每一位朋友发推文,让他们购买。

2. 启动校园代表计划

我的很多朋友当时在上其他大学,他们想帮助我推广产品。我推出了“校园代表计划”,让我的朋友们成为品牌代表,向其同学进行兜售,组建俱乐部,并向当地医院捐赠。然后,他们告诉他们的外校朋友。现在,我们的计划已经在 100 个校园生效。

3. 利用导师等免费资源

每当我对自己不懂的地方(如何创建商业计划,如何创建标志,如何建立网站)有疑问,我会去找不同院系的教授求教。虽然我并没有选他们的课程,他们也会抽出时间,帮助我的生意,就因为我还是学生。我从教授们那里获得的指导,使我的公司奠定了坚实的基础,却无需花费大把时间进行研究。

4. 站在人们面前

我曾是一名校园导游,每一两周会组织好几百名高中生及其家人旅游。在旅游的开始,我会自我介绍,谈及我的专业、我的家乡以及我的生意。我还是一名团体健身教练,(活动期间)会向每名参与者派发束发带。

大学里有很多面对大批观众分享故事的机会。我的学校开始在其网站及校友博客上,将我及我的公司作为宣传素材。而且,我的学校甚至会邀请我在一些活动中代表校方发言。现在,我的故事在新生中广为流传。

5. 利用上课时间做公司的事情

我大四那年,我参加了不少交通和公共关系课程。我在上课伊始之时和我的教师们交流,将我的公司告诉他们。我向他们发出请求,以便我在课上所做的作业或项目都与我的公司息息相关。

当我完成创建媒体包的任务时,我就为 Headbands of Hope 创建一个。我不仅创建了媒体包,还拿到了学分,并可以使用专业反馈对它进行批评。我尽可能多在课上解决问题,以便为我的业务所用。我确实做到了打理公司与上学两不误。

6. 注意你的年龄

我公司收到的大部分新闻媒体内容,都与我小小年纪有关。市场上不乏负面刻板印象,因此当有人走出这个圈子,做成了事情,事情就会好转起来。

在任何年龄开始创办公司都是挑战。但大学能为你提供机会,让你朝着正确的方向前行,我就是一个鲜活实例。我们希望,在你毕业之前,你就能掌握公司概念并能全职为自己的公司工作,或者你会知道,是时候去尝试新事物了。

无论哪种方式,大学里都充满了让你成长为一个企业家的机会和经验,且不管你所学的是否是经济或管理专业。

【实训练习】

A. 我适合创业吗?以下我具备几点?

首先,自测一下看自己是否具备下列特征:

①我是否有强烈的挑战精神?

②我是否有很强的指导欲望?

③我是否有灵活的应变能力?

④我是否有很强的动手能力?

⑤我是否有很好的耐受能力?

另外,我要是一个性格开朗、做事果断、行为迅速、思维敏捷的人,同时有很好的交往能力和领导能力就更好了。

B. 自测适合哪种创业方式?

第四节　创业成功的基本要素

【成功学】

一句广告说得好，“当你知道自己要做什么的时候，整个世界都会为你让路”。近期，大学生创业的大讨论方兴未艾，人们共同期待和体验创业时代的到来。创业当老板是一件人人都羡慕的事情，但为什么能当上老板的人数又会那么少？究其原因，创业需要具备一些基本要素，缺乏这些基本要素，是难以创业的。创业有成功也有失败，但不论是成功还是失败，都会改变一个人的命运。故一个人在创业之前，从思想到物质都要做好充分准备。

一、创业者首先要选择好创业的行业

通常认为创业需要有“四本”：本人、本钱、本事、本行。“本人”是指创业者一定要亲身参与，并且是全心投入；“本钱”是指创业者的资金与健康的身体；“本事”是指创业者的本领才能，即其技术和经验及管理的能力；“本行”即经营的行业，这一点很重要，从生意人的角度出发，第一步就是要恰当地确立企业的经营项目和范围。人们在选择过程中，常常会选择自己喜欢的行业，但喜欢并不代表着成功，例如，你喜欢旅游，并不一定你就能成功地创办一个旅行社。

如果选择自己了解的行业，尤其是自己掌握了技术的行业，有利于创业的成功。而一旦人错了行，你就有再大的本事也只能惨淡经营，因此一定要遵循“不熟不做”的原则，即自己不了解的行业一般不要轻率地进入。因为你选择了解的行业来创业肯定比闯入一个完全陌生的行业成功率要高。

在现实生活中，创业者入错行的事情经常发生，如果真的入错了行，应该如何处理呢？无非有两种情况：一是如果这个行业很容易熟悉，并且所需要的知识又不是很深（例如饭馆、酒店），而你又不想放弃的话，建议你赶紧学习进入这个行业，成为该行业的行家里手；另外一种情形是一时难以熟悉的行业，其最好的办法是迅速退出，转行干别的，使自己从败局中及早抽身，以图今后的发展。

二、创业要有胆略和承受的能力

要想创业成功，首先要有对你将要进行的创业抱有必胜的信心和勇气，这是你事业取得成功的基本保证。斗志顽强而坚定的人，决不会轻言放弃，必能不畏创业的艰辛和风险，在面对挫折时，会非常努力地去尝试解决问题；在面对残酷的

市场竞争时,会尽力去拼搏,胜利总是偏爱这种人。

世上没有绝对保险的生意和事业,失败的风险随时可能发生,有的项目在进行可行性论证分析时确实不错,但项目上马后因为政治或经济大环境或其他原因而使其结果恰恰相反,最后弄得血本无归。因此,创业是有风险的。经营一个企业需要承受非常大的经济和心理的双重压力,因为企业一旦失败,你将会血本无归,一贫如洗。尤其是如果你已经有了一份工作,创业就必须放弃每月稳定的工资收入、奖金福利,以及养老、医疗、失业保险等社会保障待遇。因此,面对创业风险,创业者要有一定的胆略和冒险精神,甘愿承担风险。同时,创业者必须要有承担和应对风险的良好心态,不能一遇到风险就在意志上先垮了下来。

创业者对自己投入的大量精力和心血一般不会计较,主要考虑的是投入的资金收不回来怎么办。因此,就要求创业者一定要有一个清醒的头脑,首先要考虑资金的来源和还款的能力;其次要考虑你创业项目的大小与所筹措的资金是否相匹配,在没有足够资金的情况下,不能一口吃个胖子,只能以退为进,先从小规模做起,慢慢积累资金,然后再逐步扩大;最后还要考虑项目失败后怎么办?

因此,创业不仅要有胆略,而且更要考虑自己的经济实力,只有在能承受的范围内来考虑投资,才能避免因为项目万一失败而给自己带来的后遗症。

三、创业要有忘我的工作态度和清楚的目标

创业是十分艰苦的事业,需要全身心地投入和加班加点地拼命工作,没有节假日和休息日。创业之前就要对此有心理准备,不能半途畏难而退。

人创业的欲望十分强烈,但他没有目标或目标不清楚,今天想搞这个,明天又想搞那个,到最后什么事情也干不成。因此,创业一定要有一个清晰的目标,例如办一个公司或办一个企业,或办一家商店或超市,一旦确定下了目标,就要一心一意朝这个目标走,所有的工作都要围绕这一目标来开展。一般情况下,不要轻易改变原来的目标。

要想创业成功,创业者一定要百分之百地全身心地投入。如果创业者不是全心投入,只是抱着"试一试"的态度去创业,其成功的可能性是极小的。

四、要充分了解市场

无论你进行何种类型的创业,都离不开市场,也就是说,市场是你进行创业最基本的前提。离开了市场,你的创业就是空谈。因此,在你计划进行创业时,首先就要对市场进行充分详细的调查研究。要了解你所创业的项目与市场的相容性如何,市场的容量有多大,市场的占有率有多高,市场的发展趋势与前景怎样。

在创业的过程中，如果和别人比较起来，没有什么特色，就难以取得大的效果，因此，创业一定要有“新招”，这个“新招”就是一种创新。要在观念上、营销上、服务上显出与众不同的地方。在经营或策略上创新的商家，很容易获得成功。例如，“东北人”连锁饺子坊以经营特色的东北菜和优质的服务作为销售策略而获成功；湖南的“湘菜馆”以辣为特色而在广东占领市场。在竞争激烈的当今社会，创业者必须要多动动脑筋，多创新，才能成功创业并把企业做大做强。

五、创业要有好帮手

除了极个别的情况，一般来说，创业都缺少不了帮手。常言道，浑身是铁也打不了几颗钉，一个好汉都要三个帮，因此一个人再有本事，在创业方面，一个人单打独斗，是难以出成绩的。你的好帮手从何而来，这要靠你创业者去积极物色和发现，必须要有一个团结务实和能吃苦耐劳的集体。

不论中国或外国的非公有企业，初创时大多是家庭或家族式企业。这类企业中夫妻档又占大多数。这种现象是由于创业初期，得不到银行界、工商界的支持造成的。家庭式小企业的优点是企业成员的利益一致，不大会出现吃里扒外的事情。尤其是夫妻档，企业成员等于是一个人。家庭或家族式企业有个普遍的特点：就是企业里有较多的家庭成员或家族成员。此类企业的掌门人找不到好帮手，为了提防外人搞名堂，重要的岗位全让四亲八眷来担任。其实，这对企业的发展是十分有害的，一是阻碍了有才华的外族人进入企业，发现不了优秀的人才。二是老板很难以公心评估亲人和亲戚的工作业绩。甚至当这些血亲或沾亲带故的人犯了这样那样的错误后，老板也不敢或不能够正确地处理，使企业的规章制度有可能形同虚设。三是即使是亲人亲戚，也可能对企业不忠诚。除了夫妻在企业的利益问题上是一致的以外，就连亲兄弟姐妹间都有可能考虑得多的是自己个人的利益，而不是企业的利益。

1995 年美国《福布斯》杂志上有一篇介绍东南亚华人企业的文章，指出华人家族式企业规模稍大后，一定要引进现代管理模式，要把家族色彩降到最低的限度。家族只要掌握控制股权就行，而管理权要交给外族的管理精英，企业才能做大做强。

六、创业要科学决策，量力而行，循序渐进

在你办企业的过程中，你必须作出许多决定。所以，创业之前，一定要全面考察分析，作出科学的决策。当要作出对企业有重大影响的决定而又难以抉择时，必须果断。有时可能不得不辞退勤劳而忠诚的员工，这往往使你处于两难的境

地。但只要是为了公司的发展和生存,你就得这么做,不要都发不出工资了,还碍于情面保留雇员。

创业者一定要量力而行,有几分力量就做几分事情,切忌好大喜功,急于求成。例如你最多只能筹措到 100 万元的资金,而你却想做成一个需要 1000 万元资金的企业,这就不是量力而行,其中的风险会相当大。因此,对创业初期的人而言,保守经营为上策,按部就班,循序渐进,由小企业慢慢发展成大企业,这才是稳健的创业原则。

七、要有一定的企业管理技能

企业管理基本技能是任何创业者经营企业所必须具有的。如果创业者连成本核算和资金的流动都看不懂的话,很难想象这样的人能创业成功。创业一定要精打细算。因为创业并不是一件很容易的事,尤其在创业初期,步履艰难,因此,创业者对每一分钱的支出与进账,都必须仔仔细细地掌握,量入为出。如果创业者不精打细算,甚至大笔挥霍金钱,而事业营运又并不如预期的话,则资金最后必定会出现窘迫,甚至血本无归的局面。因此,创业者如果能谨守量入为出的原则,有效运用每一分钱,没有浪费,就可以涓滴汇成大海,小钱变成大钱。

创业成功的因素主要有内因和外因两种,其中以内因为主。

【案例】

马云:初次创业 我对科技和计算机一无所知

距离带着阿里巴巴去美国上市一个月的时间之际,马云作为唯一中国企业家代表,获得了首届亚洲协会“创变者”名单榜首的荣誉。

亚洲协会官方公布的马云获奖介绍:

在他十岁那年,马云会每天早晨骑 40 分钟自行车来到家乡杭州的当地宾馆,只是为了和外国游客练习英语。那是他全球视野的第一个标志,正是这种全球视野,引导他此后成为中国最前沿的互联网创业者,全球最大电子商务公司阿里巴巴集团的创立者和执行主席。也因为这种全球视野,我们将“亚洲创变者”年度大奖颁给马云。

以下为马云获奖之后的演讲全文:

非常感谢大家!今晚站在这里,我感到非常光荣和谦卑。我从来没想过这一生中会有机会来到联合国。

在十二岁的时候,我自己开始学英语,为了什么,我也不知道,我只是觉得爱上了这门语言。那时,每天早晨 5 点我会骑车 40 分钟,到杭州的酒店找外国游客,他们教我英语,我带他们游览城市作为交换。

从此以后,我开始有了个习惯,那就是用我自己的脑子来思考问题,多花几分钟。当所有人都说对的时候,等几分钟;当所有人都说不的时候,也等几分钟,仔细地想一下事情本身。因为当你从一个不同的视角看世界的时候,你也可能用不同的方式做事。

今晚,我深深地被所有这些创变者所鼓舞。在听他们的故事时,我意识到世界上有那么多事情我可以做,有那么多事情我能做得更好,有那么多事情我们能一起来做。今天我不是代表我自己,而是代表所有那些和我一起工作的小人物,小企业。

1995 年我离开大学的时候,我告诉校长,我要做个创业者,做互联网。他问我:什么是互联网?我回答:我也不知道。他听我说了两个小时后告诉我,Jack,我知道你想有一番作为,我不懂你做的事情,不过如果十年后你想回来,那就回来。我说:好,十年以后,如果我想回来,我会回来的。

在我创业的那个年代,在中国做个小企业家非常困难,我花了 5 个月时间才借到 500 美元,而公司还是失败了。那时我没有机会,我也不知道怎样运营企业。

过去十五年,我常常说自己是一个瞎子骑在瞎老虎背上,不过那些骑在马上的专家都失败了,我们活了下来。因为我们考虑的是未来,我们相信未来。我们改变自己,我们从不抱怨别人。我告诉团队,我们必须证明自己,因为如果我们能成功,那中国 80% 的年轻人就都能够成功。我们没有有钱的父亲,有权的叔叔,我们没有从政府拿过一块钱,没有从银行拿过一块钱,我们从零开始。所以我必须努力工作,不仅是证明我们自己,也是证明我们这代人,证明互联网的力量。这就是我想和年轻人分享的。

我想告诉年轻人的是,如果大部分人都在抱怨,那就是机会所在。有些人选择抱怨,而有些人选择改变自己,帮助改变别人。机会就在那些被抱怨的地方。我永远相信这点,我们也是这样一步步走到今天。

最后也是最重要的一个事情,那就是在座的所有人都会被送一件 T 恤。这是一件特别的阿里巴巴限量版 T 恤。所有这些 T 恤都是小人物制造,我们的小企业们。小就是美的,小就有力量。印在 T 恤上的是很少人知道的阿里巴巴成功密码,就像芝麻开门一样,阿里巴巴有一个密码,那就是"梦想要有的,万一有天实现了呢?"

知识小百科:

"创变者"是创新变革者的简称。亚洲协会会长施静书解释说:"亚洲协会设立首个也是唯一一个用于表彰当今亚洲地区真正创变者的奖项。"据了解,亚洲协会是 1956 年由约翰·D·洛克菲勒创办的非营利民间组织，总部位于纽约，是美国和亚太区最具影响力的亚洲政策研究及教育文化机构，其宗旨在于促进美国与亚洲之间的民间交流，增进美国及亚太地区民众、领袖和机构之间的相互了解。

【实训练习】

A. 冰球明星哥瑞斯基，谈到他的成功秘诀时说："成功不是因为有往冰球所在方向滑的能力，而在于总是往冰球将要落脚的地方滑。"

问题：如果你将其用于企业，你就掌握了成功的关键。那么你怎样确定你的商业落脚点呢？

（建议：你考虑一下"顾客的购买习惯的变化。还有技术方面，现存的和潜在的竞争方面，以及最最重要的，你的企业和你的竞争者们都在做什么，你怎样才能做得与众不同"。）

B. 创业成功的基本要素，你具备几点呢？找一找。

第五节　创业失败最常见的原因

如果产品的生命周期太短，又或者生产出来的产品不合潮流，产品面世不久就会遭到被淘汰的命运，这种不合潮流容易被淘汰的产品，在创业之后，短期内就很可能遭到失败的命运。

然而，投资是企业创建和发展的基础，如果你在毫无准备的情况下去下海"试水"，商品经济的大潮，可能会因投资失误而步履维艰，甚至惨遭淘汰。因此，对于白手起家的中小创业者来说，如何正确投资、回避投资误区，就成为"试水"成功与否的关键，成为企业获得成功的必修课。

导致创业失败的原因很多，一般来说，创业初期的创业策划和分析论证、资金分配与调度、人才招募、管理技巧、市场潮流的变化等，都有可能导致创业失败，具体有如下原因：

一、没有认真进行分析论证，决策错误

对市场调查不充分，不真正了解潜在市场的需求量，错误估计占有率，对销售渠道和竞争对手的情况不了解等，都可能造成你创业的失败。许多创业者并不了

解竞争对手的经营运作情况，也不去仔细分析竞争对手的经营策略，不清楚对手下一步将有什么样的措施和手段来对付自己，特别是不去分析优劣所在，一味凭自己的感觉行事，入了别人的圈套还不知道，自然要吃尽苦头。

二、管理不善

创业者不懂企业管理，有的连简单的报表也看不懂，需要在创业过程中通过所犯错误来学习，这不仅耗费了公司的资源，而且会使企业管理混乱。有的企业没有建立一套合理、高效率的管理制度，仅凭自己的喜好来指挥，因而不能很好地对自己的企业进行有效的管理；有的企业虽然制订了很好的管理制度，却没有认真执行，或执行的力度不够，管理制度形同虚设。例如没有严格控制诸如差旅、娱乐、营业场地、水电、电话通讯等费用的支出，有些设备和车辆以及非生产性物资过多，造成企业的高支出，发现问题不能及时地采取行动加以解决；即使发现员工从企业窃取财物或是偷懒，除了简单的开除外，没有从源头上防止此类事情发生的管理办法。

三、投资过于单一

投资过于单一的危害，就好比把所有鸡蛋放在同一个篮子里，一旦篮子打翻，鸡蛋就会全部摔破。如果能采用多个项目进行组合性投资的话，就可以大大减少单一投资所带来的风险。例如有一位投资者经过市场调查和考察后，认为家禽特色养殖将有很好的市场前景和丰厚回报，他力排众议，倾其所有，于2003年将全部资金都投入到他所选定的家禽特色养殖项目上，但没有想到在第二年春天，一场突如其来的“非典”疫情，使他的梦想完全破灭。当然，要求一个刚开始创业的人在创业初期就进行组合性投资也是不现实的事情，但创业投资一定要既积极又稳妥，最稳妥的办法是先从合适的规模做起，一步一步地做大，这样才不至于一遇到意想不到的风险就再难翻身。

四、不了解国家的有关政策法令

国家规定许多行业是不能由私营业主经营的，例如爆炸物品、化学危险品、重要工业产品、生产资料及黄金制品等；国家对供远大于求的产品，也有限制，例如现在国家对钢铁、电解铝、水泥等就有严格的限制，江苏某地曾花了10余亿元上一家钢铁厂，被国务院查办下马。有些涉及国家产业布局，国家有相关政策控制，也不能建厂生产。

五、盲目扩张

规模大能获取好的经济回报是不争的事实，但如果不顾自己的实际情况和经济承受能力，而一味地去扩张企业，可能会带来灭顶之灾。河南郑州的“亚细亚”商场曾经在全国红极一时，但最终因为盲目扩张而破产。有一个投资电磁炉项目的创业者，经过市场调研后，认为这个项目一定能给他带来不菲的收益，他一开始就想一口吃个大胖子，计划要干就大干一场。他根本就没有考虑自己企业抵抗风险的能力，而是一心只想扩大投资规模，将“摊子”铺得越来越大，由于他的盲目投资滚雪球般地扩大，结果使企业负上了沉重的债务，等到他的企业运转起来后，产品的市场价格已经很低而使他陷入了危局之中。因此，投资者应从风险与收益平衡的角度来考虑企业的投资，在选择合适投资项目的同时，要将投资规模控制在适度的范围内。

六、缺乏技能和经验及专门知识

有的企业不会管理资金、人员、机器、库存；有的企业虽然有销售经验，却没有采购经验；有的企业有财务经验，却没有生产或销售经验等。

七、不懂市场营销

不懂怎样与客户做生意，没有吸引人的广告，商品质量没有优势，售后服务不周到，商店布置陈设不吸引人，不能招徕足够的顾客等。

八、赊销和现金控制不当

在没有核实顾客支付能力的情况下，允许顾客赊账购物，却没有稳妥的收款策略和措施，以至于货款不能收回。有些创业者急于将货物推销，很容易上当受骗，结果是血本无归。

九、产品落后

在科学高速发展的今天，产品的生命周期越来越短，手机和电脑等电器产品就是一个很好的例证。如果产品不适时更新换代，就可能被淘汰，在创业之后，短期内就可能遭遇失败。

广州星辰公司1996年曾经开发了一种数码电话，据说有多项技术革新，是国家的火炬计划项目，当时填补了国家空白，但遗憾的是该产品的质量很差，用户纷纷退货，以至于原来卖600多元一台的电话降低到50元一台都无人问津。

十、急于获取回报

创业者在初涉投资时，易受眼前利益驱动，而忽视长远利益，采取急功近利的短期行为，这样做虽然能够使企业一时获利，却丧失了长远发展的后劲。温州有位老板看到某种塑料产品在市场上行销，他赶紧筹集了资金来投资上马这一项目。但他过于性急，要求在某一时刻就要投产，他企业的一名技术员劝告他说："老板，你只要将开工时间推迟4个月，我们就能安装调试好一种'目前最先进的设备'来生产这种产品，产品性能将比现有设备生产的产品要好得多，在市场上会更畅销。"不料这位老板听了却很不高兴，他认为推迟开工4个月将会丢掉上百万元的利润。他命令马上开工，结果不出那位技术人员所料，工厂开工没几个月，就因为配套技术陈旧、产品科技含量太低而使产品陷入滞销。这位老板不得不重新投入巨资对才开工没多久的工厂进行技术改造。

十一、错误的策略

不当的企业价值观和创业理念与竞争策略的错误，可能关系到一个企业的生死存亡。例如，南华西集团耗资几千万元收购"星辰数码通"项目因做得很不专业，最终导致企业蒙受了巨大的损失。幸亏南华西集团是一个上市的大企业，虽然损失了几千万元，但还不至于倒闭。然而对于一个一般创业者来说，这样一个错误的策略就可能是致命的。

十二、营业地段不理想

企业选择地点错误，例如设在偏僻的街道，远离客户又不好找，人气不旺。

十三、自然灾害

没有为企业投保，从而因火灾、水灾或其他灾害，使企业遭受损失。以上这些问题都可以通过有效的培训和经验的积累得到解决。

【案例】

马化腾如何用"灰度"机制逼出一个微信？

马化腾最近有一句话很受关注：创业期曾假扮女孩子陪聊。这是马化腾在香港大学的论坛上爆的料。

我印象最深却是马化腾另一句话，为了逼出微信，腾讯内部有三个团队同时在做。"做微信，是因为我们看到了一点点不同。我们当时很紧张，（腾讯）内部有三个团队同时在做，都叫微信，谁赢了就上谁。最后广州做 e－mail 出身的团队赢了，成都的团队很失望，就差一个月。”

过去，腾讯传出来的消息主要是张小龙团队和手机 QQ 团队的大战。腾讯这种内部 PK 是很激烈的，据说，当时张小龙团队和手机 QQ 团队的竞争也很激烈，甚至通过一些竞争手段来 PK 掉对方。没想到，还有一个成都团队也在做微信。小马哥也有狼性的一面的。

创业不易，互联网创业更不易。错过一个风口，就是灭顶之灾。

但是，创业 16 年来，马化腾几乎没有错过中国互联网所有大的风口，为什么？

一个关键词是危机感。马化腾说：3 年前，互联网在 PC 上面，这三年完全颠倒，移动互联网才是真正的互联网……也有国内的公司在移动互联网转换的过程中跟不上，飞速地掉队。

另一个关键词，我认为是灰度机制。我曾经跟马化腾深聊过一个问题，什么是腾讯微创新最最核心的武器，马化腾给了三个关键词：用户体验、快速迭代、灰度机制。

马化腾的灰度机制是这样的：很多公司在一开始做产品定义时，要么确定它是黑的，要么确定它是白的。但是马化腾发现，互联网产品的定义是有用户投票决定的。在一开始，我们不定义它是黑，还是白，有一个灰度的周期。在这个灰度周期里，让用户的口碑决定它是生是死，是白还是黑。

当然，这带来的一个结果，用我一个朋友梁宁的话，就是：花钱如流水。用马化腾的话，就是 允许适度浪费。

说的再直接点，这也是马化腾创新上的灰度机制：容忍失败，允许适度浪费，鼓励内部竞争、内部试错。

马化腾说过，在产品研发过程中，我们还会有一个困惑：自己做的这个产品万一失败了怎么办？

“我的经验是，在面对创新的问题上，要允许适度的浪费。怎么理解？就是在资源许可的前提下，即使有一两个团队同时研发一款产品也是可以接受的，只要你认为这个项目是你在战略上必须做的。很多人都看到了微信的成功，但大家不知道，其实在腾讯内部，先后有几个团队都在同时研发基于手机的通讯软件，每个团队的设计理念和实现方式都不一样，最后微信受到了更多用户的青睐。你能说这是资源的浪费吗？我认为不是，没有竞争就意味着创新的死亡。即使最后有的团队在竞争中失败，但它依然是激发成功者灵感的源泉，可以把它理解为内部试错。”

为什么提这个灰度机制？

是因为，好几个微创新学员经常提一个问题：互联网转型，我们的战略很清晰，但是，万一失败了怎么办？

我认为，传统企业的互联网转型，可以借鉴马化腾的这个灰度机制。如何借鉴，我有三个建议：

1. 一定要建立一个互联网小分队。在产品、组织结构上跟母公司有一个切割，让这个小分队能“灰度”成长，而不是一开始就定义它是黑是白。

2. 一定要有内部PK机制。PK当然要跟结果强挂钩，跟激励强挂钩。更重要的是要把决策权下放，要让一线能够指挥炮火，甚至是，容忍错误的炮火。

3. 一定要有做爆品的目的。灰度机制的目的不是为了灰度，而是为了爆品。爆品就是能够引爆市场的口碑产品，也是内部灰度竞争的终极评判标准。

你在转型创新上敢灰度吗？

【实训练习】

A. 故事1：韩国电视《商道》中，商道的主人翁林尚沃背着一些昂贵的铜器去贩卖的时候，发现他经过的地方的居民都是从来不用铜器的，无论他怎么吆喝那些人对这些铜器都没有任何的兴趣。卖不动咋办？

B. 故事2：这时候，他发现当地的饮用水有严重的污染，喝了以后很容易闹肚子。于是他带着铜器找到了一个医生，用这些铜器跟医生交换了价值相当的治疗腹泻的药物，在当地卖掉这些药物后，他成功的挣到了钱。这已经是一个非常成功的案例了。

问题：为什么开始卖不动铜器？失败的原因？

为什么后来又成功了，成功的原因？

第二章 创业精神与测评

第一节 企业家素质及培养

【案例】

史玉柱的创业故事

27 岁那年，史玉柱借债 4000 元，开始创业。他利用报纸《计算机世界》先打广告后收钱的时间差，用全部的 4000 元，为其耗费九个月心血开发出来的 M－6401 桌面排版印刷系统，做了一个 8400 元的广告。13 天后，史玉柱即获 15820 元；一个月后，4000 元广告已换来 10 万元回报；四个月后，新的广告投入又为他赚回 100 万元。

这一年，史玉柱产生了创办公司的念头，他想："IBM 是国际公认的蓝色巨人，我办的公司也要成为中国的 IBM，不如就用'巨人'这个词来命名公司。"

1991 年 7 月，"巨人"实施战略转移，总部由深圳迁往珠海，"珠海巨人高科技集团公司"，下设八个分公司，拥有 M－6405 汉卡、中文笔记本电脑、手写电脑等五个拳头产品。第二年初，巨人大厦动土。楼高 70 层，号称当时中国第一高楼，耗资 12 亿元。1996 年，巨人大厦资金告急，史玉柱决定将保健品方面的全部资金调往巨人大厦，保健品业务因资金"抽血"过量，再加上管理不善，迅速盛极而衰。1997 年史玉柱成了背负 2.5 亿元债务的"中国首负"。

幸运的是，受到重创的史玉柱，除了缺钱，似乎什么都不缺——公司 20 多人的管理团队，在最困难的时候依然不离不弃，没有一个人离开。而且史玉柱手上已经有两个项目可供选择，一个是保健品脑白金，另外一个是他赖以起家的软件。

史玉柱算了一笔账，软件虽然利润很高，但市场相对有限，如果要还清 2 亿元，估计要 10 年，保健品不仅市场大而且刚起步，做脑白金最多 5 年。

1998 年，山穷水尽的史玉柱找朋友借了 50 万元，开始运作脑白金。

手中只有区区50万元，已容不得史玉柱再像以往那样高举高打，大鸣大放，最终，他把江阴作为东山再起的根据地。江阴是江苏省的一个县级市，地处苏南，购买力强，离上海、南京都很近。在江阴启动，投入的广告成本不会超过10万元，而10万元在上海不够做一个版的广告费用。

启动江阴市场之前，史玉柱首先做了一次“江阴调查”。他戴着墨镜走村串镇，挨家挨户寻访。由于白天年轻人都出去工作了，在家的都是老头老太太，半天见不到一个人。史玉柱一去，他们特别高兴，史玉柱就搬个板凳坐在院子里跟他们聊天。

在聊天中，这些老人都会告诉史玉柱：“你说的这种产品我想吃，但我舍不得买。我等着我儿子买呐！”

史玉柱敏感地意识到其中大有名堂，他因势利导，推出了家喻户晓的广告——“今年过节不收礼，收礼只收脑白金”。

效果出奇的好。2000年，公司创造了13亿元的销售奇迹，成为保健品的状元，并在全国拥有200多个销售点的庞大销售网络，规模超过了鼎盛时期的巨人。这一年，他悄悄还了所欠的全部债务。

这则广告无疑成为中国广告史上的一个传奇，尽管无数次被人诟病为功利和俗气，但已被整整播放了10年，累积带来了100多亿元的销售额，这两点的任何一个都足以让它难觅敌手。

脑白金的一炮走红并没有让史玉柱满足，他立刻开始琢磨手中的另外几个产品，降血脂的、抗感冒的、补血的、治疗胃病的，还有维生素。最终，史玉柱决心力推维生素和矿物质的混合物类产品——“黄金搭档”。

2001年，黄金搭档上市，史玉柱为它准备的广告词几乎和脑白金一样俗气——“黄金搭档送长辈，腰好腿好精神好；黄金搭档送女士，细腻红润有光泽；黄金搭档送孩子，个子长高学习好。”

在史玉柱纯熟的广告策略和成熟的通路推动下，黄金搭档很快走红全国市场。

这两个产品，成了保健品市场上的常青树，畅销多年仍不能保持销售额的大幅增长。2007年上半年，脑白金的销售额比2006年同期又增长了160%！

在“其兴也勃，其亡也忽”的保健品行当，把所有鸡蛋都放在同一个篮子里非常危险。

史玉柱开始了他人生下半场的第二件事——资本布局。2003年，史玉柱将脑白金和黄金搭档的知识产权及其营销网络75%的股权卖给了段永基旗下的香港上市公司——四通电子。交易总价为12.4亿人民币，其中现金6.36亿人民币，其余为四通电子的可转股债券。

数亿元的现金趴在账上，史玉柱开始向保健品之外的行业投资，首选的是回报稳定的银行业。2003 年，史玉柱花了 3 亿元买入华夏银行和民生银行的法人股。三年赚了 120 多亿元！

史玉柱：说我不是一个"合格的企业家"。我觉得一个"合格的企业家"应该是这么样的：第一，这个人必须充满爱心，对社会有爱心，对自己的员工有爱心；第二，他要为国家纳税，尽企业的基本责任；第三，周围的骨干和员工能开心，工作上开心，生活上开心。

一、企业家的含义

企业家"entrepreneur"一词是从法语中借来的，其原意是指"冒险事业的经营者或组织者"。在现代企业中企业家大体分为两类，一类是企业所有者企业家，作为所有者他们仍从事企业的经营管理工作；另一类是受雇于所有者的职业企业家。在更多的情况下，企业家只指第一种类型，而把第二种类型称作职业经理人。对企业家一词没有一个权威的、统一的定义，不同的专家学者会给出不同的定义。

法国早期经济学家萨伊认为，企业家是冒险家，是把土地、劳动、资本这三个生产要素结合在一起进行活动的第四个生产要素，他承担着可能破产的风险。

英国经济学家马歇尔认为，企业家是以自己的创新力、洞察力和统帅力，发现和消除市场的不平衡性，创造交易机会和效用，给生产过程提出方向，使生产要素组织化的人。

美国经济学家熊彼特认为，企业家是不断在经济结构内部进行"革命突变"，对旧的生产方式进行"创造性破坏"，实现生产要素重新组合的人。

美国经济学家德鲁克也认为，企业家是革新者，是勇于承担风险、有目的地寻找革新源泉、善于捕捉变化并把变化作为可供开发利用机会的人。

企业家是具有先进理念、经营管理思想及战略头脑；具有冒险精神与创新精神，不断开拓新的经营领域；具有经营管理才能，能适应各种市场变化，获得引人注目的经营业绩的企业中高层领导者。相对于管理者和领导者，企业家是具有理性管理技巧和有效领导能力的人。

企业家的核心内涵包括创新能力，经营管理能力、承担风险能力。这些核心内涵贯穿于企业家精神、企业家素质、企业家能力之中。

企业家精神是区别企业家与一般企业领导人的关键。企业家素质是指企业家应具有的各种个人条件在质量上的一种综合，由心理素质、品格素质、知识素质和能力素质组成；包括了企业家的文化、技术业务、身体素质，也包括了企业家的思想和心理素质。企业家能力是企业家精神和企业家素质的外在表现和具体实现。企业家素质越高,解决各种问题的能力就越强。企业家精神可以促进企业家培养和提高解决问题的能力。

二、企业家素质

企业家的内涵是相当宽泛的,众多学者从不同角度对企业家进行了研究。在企业家素质要求的认识上也存在着众多差异。如:美国普林斯顿大学教授鲍莫尔提出十大条件论。他认为企业领导人应具有十大条件:合作精神、决策才能、组织能力、善于授权、善于应变、勇于负责、敢于创新、敢于冒险、尊重他人、品德高尚。而日本学者认为,一个成功的企业家应该具备下列品质和能力:品质方面:应有使命感、责任感、危机感、正义感、积极性、进取性、忍耐性;能力方面:捕捉和鉴别信息的能力、理解力和凝聚力、忍辱负重的能力、尊重员工和培养人才的能力、克服困难和追求成功的能力。

我国管理学家和心理学家共同研究提出五类素质论,认为企业家的素质是指企业家应具备的各种个人条件在质量上的一种综合,包括心理素质、品德素质、知识素质、经验素质、能力素质。一个人在这五类素质方面的状态,事实上就决定了他是否能成为一名合格的企业家。

1. 心理素质

企业家的心理素质是指企业家个人的心理条件,由企业家的自我意识、气质、性格、情感、价值观等心理素质构成。由于企业家致力于企业经营管理活动的特殊性,往往要求企业家具有与常人不同的心理条件。

(1) 自我意识特征

从心理学角度讲,自我意识是人类主观活动的高级形式,包括自我概念、自我评价、自我信心和自我管理等内容,反映人类认识自己、评价自己和表现自己的能力。这种不同的心理条件,在相当程度上影响着人对职业的选择及其在职业上的成功。有研究表明,企业家一般具有极强的自信心和自主性。他们不墨守成规、优柔寡断,而是勇往直前、无所畏惧;他们常常主动面对任何困难。因此,自信是企业家的第一心理要素。伴随着自信心而来的是在处理事情和考虑问题中表现出来的自主性。企业家对事物的判断往往优于其他人。企业家比常人更懂得如何自我管理。他们自制力很强,他们的管理往往是由内而外的,在自己作出表率后再有效地管理他人与企业。

(2) 气质特征

气质是人的心理特征之一,是人的神经类型在行为和活动中的表现。它是人对外界事物的一种惯性心理反应，现代管理实践证明，气质对企业家能力和绩效有一定的影响作用。

（3）性格特征

性格是指一个人较稳定的对现实的态度和习惯化的行为方式，是态度和行为方式较为稳定的心理特征。探讨企业家的性格特征，实际上是在承认企业家性格差异性的基本前提下，寻找那些直接影响企业家成功与否的性格共性，因为正是这些共性的因素才构成了企业家的基本性格特征。研究发现，无论是创业型的企业家还是守业型的企业家，在性格上一般都倾向于刚强、果断、坚毅、开朗，而较少懦弱、犹豫、封闭。刚强的性格能使企业家经受住挫折和打击；果断的性格增强了企业家决策的胆略和魄力；坚毅的性格保证了企业家实现既定目标的坚韧性；开朗的性格扩展了企业家的感染力。因此，只有具备了这些性格的人，才有可能成为真正的企业家。

（4）情感特征

情感在心理学中被认为是人的喜、怒、哀、乐等心理表现。对于企业家来说，由于从事的是带有很大不确定性的竞争性的事业，难免会遇到形形色色的棘手问题，因此，要求企业家情感上更富有理性色彩，靠自己的理性从事创业活动和经营管理活动，无论在顺境还是逆境中都能保持清醒的头脑，以高度的沉着和冷静进行思考、分析和行动。百名优秀企业家案例研究显示，成功的企业家往往是那些富于理性、在任何危机中都能保持沉着冷静态度的人。相反，那些富于情感的企业家，虽然在顺境中会取得一时的成就，但由于不能在受挫的条件下有效地工作，而且对遭受失败抱有灰心丧气的情绪。因此最终无法成为成功的企业家。许多研究还表明，随着竞争加剧，企业家将在精神方面受到更严峻的挑战，他们将会承受更大的压力，因此要求企业家不断强化自身理智，以应付更多不确定性和模糊性的前景。

2. 品德素质

企业家的品德素质是指企业家从行为、作风中表现出来的思想、认识、品性等方面的特征。优秀企业家所具备的品德素质主要包括良好的社会道德品质和经营管理道德品质。

社会道德品质是指企业家必须对社会的安全、和睦、文明、发展有道德责任。当企业的经济效益与社会效益发生冲突时，企业家应合理地加以协调，绝不能仅仅考虑企业自身利益而置社会效益于不顾。当企业获得的经济效益是以损害社会效益为代价的时候，企业家应放弃这种缺乏道义的经济利益。这样来约束企业家，并不意味着否定企业家经营管理活动的经济目标，而是要求企业家牢牢把追逐利润的经济行为限制在社会和公众所允许的范围之内，而不能为所欲为。拥有良好社会道德品质的企业家，实质上是那些把企业的使命和责任不局限在有效地生产产品、提供劳务和获得利润这种狭隘的范围之内，而是扩展到企业活动所涉及的广阔的社会效益上来，并注重两者有机协调的企业家。

经营管理道德品质涉及企业家在经营管理活动中的种种行为规范和准则，具有良好经营管理道德品质的企业家应具备这样的特征：

第一，应以企业利益为重，而不被个人利益所困扰。

第二，应抱有诚实的态度，任何弄虚作假的欺骗意识和行为都会给企业家带来恶劣的后果。

第三，要具备坦率和光明正大的心境。

第四，公正地把政策实施于企业的所有成员，切不可厚此薄彼。

第五，对过失勇于负责，而不是推诿于人。

第六，言而有信，言行一致。言行不一的企业家往往会丧失别人的信任感，减弱自己的影响力。

第七，充满责任心。

第八，具有强烈的事业心。

3. 知识素质

企业家必须具有良好的知识素质才能胜任复杂的经营管理活动。一般而言，企业家的知识素质主要包括管理哲学、社会科学以及技术科学方面的知识。这种知识框架也表明，企业家知识素质最根本的特点是知识的广博性。

第一，管理哲学知识。在现代管理理论中，管理哲学被认为是驾驭全部经营管理活动的基本观念。企业家的重要任务之一，就是要学习和掌握管理哲学知识，并将其应用于企业经营管理活动之中。

第二，技术科学知识。精通生产技术知识历来是对企业家知识素质的基本要求，因为企业经营管理不仅具有鲜明的经济性和社会性，而且具有很强的技术性，如果对技术知识一窍不通，就很难领导和指挥企业的生产经营活动。

第三，社会科学知识。社会科学知识是研究各种人类社会现象的庞大学科群，经济发展的历史证明，仅仅具备经济学和管理学知识还不能让企业家解决所面临的问题，要卓有成效地进行管理，还必须具有一定的社会学、心理学、法学及伦理学知识。

4. 经验素质

企业家的经验素质是指企业家在经营管理活动方面实践锻炼和经验的积累。

一个受过良好管理教育的人，只有与实践相结合，才能形成管理能力，成为企业家。因此，很多专家主张，尽可能广泛地取得管理经验，这是企业家成功的必备条件之一。从经济发达国家的实际情况来看，企业家通常要在下述几个领域内工作过并积累一定的经验，这些领域是：会计部门、技术部门、金融部门、行政管理部门、法律部门、销售营业部门、人事部门、生产部门以及调研发展部门。至于跨国公司中的企业家，则还需要有在国外从事业务活动的经验，譬如，欧洲国家跨国公司的董事长，99%都在国外工作过。

5. 能力素质

企业家能力素质是企业家整体素质体系中的核心素质，从实践的角度看，它表现为企业家把知识和经验有机地结合起来并运用于经营管理的过程。企业家能力主要包括以下几种能力：

第一，决策能力。企业家的决策能力集中体现在企业家的战略决策能力上，即企业家在对企业外部经营环境和内部经营能力进行周密细致的调查和准确而有预见性分析的基础上，具有确定企业发展目标、选择经营方针和制定经营战略的能力。

第二，组织能力。企业家的组织能力是指企业家设计组织结构，配备人、财、物资源以及确定组织规范的能力。显然，拥有较高组织能力的企业家能够运用组织理论原理，建立科学的、分工合理的、配套的、高效精干的组织结构，合理配备人、财、物资源，确定一整套保证组织有效运转的规范。

第三，协调能力。企业家的协调能力是指企业家正确处理企业内部和外部各方面关系，解决各方面矛盾的能力。从企业内部来说，企业家的协调能力，就是把企业所有部门、所有成员的行为都统一到企业的总体目标上来，保证各个部门、各类人员的活动，在时间、空间和质量上达到和谐统一。从企业与外部环境的关系来说，企业家的协调能力还包括协调企业与政府、社会、公众以及协作者之间的关系，尽可能地为企业创造有利的外部条件，避免或减少各种不利因素的影响，以争取建立一个有效的外部支持系统。

第四，创新能力。企业家必须具备创新能力。这是由经营管理活动的竞争性所决定的。而提高竞争力的关键在于发挥企业家的创新能力。只有不断地用新的思想、新的产品、新的技术、新的制度和新的工作方法来替代原来的做法，才能使企业在竞争中立于不败之地。

第五，激励能力。企业家的激励能力可以理解为调动下属积极性的能力，使下属积极、主动地进行工作。从组织行为学的角度看，企业家的激励能力表现为企业家所采用的激励手段与下属士气之间的关系状态。如果采取某种手段能使下属士气提高,则认为企业家激励能力较强;反之,如果采取某种激励手段未使下属士气提高,则认为该企业家激励能力较低。

第六,用人能力。企业家的用人能力在本质上表现为企业家是否知人善任,即是否做到人尽其才、才尽其用、用得其所。良好的用人能力,一方面表现为用人之长,避人之短;另一方面表现为依才量职、适才任用。

第七,规划能力。企业家的规划能力是指企业家为本企业提出目标,并制定具体实施步骤的能力。具体地说,规划能力包括调查研究市场动态、预测市场需求、制定经营目标、提出实施步骤。在规划过程中,虽然有些具体工作无需企业家亲自操作,企业家可以运用授权的技巧,把这些工作交给下属去做。但是,企业家必须始终处于规划的领导地位,有关企业经营方向、经营目标等战略性的事关全局的重大安排,必须由企业家本人处理。如果不是这样,企业家事实上就丧失了自己应有的规划能力。

第八,判断能力。对于企业家来说,判断能力不仅在决策的时候需要,而且在对下级的工作进行评价,或进行人事考核的时候都需要。因此,在纷繁复杂的环境中,善于凭借自己的经验、洞察力和预见力进行判断是极为重要的。

第九,应变能力。企业家的应变能力是指企业家不断地调整既定的目标、方针、政策和管理方式,以适应发生变化的环境的能力。衡量企业家应变能力的基本标准,在于企业家所制定的目标、方针、政策和管理方式与企业内外环境的动态适应性。因此,不断了解企业内外环境对经营管理的影响和要求,自觉调整经营策略,对企业家来说是至关重要的。

第十,社交能力。从一定意义上讲,领导企业经营管理活动的企业家也应该是一个社会活动家。在现代经营管理活动中,企业家仅仅与内部人员进行交往是远远不够的,他还必须善于同企业外部的各种人员和机构进行交往,这种交往不应是一种被动行为或单纯的应酬,而是在外界树立起企业的良好形象,它关系到企业的生存和发展。

三、创业者的意志力培养

麦当劳连锁店的创始人克罗克,51 岁时从美国加利福尼亚州一个小城的麦克兄弟手上购得麦当劳商标的使用权,最终把它发展成为风靡全球的连锁快餐企业。克罗克在办公室有一篇时刻提醒激励自己的座右铭:

世界上没有任何东西能代替“坚定”,

“才能”不能,因为太多有才能的人并未成功;

“天才”不能,因为被埋没的天才屡见不鲜;

“教育”不能，因为有许多受过教育的废物；

只有“坚韧”和“决心”才是无敌的。

1. 意志力的含义

《心理学大辞典》认为：意志是个体自觉地确定目的，并根据目的调节支配自身的行动，克服困难，实现预定目标的心理过程。意志是人的意识能动性的集中表现，是人类特有的心理现象。它在人主动地变革现实的行动中表现出来，对行为（包括外部动作和内部心理状态）有发动、坚持和制止、改变等方面的控制调节作用。凯利·麦格尼格尔在《自控力》一书中提到：所谓意志力，就是控制自己的注意力、情绪和欲望的能力。

意志力可被视为一种能量，根据能量的大小，可判断出一个人的意志力是薄弱的，还是强大的；是发展良好的，还是存在障碍的。意志力是人格中的重要组成因素，对人的一生有着重大影响。人们要获得成功必须有意志力作保证。

意志力既有静态的方面，又有动态的方面。一方面，它是引导人类行动的力量；而另一方面，它又是人们在这些行动中的行为。因此，当一个人能够在某一事件或一连串事件中表现出极大的决心与力量时，就会被认为拥有很强的意志力（静态的）；而他的意志力的特性，需要通过他的决心或行动的力度和持久性体现出来。这样，在这一过程中所展现出来的意志力就变为了动态的意志力。

2. 意志的特性

（1）意志的自觉性

意志的自觉性指对行动的目的有深刻的认识，能自觉地支配自己的行动，使之服从于活动的目的的品质。具有自觉性品质的人，是在对行动的目的深刻认识的基础上采取决定的，不随波逐流，不屈服于外界的压力，能独立地判断，独立地采取决定和执行决定。

和自觉性相反的品质是受暗示性和武断从事。易受暗示的人，遇事不独立思考，容易受别人的影响，随大流。有些人虽然自己拿主意，但是对问题不做深入、细致的分析，武断从事。这种人不能算是有自觉性的人，他们遇到问题时也容易动摇。

（2）意志的果断性

意志的果断性指迅速地、不失时机地采取决定的品质。遇到机会能当机立断，不失时机，不是碰运气的巧合，而是有强烈的愿望、深入的思考，因而对机会特别敏锐，善于观察，能够抓得住机会。

和果断性相反的品质是优柔寡断和鲁莽草率。机会和无心人是没有缘分的，这种人即使有了机会，也认识不到，或者在机会面前优柔寡断，让其轻易错过。有的人看来容易作决断，但他们抓的并不是机会，而是瞎碰，是鲁莽、草率，这些都是和果断性的意志品质背道而驰的。

(3) 意志的坚韧性

意志的坚韧性指坚持不懈地克服困难、永不退缩的品质，这种品质又叫毅力或顽强性。目标越远大，需要付出的努力越多，需要花费的时间越长。如果没有坚韧的意志品质，那么就很难达到远大的目标。有时，解决问题的条件还不成熟，需要等待，需要坚持，如果放弃了努力，就等于前功尽弃。

和坚韧性相反的品质是虎头蛇尾和执拗。有些人遇到困难就退缩，做事只有三分钟的热度，没有坚持性，这些都是缺乏坚韧性的表现。有些人表面看起来很有坚持性，但情况发生变化时还要墨守成规，不去适应改变了的环境，一味地钻牛角尖，这是执拗，是和坚韧性相违背的。

(4) 意志的自制性

意志的自制性指善于管理和控制自己情绪和行动的能力，又叫自制力。一个人的精力有限，要想达到一定的目的，就必须放弃一些妨碍这一目标的其他目标，或影响这一目标的其他活动，有所得就必有所失，有所为就必有所不为，否则所有的目标都会受到影响，该达到的目标也会力不从心，难以达到。

和自制性相反的是怯懦和任性。有些人虽然承认要达到目的，需要控制自己的情绪和活动，但是遇到困难时，却没有勇气，或者不去设法克服。读书要紧，过几天就要考试，但是碍于面子，宁肯耽误读书，也不愿拒绝朋友看电影、打牌的邀请，这是怯懦。不管是否对达到目的有帮助，只凭兴趣 ，想干什么就干什么，这是任性。所有这些都是缺乏自制性的表现。

3. 意志力的形成与培养

意志力是成功创业者的必备品质，对于一个意志坚强的人来说，失败是不存在的。别人眼中的失败，对于他只是一次挫折而已，是重整旗鼓、重新尝试的开端。只要不放弃希望和奋斗，就没有失败。失败只属于那些丧失勇气的退出者，不属于坚持奋斗的勇敢者。

一个人的坚强意志品质不是与生俱有的，而是在后天的实践中逐渐锻炼培养的结果。由于各种外部因素的影响，每个人的意志发展水平是不均衡的。具备优良的意志品质是创业者走向成功的重要条件。那么怎样培养和锻炼良好的意志品质呢？

(1) 提高"挫折容忍度"

有的人由于活动目标受阻而产生失意、焦虑、烦恼，甚至引起倒退反应，从此一蹶不振，这是"挫折容忍度"低的表现。当面临挫折和困难时，有的人能够抵抗和承受，在困难面前百折不挠，在挫折中奋起，从而避免了心理和行为失常，这是有较高"挫折容忍度"的人。邓小平同志常年坚持洗冷水澡，锻炼自己的意志和耐力，能承受三起三落的人生波折也就不足为奇了，最终成为扭转乾坤、带领中国走上正确发展轨道的"关键先生"。鲁迅说："伟大的心胸，应该表现出这样的气概——用笑脸来迎接悲惨的厄运，用百倍的勇气来应付一切的不幸。"只有勇于战胜艰险、不畏困难的人才能到达理想的彼岸。

【案例】

马云创办的第一家企业是翻译社。第一个月，翻译社的全部收入是700元，而当时他每个月的房租就是2400元。于是，几个合作伙伴的信心开始动摇了，好心的朋友们也劝马云不要折腾了，但马云没有想过放弃。为了维持翻译社的生存，他开始贩卖礼品、内衣，亲自走街串巷四处推销，受尽了别人的白眼和冷嘲热讽。整整三年，翻译社就靠马云卖杂货来勉强维持，直到三年后，才开始盈利。目前，这家翻译社已经成为杭州最大的专业翻译机构。翻译社的创业经历给马云最大的启发就是：永不放弃。

(2) 直面困难，抛弃一切畏难情绪

困难和挫折是磨炼意志的砺石。在实际生活中，每个人或多或少都要遇到各种困难和挫折，即使是一件小事没有取得成功，也会给人一种失落感，引起人的内心恐慌或不安。可见人在社会生活中，要克服多少困难、战胜多少挫折、解决多少问题，才能在生命的终点划上一个完整的句号。人就是在社会生活中不断抗争，从而使自己不断得到完善的。意志与困难有着天然的联系，意志可以战胜困难，困难可以磨砺意志。我们应该抛弃那种畏缩不前、消极被动的心态，勇于搏击，敢于进取。正像巴尔扎克所说："挫折就像一块石头，对于弱者来说是绊脚石，对于强者来说是垫脚石。"坚定信念与顽强毅力的结合，是创业成功的重要条件。

【案例】

美国有一位成功的广告推销员，原本是报社职员，听了一场关于自信心的演讲，深受触动，下定决心改变自己的处境，要求报社安排他做广告业务员，不拿薪水，只提取广告佣金。他记录了一连串的客户名单，都是其他业务员曾经联络而被拒绝的客户，他熟记这12位客户的姓名，在公园里把名单念了100遍，并大声鼓舞自己说："在本月底之前，你们将向我购买广告版面。"然后他开始拜访这些客户，第一天就和这12个"不可能"的客户中的3个人达成了交易；在第一星期的其他几天中，又完成了两笔交易；到了月底，他已和11位客户达成了交易，只剩下一位客户不购买他的广告版面。在第二个月，他不联系任何新客户，坚持每天去拜访这位拒绝登广告的客户，每天早晨，这家商店一开门，他就进去礼貌地请求这位商人登广告，而那位商人总是坚决地回答“不”。而这位年轻的广告业务员似乎没有听到，第二天继续重复前一天的要求。到了第二个月的最后一天，商人终于问他了：“年轻人，你又浪费了一个月的时间，我想知道你为什么要白白浪费自己的时间?”年轻人回答说：“我并没有浪费自己的时间，我是在上学，而你一直就是我的老师，现在我知道一个商人不买东西，仍然是一个商人，而我也一直在训练和增强自己的自信心。”商人感慨地说：“我也要向你承认，我等于也是在上学，你就是我的老师，你教给我坚持到底的道理，这比金钱更有价值，我要订购一个广告版面，作为我付给你的学费。”这个广告业务员靠意志力和信誉，最终成为了百万富翁。

（3）学会独立自主，勇于创新

爱因斯坦说过：“发展独立思考和独立判断的能力，应当始终放在首位。如果一个人掌握了他的学科基础理论，并且学会了独立思考和工作，他必然会找到自己的道路，而且比其他那种主要以获得细节知识为其培训内容的人，他一定会更好地进步和变化。”思维独立性在科学创造中极其重要。当今世界科学技术发展迅猛，社会生活日益丰富多彩，我们更要有较强的独立性，具备创造性地处理纷繁复杂的现实问题的意识和能力。独立自主、勇于创新的意志品质，是创业者走向成功所必需的财富。

【案例】

松下公司的诞生——1917 年 6 月，松下幸之助在自己的陋室里，同夫人及内弟，用仅有的 200 元钱为资本，开始从事电灯插座研制。在研制中，经受了多次的失败。为了生活，他只好把妻子的衣服、戒指等当成现金，以渡难关。但第一批插座只卖出去 100 个，销售额不到 10 日元，几乎连本钱也赔光了。原因是这种新型电灯插座只有利于减少电灯安装工人的劳动强度和时间，而对电灯用户无益。

“天无绝人之路”，这时濒于破产的松下幸之助接到北川电机公司 1000 个电风扇绝缘底盘的订货。这批订货拯救了面临倒闭的松下，到年底工厂开始扭亏为盈。1918 年 3 月 7 日，松下正式创立了“松下电器具制作所”。1923 年，松下幸之助完成了另一项发明——自行车车灯。这种可以连续使用 30 至 50 小时的炮弹型自行车用电池灯，其性能大大超过蜡烛，而价格却与使用蜡烛不相上下。而这一产品却未被批发商看好。为此，松下幸之助采用了一种新的行销战术：雇用临时工向全市所有的自行车铺赠送新式电池灯，每家三盏，并且将其中一盏点亮，保证使用 30 小时，以显示新产品的高性能。这一宣传活动获得成功，松下式自行车灯逐渐受到消费者的欢迎,市场从大阪扩大到全国,月销售量超过2000个。这一产品为松下解决了资金周转的困难,又一次挽回了企业可能倒闭的形势。

(4) 凡事要持之以恒,不能半途而废

渴望成功是人们的普遍心态,但在现实生活中,相当一部分人缺乏耐性和自信心而放弃了成功的愿望;还有一部分人只是出于猎奇心理,"三分钟热度",经常更换目标,并缺乏创新精神,始终在低层次上徘徊;只有极少数人具有坚韧不拔的毅力,克服种种困难和挫折,完成既定的目标。不被一时的困难所压倒,理智地分析客观实际,克服并抑制消极情绪和冲动行为,始终把握住方向,是一个人走向成功的一个重要条件。我国古代军事家孙膑把易冲动、好急躁的指挥员视为"用兵之灾"。可见,理智地控制自己的情感和欲望,自觉地调节和控制自己的行为,使自己的行为始终朝向既定的目标,最后才能取得成功。所以说,要想成功须有一种持之以恒、锲而不舍的毅力。

【案例】

阿里巴巴无疑是中国创业史上的奇迹,但很少有人知道,1999年阿里巴巴创业之初只有50万资金。当时,互联网投资在中国正是白热化状态,50万对于很多互联网公司来说不过是区区一笔广告费,但却是马云的全部家底。马云恨不得把每一分钱掰开两半花,他的团队成员每人工资每月只有500元,连吃饭都不够。外出办事,他们几乎都是靠走路。据说有一次,因为要运东西,他们只好打的,先来了一辆桑塔纳,他们摆手不坐,一直等到来了一辆夏利,他们才坐上去,因为夏利每公里的费用比桑塔纳便宜2元钱。阿里巴巴曾经因为资金短缺几乎到了无法维持的地步,马云和他的团队就是用这种艰苦创业的精神硬熬了过来。

四、冒险精神

1. 冒险精神

现代汉语词典对"冒险"给出的解释是:不顾危险从事某种活动。冒险精神并不等于莽撞。前者的行动有明确的目的性,清楚地知道自己在做什么,并且愿意承担责任。为了达到目标,勇于承担风险。冒险精神多一点,但须有一定的理智。经济学家樊纲说:"企业家精神就是创新精神,创新精神就是冒险加理智。"企业家身上60%是冒险精神,40%是理智,如果一个人的冒险精神降到20%,理智成分上升到80%就成了学者。

(1) 企业家的冒险精神主要表现:

◆ 企业战略的制定与实施;

◆ 企业生产能力的扩张和缩小；

◆ 新技术的开发与运用；

◆ 新市场的开辟；

◆ 生产品种的增加和淘汰；

◆ 产品价格的提高或降低；

（2）在企业家的实践中，冒险精神主要有本性冒险型和认知冒险型。

本性冒险型企业家的冒险精神多出于天性，这种强烈的冒险天性与生俱来，日常生活和工作事业均表现出一致性的冒险性格，认为有冒险才有机会，机会总是伴随着风险，没有风险的机会就没有追逐的价值，冒险是一种乐趣。这样的企业家往往随着经验教训的不断积累和其他品质的完善，屹立在市场潮头。

认知冒险型企业家的冒险精神是在后天实践中培养起来的，从白手起家的艰苦创业到开拓创新的企业经营，经历了无数次失败和成功，终于在自己的人生哲学中坚定地认为，企业在市场中航行，惧怕风险、不敢冒险才是最大的风险。这样的企业家对风险有着深刻的理性认识，在经营中往往表现出稳健的风格。

物质决定意识，环境影响心态。无论是哪种类型的企业家，在其人生的不同阶段，其冒险精神都会有所变化和不同。通常，在逆境和坎坷中，表现出强烈的冒险精神和坚韧不拔精神，终于柳暗花明，取得成功，正所谓时势造英雄。而在事业一帆风顺的时候，往往冒险精神的表现相对较弱。所以，即便是企业家，虽然具备了冒险精神，也要经常锤炼自己的冒险性格，来适应风云变幻的市场。

【案例】

成功需要冒险精神——他原是一文不名的农家子弟，26 岁时便成为高级工程师、副教授；在短短 7 年时间里，将镍镉电池产销量做到全球第一、镍氢电池排名第二、锂电池排名第三，37 岁便成为饮誉全球的“电池大王”，坐拥 3.38 亿美元的财富；2003 年，他斥巨资高歌猛进汽车行业，誓要成为汽车大王…… 他就是比亚迪股份有限公司董事局主席兼总裁王传福。

是什么成就了他青年创业的神话，成为商界奇才的呢？很多人认为是智慧、精练和汗水，而他自己则认为，“最关键的是要有冒险精神”。

2. 冒险精神和创业的关系

一个成功的企业家应该具有冒险精神。如果没有这种精神，领导工作就会陷入没有创新精神的状态中，这将不利于一个企业的发展，也很难说企业家能够在人事结构，人员任命等方面进行大刀阔斧的改革。没有冒险精神，企业家就只能忙于维持现状，而一个企业的管理工作的本质就是不断的实施变革，使企业获得新的发展机遇，没有冒险精神，一切都无从谈起。企业家至少在最初阶段或者某个阶段的某些重大问题上具有敢于冒险的精神。

有人问一个农夫他是不是种了麦子。

农夫回答："没有，我担心天不下雨。"

那个人又问："那你种棉花了吗？"农夫说："没有，我担心虫子吃了棉花。"

于是，那个人又问："那你种了什么？"

农夫说："什么也没有种。我要确保安全。"

一个不愿冒任何风险的领导者，会一事无成，就像农夫一样，到头来一无所有。他们回避困难，同时他们也失去了收获的季节。经营企业具有很大的偶然性，更需要大胆和冒险，如果在商机出现时不敢大胆行动，可能就丧失了赢得成功的契机。

【案例】

冒险精神成就"传媒女王"

李静毕业于河北师范大学手风琴专业，刚刚大学毕业，她被分配到张家口电视台做编辑。没多久，她就误打误撞地做了主持人，并一路顺畅地走到北京电视台、中央电视台。1999 年，李静已小有名气，但她很快发现，在这个环境里很难让节目表达自己的思想，便毅然辞去了工作，邀请了几个同学成立了一个工作室，一边写剧本，一边拍戏。但由于年少气盛，她一直没有拉来广告，工作室便散了。失业后，李静于 2000 年春季着手策划了一档电视节目《超级访问》，并叫上妹妹和几位同学开始了艰难的创业。那时，中国还没有真正意义上的访谈节目，李静利用人脉关系请来一批名人，开始制作《超级访问》，然后前往上海电视节招商。可令她沮丧的是，几天也没有招来一个广告商。

没有广告商，节目还得录下去。那时，李静仅有 4 万元。更要命的是，由于没有广告和发行的专业人员，她不得不到处找朋友借钱，最多时，她居然欠下了 200 多万元的债。为了制作节目，她连房子都抵押了，几个人栖身在北京西城区的一间民房里。

2001 年，李静说服一位投资人，勉强撑了半年，但《超级访问》因为不懂宣传造势，加上资金严重不足，彻底陷入了困境。李静毅然决定改变思路——卖节目！一位发行总监惊讶地说："中国的电视从来只卖电视剧和广告冠名，哪有卖节目的！何况你的节目鲜为人知，别人凭什么会买？"

一次，她前往湖北电视台推销时，席间，她见大家喝得高兴，就说："我在这里吃饭，可我的公司还有一帮女孩没饭吃，你们能不能先看看节目录像？如果看了，觉得节目不行，我马上就走；如果觉得节目可以，我可以免费送给你们，你们赚了钱我分文不要，就当我送给你们一个人情，日后也好再谈合作！”台领导见她说话爽快，为人仗义，便招来相关人员一起审片。结果大家看完节目后，一致说《超级访问》做得非常好。

为了做成这笔生意，李静当即决定，将节目中的5分钟贴片广告全送给对方，而只把其中的30秒时间留给自己。李静说：“这个节目如果收视率第一，你们一分钱不投就可大赚一笔；如果收视率低了，你们就把节目停了，反正也不会有什么损失。”电视台立即同意试试，并决定每期节目给她2000元。这样，李静成了中国第一个卖节目给电视台的人。她这一卖就是50家电视台，而她的一期节目能卖10万元。当时，一期节目的成本才3万元，这一出一进就赚了7万元。

成功地卖出节目后，《超级访问》很快吸引了广告商冠名，并占据了卖方市场的主动权。这些变化和做法，让李静发现不按套路出牌是对的，只要逻辑行得通就该去试试，没有什么是绝对不行的。于是，她毅然成立了自己的东方风行传媒公司。

3. 科学冒险精神与风险管理

科学冒险精神是在对事物深刻认识的基础上，了解、分析和研究风险，科学地处置风险，大胆决策，有效执行时所表现出的科学与艺术，是实践的感性认识和分析的理性认识相结合的结果，是不断螺旋提高的过程，更是强调必须在实践中磨炼的品质。企业家是市场中长期经营的成功者，久经沙场的经历使他们自觉或不自觉地培养和具备了科学冒险精神。而激烈竞争和变幻莫测的市场，还需要企业家来使科学冒险精神进一步升华和完善。

具备科学冒险精神，需要具有对风险进行科学管理的指导思想

（1）不惧怕风险

风险客观存在，这是客观规律，从一定角度讲，每件事情都有风险。如果惧怕风险，必然前怕狼、后怕虎，限制决策思维和方法，可选择的经营道路大量减少，路越走越窄，最终无路可走，退出市场。当然，科学的冒险精神绝非盲目冒险、比试胆量，无谓的冒险是没有意义的，没有考量和分析的冒险是缺乏理智的，没有承担风险后果的充足准备是不切实际的。科学冒险精神的冒险是企业经营中“必须”冒的险、值得冒的险。

（2）认识和了解风险

一项经营活动，其风险主要来自哪些方面，包括哪些内容，其一旦发生，危害程度如何，这些都需要企业家认真研究。实际上，最大的风险是没有意识到风险，事到临头，甚至没有任何心理准备，必然措手不及，惊慌失措。

(3) 衡量与分析风险

风险的衡量是更深层次地认识风险,主要确定风险程度和风险概率。风险程度是风险造成损失的大小,是从风险可能给决策人带来的最大损失的角度来衡量风险,这是企业家必须清醒认识的问题,既不可讳疾忌医,也不能心存侥幸。风险概率是风险发生的可能性高低,对其判断,可以通过人为理论经验推断,也可以通过历史客观数据分析。在此基础上,进行风险分析。风险分析关键在于主观分析与客观分析的良好结合。客观分析强调系统性、定量化,往往采用一定的数学模型;主观分析强调经验作用、主观能动性,往往表现为强烈的感性认识。

(4) 风险控制

风险控制的掌握和运用,对于企业家来讲至关重要,这也是科学冒险精神有别于盲目冒险的关键。风险控制的主要措施有三种:

① 决策控制,就是通过决策方法选定风险较小或可接受风险的项目。通常,风险与收益具有正相关关系,选择风险较小项目意味着失去获得更高收益的机会。

② 市场导向控制,即企业的经营活动就是要赢得市场,故始终以市场及其变化作为企业指引来降低风险。

③ 投资组合控制,就是通过多类型项目投资的组合运用,改善风险特性。通俗地理解,就是"不要把所有的鸡蛋放在一个篮子里"。当然,从理论中是找不出最佳的风险处置方法,因为只有最适合自己的方法才是最佳的方法。企业家必须在实践过程中冒着风险,理论结合实际,创造性地发挥,走出属于自己的道路,这正是企业家的可贵之处。

【案例】

冒险是企业家精神的天性

理查德·坎蒂隆(Richard Cantillon)和奈特(Frank Knight)两位经济学家,将企业家精神与风险(risk)或不确定性(uncertainty)联系在一起。没有甘冒风险和承担风险的魄力,就不可能成为企业家。企业创新风险是二进制的,要么成功,要么失败,只能对冲,不能交易,企业家没有别的第三条道路。在美国3M公司有一个很有价值的口号:"为了发现王子,你必须和无数个青蛙接吻。""接吻青蛙"常常意味着冒险与失败,但是"如果你不想犯错误,那么什么也别干"。同样,对1939年在美国硅谷成立的惠普、1946年在日本东京成立的索尼、1976年在台湾成立的Acer、1984年分别在中国北京、青岛成立的联想和海尔等众多企业而言,虽然这些企业创始人的生长环境、成长背景和创业机缘各不相同,但无一例外都是在条件极不成熟和外部环境极不明晰的情况下，他们敢为人先，第一个跳出来吃螃蟹的。

五、资源整合能力

1. 创业资源的界定

（1）资源

资源是指组织所拥有的各种要素，包括有形资源（如设备、厂房、人员、土地、资金等）和无形资源（如知识、公司形象、技术、专利、文化等）。企业资源是指能潜在地或实际地影响企业价值创造的所有事项，不仅包括企业拥有或能够控制的资源，而且还包括那些不能或不易为企业所控制的资源（如企业外部资源）。

狭义上讲，企业资源是"企业控制的所有资产、能力、组织过程、企业特质、信息、知识等，是企业为了提升自身的效率和效益而用来创造并实施战略的基础"。根据资源对维持和提升企业竞争优势的作用不同可将资源分为传统资源和新资源。其中传统资源是指自然资源、物质资源和一般人力资源，它仅提供企业比较竞争优势；而新资源是指传统资源之外的呈边际收益递增的，诸如知识、信息和教育等资源，它是企业持续竞争的源泉。知识、信息和教育等新资源是人类在这个物质资源相对稀缺的世界得以生存和发展的决定性因素，现已成为决定社会经济发展的主要资源。

（2）创业资源

创业活动需要资源的支撑。在经济学分析中，认为资源是企业为了创造新价值和追逐新财富而投入生产经营过程中所有的生产要素和支撑条件。创业资源是新创企业成长和发展过程中不断投入运作的所有资产。创业资源是新创企业不可或缺的基础，贯穿着整个生产经营始末。

创业伊始，创业者需要判断是否具有足够所需的资源来开发创业机会，同时由于新企业的高成长性需要更多的资源来保障，创业家还需对创业资源进行充分的整合以保障组织战略的执行。企业从创立到成长发展中，一直伴随着识别和获取所需创业资源——利用已整合好的资源撬动新资源——新的创业资源整合这样一个过程。创业资源对创业活动的意义不仅在量的积累上保证生产经营，还在于创业资源的整合能让企业获得竞争优势。

（3）创业资源的分类研究

创业需要各种资源组合以发挥效用，这就涉及对资源的分类研究。

Wernerfelt（1985）认为企业资源可以划分为物力资源、人力资源和组织资源三大类。

Grant(1991)认为资源分为技术资源、物力资源、财务资源、人力资源、信誉以及组织资源。

Capron 等在总结前人研究基础上,提出了五类资源:R&D、制造、营销、管理、财务资源,并指出这五类资源的关系是:产品开放、生产和营销沿其业务流程排列,而三者又受到管理和财务资源的支持。

林嵩、张帏和林强(2005)按照资源对企业成长的作用,将其分为两大类:对于那些直接参与高科技企业日常生产、经营活动的资源,称之为创业所需的要素资源,而那些虽然未直接参与企业生产,但是其存在极大地提高了企业运营有效性的资源,则称之为企业所需的环境资源。其中要素资源包括:场地资源、资金资源、人才资源、管理资源和科技资源;环境资源包括:政策资源、信息资源、文化资源和品牌资源。

蔡莉、柳青(2007)将创业资源归纳为人力资源、物质资源、技术资源、财务资源、市场资源和组织资源六种类型,其中人力资源的定义比较宽泛,可以进一步分为智力资源、声誉资源和社会资源三种。

石秀印认为企业家通过社会网络获取的资源主要包括四个方面:第一,政府行政与法律资源,如获准注册登记和生产许可;第二,生产与经营资源,包括各项生产要素和营销渠道等;第三,管理与经营资源,包括管理方式、管理策略、经营战略等;第四,精神与文化资源,包括企业家精神与理念,成就感与责任心等。

【案例】

高尔夫球场上的老板赚得更多

"很多年前我就开始打高尔夫球,有的老板一个星期有三四天在高尔夫球场上。在打球的过程中结识并慢慢了解这些老板之后,我发现一个这样的现象:和那些一天到晚在公司忙的老板相比,这些悠闲的老板赚的钱并不少,甚至比那些整天忙的老板赚得还要多。"

为什么高尔夫球场上的老板赚得更多呢?作者周嵘在书中分析了三个原因:第一,因为整合到了优秀的人才帮他们干活,他们才能有更多的休闲时间;第二,由于经常出来和优秀的社会精英们在一起,能不断地从别人身上学到很多重要的企业经营经验及做人做事的思维;第三,关键的是,社会上重要的资源都掌握在这些成功人的手里,与成功人士相处时间长了,彼此有了信任,他们便愿意把他们的资源拿出来与朋友一起共享,这样,大家都能为企业引进更多更好的资源,企业的发展也就解决了。

精华观点:领导者就是整合者,最好的领导者就是最好的整合者。

2. 创业资源的整合

（1）资源整合

资源整合是指企业对不同来源、不同内容、不同层次、不同结构的资源进行选择、配置、汲取并有机地融合，使之具有较强的条理性、系统性和价值性并对原有的资源体系进行重构，摒弃无价值的资源，以形成新的核心资源体系的一个复杂的动态过程。

肖坦（2009）提出以科学发展观统领企业资源整合，认为企业资源整合是指为了实现全面协调可持续发展，对企业内外部的各类资源进行有选择的扬弃、汲取、调整、整理、整顿和整改，经过一番加减乘除，重新加以协调、组合与集成，以形成新的合力、新的系统、新的均衡和新的竞争优势。

周宇认为，资源整合既可以是单个资源的整合，也可以是资源的系统整合。资源整合的核心是把各种资源在时间和空间上加以合理的配置，以实现资源效用的最大化。

马鸿佳认为，外部环境的不确定性、系统内部的资源整合能力、资源整合过程以及新创企业绩效纳入一个研究体系，探讨新创企业资源整合能力是在创业过程中，以人为载体，在资源整合过程中所表现出的对资源的识别、获取、配置和利用主体的能力。

资源整合包含资源的整理、协同、综合、系统化、集成和融合等多方面含义，核心竞争力除了取决于企业内部的资源和企业外部环境所提供的资源外，还取决于整合企业外部资源和内部资源的能力。由于竞争对手要模仿一套由资源协同所形成的能力，这无疑比模仿单一资源所形成的能力更加困难。因此，有效的资源整合不仅是核心竞争力的保障，也是竞争优势能否持续的决定性因素。

（2）创业资源整合的特征

资源整合具有以下四大特征：

① 激活特征：资源只有被激活才能发挥其效能，实现价值创造。

② 动态特征：资源整合受外部环境的变化而变化着，而且资源本身的属性也是随着环境变化的。新创企业在成立初期以及后来的成长发展过程中都会采取不同的资源整合方式。

③ 系统特征：在资源整合的前期识别与汲取阶段，就必须构建一个系统的资源体系结构，使各种资源匹配和功能互补。资源的整合要将企业所有资源纳入整体中，形成一个体系。

④ 价值增值特征：资源整合通过对各种资源进行有机结合和相互匹配，使其达到“1 + 1 > 2”的效应，而不是简单的相加。创业资源的整合有其内在的逻辑过

程,通过对资源的科学整合,有利于提升企业能力,使企业获得竞争优势。创业资源在未整合之前大多是零散的,要发挥其最大的效用,转化为竞争优势,为企业创造价值,还需要新创企业运用科学方法将不同来源、不同效用的资源进行配置与优化,使有价值的资源融合起来,发挥"1 +1 >2"的放大效应。

(3) 创业资源整合的内容

① 内部资源与外部资源的整合。一方面,识别、选择、汲取有价值的、与企业内部资源相适应的诸如隐性技术知识等外部稀缺资源,并将这些资源融入到企业自身资源体系之中;另一方面,实现外部资源与内部资源之间的衔接融合,激活企业内外资源,从而能够充分发挥内外资源的效率和效能。

② 个体资源与组织资源的整合。一方面,零散的个体资源通过系统化、组织化,能够不断地融入到组织资源之中,转化为组织资源;另一方面,组织资源也能够被迅速地融入到个体资源的载体之中,能够激发个体资源载体的潜能,提高个体资源的价值。

③ 新资源与传统资源的整合。新资源可以提高传统资源的使用效率和效能,反过来,传统资源的合理利用又可激活新资源,促进隐性技术知识等新资源的不断涌现,如此循环往复、螺旋上升。

④ 横向资源与纵向资源的整合。横向资源是指某一类资源与其他相关资源的关联程度,纵向资源是指其一门类资源的广度和深度方面的资源。它们的整合,对于建立横向资源与纵向资源的立体架构具有十分重要的意义。

【案例】

蒙牛的快速发展离不开资源整合

"蒙牛集团的创立者牛根生当年创业时,也跟很多人一样,缺一少十,可是蒙牛却跑出了火箭一般的速度:他整合工厂,整合政府农村扶贫工程,整合农村信用社资金。没运输车,整合个体户投资买车;没宿舍,整合政府出地,银行出钱,员工分期贷款。这样,农民用信用社贷款买牛,蒙牛用品牌担保农民生产出的牛奶包销,蒙牛一分钱没花,整个北方地区 300 万农民都在为蒙牛养牛。"

从蒙牛的案例中可以看出:任何企业家都不可能拥有世界上所有的资源,你手中可支配的资源总是有限的。想要实现自己的发展目标,就必须利用自己手中可占用和支配的资源与他人交换自己所需要的资源,同时让对方也能得到他想要的资源。这就是资源整合的一个重要法则,也是作者想要传达给我们的整合思维模式。

精华观点:能不能把可以利用的资源整合过来为己所用,关键在于你有没有整合的思维。

3. 创业资源整合的重要性

资源本身并不会产生经济价值，它们只有被放置到一个具体的生产经营活动中，并得到充分有效的利用以及有目的的高效整合，才能产生经济价值。企业的竞争优势不仅源自于企业所拥有的资源，而且更取决于企业资源整合能力。企业资源整合能力，即在企业生产经营活动过程中所具有的选择、汲取、配置、激活和融合企业不同类型资源的能力，将决定着企业资源的效能能否得到充分有效发挥，从而影响着企业竞争优势。

（1）资源整合能够提升企业资源的价值。

企业是由一系列资源束组成的集合，实质上是资源集合体，但又不是个体资源的简单汇总，具有非累加性、协同性、融合性等特性。

首先，企业资源在未整合之前，大多是无序的、零碎的，通过选择、整理并汲取，摒弃无价值的资源，能够形成新的更能产生价值的核心战略资源体系；其次，企业资源本身不会产生经济价值，它只有被合理有效地配置到最能发挥其使用效益的地方去时，才能体现出其价值，也才能提升这些资源的价值；再次，知识、信息和教育等新资源可以"消"而不"费"，其使用价值永不磨损，难以枯竭，可以永久利用，并在反复利用过程中再开发出新的经济功能和新的资源；最后，企业资源也只有被充分有效激活和有机融合，才能创造出新的诸如知识、信息等新资源，并发挥资源的"1 +1 >2"的价值放大效应。因此，资源整合可提升企业资源的价值。

（2）资源整合可产生诸如隐性知识等稀缺资源。

知识，尤其是隐性知识，是建立在个人经验基础之上的，难以用文字、语言、图像等形式表达清楚的技能、技巧、诀窍，也难以被竞争对手所模仿，是企业的战略性稀缺资源。

通过资源整合，对企业资源尤其是知识、信息等新资源进行充分有效激活和有机融合，可促使诸如自然资源、物质资源等传统资源的使用效率和效能的提高，同时又可促进知识、信息等新资源的不断涌现。其实，在利用新资源提高传统资源的效果和效率的同时，新资源的拥有者本身也可获得更有效、更合理的利用传统资源的隐性知识等新资源，反过来，这又可以促进传统资源更加合理的配置和利用，如此循环往复、螺旋上升。因此，资源整合能够产生诸如隐性知识等稀缺资源。

（3）资源整合能提高企业资源的模仿障碍。

一方面，资源整合可产生诸如知识尤其是隐性知识等稀缺资源，而知识、信息等新资源具有路径依赖性，它是企业在特定的历史文化背景下创造与形成的，而且其形成、维持和提升企业竞争优势的机理相对外界而言是模糊的,因而竞争对手很难掌握新资源关于竞争优势的形成和提升机理;另一方面,资源价值创造离不开与企业其他资源复杂的相互作用,它只有在特定环境下与相关联的其他资源要素共同作用才能实现其原有价值的创造力。通过资源整合而形成的新的更能创造价值的核心战略资源体系,其内部资源要素相互作用及联系更为复杂和广泛,企业竞争对手模仿则变得更加困难。因此,资源整合可以提高企业资源的模仿障碍。

【案例】

诸葛亮"草船借箭"

"诸葛亮被大家喻为智慧的化身,他一生中的很多传奇故事都跟'借'字有关:借天时、借地利、借人和、借荆州、借东风、草船借箭、借火、借雨等。"

诸葛亮在古时条件有限的环境下,充分利用了自然环境与人文环境的便利,成就了大业。这也是资源整合的智慧。"他借的都不用还,所以他是借又不是借,事实上他是在整合,因为整合是不用还的。"作者周嵘老师在书中分析道。反观现代企业的管理,最缺乏的恰恰就是这种"借"的智慧。

精华观点:假如用一个字来替代资源整合,那就是"借"。

4. 如何实现创业资源整合

(1) 资源整合的基本因素

资源整合是企业调整资源的一种活动,是由一些基本要素构成的动态系统,它与周围的环境紧密相连,整合活动就是由这些基本要素构成的矛盾运动。

(2) 资源整合的主体

资源整合的主体即执行者,是执行整合方案的具体实践的人。整合方案是资源整合的产物,是决策者决策的结果。整合活动的主体是联结决策者与整合客体(对象)之间的桥梁与纽带,整合活动的成功与否在很大程度上取决于执行者的执行效率,这就需要决策者建立起一套完整的对执行者的激励约束机制,鼓励他们认真执行决策者的方案,减少随意性,增强目的性,充分发挥他们的积极性和创造力。

(3) 资源整合的客体

资源整合的客体,是指整合所指向的企业资源对象。任何整合都必须有客体,否则就无法整合。资源整合客体既可以是自然界的事物,也可以是社会中的事物;既可以是客观物质世界,也可以是主观精神世界。但并非一切事物都是整合客体，只有存在整合与被整合关系时，才能称其为客体。因此，对象性是整合客体的本质特征。在资源整合中，企业资源就是整合所指向的客体，资源整合客体具有人的参与性。只有人这一主体参与进去了，才能说它是企业资源整合的客体。

（4）资源整合的环境

资源整合的环境即资源整合的外部条件。资源整合的主体和客体相互结合构成整合的内部结构，而任何整合活动都是在一定的环境中进行的，整合环境是整合的必要条件，因为任何事物都不能脱离与周围的联系而孤立存在和发展。整合环境的优劣，对于整合的实施具有重要的影响意义。企业的资源整合环境就是以适应宏观环境、融入中观环境、协调微观环境和改善自身环境为主要整合。环境的重要性要求整合执行者及决策者须以时间、地点、条件为转移，根据客观环境的变化及其特点来进行整合，审时度势、把握机遇、因势利导，要考虑在什么时间、什么情况下采用什么方法、手段才能实现整合的目的。资源整合在确定主体、客体和环境之后，就可以有针对性地进行整合策划工作。对不同的企业来说，资源整合有着不同的重点。不同性质类别的企业要根据自身的发展状况，在人才资源整合、市场营销整合、财务资源整合和环境资源整合等多种整合的主流方式中进行选择，但无论采取什么样的资源整合方式，企业都是以获取市场竞争优势和市场占有份额作为衡量的标准。

（5）创业资源整合的途径

① 形成资源的稀缺性

稀缺性的形成有两种途径。一是从自然界中获得的独占资源。如某国拥有大量的地下石油，某企业能生产独具特色的地方产品等。二是企业通过自己的努力研发出独特的技术或产品，以及其他的独特资源。一般来讲，这种研究成果，不会保持太强的竞争优势。因为，竞争者也会作此努力。只有企业的资源是稀缺的，才能形成企业的竞争优势，并由此保持企业的可持续发展。所以，要保持资源的稀缺性，企业必须不断地通过整合资源创造出新的优势资源。

② 形成资源优势的持久性

企业在整合资源时，应强调在可持续发展的目标要求下，加强保护和创造资源优势，并形成持久性趋势。近年来，由于科学技术的发展日新月异，使大部分企业固定资产提前结束生命周期，或者资产价值大大贬值，即使是拥有的专利技术也会在专利保护失效之前，失去保护的意义。实践证明，只有企业的声誉历经时日，依然不衰，给人以深刻的印象，才能留住和吸引消费者，保住市场，为企业赢得可持续发展的巨大空间。当今的企业持久性资源更多地会偏重于企业的无形资产的开发与创造。

③把握资源整合的灵活性

企业通过资源的买卖、技术的转移，可以得到企业所需要的有用资源，也可以很快地模仿别人的成功经验。如果企业的资源灵活度较高，那么，就意味着以此建立的竞争优势被削弱。因为，其他竞争对手通过模仿很快就会得到其所需要的相同或类似的资源。所以，从这种意义上讲，企业更应注重灵活性较差的资源开发，包括自然资源、企业特有资源，如声誉、品牌等。通过占有灵活性较差的资源，建立企业的独占性，从而降低竞争对手的模仿力，达到保护自己资源优势的目的。

④强化资源的相关性

当企业的重要资源与企业的发展目标所要求的资源具有很大的相关性时，这些资源就会产生良好的协同效应。同时，这些资源还应该与企业所在行业中的关键成功因素相关联。这一要求说明，企业的资源优势要有与外部环境适应的能力。如果不能很好地适应外部环境的要求与变化，那么，企业的竞争优势就不能确立，资源就有待于进一步整合。这种整合应包括三大方面：一是企业未来发展战略模式的选择；二是企业所处的环境，即企业内外部环境要素所表现出的状态；三是具有整合前两种资源功能的组织结构。只有在这三大资源有机的协调之下，才有利于企业的持续发展。

⑤降低对手的模仿性

企业所拥有的资源，如果不易被竞争对手模仿，那么，企业的持续发展能力就会提高。模仿性差的企业资源通常包括诸如许多复杂的组织工作程序、规章制度、企业文化以及企业所积累的经验等。即使有些资源可以复制模仿，但是，由于事物在不断的发展变化，使资源的先导者依然可以通过不断的改造和积累，保持自己的资源优势。另一方面，比如，像企业管理制度、工作标准、企业法规等软环境资源，是可以照抄照搬的，但是，各企业的亚文化环境的差异性使照搬的管理制度在实施中大打折扣，失去了原创人使用时产生的良好效果。如果要想达到原创效果，就必须进行长期的资源整合。企业对资源的整合其本质就是企业不断学习的过程，企业通过不断的学习，可以不断地创造新的知识和技能，不断地积累经验，以替代现有或落后的资源，最终达到可持续发展的目的。它表明面向未来的企业，不仅要使用好现有资源，还必须不断地储存可持续发展的资源，只有不断地把各种资源加以有效整合，才能使企业有可持续发展的空间和希望。

(6)创业资源整合的实现环节

企业资源整合经历资源识别与选择、汲取与配置、激活与融合等三大环节。首先，从产业定位、市场定位和产品定位等三个战略层面上以及层级性与可接受性相结合的战术层面上选择资源；其次，企业内部资源是汲取与配置资源的基础，按照资源购买、资源联盟及资源并购等方式汲取并合理配置不同类型资源；最后，按照相互匹配、互为补充及相互增强原则对企业内外资源进行充分激活和有效融合，以充分发挥其最佳效益和效能。

① 资源识别与选择

识别资源就是要选择合适的资源分解标准对企业资源进行分解，这是识别具有竞争优势的资源的关键。资源识别与选择应从企业宏观战略及微观战术两个层面综合考虑。其中，资源识别与选择的战略层面涉及企业全局和长远发展问题，是围绕企业战略目标而选择资源的，主要是对资源选择进行基本定位，包括产业定位、市场定位和产品定位等三个方面。其中产业定位是指选择最适合的资源应用于合适的产业领域，不同的产业需要的资源可能是完全不同的；市场定位是指企业如何在激烈的竞争中选择合适的资源满足某一细分市场的需求；产品定位是指选择合适的资源以更好地满足某一产品的生产需要。资源识别与选择的微观战术层面涉及企业生产经营问题，是围绕企业战术目标而选择资源的，主要是根据资源的层级性与可接受性相匹配原则进行选择。一般而言，资源层级越高，给企业带来的持续竞争优势的时间就越长，但是，由于层级越高的资源，其获取的代价就越大，因而随之而来的市场风险也就越大。资源的可接受性是企业应用和汲取某特定资源的可能性，直接决定了特定资源能否发挥作用及发挥作用的程度。而企业对拟采用资源的汲取能力大小，决定于企业现有资源特别是诸如知识、信息等新资源。

② 资源汲取与配置

企业所整合的资源来自企业外部资源和企业内部资源。资源在企业内部可能处于使用、待用、未用、弃用的状态，资源调配就是要使企业资源都处于有用且是最佳使用的状态。企业内部资源是资源选择、汲取的基础，外部资源的汲取与配置是企业快速提升企业能力的有效途径，是指企业将外部资源积极纳入企业内部并能为企业所用的活动。资源汲取的途径不仅包括市场机制下的资源购买，而且包括准内部化的资源联盟以及完全内部化的资源并购等，其核心内容是如何运用这些资源并为企业所能接受。

其中，资源购买主要是通过市场购入所需的资源，需要注意的是，诸如知识尤其是隐性知识等新资源很难通过购买可以获取并能为企业所用，这些资源可能是附着在非知识资源（如引进的设备等物质资源）之上。资源联盟是指通过联合其他组织，对一些难以或无法通过自己进行开发的资源实行共同开发。这种方式不仅可汲取显性知识资源，还可汲取诸如隐性知识资源，不过要注意，资源联盟的前提是联盟双方的资源和能力互补和有共同的利益。资源并购是通过股权收购或资产收购，将企业外部资源内部化的一种交易方式。不过，资源并购的前提是并购双方的资源尤其是知识等新资源具有比较高的关联度。而汲取的资源只有合理有效地配置到最能发挥其使用效益的地方去，才能体现出这些资源的价值。

③ 资源激活与融合

资源激活与融合贯穿于企业生产经营的整个过程，它是将汲取与配置的资源完全应用于企业研究开发领域、组织和管理领域、产品生产领域以及市场开拓领域的过程，它是最终决定着企业资源能否发挥最佳效益的非常重要的环节，其核心是发挥企业资源的最佳使用效率和效果，结果是企业获利能力得到提升。资源不会自动产生效益和效能。资源只有得到充分的激活，才能发挥其使用效益和效能，才有可能产生新的资源，尤其是人力资源，他们是活的能动资源，要想挖掘其潜能，就必须采取有效激活的措施和方法以调动他们的积极性和主动性。而资源融合是按照资源之间相互匹配、互为(性能)补充及相互增强的原则，将已选的外部技术资源与企业内部技术资源进行有机融合，内化于企业。需要注意的是，融合包括配置，但是又不仅是配置，因而，资源融合并不是单项资源的简单叠加，而是使企业各项资源相互作用、互相影响，从而实现“1+1>2”的放大效应。

【案例】

马云的创业史

很多人都想创业，但他们似乎有一个同样不创业的理由：我没有钱，我要是有钱的话，怎么怎么样，似乎只要有钱，他就一定能创业成功。可是马云的创业经历告诉我们，没钱，同样可以创业，同样可以创出一番伟大的事业。马云有过三次创业经历，创业开始都没什么钱。

第一次：创办海博翻译社

马云之所以要办翻译社，主要是基于三个方面的考虑：1. 当时杭州很多的外贸公司，需要大量专职或兼职的外语翻译人才；2. 他自己这方面的订单太多，实在忙不过来；3. 当时杭州还没有一家专业的翻译机构。

很多人光有想法，从来都不会有行动。但是马云一有想法，却是马上行动。当时是1992年，马云是杭州电子工业学院的青年教师，28岁，工作4年，每个月的工资还不到100元。但没钱，不是问题，他找了几个合作伙伴一起创业，风风火火地把杭州第一家专业的翻译机构成立起来了。

创业开始，也是举步维艰，第一个月，翻译社的全部收入才700元，而当时每个月的房租就是2400元。于是好心的同事朋友就劝马云别瞎折腾了，就连几个合作伙伴的信心都发生了动摇。但是马云没有想过放弃,为了维持翻译社的生存,马云开始贩卖内衣、礼品、医药等小商品,跟许许多多的业务员一样四处推销,受尽了屈辱,受尽了白眼。

整整三年,翻译社就靠着马云推销这些杂货来维持生存。1995年,翻译社开始实现赢利。现在,海博翻译社已经成为杭州最大的专业翻译机构。虽然不能跟如今的阿里巴巴相提并论,但是海博翻译社在马云的创业经历中也划下了重重的一笔。

海博翻译社给马云最大的启示就是:永不放弃。

没有钱,只要你永不放弃,你就可以取得成功。

第二次:创办中国黄页

中国黄页是中国第一家网站,虽然是极其粗糙的一个网站。网站的建立缘于马云到美国的一次经历。1995年初,马云参观了西雅图一个朋友的网络公司,亲眼见识了互联网的神奇,他马上意识到互联网在未来的巨大发展前景,马上决定回国做互联网。

创业开始,马云仍然没有什么钱,所有的家当也只有6000元。于是又变卖了海博翻译社的办公家具,跟亲戚朋友四处借钱,这才凑够了80000元。再加上两个朋友的投资,一共才10万元。对于一家网络公司来说,区区10万元,实在是太寒酸了。

很多人都说,做网络公司,没个几百万上千万是玩不转的。又有人说,如今的环境跟马云创办中国黄页的时候截然不同了,那时10万可以,现在肯定不行。我说,这全都是借口。说这样的话的人,这辈子也不可能有什么大的成就,因为他们眼里看到的都是困难。

对于中国黄页来说,创办初期,资金也的确是最大的问题。由于开支大,业务又少,最凄惨的时候,公司银行账户上只有200元现金。但是马云以他不屈不挠的精神,克服了种种困难,把营业额从0做到了几百万。

当然,后来中国黄页被杭州电信收购了。但是我以为,中国黄页在马云手里,依然是成功的。

第三次:创办阿里巴巴

阿里巴巴无疑是中国互联网史上的一次奇迹,这次奇迹是由马云和他的团队创造的。但是阿里巴巴创业开始,钱也不多,50万,是18个人东拼西凑凑起来的。50万,是他们全部的家底。然而,就是这50万,马云却喊出了这样的宣言:我们要建成世界上最大的电子商务公司,要进入全球网站排名前十位!

那是1999年。1999年,中国的互联网已经进入了白热化状态,国外风险投资商疯狂给中国网络公司投钱,网络公司也是疯狂地烧钱。50万,只不过是像新浪、搜狐、网易这样大型的门户网站一笔小小的广告费而已。阿里巴巴创业开始是相当艰难的，每个人工资只有500元，公司的开支一分钱恨不得掰成两半来用。外出办事，发扬“出门基本靠走”的精神，很少打车。据说有一次，大伙出去买东西，东西很多，实在没办法了，只好打的。大家在马路上向的士招手，来了一辆桑塔纳，他们就摆手不坐，一直等到来了一辆夏利，他们才坐上去，因为夏利每公里的费用比桑塔纳便宜2元钱。阿里巴巴曾经因为资金的问题，到了几乎维持不下去的地步。8年过去了。2007年11月6日，阿里巴巴在香港联交所上市，市值200亿美金，成为中国市值最大的互联网公司。马云和他的创业团队，由此缔造了中国互联网史上最大的奇迹。

中国大部分想创业的人都是一样，晚上想想千条路，早上起来走原路。他们比马云聪明多了，能想出非常多的创业好点子来，但是他们从来没有去执行过。因为他们有着太多的借口和理由。“我没有钱。”他们都这样想。于是，他们继续过他们平庸的生活。

精华：俞敏洪在北京大学2008年开学典礼上最后说了这样一段话，他说：人的一生是奋斗的一生，但是有的人一生过得很伟大，有的人一生过得很琐碎。如果我们有一个伟大的理想，有一颗善良的心，我们一定能把很多琐碎的日子堆砌起来，变成一个伟大的生命。但是如果你每天庸庸碌碌，没有理想，从此停止进步，那未来你一辈子的日子堆积起来将永远是一堆琐碎。

【实训练习】

A. 企业家具有哪些素质？根据本节内容自测一下，企业家的素质你具备哪些？

B. 如何界定创业资源？

C. 资源整合的基本要素有哪些？

D. 创业资源的有效整合途径有哪些？

E. 要想做好一件事，尤其是创业，必须要有较强的意志力作保障，测一测你的意志坚强吗？

对下列各题做出“是”或“否”或“不一定”的回答。

1. 你很喜欢长跑、远足、爬山等体育运动，因为它们能有效地培养你的毅力。

A. 是　　B. 否　　C. 不一定

2. 你做事经常虎头蛇尾。

A. 是　　B. 否　　C. 不一定

3. 你信奉“不干则已，干则必成”的格言。

A. 是　　B. 否　　C. 不一定

4. 你认为做事不必太认真，你的计划是经常改变的。

A. 是　　B. 否　　C. 不一定

5. 不该做的事情即使对你很有诱惑力，你总能克制自己不去做。

A. 是　　B. 否　　C. 不一定

6. 一件事该不该做的标准，主要取决于你是否有兴趣。

A. 是　　B. 否　　C. 不一定

7. 你常常强迫自己去做自己不感兴趣的事情。

A. 是　　B. 否　　C. 不一定

8. 你的生活不太规律，睡懒觉是常有的事。

A. 是　　B. 否　　C. 不一定

9. 你不喜欢一遇上困难就求助于人。

A. 是　　B. 否　　C. 不一定

10. 遇到复杂的事情你常常犹豫不决。

A. 是　　B. 否　　C. 不一定

11. 你决定做一件事情时，往往说干就干，很少拖延。

A. 是　　B. 否　　C. 不一定

12. 心情不好的时候，你很容易发脾气，有时明知不对，也难控制。

A. 是　　B. 否　　C. 不一定

13. 你相信事情的成功主要取决于自己的努力。

A. 是　　B. 否　　C. 不一定

14. 你认为机遇比奋斗更重要。

A. 是　　B. 否　　C. 不一定

15. 越是困难的事情，你做起来越是有劲头。

A. 是　　B. 否　　C. 不一定

16. 在和别人争吵时，你常说些事后感到后悔过头的话。

A. 是　　B. 否　　C. 不一定

17. 你对自己的计划很认真，没有意外情况，你总是要设法使其如期完成。

A. 是　　B. 否　　C. 不一定

18. 你常因读一本引人入胜的小说而不能按时入睡。

A. 是　　B. 否　　C. 不一定

19. 你不怕落后，相信后来者可以居上。

A. 是　　B. 否　　C. 不一定

20. 你很难长时间做一件重要而又枯燥的事情。

A. 是　　B. 否　　C. 不一定

21. 一旦你决定晚上不看电视，即使电视节目再精彩，你也不会去看。

A. 是 B. 否 C. 不一定

22. 因为优柔寡断，你已多次坐失良机。

A. 是 B. 否 C. 不一定

23. 遇到有风险的事情，你不像有的人那样总是借故推诿。

A. 是 B. 否 C. 不一定

24. 你感到自己很任性，常常是想怎样就怎样。

A. 是 B. 否 C. 不一定

25. 做了错事，你敢于承担责任，即使为此可能要受处分。

A. 是 B. 否 C. 不一定

26. 在意外情况面前，你常常惊慌失措。

A. 是 B. 否 C. 不一定

27. 你愿实践"胜利常在坚持之中"。

A. 是 B. 否 C. 不一定

28. 你感到清苦的生活比什么都难受。

A. 是 B. 否 C. 不一定

29. 别人做不成的事情，你常能做成，因为你有恒心。

A. 是 B. 否 C. 不一定

30. 你明知自己缺乏意志，但总是难以改进。

A. 是 B. 否 C. 不一定

评分标准：凡奇数题回答"是"记 2 分，回答"否"记 0 分，回答"不定"记 1 分；凡偶数题回答"是"记 0 分，回答"否"记 2 分，回答"不定"记 1 分。各题得分相加，统计总分。

45 分以上：说明你是一个"有志者"。20—44 分之间：说明你是一个意志水平中等的人。19 分以下：说明你是一个意志薄弱的人。

第二节　创业与职业生涯规划的关系

【案例】

比尔·拉福的创业故事

比尔·拉福在上中学期间经常和他父亲经常谈论将来他的理想职业。他的理想是能拥有自己的公司。经过探讨，他制定了自己的规划。

拉福中学毕业后考入麻省理工学院，没有去读贸易专业，而是选择了工科中最普通最基础的专业——机械专业。

大学毕业后，拉福没有马上投入商海，而是考入芝加哥大学，攻读为期三年的经济学硕士学位。获得硕士学位后，他还是没有从事商业活动，而是考了公务员。在政府部门工作了五年后，他辞职下海经商。又过了两年，他开办了自己的商贸公司。20年后，他的公司资产从最初的20万美元发展到2亿美元。

1994年10月，比尔·拉福率团来中国进行商业考察，在北京长城饭店接受《中国青年报》记者采访时，他谈到他的成功应感激他的父亲的指导，他们共同制定了一个重要的生涯规划。最终这个生涯设计方案使他功成名就。

我们来看一下这个成功的简图：

工科学习——工学学士——经济学学习——经济学硕士——政府部门工作——锻炼处世能力，建立广泛的人际关系——大公司工作——熟悉商务环境——开公司——事业成功。

第一阶段：工科学习

中学时代的拉福就立志经商。他的父亲是洛克菲勒集团的一名高级职员，他发现儿子有商业天赋，机敏果断，敢于创新，但经历的磨难太少，没有经验，更缺乏必要的知识。于是，父子俩进行了一次长谈，并描绘出职业生涯蓝图。因此升学时他没有像其他人一样直接去贸易专业，而是选择了工科中最基础最普通的机械制造专业。四年的专业学习，具备了做商贸必须的专业知识。在商贸中，工业品占绝对多数，同时帮助他建立了严谨的思维体系和分析能力，并且，除了专业外他还接触了其他课程，如化工、建筑、电子等，这些知识在他后来的商业活动中发挥了重要作用。

第二阶段：经济学学习

大学毕业后，拉福没有立即进入商海而是考入芝加哥大学，开始了为期三年的经济学硕士课程。他通过学习掌握了经济学的基本知识，搞清了影响商业活动的众多因素，期间还学习了有关法律和微观经济活动的管理知识。几年下来，他对会计、财务管理也较为精通。在知识上完全具备了经商的素质。

第三阶段：政府工作

拉福拿到经济学硕士学位后考取了公务员，在政府部门工作了五年。经商必须有很强的人际交往能力，要想在商业上获得成功，必须深知处世规则，善于与人交往，建立诚信合作关系。这种开拓人际关系的能力只有在社会工作中才能得到提高。他通过五年的公务员工作结识了各界人士，建立起一套关系网络，为后来的发展提供了信息和便利条件。

第四阶段:通用公司锻炼

五年的政府工作结束后,拉福完全具备了成功商人所需的各种素质,于是辞职下海,去了通用公司。在国际著名的通用公司进行锻炼,拉福不仅为实践所学的理论找到了平台,而且学习到了丰富的管理经验,完成了原始的资本积累。

第五阶段:自创公司

在通用公司工作两年后,他已熟练掌握了商情与商务技巧,便婉言谢绝了通用公司的高薪挽留,开办了拉福商贸公司,开始了梦寐以求的商人生涯,实现了多年前的计划。

对于一个立志创业的人来说,职业生涯规划与其创业规划在一定程度上是同一个东西。创业能力分为硬件和软件,硬件就是人力、物力和财力;软件就是创业者的素质能力,包括专业技能和创业素质。创业素质包括创业热情、态度、价值观、性格和工作能力。

"生涯教育"是曾任美国教育署署长的马伦博士在1971年正式提出的。他主张生涯教育是全民教育,从义务教育开始,延伸至高等教育及继续教育的全过程。其宗旨是有目的、有规律、有组织地培养个体规划自我职业生涯的意识与技能,发展个体综合职业素质。

"创业教育"是美国学者博尔1989年首次提出的。他认为未来的人都应该有三本"教育护照":分别是学术的、职业性的和证明一个人的事业心和开拓技能的。他将"创业教育"作为继学术教育、职业能力后的第三种能力,又称为"第三本教育护照",他认为创业教育和学术教育、职业教育具有同等重要的地位。

一、创业教育对职业生涯规划的意义

1. 创业教育能增强学生自我认知的敏锐性

创新意识是良好思维品质的核心特征,创业教育能培养学生的创新意识和创业精神,从而大大提高学生的思维品质。创新意识在引导学生发现客观世界新事物的同时,也启迪学生客观地对待人的生理、心理和性别等差异,对自身的兴趣和特长更加敏感,敢于发现、肯定和主动培养自己的优势,挖掘自身潜力,不断尝试新的领域,在职业生涯规划中扬长避短,个性化地设计自己的职业生涯,而不是人云亦云,按照一个模式发展,从而丧失培养自身优势的良机。

创业精神则使学生在创业实践中不断开拓进取和锐意创新,有助于学生发现自我、实现自我。

2. 创业教育能引导学生主动进行职业探索

职业是一个发展的概念,职业生涯是一个动态发展的过程。职业生涯规划不是一成不变的计划,而是个体在自我认知的基础上,基于对未来职业的前瞻性和全局性认识,对客观世界发展变化的主观预期和主动适应。个体的人生态度和价值观是相对稳定的,而外在的职业却是不断变化的,尤其是在知识经济时代,新兴职业不断出现,不适应社会需要的职业会被迅速淘汰。

创业教育有助于引导学生主动地进行职业探索,积极地规划未来,以良好的心态,在职业生涯的发展中不断调整自我、更新自我、完善自我,以适应外部职业环境的变化,使自身的职业规划与社会发展互动。

3. 创业教育能提升学生职业生涯发展的高度和广度

创业教育培养学生的求异思维,使学生带着创业的思路去就业,以创业带动就业,学生就能在工作岗位上不断创新,为社会作出更大的贡献。创业教育也能增强学生的岗位转换能力和抗挫折能力,使之不惧怕失业和失败,在职业生涯的发展中不断开辟新路。因此,创业教育能为职业生涯发展提供源源不断的精神动力和智力支持,给人以百折不挠的毅力和坚定的信心,不断提升个体职业生涯发展的高度和广度。

二、职业生涯规划教育对创业的意义

【案例】

一般员工 A 君与具备创业精神员工 B 君在企业的区别

某企业王总介绍:从进入企业到离开是所有员工在职业生涯中的必然过程,在这个过程中 B 君的目标清晰、积极性高、主动性强,往往比得过且过的 A 君,能较高质量地完成工作,同时创新改进工作流程,甚至产生数倍于 A 君的业绩。B 君以创业精神为公司付出的同时,其职位与收入比同时入职的 A 君有大幅提升。王总说:对于类似具备创新、创业精神的员工我们将大幅重点培养,在其具备创业能力时,我们给予了企业内创业的规划,可外派分公司或空白市场开拓业务独当一面,实现其人尽其才。

创业的成功要依赖于职业生涯规划。即创业者首先要自我认知、自我完善;其次要能够洞察环境,善于发现市场上尚未被满足的消费者需求,在此基础上捕捉创业机遇。在改革开放初期的中国,有胆量、有勇气就能创业,而在改革开放30 多年后的今天,创业不仅要靠胆量和勇气,更要靠包括智谋、能力、工作经验和社会责任感在内的综合素质，还要结合对创业环境中的人脉、资金和国家政策等因素的把握，在合适的时机作出创业抉择，即选择能充分发挥自己专长和个性优势，自己有浓厚兴趣并且与环境相适应的创业项目。

大学生创业缺乏资金、管理经验和人脉关系，更要依赖科学的规划。有规划的创业是创业成功的根本，职业生涯规划理论和方法同样适用于创业规划，并能发挥关键作用。职业生涯规划能帮助学生克服和规避创业的艰难险阻，提高创业的成功率，并帮助学生在创业成功之后有规划地守业，提高企业经营管理的效率。

三、职业生涯规划教育对创业者的作用

【案例】

创业失败入职，创业精神成为职业成长利器

在廊坊石油公司的兰某，07年时一冲动，离职创建了一家翻译公司，在创业过程中虽然积极提升自身能力、统筹规划、开拓市场，但创业仍然失败了。1年后再次求职入原单位海外事业部，利用其创业时培养的付出心态、创业思维，完成数个重点项目工作，2年后成为了海外事业部的一位中层负责人。兰某过后反思说：如果没有那一年在创业中锻炼创业思维、开阔眼界、强化执行力的经历，就不会有现在的自己。

1. 职业生涯规划教育有助于创业者明确目标

在职业生涯发展中，制定职业生涯规划能使自己理性地认清职场形势，分析自身利弊从而找到适合自己的职业。

很少有创业者会主动为自己做出明确的职业生涯规划，其原因在于他们还没有深刻认识到职业生涯规划的重要性，或者尚未掌握制定职业生涯规划的方法。虽然职业生涯规划在我国还没有达到深入人心的程度，但是要想取得事业的成功，积极做好自己的职业生涯规划对一名创业者来说尤为重要。

根据美国的一项统计资料显示：自行创业的中小企业中，有40%的小老板，在创业的第一年就不得不面临关门大吉的命运，而存活下来的60%中，约有八成无法欢度5周年庆典，更令人惋惜的是，能够熬过5年的中小企业主，其中只有20%能继续走完第二个5年。

创业失败的原因主要是创业者往往拥有远大的理想和火一样的创业激情，对自己的事业也有很多的想法，很重视创业计划书、商业计划书的制订，但是对自己的职业生涯规划得很少，对自己长期职业生涯发展的目标和自己应具备哪些能力

才能适应自己创业的职业生涯发展考虑的不多。因此,常常有很多创业者在创业发展的过程中,由于自己能力的限制,导致各种决策失误,管理跟不上企业的发展,其结果是企业失控。

没有做职业生涯规划的创业者是危险的。如果创业者做了职业生涯的规划,他就会有明确的目标和实施目标的具体步骤,也会在创业过程中不断积累创业成功所需的知识和经验。创业需要有目标,只有树立了明确的目标,才可能向着目标的方向努力,才能有意识地收集有关材料,创造条件,使自己获得成功。这样的创业者在创业中有备而来,随着能力的增强,生意越做越大,一步一步走向创业成功。职业生涯规划的意义在于寻找适合自身发展需要的职业,实现个体与职业的匹配,体现个体价值的最大化。

2. 职业生涯规划教育有助于提高创业者的基本素质

职业生涯的规划教育,可以充分挖掘学生的潜力,培养学生的意志、品质、人生观和价值观,积累经验、提高能力。对学生创业,提高学生创业的基本素质同样是起着重要的作用。

(1)责任感

责任感是一个人对自己、自然界和人类社会,包括国家、社会、集体、家庭和他人,主动施以积极有益作用的精神。一个人责任感的强弱决定了他对待工作是尽心尽责还是浑浑噩噩,这又决定了他做事的好坏。责任感是学生必须具备的基本素质之一。责任感对学生的职业生涯发展有着重要的意义,是驱使职业生涯成功的核心动力,同样也是创业者应该具备的基本素质。

第一,责任感是对自我潜能的激发

责任感会让我们对自己的人生历程负责,责任感会让我们在工作和生活中表现得优秀。只有具有强烈的责任感,最低俗的工作也会变得有意思起来,能认真专注于自己的工作,将个人潜能最大程度地激发出来。

美国西点军校的学员章程规定:每个学员无论在什么时候,无论在什么地方,无论穿军装与否,也无论是在担任警卫、值勤等公务,还是在进行自己的私人活动,都有责任履行自己的职责和义务。这种履行必须是发自内心和责任感而不是为了获得奖赏或别的什么。这样的要求是非常高的。但西点军校认为,没有责任感的军官不是合格的军官,没有责任感的员工不是优秀的员工,没有责任感的公民不是好公民。在任何时候,责任感对自己、对国家、对社会都不可或缺。正是这种严格的要求,让每一个从西点军校毕业的学员都受益匪浅。西点军校认为,一个人要成为好军人,就必须遵守纪律,有自尊心,对于他的部队和国家感到自豪,对于他的同志们和上级有高度的责任感,对自己的能力有自信。

第二，责任感是对他人的诚信

当我们对别人负责任的同时，别人也在为我们承担责任。企业里的每一个员工都对其他的员工负有责任，这就像互相咬合的齿轮，大家必须紧紧地连在一起，才能共同发挥作用。因为“成功的组织必须对自己负责，也需要彼此负责，这才能达到事先约定的成果”。在工作中，无论是老板还是员工，都在承担着自己的责任，而且无论是谁，在承担责任时都不是轻松的。所以，能够担当责任的人才值得尊敬。责任感是对他人诚信的一种品质。

第三，责任感是对社会的使命

每个人都肩负着社会责任，对工作、对家庭、对朋友，我们都有一定的责任，正因为存在这样或那样的责任，才能对自己的行为有所约束。社会学家戴维斯说：“放弃了自己对社会的责任，就意味着放弃了自身在这个社会中更好的生存机会。”在责任的内在力量的驱使下，我们常常油然而生一种崇高的使命感和归属感。

责任感是一种生存的法则。无论对于人类还是对于动物界，只有履行这个法则，才能够存活。责任感是生存的基础。所以，从本质上说，责任感是一种与生俱来的使命，它伴随着每一个生命的始终。事实上，只有那些能够勇于承担责任的人，才有可能被赋予更多的使命，才有资格获得更大的荣誉。一个缺乏责任感的人，或者一个不负责的人，首先失去的是社会对自己的基本认可，其次失去了别人对自己的信任与尊重，甚至也失去了自己的立命之本——信誉和尊严。因此，责任感才是驱使人们职业生涯成功和创业成功的核心动力。

（2）意志力

意志力是人类精神领域不可或缺的组成部分，在每个人生命中发挥着重要作用。爱默生说过，意志力是鼓舞士气、振奋人心的冲劲。人的意志力可以比作充电电池，其放电能量的大小取决于它的容量和疏导系统。它可以积聚很多的能量，在恰当的操作下可以释放出强劲的电流。在某个事件或者某种特殊的情况刺激下，一个人可能会表现出巨大的意志力，这是一种在量上能够增加，在质上能够提高的能量。

没有顽强的意志力就无法成就事业，这是被无数事实证明了的。学生在职业生涯发展过程中、在创业中，意志力发挥着重要作用，是事业成功的基础。在学生职业生涯发展和创业过程中，意志力扮演着三种重要的角色：意志力是身体的主人；意志力是心智功能的统帅；意志力是个人道德的导师。

第一，意志力是身体的主人

意志力总是借助各种欲望或理念来指挥着我们的身躯。良好的行为习惯依赖于强大的意志力形成。如:歌手对自己的嗓音能够控制自如,是他训练有素的表现;音乐家娴熟的指法,其实也是一种坚持不懈练习的结果。当一个人决心全身心地投入到一件事中去的时候,身体在意志支配下就会将动作完成得极其出色,或者可以长时间不知疲倦,这都是意志力发挥作用、创造奇迹的表现。

第二,意志力是心智的统帅

当我们在集中注意力时,思想就会将它的能量集中在一个物体或者一件事上,人的思维在某种单一的行为中所显示出来的专注程度和力度,往往体现了意志力得到持久训练的结果。当人们想要达成自己目标的愿望越强烈时,表现出的意志力越强。

第三,意志力是道德的导师

意志力是个人道德的导师。对于意志力的真正磨砺不可能离开高尚的品质和正直的观念。如果忽视对良好道德的培养,就不可能培养出强大的意志力。

(3) 冒险精神

青年学生一方面要通过学习增长才智,另一方面还要保持冒险精神。在当今社会竞争日益加剧,学生就业形势日趋严峻,创业氛围空前浓厚的状况下,冒险精神就显得尤有重要。

冒险并非单纯的勇气,还包括关注别人不易注意的问题,以自己独特的思想和方法去考虑和处理问题。作为青年学生,应该具备冒险精神,以科学的冒险精神开创自己的精彩人生,创造属于自己的成功。

(4) 资源整合能力

当代大学生如果有创业的梦想,就必须提前做好准备,逐步培养自身的创业资源整合能力。

企业的发展离不开资源的投入,说"资源是企业发展的脊梁",一点都不为过。学生创业之初,由于企业成立时间短、规模小等特点,对创业资源的运用经验少。而企业资源的引入、消耗、交换、调配,任何一个环节,都会对企业带来重要影响。因此,创业者需要有效识别各种创业资源,并且积极借助企业内外部的力量对创业资源进行组织和整合,而这样的创业资源整合能力对创业企业的成长起着关键性的作用。

在创业企业的整个生命周期中,企业家的资源整合能力始终具有非常关键的作用,他能够帮助企业创造新资源,并且提高资源的使用效能。

第一,战略预见能力

战略预见能力通常表现为企业家对环境变化及趋势,组织存在的问题、潜力、优势和劣势及其转化的洞察力、应变力和预见力。较强的战略预见能力可以准确地预测市场需求变化及所在行业竞争或合作的焦点所在，也可以有针对性地配置资源种类和数量，从而能够充分发挥创业资源的使用效能。其中，洞察力是一种从不同类型的信息中获得知识的能力，它是一种特殊的思维能力。具有较强洞察力的企业家，在没有直接观察到事物内部时，就可以根据事物的表面现象，比较准确地认识到事物的本质及其内部结构的性质。应变力是一种为适应不同发展变化的内外环境，审时度势地对原来的决策做出机智果断的调整的能力。预见力是通过分析判断并借助于想象来推测未来的一种能力，创业企业家需要不断地学习知识、拓展视野，才能提高分析、把握问题的能力。

第二，置换与配置能力

置换与配置能力是企业家在市场竞争过程中所具有的汲取、凝聚、配置资源的能力，既涉及企业自身拥有的资源状况，又包括企业的外部环境条件。任何一个企业都不可能具备所有的创业资源，尤其是在企业创立之初，所具有的资源更是稀少，这就要求创业企业家具有汲取企业外部稀缺资源的能力。

第三，激活与融合能力

激活及融合能力是指企业家如何充分发挥资源的效益和效能的一种能力。一个成功的战略必须有好的策略相配合，才能使企业最终走向成功。一个企业所拥有的创业资源与企业的地位之间的关系并不是完全对称的，也就是说创业资源缺乏不一定是市场竞争中获得优势地位的障碍，资源丰富也不一定能保障企业持续获得领先地位。因为不同种类的创业企业的企业家在运用创业资源过程中激活和融合资源的能力存在差异。因此，通过企业家对资源的激活及融合能力，高效地组织协调企业资源，发挥企业创业资源的效率和效能，才能形成与其创业资源不完全相称的强大竞争优势。

创业资源尤其是人力资源、信息资源等对创业企业的竞争优势有着十分重要的作用。但市场竞争优势常常属于那些善于进行资源整合的创业企业，而不是那些拥有大量创业资源的创业企业，也不是那些投入巨资来开发新的资源的创业企业。创业企业家个人的资源整合能力是创业企业成长过程中的重要因素，这种能力使得企业家能够基于对未来发展趋势的正确预测及判断而有效地识别与选择、汲取与配置、激活与融合企业内外部资源、新旧资源、个体与组织资源、横向与纵向资源。通过持续不断地资源整合，创业企业能提升其竞争优势。因此，在创业企业资源管理中，一定要提高创业者创业资源整合能力，这样才能有效地提高企业整体的资源竞争力，从而增强创业企业竞争优势。

【实训练习】

A. 通过分析一位企业家的创业经历，讨论职业生涯规划的制定对创业者的创业有没有作用。

B. 讨论创业精神对从业者职业生涯发展有没有作用，有什么作用？

第三节　使命感与责任感在创业中的作用及培养

【案例】

使命感成就伟大的事业

在哈佛大学攻读硕士学位时，乔琬珊有一次和同学游历了青藏高原，看到当地牧民贫困的生活状况，她们开始考虑如何改善当地人的生活。

于是，两人回到美国后便写了一个商业企划，参加哈佛大学的年度创业大赛，不想一举获得社会公益组的创业冠军。后来，她们又参加了荷兰阿姆斯特丹的创业竞赛，也拿到第一名，奖金就成了创业的第一桶金。于是 Shokay（藏语"牦牛绒"之意）公司 2006 年正式诞生。今天，Shokay 位于中国青海省内，超过 2600 名当地人一起工作。通过直接向牧民收购牛绒，帮助他们获得长期、稳定的生活来源，从而保护他们传统的生活方式不必被迫受到改变。而通过增加牦牛养殖的经济价值，当地人发现了更多工作机会，可以使他们对自己独有的本土文化产生认同感和自豪感，同时也为藏民的下一代提供了更多选择未来的机会。

实际上，通过六年的努力，Shokay 已经帮助 3000 名藏民提高了 20% 到 30% 的收入。在《天使爱上谁》的节目中，薛蛮子老师评价琬珊说她很伟大，能把一个本来不存在的产业从无到有打造出来，付出 6 年的青春，面对的是可能血本无归的风险。徐新和靳海涛都认为如果牦牛绒的产业链一旦成功，这必然既能成就一个伟大的产业，又能造福千万藏区人民的生活。

一、使命感是创业的驱动力

使命感是人内在的永恒的核心动力。一个人的使命感越强烈，那么他的人生希望就越强烈；他的工作激情与生活热情越强烈；他的人生责任感也越强烈。有强烈使命感的人，是一种自觉的人，是一种奋斗的人，是一种百折不挠的人，是一种任劳任怨的人，是一种坚强不屈的人。做人，必须要有使命感。一个人如果对客观存在的使命缺乏足够的认识，没有使命感，那么，这样的人就不会真正懂得人生的意义与价值，也不会承担起做人的责任与任务。

同样，一个企业的存在，并不仅仅为了自身的利益。否则，它的存在对社会就没有多大价值。一个企业绝对不能仅仅以赚钱为目标。除了赚钱之外，企业还应该服务社会，创造文化，提供就业机会，提供高质量的产品和服务给消费者等，这就是企业的使命。一个企业如果从管理层到普通员工都能形成这样的使命感，那么这个企业最终一定会有很大的发展。仔细研究那些世界著名企业，我们会发现，任何一家企业都不是以赢利为自己的最高使命，它们大多以服务社会，造福人类，改变生活等崇高使命作为自己企业文化的核心。

2015 年 3 月 26 日，在博鳌亚洲论坛“青年领袖圆桌会议”上，百度总裁张亚勤谈及自己对创业的看法，他认为现在的互联网巨头在创业之初都有一个使命感。比如马云提出的让天下没有难做的生意，李彦宏创办百度是为了让人们能够公平便捷地得到信息。而这种使命感，是创业者所必需的。

企业使命是企业生产经营的哲学定位，也就是经营观念。企业使命为企业确立了一个经营的指导思想、原则和方向，它不是企业具体的战略目标，但影响经营者的决策和思维，它包含了企业经营的哲学定位、价值观以及企业的形象定位，如企业经营的指导思想是什么，如何看待和评价市场、顾客、员工、合作伙伴和竞争对手等。

1. 企业使命包含以下含义：

（1）企业的使命是企业存在的原因或者理由，即企业生存的目标定位。

不论这种原因或者理由是“提供某种产品或者服务”，还是“满足某种需要”或者“承担某个不可或缺的责任”，如果一个企业连自身存在的原因都不明确，企业的经营问题就会很艰难，甚至可以说“已经没有存在的必要了”。就像人一样，经常问问自己“我为什么活着”，企业的经营者们应该首先明确这个问题。

（2）企业使命是企业生产经营的形象定位。

企业使命反映了企业试图为自己树立的形象，诸如“我们是一个愿意承担责任的企业”“我们是一个健康成长的企业”“我们是一个在技术上卓有成就的企业”等，在明确的形象定位指导下，企业的经营活动就会始终向公众昭示这一点，而不会“朝三暮四”。

2. 使命感是创业的驱动力，在创业中的作用主要体现在以下几个方面：

（1）企业使命感有助于建立统一的企业氛围，保持整个企业经营目的的统一性。

在企业的经营哲学里一定要有这样的思考：利润是企业对社会奉献的合理回报。企业要追求利润，这是企业的使命之一，企业可以追逐利润最大化，但不能有唯利是图的思想，不能攫取利润。很多人都曾错误地认为，一个企业的存在只是为了赚钱,实际上我们应该更深入地寻求我们存在的真正原因。世界医药巨头默克公司的创始人乔治·默克二世曾说:我们应当永远铭记,药物是为了人类而生产,不是为了追求利润而制造的。只要我们坚守这一信念,利润必将随之而来。

1984 年维京航空创立,其企业使命是希望打造更美好的世界,为兼顾自身与大众福祉的明确目标奋斗。成立之初市场上多数同业的机上服务都很糟糕,维京以体贴入微的顾客服务搭配个人娱乐系统等创新设备,成功抢客。30 年后,许多维京首开先例的改良措施获同业采用,并继续探索取悦顾客的方法。

（2）使命感使创业者高瞻远瞩,协调内外部矛盾,为企业持续稳健的发展提供动力。

使命足以影响一个企业的成败。彼得·德鲁克基金会主席、著名领导力大师弗兰西斯女士认为:一个强有力的组织必须要靠使命驱动。企业的使命不仅回答企业是做什么的,更重要的是为什么做,是企业终极意义的目标。崇高、明确、富有感召力的使命不仅为企业指明了方向,而且使企业的每一位成员明确了工作的真正意义,激发出内心深处的动机。试想“让世界更加欢乐”的使命令多少迪士尼的员工对企业、对顾客、对社会倾注更多的热情和心血。

【案例】

1967 年出生的林峰大学毕业后进入国家机关工作,四年后,随着邓小平南行讲话精神的春风吹拂,1994 年初,他辞职下海开始了他的第二份职业,进入 X 食品机械公司做销售代表,凭借着自己的勤奋和努力,取得了卓有成效的业绩,两年不到的时间便被公司提升为销售主管。在三年多的销售主管工作中,他进一步加深了对食品机械行业的认识,对国内和国际行业都有所了解,而且管理能力也日渐提升,他所带领的团队的业绩也一直在公司中保持领先地位。公司比林峰初来时发展壮大了许多,资产规模增加了 5 倍以上,销售规模也增加了 20 倍以上,公司也发展为集团性公司,林峰成为该公司的副总裁,在行业内的声誉远远超过了老板李先生。行业内和企业内的人常说,没有林总,就没有 X 公司的今天。在这样的背景下,林峰投入和募集了 300 万元资金,独立创业进入了与原公司业务有些接近的行业。然而却因为对行业状况不明,产品质量不过关等种种原因,在 18 个月后就损失殆尽,林峰又重新出任一家颇具规模的机械产品公司销售总监。林峰盘点自己此次创业的结果,把前半辈子的积蓄基本上都用尽了,从零开始继续执业赚钱,养家糊口。

企图通过创业拥有更多控制权、获得更多经济收益的创业者,成功的机会比那些有职业使命感的创业者要少得多。创业不能简单地用是否为别人打工来划分,更重要的应该放在对创业价值的理解和认识上。从最为广泛的意义上讲,创业更是一种决心,使自己价值上升百倍的奋斗状态,独立开创事业与供职于他人的公司是没有区别的。因此,应该把“创业”作为一种提升价值的使命,把通过自己的努力、奋斗来实现自己的价值提升的目标放在首位,树立创业使命感,在这样的动机下走到创业道路上便有更大的成功保障。

3. 使命感使创业者树立远大的目标和正确的世界观

企业使命是企业存在的目的和理由。明确企业的使命,就要确定企业的远景目标及必须承担的责任或义务。管理大师德鲁克说:“一个组织绝不能像生物一样,以自身的生存为目的,如果能够延续后代就算成功了。组织是社会的一种器官,只有为外界作出自己的贡献,才能算有所成就。”

企业必须要加强企业文化的建设,要建立先进的价值观念体系,对企业的社会责任、社会使命要进行深入的思考,确立自己的终极目标。企业有了正确的发展方向,才能健康地发展。世界上那些经久不衰的企业都是有强烈使命感的企业,像默克,“把挽救和改善生命”作为自己所从事事业的使命,中国的海尔则追求“真诚到永远”。而一些失败的企业都能够从它们的使命感中找到失败的基因,近年来在我国企业发生的一系列恶性事故,像假奶粉、毒奶粉事件,冠生园变质月饼事件,矿难等,都是因为经营者只知道攫取利润,而缺乏对企业生存哲学的深入思考而造成的。

4. 企业使命明确自身发展方向,树立用户导向的思想,为配置企业资源提供基础或标准

管理大师德鲁克说:“企业的目的必须在企业本身之外。”日本大部分企业的使命陈述都有一个共同的部分:通过企业树立良好的国家形象。最典型的就是SONY了,SONY在最初就是本着让世界认识日本,了解日本,剔除人们脑中二战中日本的不良形象而奋斗。美国的一些著名企业则是以社会责任为企业愿景,力求为美国民众提供良好的服务,比如通用汽车,以提供廉价物美的私人汽车,满足中下层民众在公路上飞驰的愿望为目标。

一个企业在形成之初可能是源于对利润追求的冲动,但随着企业的发展其相应的社会使命也就同时落到了它的肩上,企业不得不思考,为顾客提供什么样的产品和服务。因为这是企业是否能够生存和持续发展的根本性问题。

人们曾经为“社会效益”和“经济效益”谁摆在第一位的问题争论不休。进入市场经济时代,一些企业则扛着经济效益的大旗横扫社会伦理道德,将推动社会进步和发展的社会使命置之脑后。社会效益要通过经济效益来体现,经济效益是社会效益得以显现的基础,二者共生共存。但是,当社会效益和经济效益发生冲突的时候,就必须存“义”让利,把社会效益放在首位。正如GE总裁韦尔奇所说,

当经济效益有悖于企业价值观念的时候,必须毫不犹豫地放弃对利润的追求。

【案例】

2003年"非典"时期,一些消费者疯狂抢购板蓝根,导致众多品牌过期的板蓝根匆忙上马,质量参差不齐,作为连续多年占全国板蓝根60%以上市场份额的白云山中药,深感企业责任重大。经过慎重考虑和市场调研,企业决定拿出产品、资金,在全国范围内用最新批号的白云山板蓝根,免费更换消费者手中的各品牌板蓝根过期产品。2005年3月13日,白云山中药在广州召开新闻发布会,在广东省、广州市食品药品监管局等相关政府部门领导、新闻媒体的见证下,将前一时期回收的过期药品统一销毁,并正式提出"家庭过期药品回收机制"。2006年10月20日,面对消费者关注度的不断提高和应对安全用药环境的迫切需要,白云山和黄中药宣布将投资8000万元,在两年内新增6600家"永不过期"药店,常年为消费者更换各类家庭过期药品。

二、责任感是创业的基础保障

19世纪以后,两次工业革命的成果带来了社会生产力的飞跃,企业在数量和规模上都有了较大程度的发展。许多企业不是主动承担社会责任,而是对与企业有密切关系的供应商和员工等极尽盘剥,以求尽快变成社会竞争的强者,这种理念随着工业的大力发展产生了许多负面的影响。19世纪中后期企业制度逐渐完善,劳动阶层维护自身权益的要求不断高涨,加之美国政府接连出台《反托拉斯法》和《消费者保护法》以抑制企业不良行为,客观上对企业履行社会责任提出了新的要求,企业社会责任观念的出现成为历史必然。随着经济和社会的进步,在现代社会,企业不仅要对赢利负责,而且要对环境负责,并承担相应的社会责任。

企业社会责任(Corporate social responsibility,简称CSR)是指企业在创造利润、对股东承担法律责任的同时,还要承担对员工、消费者、社区和环境的责任。企业的社会责任要求企业必须超越把利润作为唯一目标的传统理念,强调要在生产过程中对人的价值的关注,强调对环境、消费者、社会的贡献。

著名经济学家、国务院参事任玉岭建议,应从以下八个方面确立我国企业的社会责任标准:

明礼诚信,确保产品货真价实的责任。由于种种原因造成的诚信缺失正在破坏着社会主义市场经济的正常运营,由于企业的不守信,造成假冒商品随时可见,消费者因此而造成的福利损失每年在2500—2700亿元,占GDP比重的3-3.5%。很多企业因商品造假的干扰和打假难度过大,导致企业难以为继,岌岌可危。为了维护市场的秩序,保障人民群众的利益,企业必须承担起明礼诚信,确保产品货真价实的社会责任。

科学发展。企业的任务是发展和赢利，并担负着增加税收和国家发展的使命。企业必须承担起发展的责任，搞好经济发展，要以发展为中心，以发展为前提，不断扩大企业规模，扩大纳税份额，完成纳税任务，为国家发展作出大贡献。但是这个发展观必须是科学的，任何企业都不能只顾眼前，不顾长远，也不能只顾局部，不顾全局，更不能只顾自身，而不顾友邻。所以无论哪个企业，都要高度重视在“五个统筹”的科学发展观指导下的发展。

可持续发展。中国是一个人均资源特别紧缺的国家，企业的发展一定要与节约资源相适应。企业不能顾此失彼，不顾全局。作为企业家，一定要站在全局立场上，坚持可持续发展，高度关注节约资源，并要下决心改变经济增长方式，发展循环经济、调整产业结构。尤其要响应中央号召，实施“走出去”的战略，用好两种资源和两个市场，以保证经济的运行安全。这样，我们的发展才能持续，再翻两番的目标才能实现。

保护环境。随着全球和我国的经济发展，环境日益恶化，特别是大气、水、海洋的污染日益严重。野生动植物的生存面临危机，森林与矿产过度开采，给人类的生存和发展带来了很大威胁，环境问题成了经济发展的瓶颈。为了人类的生存和经济持续发展，企业一定要担当起保护环境、维护自然和谐的重任。

文化建设。医疗卫生，公共教育与文化建设，对一个国家的发展极为重要。特别是公共教育，对一个国家的脱离贫困、走向富强就更具有不可低估的作用。医疗卫生工作不仅影响全民族的身体健康，也影响社会劳力资源的供应保障。文化建设则可以通过休闲娱乐，陶冶人的情操，提高人的素质。我们的国家，由于前一个时期对这些方面投入较少，欠债较多，存在问题比较严重。公共产品和文化事业的发展固然是国家的责任，但在国家对这些方面扶植困难、财力不足的情况下，企业应当分出一些财力和精力担当起发展医疗卫生、教育和文化建设的责任。

发展慈善事业。虽然我们的经济取得了巨大发展，但是作为一个有 13 亿人口的大国还存在很多困难。特别是农村的困难就更为繁重，更有一些贫困地区需要扶贫济困。这些责任固然需要政府去努力，但也需要企业为国分忧，参于社会的扶贫济困。为了社会的发展，也是为企业自身的壮大，企业应该重视慈善事业，更好承担起扶贫济困的责任。

保护职工健康。人力资源是社会的宝贵财富，也是企业发展的支撑力量。保障企业职工的生命、健康和确保职工的收入待遇，这不仅关系到企业的持续健康发展，而且也关系到社会的发展与稳定。为了应对国际上对企业社会责任标准的要求，也为了使中央关于“以人为本”和构建和谐社会的目标落到实处，我们的企业必须承担起保护职工生命、健康和确保职工待遇的社会责任。作为企业要坚决做好劳动保护，爱护员工，不断提高职工工资水平和保证按时发放。企业要多与员工沟通，多为员工着想。

发展科技。当前，就总的情况看，我国企业的经济效益是较差的，资源投入产出率十分低。为解决效益低下问题，必须要重视科技创新。通过科技创新，降低煤、电、油、运的消耗，进一步提高企业效益。改革开放以来，我国为了尽快改变技术落后状况，实行了拿来主义，使经济发展走了捷径。但时至今日，我们的引进风依然越刮越大，越刮越严重，很多工厂几乎都成了外国的生产线，而对引进技术的消化吸收却没有引起重视。因此，企业要加大资金与人员的投入，努力做到以创新作为企业发展的永动力。

【知识百科】

现阶段，中国企业社会责任问题不容乐观，主要表现在以下八个方面：

（一）无视自己在社会保障方面应起的作用，尽量逃避税收以及社保缴费。

（二）较少考虑社会就业问题，将包袱甩向社会。

（三）较少考虑环境保护，将利润建立在破坏和污染环境的基础之上。

（四）一些企业唯利是图，自私自利，提供不合格的服务产品或虚假信息，与消费者争利或欺骗消费者，为富不仁。

（五）依靠压榨企业职工的收入和福利为所有者谋利润，企业主堕落成资本的奴隶，赚钱的机器。

（六）缺乏提供公共产品的意识，对公益事业不管不问。

（七）缺乏公平竞争意识，一些在计划经济时期延续下来的垄断企业，大量侵吞垄断利润，并极力排斥市场竞争。

（八）普遍缺少诚信，国有企业对国家缺少诚信，搞假破产逃避债务，民营企业通过假包装到市场上圈钱。

三、企业使命感的制定

使命就是公司存在的理由，是公司事业的价值取向和事业定位，指明公司对经济和社会应作出什么贡献，规定公司的发展方向、奋斗目标、基本任务和指导原则。

德鲁克认为："管理就是界定企业的使命，并激励和组织人力资源去实现这个使命。界定使命是企业家的任务，而激励与组织人力资源是领导者的范畴，二者的结合就是管理。"使命感和责任感是个人和组织建功立业的强大动力，也是古往今来能成就伟大事业的共同特征。很多公司都有自己的使命陈述，可同样很多公司的使命都没有转化为公司的自觉行为，没有成为凝聚公司全体成员的感召力和动力。原因是多方面的，其中有两个主要方面，一个是公司使命是否合理，另一个是公司使命是否真诚。

公司使命是否合理的问题。使命不是随意写的，使命的确立有其方法，使命的形成是在主体和环境之间展开的，要解决主体意愿和环境可能之间的矛盾，解决其可能性的问题，包括机会利用的可能性和机会实现的可能性。机会利用的可能性涉及环境的供需情况，机会实现的可能性涉及主体的利益包容情况。通过对各类信息的综合分析，了解需求的容许范畴，并对其做出检验，明确什么时间、什么空间、哪部分人群、干什么事最有意义、最符合客观环境的核心条件。由此形成的使命，才有实际意义。另外，使命不是一成不变的，使命是一个历史的范畴、动态的概念，在不同时期有不同的内涵。

公司使命是否真诚的问题。使命是发自组织内心的，是一种自觉的意识。而现在很多公司的使命是写给客户、员工和社会看的，只是为了装饰，不是老板或高层自觉的意识和行为，是虚假的使命，所以起不到应有的作用。使命的确立本身应是自觉的、真诚的，并且公司所有的行为都是围绕公司的使命在进行，才能被客户、员工和社会所认可和接纳，才能激励公司的员工为实现其使命而奋斗。

【知识百科】

部分企业使命：

迪斯尼公司——使人们过得快活

微软公司——致力于提供使工作、学习、生活更加方便、丰富的个人电脑软件

索尼公司——体验发展技术造福大众的快乐

惠普公司——为人类的幸福和发展作出技术贡献

耐克公司——体验竞争、获胜和击败对手的感觉

沃尔玛公司——给普通百姓提供机会，使他们能与富人一样买到同样的东西

IBM公司——无论是一小步，还是一大步，都要带动人类的进步

华为公司——华为的追求是实现客户的梦想。聚焦客户关注的挑战和压力，提供有竞争力的通信解决方案和服务，持续为客户创造最大价值

联想电脑公司——为客户利益而努力创新

万科——建筑无限生活

重庆渝野农牧——做世界人民放心食品企业的领跑者

中国移动——创无限通信世界，做信息社会栋梁

四、如何培养企业社会责任感

1. 自觉增强企业社会责任意识。

增强企业社会责任意识主要从两个方面入手。一是增强具有社会责任感的企业家精神。企业的行为与企业家个人的操守密切相关,尤其是在我国经济发展中举足轻重的民营企业当中,企业家个人几乎可以完全决定企业的价值取向和未来走向,因此,作为企业家,应正确处理企业、政府与社会的关系,正确处理股东、客户与员工的关系,不能只顾眼前利益,深刻感知到履行社会责任是获得长远发展的必要条件,是实现个人更高层次需要的途径。二是增强企业全员的社会责任意识。通过企业文化凝聚优秀的员工,从而使员工对企业价值达成共识,最大限度提升企业社会责任的执行力。通过组织员工志愿者组织和志愿者活动,使全员参与到企业社会责任行动中来。

2. 科学合理的企业内部管理结构是实现企业社会责任的基础。

只有企业具备科学合理的公司管理结构,才能形成实现社会责任分担的基础。在这个基础上,政府就可以运用宏观调控手段,制定相应的公共政策,引导企业承担相应的社会责任。不但可以允许企业利益关系人参与企业的经营,如企业股东、企业经营者、企业员工、主要供应商、主要债权人等,还可以在董事会设专门委员会负责企业社会责任事项,或在董事会的职能中明确其承担企业的社会责任。另外,可以增设一些外部独立董事,从更加客观、公平、独立的立场对企业的经营管理进行监督和评价,促使企业积极主动地履行社会责任。

3. 调整经营战略,有效增强企业社会责任能力。

社会责任应当是一个主动和自觉的过程。如果企业能够用战略的眼光来看待企业社会责任,那么,企业社会责任既可以解决社会问题,也能为企业带来竞争优势。在经营战略上,企业应拓展更多商业机会,结合公司的使命、战略、价值观、服务领域有选择性地策划和实施公益事业,这是促进企业创新和获取竞争优势的关键,也是企业增强履行社会责任能力的关键。企业挑选可以支持企业经营目标的社会活动,或选择与自身的核心产品及核心市场相关的主题,对内可以促进自身的生产力,对外有助于树立企业良好的形象,增强企业社会责任能力。

【案例】

1. 巴斯夫是全球知名的化学公司,创建于 1865 年。它多次被《财富》杂志评选为最受赞赏的化学公司,它从 2001 年开始连续数年被列入道琼斯可持续发展指数排行榜。此外,它还被列入高度重视企业社会责任的 FTSFAgood 指数。

巴斯夫在全球都有一个统一的标准,它在承担责任方面的表现令人称赞。2001 年德国政府出台新节能法规,要求新建筑物的采暖能耗降至“7 升”,巴斯夫利用其资源和技术优势,将德国已有 70 年历史的老建筑物改成德国第一幢“3 升”房,采暖耗油量从 20 升降到 3 升,不仅为住户节约了大量采暖费用,并且环保效益十分显著,二氧化碳的排放量也降至原来的七分之一。由此,“3 升房”在德国得到大力推广。

巴斯夫在公司责任方面的突出表现还在于,它从不将经济利益凌驾于环保、安全和健康之上,在处理社会责任、环境责任和公司盈利之间的关系方面表现得驾轻就熟,获得了巨大成功。

巴斯夫早在 1985 年就进入了中国市场,可谓最早进入中国的外资企业之一。1999 年巴斯夫在中华区的销售额是 6.9 亿欧元,2005 年则为 28 亿欧元。如今,巴斯夫已是中国化工业最大的外资企业。

从环境方面看,巴斯夫十分注重“责任关怀”和“生态效益分析”。责任关怀,是指巴斯夫在全球首批建立可持续理事会,全面贯彻国际化工界的“责任感怀”运动;该运动是针对化工行业的特殊性而自发形成的一种自律行为,主要是指化工界在环保、安全和健康等方面进行的“改善行动”。巴斯夫早在 1992 年就提出“负责的行为”这一理念。在中国,巴斯夫的有关活动主要包括:对学校特别是大学的教育计划、社区顾问小组行动以及对诸如供应商和承包商等第三方的审计等。生态效益分析可以说是巴斯夫的首创,这一战略工具可以让我们在产品开发、优化工艺以及选择最具生态效益的解决方案的过程中兼顾经济和环境。

从社会方面看,巴斯夫十分愿意承担与其业务活动相关的社会责任,这些活动包括与员工、客户、供应商以及当地社区的互动。巴斯夫在可持续发展方面付出的不懈努力终于获得了回报,特别是得到了公众和利益相关者的认可。2005 年 12 月,巴斯夫在国内商业媒体《21 世纪经济报道》举办的“2005 中国最佳企业公民行为大赛”中获奖;2006 年年初,巴斯夫又被《中国新闻周刊》评为“2005 年度中国十大最具责任感企业”。

2. 富士康员工跳楼事件带来的反思

2010 年 1 月 23 日至 5 月 26 日,十死两伤的事件让人们逐步看清了富士康的真实面目。公司追逐利润无可厚非,但同时也要考虑员工的利益和身心健康。跳楼事件发生后,其发言人辩称公司设立了工会组织,了解员工日常的生活问题和心理问题,给予员工生活和心理上的帮助,改善员工住宿和膳食问题。看似员工的权利得到了保障,而实际情况是工会组织的存在形同虚设,公司缺乏承担社会责任的决心,并且国家的激励和教育机制的不完善,导致公司从极度狭隘的眼光考虑问题，缺乏重视员工利益的传统，以至于员工对公司没有归属感，痛恨公司仅仅把他们作为赚钱的工具，而不是把他们当作社会人来对待。

3. 科勒公司对员工的关爱

科勒公司的第二代掌门人沃尔特·科勒，发现很多人每天得坐车出城，来公司上班，他们每天坐车来公司需要45分钟，那么这个总裁就很反感这种情况，那么他选择了在这家小公司周围造房子。为此，他们到欧洲去会见了一个建筑师，而他会见的并不是一个普通的建筑师，而是被全世界誉为花园社区运动之父的埃比尼泽·霍华德。他说一个工人不仅应该得到薪酬，还应该得到玫瑰。科勒公司为员工建设的花园社区已经成为了科勒人性化管理中的一个亮点。直到现在，科勒村的很多居民，仍旧像祖辈和父辈一样在科勒公司供职。一个企业能吸引众多家庭连续几代人都服务于这个公司，是很少见的。为了员工回家方便，科勒居然能允许把办公室从上海搬到北京去。这样的决定在通常的企业决策中是很难想象的，可是科勒居然就这样做了。其实科勒在管理员工方面一直有很多独特的做法，比如说在科勒公司，区域经理都不设定退休年限，退不退休全凭自愿，所以时常在科勒公司看到白发苍苍的七八十岁的老人在忙忙碌碌。就连沃尔特·科勒本人也是78岁高龄还活跃在岗位上。

【实训练习】

A. 什么是企业使命？企业使命感在创业过程中有什么作用？

B. “民以食为天”，我们国家的食品安全形势不容乐观，谈一谈哪些食品企业在承担社会责任方面树立了良好的榜样？又有哪些企业在这方面做得欠缺？

C. 在上面的案例中，巴斯夫是全球知名的化学公司，它承担了哪些方面的社会责任？

D. 对比富士康员工跳楼事件和科勒公司的科勒村现象，思考一下，作为创业者应该如何处理企业和员工的关系？

第四节　测评你的创业能力

一、创业动机类型测试

测验题由11道题目组成，应试者根据个人观点从选择项中作出选择。

测验时间约为10分钟，要求应试者凭直觉作答，不用过多考虑。

表 2－1 **测验题目**

1	灵活的时间对我来说　A. 非常重要　B. 重要　C. 不重要
2	我喜欢花在生意上的时间是　A. 每周 5－30 小时　B. 每周 30－60 小时 C. 每周 40－60 小时　D. 多长时间都行
3	我愿意为创业欠债的数额是　A. 不欠债或一点儿　B. 不多或很多
4	说到控制生意，我想　A. 自己控制它　B. 自己控制或找一个合作者帮忙 C. 我愿意和合作者或投资人一起控制它
5	我喜欢雇佣的员工数量是　A. 0－1 人　B. －50 人　C. 超过一百人
6	如果有必要，在没有收入的情况下，我也可以坚持　A. 永远　B. 几个月 C. 一两年　D. 几年
7	就能够让我支付日常花销来说，该生意　A. 不重要　B. 重要 C. 至关重要　D. 不是急需
8	创业对于我来说最重要的是　A. 满足感　B. 可观的收入　C. 致富
9	休假对我来说　A. 非常重要　B. 有些重要　C. 重要但并不是必要的
10	我希望把自己的生意发展到　A. 不再花我的钱 B. 很好地给我和我的家人提供经济支持 C. 很好地给我、我的家人和雇员提供经济支持 D. 让我非常富有
11	我喜欢的工作的地点是　A. 家里　B. 家里或一个单独的办公室 C. 办公室、商店或工厂

记分规则

选择各题选项中的任何一个都是记一分，未选记 0 分，根据表 2－2 将测验题目归类，然后把本类型的各题目得分合计后即为该创业动机类型的得分。

表 2－2 **创业动机类型与相关题号**

动机类型	相关题号	试题数	得分
实现活动型	1A,2A,3A,4A,5A,6A,7A,8A,9A,10A,11A	11	0－11
独自维持型	1B,2B,3A,4B,5A,6B,7B,8B,9B,10B,11B	11	0－11
平稳型	1C,2C,3B,4B,5B,6B,7C,8B,9C,10C,11C	11	0－11
梦想型	1C,2D,3B,4C,5C,6C,7D,8C,9C,10D,11C	11	0－11

依据得分，所得的最高分即为该个体最具代表性的创业动机类型，再依据表 2－3 进行相应的评价。

表 2－3　　创业动机类型的特点、可能的融资来源及适合职业

动机类型	特点	可能的融资来源	适合职业
实现活动型	创业的目的是实现自己的兴趣或某些个人目的,创业动机是个人满足感,创业所赚的钱对于企业家的经济生活来说并不是至关重要的。	自己出钱、信用卡、基于个人信用的贷款、从亲戚和朋友那里借钱。	制作手工艺品、艺人、咨询、销售、设计、建设等。
独自维持型	典型的自雇型企业,常被称为“独资经营企业”。公司的收入是企业家唯一的收入来源,常被政府和私人统计低估。	自己出钱、信用卡、基于个人信用的贷款、从亲戚和朋友那里借钱。	顾问、建筑工人、室内装饰、销售代表、房地产经纪人、发型师,甚至医生、牙医和律师。
平衡型	企业是所有人的事业,企业给他人提供就业机会,企业可以为企业家带来收入,没有了企业家的个人参与,企业也能获利,一般所有人的数量为 1－3 人,雇员数量在 2－50 人之间。	自己出钱、信用卡、基于个人信用的贷款、商业贷款、设备融资、“朋友和家庭”投资人或放贷人、专业投资人。	零售业、服务业、批发业、创造业、信息业等绝大多数有雇员的企业。
梦想型	企业家有野心计划把企业发展壮大,不太考虑个人利益,企业充满潜力也面临高风险,须要求较高的起步资金。	自己出钱、信用卡、基于个人信用的贷款、商业贷款、设备融资、“朋友和家庭”投资人或放贷人、专业投资人。	存在于各行各业中。

二、创业能力测试

创业能力测试

为何你有创业的欲望？你真的想为自己工作吗？走上创业这条路一定要有正面的理由,还要有自信能够满足市场的需求。除此之外,你是否问过自己:我的创业能力如何呢？我具备创业者的素质吗？我该自己创办企业吗？……自主创业的确是一个很有吸引力的选择,尽管如此,你仍应该再慎重思考之后再作决定。

你具备创业者的素质吗？

创业者需要具备哪些素质,历来是众说纷纭。有专家指出了成功的创业者需要具备:资源、想法、技能、知识、关系网络和目标等条件。

那么,你是否具有创业者的素质呢？

测试导语

本测试由一系列陈述句组成,请根据自己的实际情况,选择最符合自己特征

的描述,测试时间为5分钟。

答案选择标准如下:

A. 非常符合　　B. 有点符合　　C. 无法确定

D. 不太符合　　E. 很不符合

开始测试:

1. 曾经为了某个理想而定下两年以上的长期计划。

2. 能自动地完成分派给自己的任务。

3. 喜欢独立完成自己的工作,并且做得很好。

4. 朋友常常寻求我的意见。

5. 求学期间,我就有赚钱的经验。

6. 喜欢在竞争中看到自己的良好表现。

7. 当我需要别人的帮助时,我能充满自信地要求,并能说服别人来帮我。

8. 我有能力安排一个环境,能使我在工作时不被打扰。

9. 我交往的朋友中,有一群有成就、有智慧、有远见、老成稳重的人。

10. 我在工作或者学习团体中,被认为是一个受欢迎的人。

11. 我认为自己是一个理财高手。

12. 我可以为赚钱而牺牲个人娱乐。

13. 我总是独自担负起责任。

14. 在工作时,具有足够的耐心与毅力。

15. 我能在很短的时间内,结交很多的朋友。

16. 我曾经被推举为领导者。

17. 对于工作我总是先要彻底地了解其目标。

18. 我关心别人的需要。

19. 我认为我自己从不固执己见。

20. 我总是想要比别人做得更好。

计分评估:

请参照以下答案,对自己的选择进行计分,记分方法很简单,分别地计算在你的答案中:

选择A的数目　　选择B的数目

选择C的数目　　选择D的数目

选择E的数目

然后按照下面的公式计算出原始分数(R)

$R = A \times 5 + B \times 4 + C \times 3 + D \times 2 + E$

最后，请按照表2－4所列的规则，根据你的原始分数（R），找出相应的排名值。如果你的分数高于63分，即你相应的排名值高于50，那说明你的创业素质还可以，至少可以肯定你具备创业的潜力。

表2－4 **创业能力常模对照表**

R	P(%)	R	P(%)	R	P(%)	R	P(%)
20	1	41	18	62	72	83	98
21	1	42	19	63	74	84	98
22	1	43	21	64	76	85	99
23	1	44	24	65	79	86	99
24	2	45	26	66	81	87	99
25	2	46	28	67	82	88	99
26	2	47	31	68	84	89	99
27	3	48	33	69	86	90	99
28	3	49	36	70	87	91	100
29	4	50	39	71	89	92	100
30	4	51	42	72	90	93	100
31	5	52	44	73	91	94	100
32	6	53	47	74	92	95	100
33	7	54	50	75	93	96	100
34	8	55	53	76	94	97	100
35	9	56	56	77	95	98	100
36	10	57	58	78	96	99	100
37	11	58	61	79	96	100	100
38	13	59	64	80	97		
39	14	60	67	81	97		
40	16	61	69	82	98		

备注：排名值（P）是一个百分数，假如得到的P值是78，那就表明你的创业能力要比78%的人好，反过来也就是说，你的创业能力要比22%的人低。

【实训练习】

A. 您具备创业潜质吗？请大胆分享您的最佳创业潜质。

B. 根据测试结果，您具备创业素质吗？请简要说明自己的创业想法。

C. 根据测试动机类型，分享自己可能的融资来源和适合的职业。

第三章 创业项目选择

第一节 创业的构想和行动计划

【成功学】

创业，首先要寻找商机和合适的行业，然后制订出创业的目标和行动计划，这样才能使你在创业过程中有一个具体可操作的纲领。要想将创业的欲求变为现实的话，不仅需要付出艰辛的劳动，而且你必须把它变成人生目标。这一目标，有可能要花费你整个人生的精力，众多世界级的知名企业往往是几代人持续努力奋斗的结果。

一、创业构想

创业构想是商业计划书，或者是项目可行性报告。需要根据具体项目来制定大纲，再充实内容，简单的包括“寻找商机、项目选择、市场分析、竞争优势、公司介绍和财务分析”几部分，如果要详细的话可以很多很多。需要明白的是，你要让看的人明白什么，提供什么，来达成重点。创业构想需要激情，发自内心真的想创业，如果你的计划让老师看了想辞职跟你干的话，同学，你就太有商业天赋了，你就是未来的CEO。我们重点谈谈怎样寻找商机和选择行业，关于项目选择、市场分析等部分在本书的以后章节有详细论述，在这里不再赘述。

1. 关于寻找商机

许多创业者有十分高昂的热情，但思考寻找商机和怎样创办企业时，就是不知道商业机会在哪里。其实，在每个人的周围都有许多的商业机会，人类的生存与发展，总离不开企业为大家提供产品或服务，来满足其需要。要挖掘好的商机，通常有两种途径，一是从自己的特长出发；二是从顾客的需要出发。

寻找商机需要同时兼顾自己特长和顾客需要两个方面，因此，只要你去体会人们为满足自己的需要,或解决各自的问题时所遇到的难处,同时又是自己擅长的方面,就可以寻找到商机。优秀的创业者也十分善于从他人的问题中得到启发和发现商机。

(1) 从购物中寻找商机

购物是每个人经常做的事情,想一想你在买东西或接受某种服务时,是否碰到过什么你想要而又没有的东西?如果人们无法获得所需要的产品或服务时,对一个创业者来说,可能就是一个填补空白的商业机会。

【案例】

李某是广州一家鲜花店的老板,一天他和一个来看花,但又犹豫着买不买的小伙子聊天,这个小伙子说他的女朋友在成都病了,想买束鲜花送她,但路途太远,没有办法送她。这个老板从这个小伙子购买鲜花得到启发而发现了其中的商机:建一个卖花的网站,让全国的花店老板为自己打工。他马上建立起自己的网站,与全国许多花店老板建立了业务关系,委托这些异地花店为自己做好鲜花的速递业务,保证在3小时内能将鲜花送达客户。然后,他又在网上发展自己的会员,结果他的花店生意做得很火。

(2) 从人们日常生活中缺少什么和需要什么寻找商机

最简单的办法是在你生活的地区进行调研,看看人们在日常生活中缺少什么或需要什么样的服务。人们遇到未满足的需求或服务的问题,就提供了一种新的商机线索。

【案例】

张某是深圳一家公司的职员,她发现午睡是上班族一个伤脑筋的问题,如果能搞一个"午睡吧",肯定受上班族的欢迎。2004年,她着手开办了一个"午睡吧",结果生意很好,月收入达5万元。她说,只要你平时做个有心人,用一颗体恤的心去观察别人的需要,替别人着想,然后设法去满足他们的需要,就抓住了商机。

(3) 从工作中寻找商机

如果你在为某一家企业工作,由于某种服务跟不上或原材料不足而影响企业的运作时,对一个创业者来说,可能会发现这里有一个提供更佳服务的竞争机会,由此你有可能成立一家进行此项服务的公司或生产此材料的企业。

【案例】

1926年,爱尔兰的保罗·高尔文与别人合伙做收音机生意,他看到收音机都是用电池,于是想:如果能将交流电使用到收音机上,一定会有很大的市场。经过艰苦的研究,最终他发明了能使用交流电源的整流器而获得了成功。

(4)从其他人遇到的问题上寻找商机

人们的抱怨,往往蕴涵了某种潜在的商机。通过了解他们需求的问题后,找出其中隐含的商机,从而启发你的创业构思。

【案例】

盐、味精和鸡精是厨房里的常备调味品,由于这些调味品占据地方太多,家庭主妇将盐错当味精放是时有发生的事情。杭州一下岗女工陈宝华也深有体会,她想:如果将盐、味精和鸡精整合使用岂不更方便?她经过上百次实验,将这三种调味品做成了三合一的膏体调味品,2004年获得了专利,很快就在上百家超市进行销售。

(5)从生活物资或工业原料价格上涨或跌落中寻找商机

在现代社会,生活物资或工业原料价格上涨或跌落是一种很正常的事情,但在这涨跌的过程中,隐含了许多商机。因抓住了这些商机而致富的例子很多。

【案例】

1973年,经济不景气,物价上涨,美元贬值,尤其是房地产业表现得更为突出。由于房地产的利息不断上涨,美国建筑界开始设计一种较便宜的基本住宅。但是,销售却还是很差,建筑商试图用降价和长期低息贷款来吸引顾客,仍然没有人来买这种“基本住宅”。有一家小公司在对这“意外的失败”进行调查研究后发现,现在的美国年轻人想要的第一间房子必须具有双重价值:既可以住,又可以再次换成现金,其目标是几年后再换个较大的房子。于是这家公司制订出一个换房子的计划:在5－7年内,顾客可以将第一间房子卖给公司,然后再向公司购买第二间较大较舒适的永久性房子。结果,这家公司大获成功,5年后,该公司的势力遍布美国七大城市,并在每个大城市都排名第一。

2. 关于行业的选择

发现了商机并不等于你就可以创业,因为当你对某一商机有了一个创办企业的构想时,还要考虑自己是否有能力利用这一商业机会。比如在某社区没有面包店,这里的人们常常要到很远的地方去购买面包,很不方便,假如这一商机被你所发现,但由于你没有烤面包的技术和能力,或者缺乏资金的话,那么你也同样不能去开这个面包店。在寻找商机的过程中,同时要注意行业的选择。

选择行业的原则

一般来说,行业的选择有以下几条基本原则:

(1)根据自己的情况选择合适的行业

创业者一定要根据自己的实际情况进行认真分析,从制造、贸易、服务和养殖四大类中选择适合自己的行业。千万不要跟风,看准了再下手。如果是一个完全不了解的行业的话,或者是跨度很大的行业,就要慎重地选择了。如果真的看好了一个完全陌生的行业,就要多做功课,因为这样才能让后来进展的更顺利。其次,就是要能够喜欢这个行业,只有喜欢,才有可能真正的将其做好,才能将其发展成为你自己的事业。

(2) 选择毛利高的行业

在选定的行业里,你要选择毛利丰厚的项目,因为这样的项目相对的获利也会高。

【案例】

有人在香港一个大型购物中心里开了一间水晶蜜蜡专卖店,专卖店每天的租金要600港元,因为他经营的水晶和蜜蜡都是毛利几乎为100%的产品,所以他平均每天只要做到2000港元的生意,就不亏本了,而一般情况下,他的生意每天能做到3000港元以上。卖店隔壁是另外一个人经营的文具店,卖的东西都很便宜,例如两元钱一支的笔等物品,其毛利最多也就50%,对于租金成本来说,他们两家都一样,因此文具店每天的生意至少要超过3000港元才能不亏本,但是,销售像文具这类低价的产品,每天营业额要达到2000港元都是一个不容易完成的任务,显然,这个人有亏本的风险。

(3) 选择生产、交易或服务时间短的行业

对制造过程短(或许根本不需要制造过程)、立即可交易(而不需要浪费时间讨价还价)、服务时间短(而不需要保持长期服务之类的)的行业来说,在财务或市场上的风险相对要少得多。

(4) 选择民生必需的行业

所谓民生必需行业,就是民生必用的六大基本需求行业,包括衣、食、住、行、育、乐,这些行业定位清楚,是人人都必须要消费的。因此,客源永远都不会缺乏。湘潭的王某创办"步步高"连锁店的第一条理由就是商场卖的都是老百姓日常生活的必需品,故不用担心市场的问题。

(5) 选择充满前景的行业

行业具有前瞻性、有发展前景,时机一到,你便成为"第一"品牌,切忌去接触一些"夕阳"行业,因为没有前景的行业将使你的创业无利可图,而且其包袱会越来越重。

二、创业行动计划

创业的载体是企业,因此,我们创业行动的落脚点是考虑创建一个企业。那

么怎样来规划一个企业呢？在行动计划书中首先要介绍公司概况、注册资金情况、产品和服务特征，以及商业模式、市场机会、投资与财务规划；然后进行市场分析，在这里主要考虑市场定位与目标客户、市场预测即市场占有率、竞争分析以及项目的SWOT分析；其次规划营销策略，主要考虑产品定价与销售收入预测、地点(渠道/选址)、促销/宣传推广；第三是规划人员与组织结构，主要是考虑组织结构、管理团队以及部门/岗位职责；第四是制作投资与财务分析报告，主要考虑固定资产(生产经营所需设备、工具和办公家具)、原材料采购计划、营业(成本)费用预测、资金需求、盈亏平衡点(保本额)；最后是风险分析与应对策略。下面是一个具体的企业创业行动计划书实例。

【案例】

校园速递公司创业行动计划书

一、校园速递公司概况

1. 公司基本情况

公司名称	________________________________公司
公司类型	□有限责任公司　√个体工商户　□个人独资企业　□合伙企业 □其他 ________________________________(打√选择)
注册地址	大学生创业园
经营范围	代收邮件　上门送货
市场定位	我们针对快递公司定时送货而学生无法及时收货这一问题提出解决方案，通过代收邮件为快递公司节省人力，为同学提供便利。

2. 注册资金

※2006年新公司法规定，有限责任公司注册资本的最低限额为人民币3万元。 ※应与营业执照一致。

3. 产品/服务特征

我们作为快递接收者，主要业务是从快递公司接收快递，然后在学校设立站点，同学可以到站点取货，并且提供送货上门等服务。这更方便同学的生活，为那些因为上课或者其他事情无法定时拿快递的同学提供便利服务。相信这是一项方便大众的服务。 我们的服务特征主要有以下几个方面： 1. 我们会从快递公司接收快递，暂时保管在从学校租用的创业园区内，等待相应同学们的到来。 2. 我们会提供较多的时间段，以便更好地照顾到同学们的日常生活。 3. 我们会提供送货上门服务，使那些有需要的同学更加方便快捷地拿到自己的快递。 4. 作为学生团体，我们更加了解学生团体的需求与困惑，以便提供更好的服务。在同学与快递公司之间构建起顺畅的桥梁。

4. 商业模式(盈利模式)

本团队作为一个邮件代收者,盈利模式主要来源于两方面:一方面是从快递公司收取一定的费用,另一方面是从提供送货上门的同学那里收取的费用。 从快递公司这方面,我们可以减少快递人员的工作量。从而,可以让快递公司雇佣更少的员工,却能达到更大的效率。 在学生收费方面,我们会尽量考虑到在校学生对于价格的接收程度,以更优惠的价格服务于学生,真正地达到我们的最终目的。

5. 市场机会

在大学生群体间,网上购物成为越来越普遍的现在,作为新一代的年轻人,快捷而有效的购物方式成为了主流。再者,由于学校地理位置等特殊因素,同学们更倾向于网上购物满足自己的一些日常需要。因而,我认为,在这样一个具有潜在市场巨大的情况下,去开展快递代收工作的可行性,变得十分顺理成章。 通过调查可知,还没有类似于快递代收点的设立。从几项大学生小本创业的成功案例来看,许多同学也利用发现的眼光去寻找周围的商机。 所以,这个市场是巨大的,并且也有一些成功的案例就在周围,给我们提供了良好的理论基础,因此,我相信这个项目,会有很大的成功。

6. 投资与财务规划

单位:元

	第一年	第二年	第三年
投资	17761	17761	17761
收入	351894	387100	425800

二、市场分析

1. 市场定位与目标客户

目标市场和目标客户	※你公司究竟想满足哪些顾客的什么需求？这些顾客就是你公司的目标客户。 ※通过选定目标市场,明确目标客户(目标市场,就是经过市场细分后,你所选择的一个或数个子市场。目标客户就是目标顾客)。 ※阐述你公司目标市场、目标顾客的特点。
市场定位	※企业确定目标市场后,企业将通过何种营销方式、提供何种产品和服务,在目标市场与竞争者以示区别,从而树立企业的形象,取得有利的竞争地位？市场定位的过程就是企业差别化的过程,如何寻找差别、识别差别和显示差别？

2. 市场预测(市场占有率)

※预测目标市场的市场需求、市场容量及其变化趋势等情况。 ※预测公司近几年(如三年内)可能达到的销售额和可能占有的市场份额。

3. 竞争分析

对于我们而言，最主要的竞争对手即为快递公司原本安排在学校门口等待派发邮件的快递员。他们的合作与否完全决定了我们的工作是否能够顺利的展开。其次，我们的竞争来自于一方面为原本快递收取的免费服务与现在我们提供上门服务时收取费用的竞争，这二者必将引起同学们对于利益的平衡。在这两点上，就要求我们具有良好的调解能力与服务态度，才能将这个服务展开得顺利而又成功。

4. 项目 SWOT 分析

优势 (Strengths)	1 我们明确知道同学们的作息时间，可以有更多的时间派发邮件。 2 由本校同学作为代收，可提高同学对于邮件接收的放心度。 3 减少同学们因为上课或者其他事情，而造成邮件无法按时接收的困惑，解决了同学们生活上的困难。
劣势 (Weaknesses)	1 毕竟我们也是学生，无法 24 小时等待同学们来收取邮件，所以即使我们能够提供更多的时间段，但是毕竟也是有限的几个时间段。 2 对于收费方面，我们无法像快递派送员那样实行全免费，对于送货上门这项特殊服务，我们会收取一定的劳务费。 3 我们毕竟没有很多的实战经验，对于我们而言，前面的困难重重，需要我们一步步去解决，很多方法，我们都要靠实践去摸索。
机遇 (Opportunities)	1 学校鼓励大学生进行创业，这对于我们是政策上的支持，提供免费的大学生创业园的租用，解决了场地的困难。 2 对于学生来说，邮件代收还是一片空白领域，我们可以进行市场的挖掘工作。 3 同是本校学生，在人际交往等方面有一定的优势。
威胁 (Threats)	1. 如何能够争取学校的认可，给予我们方案的认同以及是否能够给予我们必要的帮助是我们面临的第一困难。 2. 如何与快递公司进行谈判，使之能够放心把邮件暂时存放在我们这里，如何制定一系列的责任同意书，也是我们面临的又一问题。 3. 如何解决不同的分工问题，对于前面未知困难的把握，也是摆在我们面前的难题。

三、营销策略

1. 产品定价与销售收入预测

单位：元

产品或服务	单位	成本单价	最低批发单价	零售单价	平均销售单价	同类产品市场零售单价	月均销售数量	月均销售收入
为快递公司派发大邮包	个	0.02	0	0.2	0.2	0.2	60000	12000
为快递公司派发小邮包	个	0.01	0	0.1	0.1	0.1	60000	6000
为学生派送大邮包	个	0.3	0	3	3	3	1500	4500
为学生派送小邮包	个	0.2	0	2	2	2	10500	21000
其他产品								0
合计	–	–	–	–	–	–	–	43500

注:①“成本单价”:即单位产品成本。

②“最低批发单价”:不通过零售商或批发商销售的,不必填。

③“平均销售单价”:各种销售单价的加权平均数。如不通过零售商或批发商销售,即为“零售单价”。

④“月均销售收入”:“平均销售单价”和“月均销售数量”之乘积。

2. 地点(渠道/选址)

经营地址	面积(m^2)	租金(元/年)	选择该地址的主要原因
创业园	40	0	免租费,降低成本
备注	※如果以购置方式获得房产,租金为0,购置费用填入固定资产,并在此说明购置理由及购置费用。		
分销渠道	√面向最终消费者　□通过零售商　□通过批发商　(打√选择)		
选择该销售方式的原因			
主要批发/零售商情况			

3. 促销/宣传推广

推广方式	主要内容	金额(元/年)
广告宣传	发广告、宣传单等	500
会展推广		
公关活动		
网络推广	校园 BBS、人人网、论坛、飞信等	0
优惠活动		
人员推销		
数据库营销		
促销/宣传推广费用占营业收入的比例	0.10%	500

注:①数据库营销:是指通过手机短信、电子邮件等方式,向数据库中的客户群发送促销/推广信息的营销手段。

②各项费用，不含本公司人员工资。

四、人员与组织结构

1. 组织结构

※用组织架构图表述

2. 管理团队

姓名	年龄	职务	最高学历及专业	主要工作经历	优势专长 ※请说明与经营项目相关的经验与专长，下同。

3. 部门/岗位职责

部门/岗位	负责人	职责
总经理		
总经理助理		
________部		
________部		
________部		
________部		

五、投资与财务分析报告

1. 固定资产：生产经营所需设备、工具和办公家具

项目	原值（元）	月折旧（元）	说明（主要设备）	备注
工具和设备	0	0		※“月折旧”统一按原值的16.67‰（即折旧年限为5年）计算； ※“店铺/厂房”不要计入租金。
交通工具	0	0		
办公家具和设备	520	9	写字台、凳子等	
店铺/厂房	0	0		
合　计	520	9		

2. 原材料采购计划

产品或服务	单位	数量	原材料单价（元）	金额（元）	说明（主要原材料）
为快递公司派发大邮包	个	60000		0	为快递公司派发大邮包
为快递公司派发小邮包	个	60000		0	为快递公司派发小邮包
为学生派送大邮包	个	1500		0	为学生派送大邮包
为学生派送小邮包	个	10500		0	为学生派送小邮包
其他产品					
合计					注：本表数量和费用均为第一年的月均数。

3. 营业（成本）费用预测

项目		成本/费用（元）	备注
可变成本/费用（月）	原材料采购/进货	0	
	销售提成（5 %）	2175	
	流转税（5%）	2175	包括根据销售收入征收的其他税金
	可变成本/费用共计	4350	
固定成本/费用（月）	场地租金	0	
	促销/宣传推广	42	包括业务招待费
	人员工资	14000	包括福利、社保等
	办公用品	10	
	水、电、交通费	200	包括物业费、不包括出差时的交通费
	折旧	9	
	其他费用	0	包括开办费、办公设施维修及保养、装修费摊销及车辆费用、差旅费、通信费、利息等
	固定成本/费用共计	51	

4. 资金需求

筹资渠道	资金提供方	金额(元)	占投资总额比例
自有资金	公司成员	3500	100.00%
私人拆借			0.00%
银行贷款			0.00%
其他融资			0.00%
总计	—	3500	100%

注:初创企业的“自有资金”一般即注册资金。

5. 盈亏平衡点(保本额)

项　　目	金额(元/年)	备　　注
销售收入	522000	
流转税	26100	
销售净收入	495900	※销售净收入 = 销售收入 - 流转税
变动成本	26100	
毛利	469800	※毛利 = 销售净收入 - 变动成本
毛利率(%)	94.74%	※毛利率 = 毛利 ÷ 销售净收入 × 100%
固定成本	171132	
盈亏平衡点(保本额)	180639	盈亏平衡点(保本额) = 固定成本 ÷ 毛利率

六、风险分析与对策

风险类别	风险内容	应对措施
财务风险	1. 应收款项未及时收回。	这对于我们这样特殊的服务来说,应该不存在多大问题,当面结清钱物,但是人员的工资费,如何能够赚取一定的利润,这是我们应该思考的问题。
市场风险	1. 快递公司不愿把邮件交由我们代收。 2. 同学们对于我们的服务不满意而拒绝我们的服务。	对于快递公司方面,我们首先要提供的是一份足以让人信服的策划书以及对于快递公司是有利的一方面的阐述,合作共赢。 对于学生方面,我们要做的是充分理解学生的需求,从而做出相应的回应。

（续表）

风险类别	风险内容	应对措施
管理风险	1. 任务分配的不合理。 2. 每个成员之间工作的不协调。	分工明确，安排任务要合理，如果出现有个别成员有困难，负责人一定要担当起该有的责任，去主动协调，至于时间方面的分配，要每个人自己把握。
政策风险	学校场地的停止免费租用。	我们要及时了解学校这方面的相关动态，有可以把握的有利政策，及时了解。

【实训练习】

1. 试想我要创业，怎样把握商机？
2. 对于现在我所学专业，应选择什么行业？
3. 如果我看准了一个商机，怎样起草我的公司创业行动计划书？

第二节　创业机会识别

要想创业，就必须有吃苦的准备。

确实，创业是一个艰辛的过程，没有吃苦的准备，肯定是坚持不下去的。马云在"西湖论剑"上多次告诫创业者："对所有创业者来说，永远告诉自己一句话：从创业的第一天起，你每天要面对的是困难和失败，而不是成功。我最困难的时候还没有到，但有一天一定会到。困难不能躲避，不能让别人替你去扛。9 年创业的经验告诉我，任何困难都必须你自己去面对。创业者就是面对困难。"创业开头难，难就难在创业项目的选择上。

有些创业者受到外部激励而决定创业，接着搜索并识别机会，然后创建新企业，而另一些创业者却受到内部激励作用，先识别出现实问题或未满足的需求，从而通过创业来填补它，不管创业者以哪种方式创建新企业，机会都很难识别。机会识别一半是艺术，一半是科学。创业者应该并且能够学习的就是机会识别的科学规律！

一、创业机会的含义

创业机会是未明确市场需求或未充分使用的资源或能力，它不同于有利可图的商业机会，其特点是发现甚至创造新的目的——手段关系来实现创业租金，对于“产品、服务、原材料或组织方式”有极大的革新和效率的提高。

大多数创业者都是把握了商业机会从而成功创业，例如，蒙牛的牛根生看到了乳业市场的商机，好利来的罗红看到了蛋糕市场的商机，在现实生活中，这样的例子不胜枚举。但是，仅有少数创业者能够把握创业机会从而成功创业，一旦创业成功，不仅会改变人们的生活和休闲方式，甚至能创造出了新的产业，随着人们对创业机会价值潜力的探索，会逐渐衍生出一系列的商业机会，从而滋生出更多的创业活动。

【案例】

在“为发烧而生”的理念下，小米诞生了。小米公司首创了用互联网模式开发手机操作系统、发烧友参与开发改进的模式，收获了巨大的市场。

2014 年双十一活动中，小米在天猫平台上销售手机 116 万台，销售额 15.6 亿元，约占天猫当天总额的 3%，成功卫冕单店第一。

2014 年 11 月 12 日，优酷土豆集团在上海宣布与小米公司达成资本和业务方面的战略合作。合作内容包括两个方面，一是双方将在互联网视频领域开展内容和技术的深度合作，共同研发视频移动端播放等技术；二是小米公司将向优酷土豆投资并在自制内容及联合制作、出品和发行方面紧密合作。

2014 年 12 月 14 日晚，美的集团发出公告称，已与小米科技签署战略合作协议，小米 12.7 亿元入股美的集团。

2014 年 12 月 29 日，小米科技创始人雷军今日在微博透露，小米上周刚完成最新一轮融资，估值 450 亿美元，总融资额 11 亿美元。

2015 年 1 月 15 日下午 2 点，小米新品发布会在北京举行，发布小米新系列手机——小米 Note 。

2015 年 5 月 13 日消息，小米第一次通过小米之家在线下销售手机，而借此试水高端手机市场，也意味着小米在中国打响了阻击苹果、三星的第一枪，进入正面厮杀战场。

二、创业机会的分类

1. 问题型机会，指的是由现实中存在的未被解决的问题所产生的一类机会。

【案例】

1990 年大学期间，胡润到中国人民大学深造了一年，毕业后胡润从事与父亲一样的会计行业。凭借中文优势，1997 年胡润从伦敦来到上海的安达信，胡润最初的想法只是希望在华奋斗几年后回到英国做个中产。

在胡润的记忆里，1990 年是全球 IT 业爆发的顶峰期，身边的朋友、同事很多人都选择了下海创业，致富的神话不断在他眼前晃动，从创业者脸上的胜利笑容中，胡润感觉到那才是自己想要的生活。但对于胡润而言，干什么，做哪个行业，这是一个大问题。

从 1990 年第一次来中国，胡润就感受着中国日新月异的剧变。每一次回到英国，被朋友问及中国是什么样子时，"GDP 连续超过 10%……"胡润的回答总是难以让朋友"解渴"，也有着太多的不确定性。于是他试图去寻找一种万变经济中的不变标准。

胡润想到了那些中国经济成长的最大受益者。从一开始，胡润就很明确，这些人的故事代表着中国的故事，诠释着中国的变迁。对于他们的故事，包括中国十多亿百姓在内，全世界都十分好奇却又毫不知情。但此时的胡润并没意识到这个念头可能改变他此后的人生，当时的他只知道这个事情很有趣。

1999 年，胡润开始利用业余时间和假期，查阅了 100 多份报纸杂志及上市公司的公告报表，凭着兴趣和职业特长，经历了几个月的折腾后，胡润终于排出了中国历史上第一份和国际接轨的财富排行榜。胡润财富排行榜由此诞生。

2. 趋势型机会，就是在变化中看到未来的发展方向，预测到将来的潜力和机会。

【案例】

2015 年 3 月 5 日，李克强总理在政府工作报告中说，互联网金融异军突起，电子商务、物流快递等新业态快速成长，众多"创客"脱颖而出，文化创意产业蓬勃发展。"创客"由此成为进入政府工作报告的官方语汇。鼓励"万众创新、大众创业"成为缓解下行压力、经济平稳的重要手段。

紧随其后，国务院办公厅印发《关于发展众创空间推进大众创新创业的指导意见》，从降低门槛、资金引导、完善投融资机制等 8 个方面鼓励创新创业。在这样的背景下，创业者迎来了有史以来最为利好的"创客时代"。而股权投资也成为最符合国家既定方针的投资渠道。

与此同时，互联网股权众筹这种全新的股权投融资模式有效地降低了投资人的准入门槛，同时极大提升了投融资效率，成为"创客时代"参与股权投融资的最优选择。堪为佐证的是，央视在"创客"进入政府工作报告之后的第二天，即推出"创客梦想"专题片，其中将国内最大的股权众筹平台创投圈作为核心的采访和报道对象，创投圈由此成为"创客"的典范。

中国经济的上一个十年属于房地产，与之相关的产业都得到极大发展，巨量财富由此产生。但房地产的黄金十年已经过去,有理由相信,未来不管是投资人、创业者,还是创投圈这样的股权众筹平台,都将迎来自己的黄金十年。

3.组合型机会,就是将现有的两项以上的技术、产品、服务等因素组合起来,以实现新的用途和价值而获得的创业机会。

【案例】

北京时间2014年9月10日凌晨1点,苹果公司在加州库比蒂诺德安萨学院的弗林特艺术中心正式发布其新一代产品iPhone 6。

iPhone 6采用4.7英寸屏幕,分辨率为1334×750像素,内置64位构架的苹果A8处理器,性能提升非常明显;同时还搭配全新的M8协处理器,专为健康应用所设计;采用后置800万像素镜头,前置120万像素FaceTime HD高清摄像头;并且加入Touch ID支持指纹识别,首次新增NFC功能;也是一款三网通手机,4G LTE连接速度可达150Mbps,支持多达20个LTE频段。

苹果中国在线商店已于2014年10月10日零时正式开启iPhone 6/6 Plus预售,iPhone 6售价5288元起,iPhone 6 Plus售6088元起,每名用户可分别最多购买2台,预计最快到货日期10月17日,同时三大运营商也同步发售。

三、创业机会的来源

变化是创业机会的重要来源,没有变化,就没有创业机会。变化通常包括:

1.技术变革

【案例】

CVT即无级变速传动,其英文全称Continuously VariableTransmission,简称CVT。发明这种变速传动机构的是荷兰人,有其装置的变速器也称为无段变速箱或者无级变速器。这种变速器和普通自动变速器的最大区别是它省去了复杂而又笨重的齿轮组合变速传动,而只用了两组带轮进行变速传动。通过改变驱动轮与从动轮传动带的接触半径进行变速,其设计构思十分巧妙。由于CVT可以实现传动比的连续改变,从而得到传动系与发动机工况的最佳匹配,提高整车的燃油经济性和动力性,改善驾驶员的操纵方便性和乘员的乘坐舒适性,所以它是理想的汽车传动装置。无段变速箱轿车一样有自己的挡位,停车挡P、倒车挡R、空挡N、前进挡D等,只是汽车前进自动换挡时十分平稳,没有突跳的感觉。

目前国内市场上能见到的、采用了这种技术的有雷克萨斯CT200h、奥迪A6部分车型、比亚迪(G3)、日产(阳光、天籁、轩逸、逍客、骐达)、派力奥(西耶那、周末风)、本田思域和、飞度(新款才有)、MG 3SW、旗云、长城(腾翼系列轿车)、帝豪

(EC7、EC7－RV)等车型,因采用无级变速技术赢得了巨大的市场和经济效益。

2. 政治和制度变革

【案例】

1990年代末,中国在海外的留学人员掀起了新一轮回国创业浪潮。当时,在全球经济普遍不景气的情况下,中国经济一枝独秀,连续几年保持7%的增长率,同时,风行海外的互联网大潮也让风投对13亿中国人的网络市场充满想象。这一时期,创富英雄大多掘金互联网产业。代表人物如张朝阳。

1996年,在18.5万美元的风险投资支持下,张朝阳创建了爱特信公司,成为中国第一家以风险投资资金建立的互联网公司。1998年2月25日,爱特信正式推出"搜狐"产品,并更名为搜狐公司。搜狐于2000年7月12日,在美国纳斯达克成功挂牌上市。2000年搜狐上市后,张朝阳当时的个人身价高达1.7亿美元。

3. 社会和人口结构变革

【案例】

上世纪80年代末—90年代初,计划经济体制下的国企是低效率和"亏损"的代名词,一大批有创造精神的人士选择离开体制内"下海"经商。特别是1992年邓小平南行讲话发表之后,在市场化改革的背景下,机关干部、知识分子、国企人员"下海"经商成为热潮。据人事部统计,1992年,辞官下海者12万人。代表人物:潘石屹。

1988年,海南从广东省的一个地级行政区摇身一变成为中国的第31个省级行政区,也从一个"海外孤岛"一跃成为中国最大的经济特区。双重利好下,民间涌现出一股海南"淘金热",主要是炒作房地产。1989年,只有26岁的潘石屹无家无业,刚刚从河北廊坊石油部管道局经济改革研究室辞职两年。作为"万通六君子"之一,潘石屹就是当时海南炒房客中的一员。

1990年,潘石屹认识了冯仑和王功权等人,并和易小迪、张民耕等人在海南成立了万通的前身——海南农业高科技联合开发总公司,通过炒房赚到他人生的第一个100万。

4. 产业结构的变革

【案例】

化茧为蝶——创业板神话

时间:2009年至今

群体:中小企业主

2009年10月23日,中国的创业板在深圳正式挂牌成立。同年10月30日,首批申请上市的28家创业板公司在深交所集中挂牌上市,中小企业老板一夜暴富的神话开始上演。

代表人物:华谊兄弟董事长王中军

1994年,王中军揣着10万美元回国创业,2000年12月,成立华谊兄弟太合影视投资公司。2009年10月30日,华谊兄弟作为首批28家公司在创业板挂牌上市交易。

主要业绩:按照2009年10月30日的收盘价计算,王中军持股4390万股,身价已升至31亿元。

四、识别创业机会的常见方法

1. 新眼光调查

开展初级调查:通过与顾客、供应商、销售商交谈和采访他们,直接与这个世界互动,了解正在发生什么以及将要发生什么。

注重二级调查:阅读某人的发现和出版的作品、利用互联网搜索数据、浏览寻找包含你所需要信息的报纸文章等都是二级调查的形式。

记录你的想法:瑞士最大的音像书籍公司的创始人说他就有一本这样的笔记本,当记录到第200个想法时,他坐下来,回顾所有的想法,然后开办了自己的公司。

2. 通过系统分析发现机会

实际上,绝大多数的机会都可以通过系统分析得到发现。人们可以从企业的宏观环境(政治、法律、技术、人口等)和微观环境(顾客、竞争对手、供应商等)的变化中发现机会。借助市场调研,从环境变化中发现机会,是机会发现的一般规律。

【案例】

微信(WeChat)是腾讯公司于2011年1月21日推出的一个为智能终端提供即时通讯服务的免费应用程序,微信支持跨通信运营商、跨操作系统平台通过网络快速发送免费(需消耗少量网络流量)语音短信、视频、图片和文字,同时,也可以使用通过共享流媒体内容的资料和基于位置的社交插件“摇一摇”“漂流瓶”“朋友圈”“公众平台”“语音记事本”等服务插件。截止到2015年第一季度,微信已经覆盖中国90%以上的智能手机,月活跃用户达到5.49亿,用户覆盖200多个国家、超过20种语言。此外，各品牌的微信公众账号总数已经超过800万个，移动应用对接数量超过85000个，微信支付用户则达到了4亿左右。

微信提供公众平台、朋友圈、消息推送等功能，用户可以通过“摇一摇”“搜索号码”“附近的人”、扫二维码方式添加好友和关注公众平台，同时微信将内容分享给好友以及将用户看到的精彩内容分享到微信朋友圈。

截至2013年11月，注册用户量已经突破6亿，是亚洲地区最大用户群体的移动即时通讯软件。

2014年09月13日，为了给更多的用户提供微信支付电商平台，微信服务号申请微信支付功能将不再收取2万元保证金，开店门槛将降低。

2015年春节期间，微信联合各类商家推出春节“摇红包”活动，送出金额超过5亿的现金红包。

腾讯公司通过微信，使其在拍拍网与淘宝网的不利竞争中挽回一局。

3. 通过问题分析和顾客建议发现机会

问题分析从一开始就要找出个人或组织的需求和他们面临的问题，这些需求和问题可能很明确，也可能很含蓄。一个有效并有回报的解决方法对创业者来说是识别机会的基础。这个分析需要全面了解顾客的需求，以及可能用来满足这些需求的手段。

从顾客那里征求想法。一个新的机会可能会由顾客识别出来，因为他们知道自己究竟需要什么。然后，顾客就会为创业者提供机会。顾客建议多种多样，最简单的，他们会提出一些诸如“如果那样的话不是会很棒吗”这样的非正式建议，留意这些，有助于你发现创业机会。

【案例】

“老干妈”名叫陶华碧，1947年出生于贵州省湄潭县一个偏僻的山村。由于家里贫穷，陶华碧从小到大没读过一天书。20岁那年，她嫁给了206地质队的一名队员；但没过几年，丈夫就病逝了，扔下了她和两个孩子。为了生存，她不得不去打工和摆地摊。

1989年，陶华碧用省吃俭用积攒下来的一点钱，在贵阳市南明区龙洞堡的一条街边，用四处捡来的砖头盖了个简陋的“实惠餐厅”，专卖凉粉和冷面。

为了赢得顾客，她冥思苦想，琢磨出了别人没有的独到的“绝点子”：别人不过是加点胡椒、味精、酱油和小葱什么的，她特地制作了专门拌凉粉的作料麻辣酱。这个点子一实施，生意果然十分兴隆。偶尔有一天，陶华碧没有备麻辣酱，顾客听说没有麻辣酱，居然都转身走了。她不禁感到十分困惑：难道来我这里的顾客并不是喜欢吃凉粉,而是喜欢吃我做的麻辣酱?

机敏的她一下就看准了麻辣酱的潜力,从此苦苦地潜心研究起来……经过几年的反复试制,她制作的麻辣酱风味更加独特了。很多客人吃完凉粉后,还要掏钱买一点麻辣酱带回去,甚至有人不吃凉粉却专门来买她的麻辣酱。她不禁喜上眉梢:有这么多人爱吃我的麻辣酱,我还卖什么凉粉?不如专卖麻辣酱!

1996年7月,陶华碧借南明区云关村委会的两间房子,招聘了40名工人,办起了食品加工厂,专门生产麻辣酱,定名为"老干妈麻辣酱"。"老干妈"品牌从此诞生。

4. 通过创造获得机会

这种方法在新技术行业中最为常见,它可能始于明确要满足市场需求,从而积极探索相应的新技术和新知识,也可能始于一项新技术发明,进而积极探索新技术的商业价值。通过创造获得机会比其他任何方式的难度都大,风险也更高。同时,如果能够成功,其回报也更大。这种情况下所产生的创新在人类所具有重大影响的创新中,居于压倒性的主导地位。索尼公司开发随身听(Walkman)就是一个很好的例子。索尼公司觉察到人们希望随身携带一个听音乐的设备,并利用公司微缩技术的核心能力从事项目研究,最终开发出划时代的产品——随身听,取得了巨大的成功。

五、评价创业机会

尽管发现了创业机会,但这并不意味着成功就在眼前,你需要进一步对创业机会进行评价:

◆ 创业活动是创业者与创业机会的结合

◆ 并非所有的创业机会都有足够大的价值潜力来填补为把握机会所付出的成本

◆ 并非所有机会都适合每个人

尽管在整个创业过程中,评价创业机会非常短暂,但它非常重要,是创业者发现创业机会之后做出是否创业决策的重要依据。

有价值创业机会的特征:

(1) 有吸引力

(2) 持久性

(3) 及时性

(4) 依附于为买者或终端用户创造或增加价值的产品、服务或业务

时间对创业者来说,既可以是朋友,也可以是敌人。如果想要通过深刻细致

的方法来评价创业机会,1 个季度可能不够,1 年不一定够,甚至 10 年都不一定够,这就是残酷的事实。而在这个现实中最困难的一点就是:创业者必须找到能把好的思路付诸实施的最佳时机,并准确把握住这个时机。

【案例】

在创办聚美优品之前,陈欧创办过在线游戏对战平台 GGgame。陈欧大学读的是计算机,业余爱好是挣钱、打游戏比赛。和时下大多数大学生一样,陈欧在大学期间经常参加游戏比赛。但有所不同的是别的参赛选手把打魔兽当成生活,而陈欧只是在参赛前的三四天才抽空练习一下。最好成绩是曾获新加坡《魔兽争霸》前三名。陈欧通过参加游戏比赛很快就发掘到了商机,这也就成就了陈欧打造全球领先的在线游戏平台 GGgame。

2001 年就读于新加坡南洋理工大学,所学专业是计算机专业。2006 年,他还在新加坡读大四,仅靠着一台笔记本,创办了在线游戏对战平台 GGgame。当时盛大浩方想进东南亚市场,但是版本做得很差。GGgame 短时间内吸引了数量庞大的游戏玩家,成为中国之外最大的游戏对战平台之一。

2009 年,陈欧发现自己与公司不合拍,于是卖掉公司。在 GGgame 发展得不错时,不甘心现状的陈欧决定去斯坦福大学读 MBA,扩充自己的知识储备。

评价创业机会价值的基本框架:蒂蒙斯的创业机会评价框架,涉及行业和市场、经济因素、收获条件、竞争优势、管理团队、致命缺陷问题、个人标准、理想与现实的战略差异等八个方面的 53 项指标:

创业机会评价指标

行业和市场	1. 市场容易识别,可以带来持续收入;2. 顾客可以接受产品或服务,愿意为此付费;3. 产品的附加价值高;4. 产品对市场的影响力高;5. 将要开发的产品生命长久;6. 项目所在的行业是新兴行业,竞争不完善;7 市场规模大,销售潜力达到 1 千万到 10 亿;8. 市场成长率在 30% ~50% 甚至更高;9. 现有厂商的生产能力几乎完全饱和;10. 在五年内能占据市场的领导地位,达到 20% 以上;11. 拥有低成本的供货商,具有成本优势。
经济因素	1. 达到盈亏平衡点所需要的时间在 1.5 –2 年以下;2. 盈亏平衡点不会逐渐提高;3. 投资回报率在 25% 以上;4. 项目对资金的要求不是很大,能够获得融资;5. 销售额的年增长率高于 15%;6. 有良好的现金流量,能占到销售额的 20% –30% 以上;7. 能获得持久的毛利,毛利率要达到 40% 以上;8. 能获得持久的税后利润,税后利润率要超过 10%;9. 资产集中程度低;10. 运营资金不多,需求量是逐渐增加的;11. 研究开发工作对资金的要求不高。
收货条件	1. 项目带来附加价值的具有较高的战略意义;2. 存在现有的或可预料的退出方式;3. 资本市场环境有利,可以实现资本的流动。

（续表）

竞争优势	1. 固定成本和可变成本低；2. 对成本、价格和销售的控制较高；3. 已经获得或可以获得对专利所有权的保护；4. 竞争对手尚未觉醒，竞争较弱；5. 拥有专利或具有某种独占性；6. 拥有发展良好的网络关系，容易获得合同；7. 拥有杰出的关键人员和管理团队。
管理团队	1. 创业者团队是一个优秀管理者的组合；2. 行业和技术经验达到了本行业内的最高水平；3. 管理团队的正直廉洁程度能达到最高水准；4. 管理团队知道自己缺乏哪方面的知识。
致命缺陷问题	不存在任何致命缺陷问题
个人标准	1. 个人目标与创业活动相符合；2. 创业家可以做到在有限的风险下实现成功；3. 创业家能接受薪水减少等损失；4. 创业家渴望进行创业这种生活方式，而不只是为了赚大钱；5. 创业家可以承受适当的风险；6. 创业家在压力下状态依然良好。
理想与现实的战略差异	1. 理想与现实情况相吻合；2. 管理团队已经是最好的；3. 在客户服务管理方面有很好的服务理念；4. 所创办的事业顺应时代潮流；5. 所采取的技术具有突破性，不存在许多替代品或竞争对手；6. 具备灵活的适应能力，能快速地进行取舍；7. 始终在寻找新的机会；8. 定价与市场领先者几乎持平；9. 能够获得销售渠道，或已经拥有现成的网络；10. 能够允许失败。

【案例】

电池大王造汽车

如果说单干创业对于王传福来讲是第一次冒险，那么决定制造汽车无疑是他冒险的疯狂之举。2003 年 1 月 23 日，比亚迪宣布，以 2.7 亿元的价格收购西安秦川汽车有限责任公司 77% 的股份。比亚迪成为继吉利之后国内第二家民营轿车生产企业。

2003 年 8 月，在陕西广东经贸合作推介会上，王传福再爆惊人之举，比亚迪与西安高新技术产业开发区、陕西省投资集团签订合资组建比亚迪电动汽车生产线合同，项目投资达 20 亿元人民币。

王传福的思路是，通过电池生产领域的核心技术优势，打造中国乃至世界电动汽车第一品牌，“电池大王”将造汽车与自己的长项相结合。王传福的自信来源于比亚迪在电池生产领域的成功。他要复制这样的成功，他看准了庞大的汽车市场。

王传福为比亚迪做汽车寻找了充足的理由。首先，3 年之后，比亚迪的电池制造将达到顶峰，需要寻找其他行业进行拓展。其次，相对于国企来说，比亚迪拥有制度优势。而国内私车市场每年增长60%以上的巨大空间更充满诱惑。

“我下半辈子就干汽车了。”王传福说。

2004年1月,深圳市有200辆比亚迪制造的锂离子纯电动汽车投入出租运营,成为全国第一家电动车示范区,真正实现尾气零排放。这种电动汽车一次充电后可行驶350公里,成本价在10万元到12万元之间,零售价在14万元左右。在做完必要的改进后,将全面进入北京市场,并且在上海、广州、西安等城市陆续上市。

2006年,比亚迪电动车要正式开始商业运营。而且在王传福的“盘子里”也已经作好了这样的规划:比亚迪控股秦川的主要目的是通过收购小型车企业,开发电动车电池,欲以此入股国内一家电动车制造厂,并配合该公司开发电动车二次充电电池。据悉,比亚迪汽车公司研发部门正倾力设计规划1.3排量到3.0排量的八大系列的轿车开发计划。筹建中的比亚迪汽车主体厂房位于西安市高新技术开发区,辅以对现有的轿车生产线进行改造。同时,比亚迪在上海成立“比亚迪汽车研发中心”。不久,比亚迪汽车将会达到年产30万辆轿车的生产能力,成为中国又一大轿车生产基地。

“蚍蜉”撼动了大树

回想起当时的情形,王传福都有些不敢相信自己哪来这么大的勇气。在当时,日本充电电池一统天下,国内的厂家多是买来电芯搞组装,利润少,几乎没有竞争力。如何打开局面?经过认真思考,王传福决定依靠自身技术研究优势,从一开始就把目光投向技术含量最高、利润最丰厚的充电电池核心部件——电芯的生产。事实证明,王传福这一招可是后发制人、一招致命的关键所在。

更让人们津津乐道的是,正在寻求快速发展之道的王传富在一份国际电池行业动态中发现,日本宣布本土将不再生产镍镉电池,而这势必会引发镍镉电池生产基地的国际大转移,王传福立即意识到这将为中国电池企业创造前所未有的黄金时机,于是决定马上涉足镍镉电池生产。

那时,日本的一条镍镉电池生产线需要几千万元投资,再加上日本禁止出口,王传福买不起也根本买不到这样的生产线。但世上无难事,只怕有心人。王传福是一个知道如何控制成本的“抠门”老板。根据企业的特点,他利用中国人力资源成本低的优势,决定自己动手建造一些关键设备,然后把生产线分解成一个个可以人工完成的工序,结果只花了100多万元人民币,就建成了一条日产4000个镍镉电池的生产线。利用成本上的优势,通过一些代理商,比亚迪公司逐步打开了低端市场。

经过努力，比亚迪的总体成本比日本对手低了40%。为进驻高端市场，争取到大的行业用户和大额订单，王不断优化生产工艺、引进人才，并购进大批先进设备，集中精力搞研发，使电池品质稳步提升。王传福还经常出国参加国际电池展示会，直接与能下大订单的摩托罗拉等大客户接触。获得了客户的认可后，公司的订单源源不断。

1996年，比亚迪公司取代三洋成为台湾无绳电话制造商大霸的电池供应商。大霸是电信巨头朗讯的OEM，比亚迪公司因此成为朗讯的间接供应商。1997年，比亚迪公司镍镉电池销售量达到1.5亿块，排名上升到世界第四位。

在镍镉电池领域站稳脚跟后，不甘寂寞的王传福又开始了镍氢电池的研发，并从1997年开始大批量生产镍氢电池。但此时恰逢东南亚金融风暴，半数以上产品出口的比亚迪公司遇到了困难。此时，王传福的表哥吕向阳通过其所有的广州融捷投资管理集团向王投资1660万元，使比亚迪公司注册资金从450万元扩大到3000万元。这一年，比亚迪公司镍氢电池销售量达到1900万块，一举进入世界前7名。

此后，王传福把目光放到了欧美和日本市场。1998年至2000年，比亚迪欧洲分公司、美国分公司先后成立，日本厂商后院起火。1999年至2000年，比亚迪公司在这些市场势如破竹，大客户名单上出现了松下、索尼、GE、AT&T和业界老大TTI等。

2000年，王传福投入大量资金开始了锂电池的研发，很快拥有了自己的核心技术，并成为摩托罗拉的第一个中国锂电池供应商。2001年，比亚迪公司锂电池市场份额上升到世界第四位，而镍镉和镍氢电池上升到了第二和第三位，实现了13.65亿元的销售额，纯利润高达2.56亿元。

目前，比亚迪以近15%的全球市场占有率成为中国最大的手机电池生产企业，在国际市场上正与日本三洋一决雌雄。目前，在镍镉电池领域，比亚迪全球排名第一，镍氢电池排名第二，锂电池排名第三。

【实训练习】

A. 法国著名思想家、数学家笛卡尔说过：机遇总是垂青那些有准备的人。观察一下，身边可能存在哪些创业机会？

B. 案例：吉姆·伯克晋升为约翰森公司新产品部主任后的第一件事，就是开发研制一种儿童所使用的胸部按摩器。然而，这种新产品的试制失败了，伯克心想这下可要被老板炒鱿鱼了。

伯克被召去见公司的总裁，然而，他受到了意想不到的接待。

“你就是那位让我们公司赔了大钱的人吗？”罗伯特·伍德·约翰森总裁问

道，“好，我倒要向你表示祝贺。你能犯错误，说明你勇于冒险。我们公司就需要你这种有冒险精神的人，这样公司才有发展的机会。”数年之后，伯克本人成了约翰森公司的总经理，他仍然牢记着前总裁的这句话。

吉姆·伯克在创新过程中失败了，不但没有被炒鱿鱼，后来反而成了总经理，给我们什么启示？

第三节　创业项目的选择

通过上述创业机会的识别或许您已经有了一个明确的创业项目，这是一个非常重要的环节。这表明您已经投入到企业的创办中，您已经开始“谋划”创办企业的工作了。创业机会有很多，第一个想法可以引出其他更好的想法。

在识别您的创业机会时，应当尽力打开您的思路。您的第一个目标是寻找尽可能多的创业项目，并把这些创业项目以列表的方式来论证。

可以通过如下方式识别您的创业机会：

■ 调查您准备创业地区的环境
■ 调查您准备创业地区的企业
■ 利用您的技能和经验
■ 借鉴别人的经历
■ 利用互联网

当您用这些方式时，您可以从家人那里得到支持和帮助，还可以请您各方朋友帮忙，或者您还可以找你的创业导师帮忙。

【案例】

徐小平，新东方创始人之一，著名留学、签证、职业规划和人生发展咨询专家，创办了“真格”天使投资基金。鲜为人知的是，徐小平还是陈欧的创业导师。可以毫不夸张地说，没有徐小平就没有今日的陈欧，更不会有如日中天的聚美优品。

2009 年 7 月，陈欧在毕业后的第三天回国，开始第二次创业。他带着一个全新的项目，找到了已经两年没有联系过的天使投资人徐小平。早在 2007 年 7 月的一天，还是斯坦福大学学生的陈欧飞回北京，为创业项目融资。经朋友介绍，陈欧在北京翠宫饭店结识了未来最重要的创业恩师——真格天使投资人徐小平。两人在北京翠宫饭店喝了一次茶，徐老师便决定投资他的 GGgame。但陈欧这一次没有拿徐老师的钱。

两年后，当陈欧从美国斯坦福毕业再次回国进行创业时，陈欧在中国大饭店又一次遇到了徐小平。徐小平向陈欧的项目投资了18万美元，顺便还给陈欧的团队一套房子作为办公场地。陈欧选择游戏行业，成立了Reemake公司，创业项目是在社交游戏中内置广告。很快发现，他们搬来的国外模式在中国行不通。2010年5月，陈欧全面停掉了之前的游戏内置广告业务，全心经营团美网（“聚美优品”的前身），同时再次获得了来自徐小平的200万元投资。2010年9月，团美网更名为聚美优品，同年销售额达到2000万元。2011年3月，公司成立不到一年总销售额突破1.5亿。

一、发挥自己的创造力，在您想要创业的地区发现更多的创业想法

再看一看当地的现有企业一览表。如果一览表已经包括了大部分当地市场，您可以已经看得出，当地经济的发展依赖于哪些产业和服务业。

分析您熟悉的地方所有的资源和机构，这有益于获得好的创业项目。

例如考虑一下：

自然资源、居民的能力和技能、当地机构、工业的现状、商品展销会等方面。

1. 自然资源

自然资源包括来自土地、农业、森林、矿产、沙漠、水中的各种材料。分析您创业地方盛产哪些东西，其中哪些东西可以用来制作有用的产品而不破坏环境。

例如，您创业地方附近有很好水质的河流或者湖泊，可以用于创办鱼虾养殖企业。

2. 居民的能力和技能

您创业所在地区的居民是否具有企业所需要的某些特殊技能？有没有创业所需要的人力资源等方面？

3. 机构

您创业所在的地区有没有学校、医院或政府机构？您认为哪些企业能够服务于这些机构？这些机构可能有诸如维护、修理和清洁之类的需求，也许还需要文具、家具、清洁用具、食品或纸张等物资。一个机构可能就是一个大客户，为什么不去这些机构的物资管理部门与他们聊聊？了解一下他们从哪里购买产品和服务，以及他们是否有不满意的地方。

4. 工业发展现状

您所在的地区有工厂吗？这些工厂需要什么样的企业提供服务？他们同样也购买一些服务和物资，他们可能愿意雇佣另一家企业去做一些他们的业务。您可能有机会获得分包的工作。简单地说，分包指为另一家企业做一项工作，例如，

一家建筑公司或许会将他们正在建造新房的油漆工作分包出去。您可以与在那里工作的负责人谈谈。

5. 商品展销会

一些机构举办商品展销会,这些都有可能帮助您识别创业机会和选择创业项目。您要尽可能多地参加这类商品展销会。

二、调查您准备创业地区的企业情况

一个识别创业机会的可行办法是调查您准备创业地区的企业情况,到实地走走看看,了解这个地区有哪些类型的企业,分析您在市场中能否找到生存的空间。

与一个伙伴或朋友一起进行这项活动会更轻松。如果您住在一个小城镇里,您可以走遍整个城镇。如果您准备创业的地区是在较大的城镇里,那您可以访问工业区、集市和商业区。

三、利用您的技能和经验

企业家的经验、爱好、人际交往和家庭背景对于企业的成功也是很重要的影响因素。

例如,如果您做过很多年的家政工,从中学会了烹饪、插花和安排晚宴,您就可以利用这些经验创办一家家政企业。

如果您对修理家用电器特别感兴趣,这就能成为您的想法。

如果能掌握互联网技术,您可以利用网络做电子商务。

您的兴趣和爱好也可以给您带来很多创办新企业的想法。讲故事、绘画、钓鱼、听音乐、踢足球、制作糕点等,这些爱好都可以变成您的创业想法。

【案例】

"我是陈鸥,我为自己代言"——陈欧发现中国的广大女性消费者对于线上购买化妆品的信心不足,线上化妆品行业没有领头羊企业存在。化妆品就是新大陆。他总结出了三个"可行条件"。首先,电子商务在中国正在高速发展是不争的事实;其次,化妆品需求很大,但市场上还没有一个可信的化妆品网站;最后,做这个别的男人不好意思做的行业反倒给了自己机会。合伙人之间有了激烈的争吵,陈欧要做电商,戴雨森提议做社区。他们这边争执不休之际,国内刮起了团购热。陈欧提议先借着团购的方式做着玩,凭感觉一步一步来。由于公司的流动资金只剩下 30 万,只好一面继续着游戏广告业务,一面用了两天时间,在技术上让团美网(聚美优品前身)上了线。

2010 年 3 月 31 日，团美网作为中国首家专业女性团购网站上线，以正品平价形象口碑相传，在短时间内取得飞速发展。9 月 9 日，团美网正式启用顶级域名，更名为聚美优品，成为国内领先的女性时尚限时折扣购物平台。

2014 年 5 月 16 日，聚美优品正式在美国纽约证券交易所挂牌上市，市值超过 35 亿美元。陈欧成为纽交所 220 余年历史上最年轻的上市公司 CEO，其所持股份市值超过 11 亿美元。

四、借鉴成功创业者的经验

虚心向成功创业者学习，认真学习和思考他人的经验，他们不仅是您的良师益友或许是您潜在的顾客。

多多与他人交流，丰富您的社会知识。与那些平时很少和您说话的人聊一聊，他们也许是老年人，也许是青年人，或者是不同民族或不同社会阶级的人。如果您是一名女生，尝试着与男性谈谈，如果您是一名男生，尝试与女性谈谈。问问其他人，他们在寻找需要的产品或服务中遇到的问题。通过交谈可以发现十几个问题或各种需求的例子，这些例子可能会成为一个很好的创业想法的来源。

尽可能多地了解一些其他人成功创业的经历，也许会给您带来创业的灵感。

五、利用互联网

随着科学技术的不断进步，您会发现互联网已经和我们每个人的联系越来越紧密。互联网提供了各种关于企业的信息，这些信息为您寻找创业项目提供了一个非常好的途径。下面介绍几种利用互联网寻找创业项目的简单方法：

您可以到一些 B2B 的网站上看看。例如阿里巴巴（china. alibaba. corn）、中国制造网（cn. made - in - china. corn）、敦煌网（seller. dhgate. com）等。这样的网站中往往会有很多企业对这些产品和服务的求购信息，这些求购信息可以帮助您发现市场上的需求。

您也可以利用 B2B 的网站。例如，淘宝网（www. taobao. corn）、易趣网（www. eachnet. corn）、有啊网（youa，baidu. com）等. 这些网站上数量众多的商家，提供过很多新奇的产品，如果您发现有些产品在您准备创业的地方买不到，而且很多人对这些产品感兴趣，这也许给您提供了一个创业想法。

互联网好多可以和上面讲述的其他产生创业的想法结合起来使用，例如，您准备利用自己的烹饪技术创办一家餐馆，但不知创办一家什么样的餐馆比较好，您就可以利用一些搜索网站，例如，百度（www. baidu. com），了解一下人们对餐饮的偏好，同时也可以理解一些关于开办餐馆的相关信息。

互联网不仅可以提供很多创业想法，而且也可以为您的企业提供场所和销售渠道。不过，您还要记住利用互联网创业同样有风险。

六、绘制创业项目一览表

为您计划创办的企业准备一张创业项目一览表。回顾一遍到目前为止您已经做过的思考，选出适合您的任何创业项目并把这些创业项目写在您的可供选择的创业项目一览表中。

第四节　分析并筛选出最好的创业项目

一、筛选您的创业项目一览表

到目前为止，您可能已经有几个或很多的创业项目。下一步任务是努力把这张一览表中的项目减少到3～6个，也就是只留下最适合您的那些项目。

认真思考每一个创业项目，从一览表中选出最适合您的创业项目，创业一览表中的剩余企业项目是您备选的。

看一遍您的一览表，通过回答以下问题分析每一个创业项目。

1. 顾客

您怎么知道您创业所在的地区对这个企业产品有需求？

谁将是您创业企业的现实顾客？

顾客有能力购买这种产品和服务吗？顾客愿意到您的创业企业购买这种产品和服务吗？

2. 竞争对手

您要创办的企业是您准备创业地区同类企业中的唯一一家吗？

如果有其他类似的企业，在与他们竞争时，如何保证自己成功？

3. 资源和需求

您如何提供顾客需要的产品并保证服务质量？

您从哪里获得资源来创办这个企业？

您从哪里能获得创办这个企业的建议和信息？

企业需要设备、厂房或合格的员工吗？

您能得到满足这些要求所需的资金吗？

4. 您的知识、技能、和经验

您对所创办企业的产品或服务了解多少?

您有哪些知识、技能和经验能够帮助您经营这家企业?

您根据什么认为这个企业会赢利?您能想象未来十年中自己一直在经营这家企业吗?

您的个性和能力如何才能适应这种企业的经营?

您对这类企业是否确实很感兴趣,是否愿意投入大量的时间和精力促使企业成功?

二、分析您的创业项目

现在您已经将您认为最合适的创业项目精简到了三个。

您还需要搜集关于这些项目不同方面的更多信息,您的目标是分析您接受或放弃一个创业项目的各种因素。以下是您用来分析创业项目的两种方法:实地调研、SWOT 分析。

1. 对您的创业项目进行实地调研

通过与顾客、供货商和企业界人士交谈,您能够搜集到一些十分有用的信息,来了解那些影响您的创业项目的因素。您可以安排非正式的讨论并进行观察,或者安排正式的访问和会谈。访问比较费时间,但通过实地调研,您已经像一名成功人士那样开始行动了,并且当您创办企业时,您访问过程中交往的一些人员对您也是很有用的。

(1) 交谈对象

您与谁交谈,这取决于您的项目或调查领域。如果您正在考虑创办一家零售店,您需要与其他零售店老板交谈,不管他们是您的竞争对手还是开办同类商店的人。也许您应该去另外一个城镇与您的间接竞争对手交谈。您还需要与您将来的供货商交谈,以便明确价格、库存和运输情况。

如果您考虑生产一种产品,您需要了解这种产品的制作方法以及对设备和厂房的要求。您应该与您的原材料供货商以及那些卖给您工具或机器的人交谈。

无论您有什么项目,与潜在顾客交谈。顾客的看法对于您了解您的项目至关重要。自己有关创业项目的第一个问题就是谁会购买?谁将是您的顾客?年轻人、老年人、男人还是女人?他们来自城市还是农村?然后您必须找一些潜在的顾客并与他们交谈。通过与不同类型的人交谈,尽力获得不同顾客的代表性信息。

如果您的产品面对所有人群，您一定要与各类人士交谈，包括男人和女人，年轻人、中年人和老年人，有钱人和穷人。如果您的产品面向某一类人群销售，例如中年妇女，则要尽量发现他们中的不同之处（如不同的民族、不同的职业和不同的街区等）。要尽可能多的和您未来的顾客交谈，并记下他们的详细情况（年龄、性别、收入水平等）。

（2）关键信息提供者

我们称那些对我们帮助很大的交谈对象为"关键信息提供者"或"意见型领导"，这些人对您计划的企业了解很多，或者对您的潜在顾客非常了解。他们可能是大公司的采购人员，也可能是政府机构的人员，在政府里监管一个特定的产业，他们可能是大公司的经理，了解市场总体情况，或者是非政府组织的工作人员。如果您能接近这些关键信息提供者，哪怕只有一个，他们就有可能帮您引进更多关键信息提供者。

（3）进行访谈

通过访谈向他们介绍您自己和您的创业项目，同时搜集相关信息。对您的项目做正面的描述，说明您为什么认为它是顾客需要的。这是您尝试推销自己创业项目的第一次尝试机会。

随身带上记录工具，把人们说话的要点记下来。问问他们是否介意您做笔记，如果有人不喜欢您做笔记，努力记住他们说话的内容，之后尽量把这些内容整并记录下来。

带一张问题清单去问问题，但要讲究方法，让交谈自然地进行。用一个话题引出另一个话题。

不要问那些可以用"是"或"否"来简单回答的问题，而要问开放式问题，比如：谁？什么？为什么？哪里？何时？如何？等等。而不要问"您对着这个问题满意吗？这样的问题，为了得到更好的回答，要问"您对这个产品的满意度如何？"

不要担心一个问题接着一个问题。

每次提问只问一个问题。例如，问"您在运输上花多少钱？"

重复对方的回答，确定您正确地理解了他们说的内容。

2. 对您的创业项目进行 SWOT 分析

当您实地搜集完企业机会和风险方面的信息之后，您就可以做 SWOT 分析。这种分析可以帮助您集中考虑每一个项目（可能存在的问题和潜在的优势）。

SWOT 的意思是优势（Strength）、劣势（Weakness）、机会（Opportunity）、威胁（Threat）。

(1) 企业内部

为了分析一个创业项目的优势和劣势,您要看看计划创办的企业的内部情况。这个企业的优势是什么,劣势是什么。

优势是指您计划创办的企业的积极方面。与同类企业和竞争对手相比,这些积极的方面将有利于您的企业。优势可能是您计划出售质量更好的产品,也可能是您计划选一个离顾客更近的地方。

劣势是指您的企业弱点或不太擅长的方面。例如,您的企业远离供货商,您不得不多付运输费,造成您的成本很高。

(2) 企业外部

为了分析您计划创办的企业会面临的机会和风险,您要掌握这个企业的外部情况,即外部环境。外部环境的哪些方面对企业有利,哪些方面对企业产生负面影响。

机会是指周围对企业有力的潜在发展机会。例如,由于越来越多的游客前来您的企业所在地区观光,您计划生产的产品需求量将会增加。

威胁是指可能发生的对企业产生负面影响的事情。例如,创业项目太简单,没有特色,以至于其他人也可能在这个地区开办类似企业,这样就减少了您的市场份额。

3. 环境影响评估

(1) 企业对环境的影响

所有的企业都离不开我们的生存环境,并于环境息息相关。环境由物质要素(如水、空气和土壤)、生物成分(如植物和动物)以及社会成分构成。

内部环境是指企业自身的各种生产过程。例如,企业员工是其内部环境的一部分,会受到生产过程中职业健康与安全风险的影响。

外部环境是指企业之外所有其他的物质要素、生物成分和社会成分。例如,企业顾客举止在外部环境里,他们因为消费企业的产品对环境产生影响。一个企业对其环境的影响既可能是积极的,也可能是消极的。例如,企业对环境产生积极影响,是因为他向人们提供了就业和收入。另一方面,企业也可能对环境产生消极影响,因为他可能会开采大量的非再生资源,或在生产过程中污染环境。

为了保证您计划创办的企业能够长期生存和可持续发展,您必须保证将企业对环境的负面影响降到最低程度。

如果您无视您的企业对环境产生的负面影响,您将会能遇到很多问题。如果您的企业不遵守环境保护法律法规,政府有关部门可能拒绝您给您的企业注册。如果您的企业污染了当地环境,您的邻居和整个社区可能会联合起来抵制您。如果您的生产过程给您的员工带来职业健康和安全方面的隐患，他们可能会拒绝为您工作。

此外，如果您的企业过度开采稀有自然资源，您很快就会遇到生产所需原材料的问题。例如，假设您成立了一家商业性的渔业企业，与其他渔民一起过度捕捞近海水域的渔业资源，您的捕捞量将会逐渐减少，您的企业利润会因捕捞数量的减少而降低。可持续性资源管理是企业长期生存的关键。

（2）环境影响评估的问题

环境影响评估（EIA）帮助您确定企业可能会对环境产生的负面影响。作为分析的一部分，您要使您的企业排放到环境中的污染物质达到合格排放标准。您还要具体说明，计划采取哪些措施使企业对环境产生的负面影响降到最低程度。

下面所建议的环境影响评估方法很简单，可以帮助您快速筛选您的创业想法。

按照以下步骤来评估您计划创办的企业可能对环境产生的影响：核对您计划创办的企业是否在国家环保部门交由当地环境部门审批的企业经营范围名单内；具体说明您的企业可能造成的污染。

（3）核对拟计划创办的企业是否符合国家的环保规定与要求

依据 2004 年 7 月 1 日起实施是《中华人民共和国行政许可证》规定，涉及生态环境保护，直接关系人身健康、生命财产安全、有限自然资源开发利用等特定活动，需经相应主管部门的许可。

在保护自然资源和环境方面，我国的环境法规及相应的环境保护标准已超过 100 部。如《中华人民共和国环境保护法》《中华人民共和国大气污染防治法》《生活饮用水卫生标准》《中华人民共和国水污染防治法实施细则》《污水综合排放标准》《环境空气质量标准》《恶臭污染物排放标准》《饮食业油烟排放标准》《生活垃圾焚烧污染控制标准》《城市区域环境噪声标准》《畜禽养殖业污染物排放标准》等。

我国县级以上地方人民政府环境保护主管部门，对本辖区的环境保护工作实施统一保护。县级以上人民政府的土地、矿产、林业、水利行政主管部门，依照有关法律和规定对资源的保护实施监督管理。

如果您计划创办工业、餐饮、洗浴、汽车修理等能污染环境的项目，应当遵守如下基本要求：

企业老板在取得行政许可后的有效期内如经营项目的性质、规模、地点或采用的生产工艺发生重大变化，则经营单位必须重新报批环境影响报告书或环境影响登记表，其许可条件、时间和程序重新申报。

如果您的创业项目属于上述名单中的一个类别,您需要与当地政府有关部门联系,咨询与获得许可证有关的法律规定。

(4) 具体说明您的企业可能造成的污染

正如前面提到的,所有的企业都会给环境带来不同程度的影响。因此,所有的企业老板都应该关注自己的企业对环境产生的影响。

4. 确定创业项目方案

完成创业项目的识别和选择,您已经完成了准备创办自己企业的前两个步骤。同时,您也就回答了“我适合创办企业吗?”和“怎样找到一个好的创业项目?”这两个问题了。

(1) 如果您仍然无法做出决定

如果您发现您仍然不能肯定那一个创业项目最适合您,您还需要做更多的工作。

(2) 是什么让您无法下定决心

您在最后三个创业项目中无法选择吗?

如果这是您最终不能下定决心的原因,您也许需要与这些企业所在领域的一些“关键信息提供者”进行交谈,在作出选择之前得到更多的建议和信息。

不能肯定您是否适合创办一家企业吗?

如果您担心这个问题,返回去看看本篇的自我评价测试,并再次考虑您的陈述和答案。也许您更适合去打工,而不是经营自己的企业。很多打工的人士也取得了成功和满意,您可以选择一种更适合您的方式。

如果您真的想创办您自己的企业,但是又没有发现非常适合的创业项目,您可以休息一阵子,过一周或更长的时间后,从“您如何让自己找到一个好的创业项目?”再次阅读本章节或者相关书籍,重新开始寻找其他的创业项目。

在您发现最适合您的创业项目之前,您常常需要花更多的时间,做更多的工作以及得到更多的信息。当您朝这个目标迈进时,您将会增加只是您的技能和经验。所有这一切都将会提高您作为一名成功企业家的能力。

三、本章小结

创业者的成功一定程度上取决于您在机会的识别和把握上,掌握方法,开阔视野,集思广益,对您创业的成功至关重要。此外,创业者需要坚强的意志、识别风险和化解风险的能力,需要不断地学习和积累才能够获取。

创业者要逐步培养自己和创业企业的核心竞争能力以应对未来竞争环境的变化,创业者还需要不断培养自己的创新能力,因为创业的本质是创新。通过本部分学习您还应该明确一下要点：

·创业是不拘泥于当前资源条件的限制下对机会的追寻，将不同的资源组合以利用和开发机会并创造价值的过程。

·创业本身也是经营活动，创业活动普遍存在于各种组织和个人活动中，创业活动侧重经营活动的前段，在机会导向的程度、创新的强度、创造价值及对社会的贡献等多方面表现得更突出。

·与创新相比，创业更加明确地强调顾客导向，强调创造价值和财富。

创业活动实质上就是识别机会，开发和利用机会，实现机会价值的过程。

创业是富有创业精神的创业者与机会结合并创造价值的活动，是创造。

关注创业过程中的活动和行为，有助于揭示创业活动的规律，从中可以识别到创业者的创业精神和技能

·创业成功 = 选择 + 努力，正确的选择项目是前提，后续的努力是保障，创业者只要牢牢把握着两个重要环节，您离成功就不远了。

【实训练习】

A. 简答创业机会的含义。

B. 创业机会有哪些分类？其来源有哪些？

C. 简述识别创业机会的常见方法有哪些。

D. 识别创业机会的步骤有哪些？

E. 什么是 SWOT？请简要说明 SWOT 的分析原理。

第四章　创业前的市场调查

第一节　市场调查

名言警句：

没有调查就没有发言权！

不做正确的调查同样没有发言权！

知己知彼，百战不殆。

实践是检验真理的唯一标准。

【学习读本】

习近平：调查研究是谋事之基、成事之道（节选）

调查研究是一项基本功

调查研究是做好领导工作的一项基本功，调查研究能力是领导干部整体素质和能力的一个组成部分。习近平总书记指出："调查研究是谋事之基、成事之道。没有调查，就没有发言权，更没有决策权。"研究问题、制定政策、推进工作，刻舟求剑不行，闭门造车不行，异想天开更不行，必须进行全面深入的调查研究。

重视调查研究，是我们党作好领导工作的重要传家宝。只有深入调查研究，才能真正做到一切从实际出发、理论联系实际、实事求是，真正保持党同人民群众的密切联系，也才能从根本上保证党的路线方针政策和各项决策的正确制定与贯彻执行，保证我们在工作中尽可能防止和减少失误，即使发生了失误也能迅速得到纠正而又继续胜利前进。经常开展调查研究，非常有益于促进领导干部正确认识客观世界、改造主观世界、转变工作作风、增进同人民群众的感情，有益于深切了解群众的需求、愿望和创造精神、实践经验。

调查研究要找准问题、有的放矢。要紧紧围绕党的路线方针政策和中央重大决策部署贯彻执行，深入研究影响和制约经济社会持续健康发展的突出问题，深入研究人民群众反映强烈的热点难点问题，深入研究党的建设面临的重大理论和实际问题，深入研究事关改革发展稳定大局的重点问题，深入研究当今世界政治经济等领域的重大问题。这样才能使调查研究工作同中心工作和决策需要紧密结合起来，更好地为各级党委和政府科学决策服务，为提高党的领导水平和执政水平服务。

调查研究要深入实际、深入基层、深入群众。要多层次、多方位、多渠道地调查了解情况，既要调查机关，又要调查基层；既要调查干部，又要调查群众；既要解剖典型，又要了解全局；既要到工作局面好和先进的地方去总结经验，又要到困难较多、情况复杂、矛盾尖锐的地方去研究问题。基层、群众、重要典型和困难的地方，应成为调研重点，要花更多时间去了解和研究。尤其对群众最盼、最急、最忧、最怨的问题更要主动调研，抓住不放，真正听到实话、察到实情、获得真知、收到实效。

调查研究要坚持实事求是的原则。要树立求真务实的作风，坚持追求真理、修正错误的勇气，从客观实际出发，坚持结论产生在调查研究之后，建立在科学论证的基础上。对调查了解到的真实情况和各种问题，坚持有一是一、有二是二，既报喜又报忧，不唯书、不唯上、只唯实。处理好调查和研究两个环节的关系，在调查的基础上进行深入细致的思考，进行一番交换、比较、反复的工作，把零散的认识系统化，把粗浅的认识深刻化，直至找到事物的本质规律，找到解决问题的正确办法。

调查研究要制度化、经常化。要坚持和完善先调研后决策的重要决策调研论证制度，把调查研究贯穿于决策的全过程，真正成为决策的必经程序，提高决策的科学化水平。坚持和完善领导机关、领导干部的调研工作制度，领导干部要带头调查研究，拿出一定时间深入基层，特别是主要负责人要亲自主持重大课题的调研。坚持和完善领导干部联系点制度，领导干部不仅要“身入”基层，更要“心到”基层，始终关心基层联系点，关心联系点的群众，真心实意地交朋友、拉家常，直接了解基层干部群众的所想、所急、所盼。

《人民日报》(2014 年 07 月 17 日 12 版)

一、为什么要做创业前的市场调查?

只有知己知彼，才能百战不殆。创业需要激情但创业激情不是冲动，创业也不是赌博，更不是一种“只要一直往里投钱就总会有结果”的、孤注一掷的赌徒心态。自主创业时，有些项目已经清楚市场的前景，但不知怎样投入或风险有多大，在这种前提下创业者极易畏首畏尾，一些只有一种冲动，不能全盘考虑各方面将来的可能，这两种情况都很容易导致浪费和中途失败的风险。中国大部分企业都在做简单模仿，比如说通信领域，有的企业明明是做彩电的，非要进入通信领域。他们的理由很简单，就是我的资源不比别人差，我的机制也很灵活，我的人才也不缺，领导干部也比别人优秀，凭什么做不了，这样就比较粗暴了。

我们前期准备过程中只有做好市场调查，在确定了一些创业的基本条件之后，才能有方向有目的性的付诸行动，才能避免自己的创业死于无知。

【案例一】

果酷网创始人贾冉（领域：精细服务）

创业经：拿出10万元积蓄，贾冉在朝阳区双井的一栋居民楼里卖起了“鲜果切”。在他的账本里，每个月房租2500元，办公设备、工作台、加工设备2万元，每个星期批发水果3000元，4名配送员每人每月工资3500元，加工员工每月工资3000元。低成本创业的“鲜果切”，却因精细化服务打开了一片天地。1000元、300万元、1000万元，这是果酷网成立三年来每年的收入。不久前，“几何倍数”成长的果酷网获得了第四笔融资，金额达200万元。如今，每天有20吨“鲜果切”果盒，走进腾讯、新浪、百度等公司的办公大楼。

本科、研究生读的都是信息工程专业，毕业后先后进入BEA、IBM、淘宝做软件工程师，今年“三十而立”的贾冉却一直认为自己是个“非典型IT男”，“总想做点接地气的事儿”。在IT公司上班的时候，贾冉对着电脑一待就是一天，早上带来公司的苹果，往往是晚上原封不动地带回了家。而这在同事间也是常见事儿。“恨不得眼睛里全是编码，谁顾得上去洗水果。”不少同事甚至会选择中午跑去距离公司5分钟路程的星巴克，买上一杯不到十块水果切片的“水果杯”。有着从大学时就试着在同学间卖电脑的“生意直觉”，贾冉发觉这是个不错的商机，“如果把洗好、切好的水果送到上班族面前，一定受欢迎。”

“鲜果切”，源自上世纪50年代的美国，满足消费者的即食需求，目前在美国每年有着800亿美元市场规模。2010年7月，同样一个炎热夏天，趁着水果价格处在一年中的底部，在距离双井地铁站10来分钟路程的一处6层居民楼里，贾冉的“鲜果切”生意开张了。

把水果切了卖，这看似简单的生意，在贾冉看来却只能用“难熬”两个字来形容。网站页面不好看，每天编程到凌晨两三点钟；宣传不到位，天天顶着烈日在地铁口散发传单，但访问量却总是上不去；订单位置各不一样，两个合伙人和两个配送师傅一天忙到歇不住脚，投诉的电话还是一直不断；库房、加工车间都在位于顶层的这栋公寓里，每个周末得爬上十几趟楼梯，把批发回来的五六百斤水果背上楼……客户口味“众口难调”，品牌没有说服力，物流成本高昂，公司平均每天支出1500元，却只能收获1000元。创业半年后，公司账面上不到1000元，贾冉最初拿出创业的10万元所剩无几。

2010年的一天，贾冉无意间走进双井附近的一家汽车4S店，店内等候区桌子上摆放着一盒五颜六色的糖果。“既然会用糖果招待客人，那也不会拒绝水果。不少企业的员工午餐里就少不了水果，与其吃一整个梨，大家更乐意吃水果拼盘。”一次次碰壁、一次次尝试后，1万元、一个月每天100份果盒，这家汽车4S店成为贾冉的第一个客户。“做面向个人的生鲜电商行不通。”几经思索，贾冉决定转向企业客户，带着自己的“鲜果切”果盒，贾冉和他的团队开始在周边商圈撒网，金融机构、互联网公司、服务机构都是他们的目标，“我们寻找那些重视员工福利的企业。”带上一整袋的“鲜果切”，贾冉在百度大楼的招待前台一待就是三个小时。没有熟悉的人脉，他选择从前台接待员开始“攻关”。“尝尝我们的水果，今天上午刚加工完成。”尽管面对的只是普通接待员工，贾冉仍是把来龙去脉、优势亮点一一介绍。对他来说，拿到公共事务处的一个办公电话，就是迈出了第一步。经过十几通电话周折，每天带着五六公斤重的水果从双井赶到北五环，2011年1月在百度大楼一间明亮的办公室里，贾冉从百度采购部门一位负责人的手里，拿下了面对互联网企业的第一份订单。

圈子里有了口碑，“窗口”慢慢打开。腾讯、优酷、搜狐，一家家叫得出名的企业加入客户名单，可问题随之也来了，由于企业客户通常将价格压得很低，一盒3块钱的水果切块，只能赚上两三毛钱。如何减少水果损耗，摆在了贾冉面前。不像其他商品，水果对保质期有着严格的要求，隔了夜的草莓、葡萄就要被处理掉；每一箱橘子里发现两个烂橘子，就意味着一天两吨橘子中要扔掉两大箱橘子。重视数据收集的互联网“老本行”帮助了贾冉。在他的工作电脑里，有着一个要等运行5分钟才能完全打开的庞大数据文件，里面记录着三年多来的每一笔生意、每一个水果价格、每一次客户反馈。在数据库基础上，一次次编码、一次次改程序，前后经过了一年时间的反复调试，贾冉在网站上线了自己研发的后台管理系统。如今，从客户下单到搭配水果、订单生成，全部由系统自动完成，6个小时内便可送到顾客桌上。而且，贾冉的加工车间里，除了10来位流水线上的加工工人外，并没有传统厂子里的采购、出纳职位。“我们是先拿订单，再去拿水果、加工、出货。”贾冉说，除了加工过程中的必然程序，他的食品加工厂实现了水果的“零消耗”。

去年年底，果酷网年收入超过1000万元，如今，每天有20吨果盒被送往腾讯、新浪、百度等公司的办公大楼。

【案例二】

两个月就关张的食品杂货店

学生小刘毕业后一直想自己当老板,看到邻居在小区里开了一个食品杂货店收益一直不错,颇为心动。于是,小刘租了小区内一个库房作店面,筹集了一万多元钱作启动资金,进了一些货品,开了一家食品杂货店。但是经营了两个月后,小刘的食品杂货店就撑不住了,不得已关张。为什么同样是食品杂货店,邻居可以干得红红火火,小刘的店就经营惨淡呢?原来,小刘为了突出自己食品杂货店的特色,没有像邻居一样进茶、米、油、盐等大众用品,而是将经营范围锁定在沙拉、奶酪、芝士等一些西餐调味食品上,但是小区里的居民对她的货品需求少,加之她店面的位置在小区边缘,很多邻居都不愿意绕道过去,而且营业时间不固定,由着她的性子开,所以生意冷清。

小刘创业之初求新求异的心理,很多创业者都有,这是优点但也是致命的缺点。经营需要有自己的特色,但是经营要符合市场环境的需要。像小刘的食品店之所以会关张,是因为她没有搞好市场调研,这个食品店如果在一个涉外社区内也许会经营得很好,但是她选择的是一个普通居民区。普通社区里的食品杂货店对茶、米、油、盐的需求远远要大于沙拉、奶酪、芝士等西式调味品,再加之铺面的选址不合适,营业时间不固定,也是小刘创业失败的原因。

二、如何做好创业前的市场调查

“没有调查就没有发言权”,制定一个创业好项目,需要思考一下问题:你有管理公司的经验吗?你有能力偿还贷款吗?你已经读完建议的市场分析了吗?这个项目的目标人群是哪些?这个项目有近似或者一样的吗?自己项目的优势是什么等等。进行市场调研具体研究,接触潜在客户,了解客户购买这些产品在规定的时限内他们决定买什么和如何防止人们会模仿你的产品或服务,调查研究你的产品或服务有什么地方吸引了消费者。构思阶段关注的焦点是与产品或服务有关的产品细节,如发展到什么程度?其独特的特色?产品销售的方法?消费者团体?生产资金以及如何确定价格?企业发展现代化的新型产品的计划是什么?如何将出资者拉到企业的产品或服务……创业者确立目标及公司战略、具体且准确的考虑所需做的准备,进而实现目标。当做好了足够的准备就可以开始市场调查了。市场调查包括竞争对手的调查,如竞争对手是谁?他们的产品及企业,有什么相同和不同之处吗?竞争对手运用的营销战略是什么?自主创业要认真分析经济、市场占有率和前景;职业和心理上的不良因素影响消费者选择产品和服务。在市场调查阶段,创业者还必须会财务分析。

在市场调查过程中和由市场调查的结果及时调整创业者的目标和策略。

三、市场调查主要有哪些方面?

1. 市场调查的主要内容

(1) 经营环境调查

①政策、法律环境调查。调查与你所经营的业务、开展的服务项目有关的政策法律信息,了解国家是鼓励还是限制你所开展的业务,有什么管理措施和手段。当地政府是如何执行有关国家法律法规和政策,对你的业务有何利和不利的影响。

②行业环境调查。调查你所经营的业务,开展的服务项目所属行业的发展状况、发展趋势、行业规则及行业管理措施。比如,从事美容美发行业,应该了解该行业国内及本地区的发展状况,国际国内流行趋势和先进美容技术,该行业的行业规范和管理制度有哪些。从事服装业的,应该了解服装行业的发展趋势,流行色和流行款式,服装技术发展潮流等。“家有家法,行有行规。”进入一个新行当,应充分了解和掌握该行业信息,这样,才能有助于你尽快实现从“门外汉”到内行的转变。

③宏观经济状况调查。宏观经济状况是否景气,直接影响老百姓的购买力。如果企业效益普遍不好,经济不景气,你的生意就难做,反之,你的生意就好做,这就叫做大气候影响小气候。因此,掌握大气候的信息,是做好小生意的重要参数。经济景气宜采取积极进取型经营方针,经济不景气也有挣钱的行业,也孕育着潜在的市场机遇,关键在你如何把握和判断。

比如,1989 年夏天,香港部分有钱人纷纷移居国外,市场低迷,地价楼价大跌。在这种状况下,少数精明的、有政治眼光的商人看准时机,在楼价下跌时大量买进“楼花”。不出半年中国政府时局稳定,改革开放的政策不变,“一国两制”方针不变,保持香港繁荣稳定不变,形势明朗,楼价攀升,精明的、有政治眼光的商人着实大赚一把。因此,了解客观经济形势,掌握经济状况信息,是经营环境调查的一项重要内容。

(2) 市场需求调查

如果你要生产或经销某一种或某一系列产品,应对这一产品的市场需求量进行调查。也就是说,通过市场调查,对产品进行市场定位。比如你经销某种家用电器,你应调查一下市场对这种家用电器的需求量,有无相同或相类似的产品,市场占有率是多少。比如你提供一项专业的家庭服务项目,你应调查一下居民对这种项目的了解和需求程度,需求量有多大,有无其他人或公司提供相同的服务项目,市场占有率是多少。市场需求调查的另一重要内容是市场需求趋势调查。了解市场对某种产品或服务项目的长期需求态势,了解该产品和服务项目是逐渐被人们认同和接受,需求前景广阔,还是逐渐被人们淘汰,需求萎缩。了解该种产品和服务项目从技术和经营两方面的发展趋势如何等等。

(3) 顾客情况调查

这些顾客可以是你原有的客户,也可能是你潜在的顾客。顾客情况调查包括两个方面的内容:

一是顾客需求调查。例如购买某种产品(或服务项目)的顾客大都是什么人(或社会团体、企业),他们希望从中得到那方面的满足和需求(如效用、心理满足、技术、价格、交货期、安全感等),现时某些产品(或服务项目)能够或者为什么能够较好地满足他们某些方面的需要等。二是顾客的分类调查。重点了解顾客的数量、特点及分布,明确你的目标顾客,掌握他们的详细资料,如果是某类企业和单位的话,应了解这些单位的基本状况,如进货渠道、采购管理模式,联系电话、办公地址,某项业务负责人具体情况和授权范围,对某种产品和服务项目的需求程度,购买习惯和特征等。如果顾客是消费者个人,应了解消费群体种类,即目标顾客的大致年龄范围、性别、消费特点、用钱标准,对某种产品和服务项目的需求程度,购买动机、购买心理、使用习惯等。掌握这些信息,将为你有针对性地开展业务作准备。

(4) 竞争对手调查

在开放的市场经济条件下,做独家买卖太难了,在你开业前,也许已有人做相同或类似的业务,这些就是你现实的竞争对手。也许你开展的业务是全新的,有独到之处,在你刚开始经营的时候,没有现实的对手;一旦你的生意兴旺,马上就会有许多人学习你的业务,竞相加入你的竞争行列,这些就是你潜在对手。“知己知彼,方能百战不殆”,了解竞争对手的情况,包括竞争对手的数量与规模,分布与构成,竞争对手的优缺点及营销策略,做到心中有数,才能在激烈的市场竞争中占居有利位置,有的放矢地采取一些竞争策略,做到人无我有,人有我优,人优我更优。

(5) 市场销售策略调查

重点调查了解目前市场上经营某种产品或开展某种服务项目的促销手段、营销策略和销售方式主要有哪些。如销售渠道、销售环节,最短进货距离和最小批发环节,广告宣传方式和重点,价格策略,有哪些促销手段,有奖销售还是折扣销售，销售方式有哪些，批发还是零售，代销还是直销，专卖还是特许经营等，调查一下这些经营策略是否有效，有哪些缺点和不足从而为你决策采取什么经营策略、经营手段提供依据。

四、市场调查的主要方法

市场调查是运用科学的方法有目的、有计划地收集、整理和分析有关供求和资源的各种情报信息和资料，把握供求现状和发展趋势为营销策略制定和企业决策提供正确依据的信息管理活动，是市场调查与市场研究的统称。它是个人或组织根据特定的决策问题而系统地设计、搜集、记录、整理、分析及研究市场各类信息资料、报告调查结果的工作过程。市场调查是市场预测和经营决策过程中必不可少的组成部分。

市场调查方法可分为两大类：

第一类按选择调查对象来划分有：全面普查、重点调查、随机抽样、非随机抽样等。

1. 全面普查：

全面普查是指对调查对象总体所包含的全部个体都进行调查。

可以说对市场进行全面普查可能获得非常全面的数据能正确反映客观实际，效果明显。由于全面普查工作量很大，要耗费大量人力、物力、财力，调查周期较长，一般只在较小范围内采用。当然有些资料可以借用国家权威机关普查结果。

2. 重点调查：

重点调查是以总体中有代表性的单位或消费者作为调查对象进而推断出一般结论。采用这种调查方式由于被调查的对象数目不多，企业可以用较少的人力、物力、财力在很短时期内完成。

当然，由于所选对象并非全部调查结果，难免有一定的误差，市场调查人员应引起高度重视，特别是当外部环境产生较大变化时所选择重点对象可能就不具有代表性了。

重点调查，据此推断整个总体的状况。比如你经销一种小学生食品和用品，完全可选择一两个学校的一两个班级的小学生进行调查，从而推断小学生群体对该种产品的市场需求情况。

典型调查，即从调查对象的总体中挑选一些典型个体进行调查分析，据此推算出总体的一般情况。如对竞争对手的调查，你可以从众多的竞争对手中选出一两个典型代表，深入研究了解，剖析它的内在运行机制和经营管理优缺点，价格水平和经营方式，而不必对所有的竞争对手都进行调查，这样难度大，时间长。

3. 随机抽样：

调查是在总体中随机任意抽取个体作为样本进行调查，根据样本推断出一定概率下总体的情况。随机抽样在市场调查中占有重要地位，在实际工作中应用很广泛。

随机抽样最主要的特征是从母体中任意抽取样本，每一样本有相等的机会即事件发生的概率是相等的。这样可以根据调查的样本的机会即事件发生的概率来推断母体的情况。它又可以分为三种：一是简单随机抽样，即整体中所有个体都有相等的机会被选作样本；二是分层随机抽样，即对总体按某种特征如年龄、性别、职业等分组分层，然后从各组中随机抽取一定数量的样本；三是分群随机抽样，即将总体按一定特征分成若干群体，随机抽样是将部分作为样本。

分群抽样与分层抽样是有区别的。分群抽样是将样本总体划分为若干不同群体，这些群体间的性质相同，然后将每个群体进行随机抽样，这样每个群体内部存在性质不同的样本；而分层抽样是将样本总体划分为几大类，这几大类间是有差别的，而每一类则是由性质相同的样本构成的。

4. 非随机抽样法：

是指市场调查人员在选取样本时并不是随机选取而是先确定某个标准然后再选取样本数。这样每个样本被选择的机会并不是相等的。

非随机抽样也分为三种具体方法：

(1)就便抽样，也称为随意抽样调查法，即市场调查人员根据最方便的时间、地点任意选择样本，如在街头任意找一些行人询问其对某产品的看法和印象。这在商业调查中是常用的方法。

(2)判断抽样，即通过市场调查人员根据自己的以往经验来判断由哪些个体来做为样本的一种方法。当样本数目不多、样本间的差异又较为明显时采用此方法能起到一定效果。

(3)配额抽样，即市场调查人员通过一些控制特征将样本空间进行分类，然后由调查人员从各组中任意抽取一定数量的样本。

第二类是按调查对象所采用的具体方法来划分有：文案调查、实地调查法、特殊调查法三种。

1. 文案调查

主要是二手资料的收集、整理和分析。

二手资料的收集步骤：(1)确定你想知道主题的未知内容及已知内容；(2)列出关键术语和姓名；(3)通过一些图书馆信息源来开始你的搜寻；(4)对你已找到的文献进行编辑并评价你的发现。

二手数据的优点及局限性：(1)成本低廉(是为了其他目的而收集的)；(2)花的精力少(不能控制数据的收集过程；(3)占用时间少(可能不很准确)；(4)有时比直接调查更准确(可能没有特定需要格式的数据)；(5)有些信息只能从二手资料里得到(可能已经过时了)；(6)可能不能满足数据要求；(7)可能需要做一些假设实地调查——访问法。

文案调查法的特点：(1)收集已经加工过的信息而不是对原始资料的收集；(2)以收集文献为主印刷与电子资料并重；(3)所搜集的资料分动态和静态两种，偏重动态。

文案调查的作用：(1)可以发现问题并为市场研究提供重要参考依据；(2)文案调查可以为直接调查创造条件；(3)文案调查可用于有关单位进行经常性的市场调查；(4)文案调查不会受时空的限制。

2. 实地调查法

可分为：(1)询问法；(2)观察法，到销售现场观察、生产现场观察、使用现场和家庭现场观察等；(3)试销或试营法，向市场投放部分产品进行试销，看消费者的反应，以检验产品的品种、规格、花色款式是否对路、价格是否适中等。

询问法，即事先拟定调查项目，通过面谈、信访、电话等方式向被调查者提出询问，以获取所需要的调查资料。这种调查简单易行，有时也不见得很正规，在与人聊天闲谈时，就可以把你的调查内容穿插进去，在不知不觉中进行着市场调查。

优点：①人员访问具有很大的灵活性，易于发现新问题；②拒答率较低；③调查资料的质量较好；④调查对象的适用范围广。

缺点：

①调查费用较高；②对调查者的要求较高；③匿名性较差；④访问调查周期较长，因而在大规模的市场调查中这种收集资料的方式较少见。

网上访问是一种随着网络事业发展而兴起的最新访问方式。主要是市场调查者通过互联网收集资料的一种调查方法。

优点：

①辐射范围广；②网上访问速度快信息反馈及时；③匿名性很好，所以对于一些人们不愿在公开场合讨论的敏感性问题在网上将是一方畅所欲言的乐土；④费用低廉。

缺点：

①样本对象的局限性，也就是说网上访问局限于网民，这就可能造成因样本对象的阶层性或局限性问题带来调查误差；②所获的信息的准确性和真实性程度难以判断；③网上访问需要一定的网页制作水平。

随着网络事业的迅猛发展和网民比例的不断上升，网上访问不仅代表着一种趋势也代表着一种潮流，其作用将愈来愈凸显。

观察法，即调查人员亲临顾客购物现场，如商店和交易市场，亲临服务项目现场，如饭店内和客车上，直接观察和记录顾客的类别，购买动机和特点，消费方式和习惯，商家的价格与服务水平，经营策略和手段等，这样取得的一手资料更真实可靠。要注意的是你的调查行为不要被经营者发现。

试销或试营法，即对拿不准的业务，可以通过营业，或产品试销，来了解顾客的反映和市场需求情况。

3. 特殊调查法

固定样本、零售店销量、消费者调查组等持续性实地调查，投影法、推测试验法、语义区别法等形式。

特殊调查方法是选定较小的样本对象进行深度的、非正规性的访谈，以进一步弄清问题，发掘内涵，为随后的正规调查作准备。目前国内常用的研究方法主要包括焦点小组座谈会、深度访谈法、案例研究法、投影法等。但在实践中无论运用哪种方法都要尽量将定性分析与定量分析结合起来，以便得出尽可能客观的结论。

【案例】

学校周边开服装店要做哪些调查

调查包括：

(1)竞争对手如何分布

首先应调查的内容应为竞争店与本店的距离。如果竞争者的实力雄厚，自己想另立门户，则应选择离竞争店较远的地点；如果认为自己有足够的实力与竞争店竞争，则可把店开在竞争店旁，让顾客能很快通过对比来了解你的产品优点。有时，竞争店在旁边还可以有效地吸引顾客，让顾客在光顾竞争店的同时也来到你的店。其次调查竞争店的店铺地点。了解竞争店的地理位置，分析为何他能有较多的顾客光顾。自己的店应开在什么地方，可以通过竞争店的地点调查来决定。

(2)竞争对手的产品。竞争对手的产品直接关系到本店的产品。竞争对手和产品类别及市场占有率，可以决定自己的店应卖哪种服饰为宜。如果竞争店的市场占有率高，就应避免与竞争店的产品太类似，这样不容易打开销路。您可以选择与其不同档次、不同类型或者与其卖的商品有连带作用的产品。例如您的竞争店在您开的店的附近，店主要卖女装且市场占有率相当高，您可先调查其主要出售的女装类型。如果他主要经营休闲装，您可考虑开一个男装或童装店，特别是在女装旁开个童装店。等等。

五、市场调查分哪几个阶段

市场调查工作必须有计划、有步骤地进行，以防止调查的盲目性。

一般来说，市场调查可分为四个阶段：调查前的准备阶段、正式调查阶段、综合分析资料阶段和提出调查报告阶段。

（一）调查前的准备阶段。

1. 明确调查问题。在开始调查之前，调查人员必须明确调查的问题是什么、目的要求如何。应根据要调查的对象，拟定出需要了解的内容，然后定出调查的目标，以便调查能合理进行。对现有的资料进行初步的分析，找出问题存在的征兆，明确调查课题的关键和范围，以选择最主要也是最需要的调查目标，制定出市场调查的方案。主要包括：市场调查的内容、方法和步骤，调查计划的可行性、经费预算、调查时间等等。

2. 初步情况分析。确定调查目标后，往往还会有很多繁杂的问题，这时就需要对这些问题进行缩减。通过能马上了解的一些资料（如竞争店的地理位置）进行删减，以缩小调查的范围。

（二）正式调查阶段。

进行正式调查时市场调查的内容和方法很多，因情况而异。市场调查的内容，综合起来，分为四类：

1. 市场需求调查，即调查企业产品在过去几年中的销售总额，现在市场的需求量及其影响因素，特别要重点进行购买力调查、购买动机调查和潜在需求调查，其核心是寻找市场经营机会。

2. 竞争者情况调查，包括竞争对手的基本情况、竞争对手的竞争能力、经营战略、新产品、新技术开发情况和售后服务情况，还要注意潜在的竞争对手。

3. 本企业经营战略决策执行情况调查，如产品的价格、销售渠道、广告及推销方面情况、产品的商标及外包装情况、存在的问题及改进情况。

4. 政策法规情况调查，政府政策的变化，法律、法规的实施，都对企业有重大影响，如税收政策、银行信用情况、能源交通情况、行业的限制等等都对企业和产品关系重大，也是市场调查不可分割的一部分。

（三）综合分析整理资料阶段。

当统计分析研究和现场直接调查完成后，市场调查人员拥有大量的一手资料。对这些资料首先要编辑,选取一切有关的、重要的资料,剔除没有参考价值的资料,然后对这些资料进行编组或分类,使之成为某种可供备用的形式,最后把有关资料用适当的表格形式展示出来,以便说明问题或从中发现某种典型的模式。

(四)提出调查报告阶段。

经过对调查材料的综合分析整理,便可根据调查目的写出一份调查报告,得出调查结论。值得注意的是,调查人员不应当把调查报告看作是市场调查的结束,而应继续注意市场情况变化,以检验调查结果的准确程度,并发现市场新的趋势,为改进以后的调查打好基础。

根据市场调查的四个阶段,可总结出市场调查一般流程(11 个步骤):

1. 确定市场调查的必要性。2. 定义问题。3. 确立调查目标。4. 确定调查设计方案。5. 确定信息的类型和来源。6. 确定收集资料。7. 问卷设计。8. 确定抽样方案及样本容量。9. 收集资料。10. 资料分析。11. 撰写调查报告。

市场调查数据处理的方法步骤:归纳分类并编制图表。

要弄清市场调查的数据类型,因为不同类型的数据,所采取的处理方式和方法是不同的。数据主要分为品质型数据和数值型数据,品质型数据主要采用分类整理的方法,数值型数据主要采用分组整理的方法。

(一)分类整理:除了要列出所分的类别,还要计算出每一类别的频数、频率或比例、比率,同时选择适当的图形加以显示,以便对数据及其特征有一个初步的了解。

(二)分组整理:将数据按照某种标准分成不同的组别,然后计算出各组中出现的次数或频数,编制频率分布表。

在连续变量或变量值较多的情况下,可以采用组距分组,即将全部变量值依次划分为若干个区间,并将这一区间的变量值作为一组。

组距分组(Interval Grouping)

什么是组距分组?

组距分组是将全部变量值依次划分为若干个区间,并将这一区间的变量值作为一组。组距分组是数值型数据分组的基本形式。

在组距分组中,各组之间的取值界限称为组限,一个组的最小值称为下限,最大值称为上限;上限与下限的差值称为组距;上限与下限值的平均数称为组中值,它是一组变量值的代表值。

组距分组的步骤:

例如,某学校某班 50 名学生身高(单位:厘米)如下。试对数据进行组距分组。

117	122	124	129	139	107	117	130	122	125
108	131	125	117	122	133	126	122	118	108
110	118	123	126	133	134	127	123	118	112
112	134	127	123	119	113	120	123	127	135
137	114	120	128	124	115	139	128	124	121

采用组距分组需要经过以下几个步骤：

第一步：确定组数。一组数据分多少组合适呢？一般与数据本身的特点及数据的多少有关。由于分组的目的之一是为了观察数据分布的特征，因此组数的多少应适中。如组数太少，数据的分布就会过于集中，组数太多，数据的分布就会过于分散，这都不便于观察数据分布的特征和规律。组数的确定应以能够显示数据的分布特征和规律为目的。在实际分组时，可以按 Sturges 提出的经验公式来确定组数 K：

$$K=1+\frac{\lg n}{\lg 2}$$

其中 n 为数据的个数，对结果用四舍五入的办法取整数即为组数。

例如，对前例的数据有：$K=1+\frac{\lg 50}{\lg 2}\approx 7$，即应分为 7 组。当然，这只是一个经验公式，实际应用时，可根据数据的多少和特点及分析的要求，参考这一标准灵活确定组数。

表 4－1　　学生身高分组表

按身高分组	频数（人）	频率（%）
105－110	3	6
110－115	5	10
115－120	8	16
120－125	14	28
125－130	10	20
130－135	6	12
135－140	4	8
合计	50	100

第二步：确定各组的组距。组距是一个组的上限与下限的差，可根据全部数据的最大值和最小值及所分的组数来确定，即组距 =（最大值 － 最小值）÷ 组数。例如，对于前例的数据，最大值为 139，最小值为 107，则组距 =（139 －107）÷ 7 = 4.6。为便于计算，组距宜取 5 或 10 的倍数，而且第一组的下限应低于最小变量

值，最后一组的上限应高于最大变量值，因此组距可取5。

第三步：根据分组整理成频数分布表。比如对上面的数据进行分组，可得到下面的频数分布表，见表4-1。

采用组距分组时，需要遵循“不重不漏”的原则。“不重”是指一项数据只能分在其中的某一组，不能在其他组中重复出现；“不漏”是指组别能够穷尽，即在所分的全部组别中每项数据都能分在其中的某一组，不能遗漏。

为解决“不重”的问题，统计分组时习惯上规定“上组限不在内”，即当相邻两组的上下限重叠时，恰好等于某一组上限的变量值不算在本组内，而计算在下一组内。例如，在表的分组中，120这一数值不计算在“115-120”这一组内，而计算在“120-125”组中，其余类推。当然，对于离散变量，可以采用相邻两组组限间断的办法解决“不重”的问题。

而对于连续变量，可以采取相邻两组组限重叠的方法，根据“上组限不在内”的规定解决不重的问题，也可以对一个组的上限值采用小数点的形式，小数点的位数根据所要求的精度具体确定。例如，对零件尺寸可以分组为10-11.99、12-13.99、14-15.99，等等。

在组距分组中，如果全部数据中的最大值和最小值与其他数据相差悬殊，为避免出现空白组（即没有变量值的组）或个别极端值被漏掉，第一组和最后一组可以采取“××以下”及“××以上”这样的开口组。开口组通常以相邻组的组距作为其组距。例如，在上面的50个数据中，假定将最小值改为94，最大值改为160，采用上面的分组就会出现“空白组”，这时可采用“开口组”，如表4-2。

表4-2　　学生身高分组表

按身高分组	频数(人)	频率(%)
110以下	3	6
110-115	5	10
115-120	8	16
120-125	14	28
125-130	10	20
130-135	6	12
135以上	4	8
合计	50	100

从实用角度考虑组距分组通常可以有以下几步：

1. 求极差：

极差指一组数据中最大值与最小值的差。

极差 = 最大值—最小值

2. 确定组数：

一般来说，组数根据数据的特点来确定，没有固定的标准，使每一组的数据不会太多。也可以按 Sturges 提出的经验公式来确定组数 K。

$$K = 1 + \lg n / \lg 2$$

其中，n 为数据的个数，对果用四舍五入的办法取整数为组数。

3. 确定组距：

组距 = 极差 ÷ 组数

4. 将数据分组：

根据确定的组距标准，将数据分组，计算每一组的数据的数量，即频数。

5. 计算每组数据的频率：

频率 = 频数/总数

6. 制作频率分布表：

由于人工绘图比较麻烦，我们也可以利用计算机来绘制统计图，下面介绍用 Excel 软件绘制。

(1) 利用 Excel 软件将数据排序。方法是：输入数据——选中数据——选择菜单栏中的“数据”菜单——选择“数据”菜单中的“排序”功能——选择“排序”中的升序或降序——点“确定”或“OK”。

(2) 利用 Excel 软件对数据进行筛选。方法是：输入数据——选中数据——选择菜单栏中的“数据”菜单——选择“数据”菜单中的“筛选”功能——选择“筛选”中的“自动筛选”功能——点“确定”或“OK”。

图 4－1　Excel 截图

(3) 利用 Excel 软件根据所作的统计表绘出所需要的统计图，如柱形图、条形图、折线图等。方法是：输入统计表——选中统计表——选择菜单栏中的“插入”菜单——选择“插入”菜单中的“图表”功能——选择“图表”中的“图表类型”功能——然后按照“图表向导”对话框的提示操作即可——最后点“确定”或“OK”。

图 4－2　Excel 截图

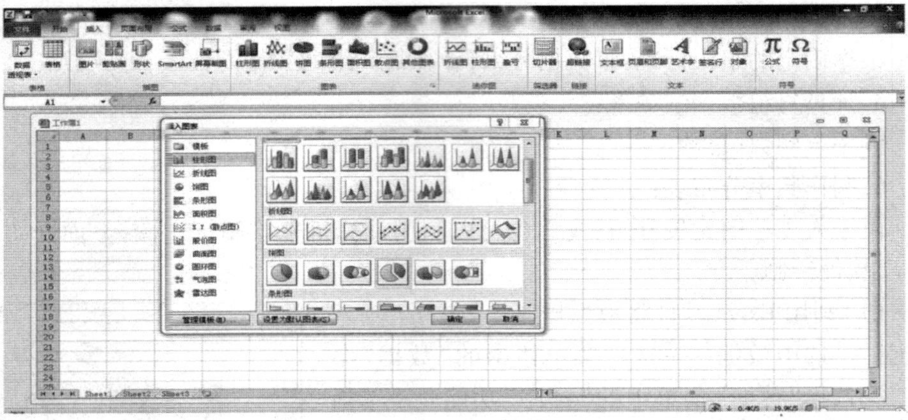

图 4－3　Excel 截图

六、怎么写市场调查报告

活动结束后编写一份市场调查报告是很有必要的。总结活动，整理思路，作为可行性分析的重要依据。一份好的调查报告必须做到：(1)反映的情况是真实的，完整的。(2)所作的分析是客观的，科学的。(3)得出的结论是明晰的，确定的。即使在未来的预测上存在着几种可能，每种可能也要求有一定的确定性。比如：要是具备什么条件，那就会出现什么结果。

调查报告应包括的几项主要内容：

1. 调查目的

概要介绍企业基本情况与目前经营状况及存在的主要问题，现在打算就哪些具体问题做市场调查？需要了解哪些方面的信息？等等。

2. 调查范围

根据企业的市场区域，在多大范围内开展调查活动？本次调查的对象是谁？在什么时间？什么地点？

3. 调查方法

按调查数量：采用的是全面调查，重点调查，典型调查，抽样调查中的哪一种？

按接触方式：采用的是询问法，观察法，实验法中的哪几种方法？

在数据处理上采用哪种统计方法？

4. 调查内容

这是报告的主要内容，可分为三个部分：

（1）资料——搜集到的各种情况与相关数据，并作适当的汇总，分类，比较。

（2）分析——对调研的结果结合其他相关的资料，作出全面的、动态的、系统的科学分析。

（3）结论——得出对现状的判断及对未来时期的预测。市场调查的任务是认识今天，把握明天。明天具有很大的不确定性，要通过认真的研究和科学的分析，使之具有一定的可确定性，这应是报告阐述的重头戏。

5. 提出建议

把经过整理、分析、判断而形成的初步构想写成备选方案，这也就是下一步经营计划的雏形。对于仍未能解决的问题和出现的新问题，可提出作为下一次调查活动的工作课题。

6. 后页附录

对报告内容中提及的重要资料与数据（以数字记号标出），在此分别说明其出处及计算方法，以证明其可靠性与准确性。另外，还须有文前的标题与文后的报告者，报告日期等。

【案例】

市场调查报告范例：
关于服装市场的调查报告

一、调查的背景

从整体来说：服装行业凭借廉价的劳动力资源和强大的产业配套优势，在纺织服装业中傲视群雄。随着进口配额的取消，服装企业面临前所未有的发展机遇。因此我们需加强以下几方面的重点工作：巩固现有市场，维护出口秩序；共享潜在市场；创新市场；实行标准化战略。出口企业更应做好“后配额时代”的应对良方：首先是积极推进企业改制，优化资源配置，增强创新能力；二是积极开展实业化建设，促进贸易向上下游的延伸，提高整个系统的效益；三是积极实施品牌战略，逐步开发自有品牌；四是积极“走出去”“请进来”，主动吸收消化国外的先进生产工艺和管理经验，加快人才队伍建设等。通过中国专业服装项目市场调查报告为生产企业及投资机构充分了解产品市场、原材料供应、销售方式、有效客户和潜在客户提供了翔实信息,为研究竞争对手的市场定位,产品特征、产品定价、营销模式、销售网络和企业发展提供了决策依据。2009 整个系列主要为单一色调,其中黑和白代表了双重特色,如硬和软、历史和现代,也代表了品牌的风格。

1. 调查方式:问卷调查

2. 调查时间:2012 年 3 月 25 日

3. 调查地点:宜宾职业技术学院

4. 调查目的

(1)以学生为对象,了解他们在服装方面的购买动机、过程和事实。

(2)了解他们的媒体接触情况及习惯,了解本产品广告的媒体选择与广告形式的效果。

(3)分析目标市场中的销售良机与潜在性。

5. 调查的范围和内容

(1)了解学生经常购买的服装品牌。

(2)了解学生的购买频率。

(3)了解学生对品牌的认知情况。

(4)了解学生的消费价格段。

(5)对本产品品牌的认知。

(6)了解本产品的包装及卖场有无影响消费者购买。

6. 调查份数:100 份

二、正文

1. 调查对象的基本情况

消费结构逐渐升级。随着人们收入水平的提高,对服装的需求已不再停留在"穿衣取暖"的阶段,而开始注意工作、生活和社交的需求,因此,选择更能表现经济实力和自身品味的产品成为更多消费者的追求。信息交流速度的快捷,使品牌服饰的追随者与流行时尚需求步调接近。服装消费市场正沿着:需求消费 - 时尚消费 - 个性消费,这样一个由低到高的品牌消费需求轨迹进行着变革。虽然在现阶段内因地区经济的差异、个人收入的差异以及城市间文化的差异等因素的影响,导致服装消费市场整体不均衡的现状,但随着时间的推移,这种差距将会逐渐缩短。

2. 调查对象的需求情况

a. 现代人在服装类型的选择上,更追求服装的舒适度,并非只注重潮流。其中有 63.04% 的男性和 65.59% 的女性都偏好运动休闲型,而追求流行时尚型服装的男、女性分别只占16.3%和21.51%。

b. 以款式为购买服装的首选因素的男、女性各占33.59%和43.12%。质量因素以29.58%位列其次，而品牌因素则以7.5%居于最后。因此厂商应在款式的设计上注意新奇，以迎合现代人着衣的不同品位与风格。

c. 价格是购买服装的又一重要影响因素。有超过半数的购买者只愿接受100元左右的服装价位。

d. 就购买服装的场所而言，58.06%的女性和47.37%的男性选择在专卖店购买。

e. 调查显示，人们普遍认为，服装批发市场普遍存在的问题是产品档次不全、产品质量不高、卫生条件差等。这些问题都是服装市场急需解决的问题。这也表明，采购者的要求在不断提高，他们希望在一个产品档次全、产品质量高、金融设施健全、环境舒适的服装批发市场采购服装。

要了解当前服装市场的全貌，提供先进的市场发展经验和理念，让市场之间相互了解、学习先进的发展模式，从而逐渐改变、淘汰落后的营销与管理方式。并且在实现指导市场发展、控制过度开发、为行业和企业提供商业决策参考、促入国际国内贸易平台交流等方面起到积极作用。

青年：该年龄段的消费群体是服装消费的主要群体，是消费群体中购买单件服装价值最高的群体，该群体是消费群体种经济基础最为雄厚的群体，有较强的购买欲望。但该群体大多数人的人生观和价值观已相对成熟，因此对风格、对时尚有自己的喜好，其中相当部分人已有自己喜好的品牌，对新品牌的接受程度较低，购物理性居多。

中年：该年龄段的消费群体事业有成，服装购买欲望一般，但对服装有一定的高阶需求（即品牌需求）。市场上适合该年龄段的服装品牌较少，往往是有购买欲望时，却找不到适合的服装品牌，特别是满足该年龄段的女性服装品牌严重缺失，市场机会较大。

老年：该年龄段人口购买欲望较低，对服装的需求不是很强。对于该年龄段的服装品牌基本为空缺。

消费者的购买行为受收入水平、地理区域、民族习惯、宗教信仰、文化传统以及社会发展水平等客观条件的影响，并同时与个体的年龄层次、教育程度、审美趣味、消费目的等主观因素密切相关。

三、总体的结论及建议

年轻人该年龄段的消费群体是服装消费最主要的群体，是消费群体中服装购买频率最多，总体购买金额较多的群体，其中女性人口略多于男性，与中国总体人口男女比例相反。该群体有很强的购买欲望，时尚，追求流行、个性，敢于尝试新事物，容易接受各种新品牌。该群体中很大一部分容易冲动购物。是目前服装品牌最多，竞争最激烈的细分市场。

四、附件：关于服装市场的问卷调查

为了了解黄州市场服装销售情况，我们特制定如此消费问答题，希望您从百忙之中抽出时间与我们入行交流与沟通。谢谢您的支持与合作！

请您就以下问题在您认为合适的地方打对勾。

1. 性别：a. 男　　b. 女

2. 年龄：a. 少年　　b. 中青年　　c. 老年

3. 平时喜欢的服装风格：a. 可爱型　b. 中性型　c. 休闲型　d. 成熟型

4. 对名牌服装的热衷度：a. 无所谓　b. 一般　c. 喜欢　d. 特喜欢

5. 喜欢哪类色彩的服装：a. 鲜艳纯度高的　b. 灰色调中性色　c. 黑白色

6. 你能接受的服装价格：a. 100 元以下　b. 100－150 元　c. 150－200 元　d. 200 元以上

7. 你经常购买服装的地方：a. 百货商场　b. 普通商店　c. 专卖店　d. 商业条街

8. 你对网络购物的态度：a. 没有兴趣　b. 条件成熟的时候可以考虑　c. 非常有兴趣　d. 一般

9. 在服装的三大元素里，对你的购买影响更大的是：a. 质量　b. 款式　c. 价格

10. 你对服装面料的选择：a. 纯棉　b. 化纤　c. 针织　d. 混纺　e. 其它

11. 你经常在什么时节购买服装：a. 元旦　b. 春节　c. 情人节　d. 春节开学　e. 五一　f. 秋季开学　g. 十一

12. 会买清仓甩卖的衣服吗：a. 从来不会　b. 有时会　c. 经常性

再次感谢您对本次调查的积极参与。

【实训练习】

A. 结合自己所学专业和兴趣做一项市场调查，分析并写出包括下列内容的一份报告：

a. 调查前的准备。

b. 调查要采用的方法。

c. 调查的步骤。

d. 写一份详细的调查报告。

B. 浏览并和朋友交流政府近期出台的有关创业的优惠政策。

58 创业计谋网导读：我选择项目的四个必备条件，就是“大方向很好，小方向被验证，团队出色，投资回报率高”。关于大方向，主要是看这个方向五到十年是否长期看好。每个投资人都有自己独到的见解，目前我最看好的方向是移动互联网。

第二节　市场预测

【成功学】

专栏：根据我国《史记》记载，公元前 6 世纪到 5 世纪，范蠡（lǐ）在辅佐勾践灭吴复国以后，即弃官经商。19 年之中三致千金，成为天下富翁，他的商场建树取决于他懂得市场预测。例如，“论其存余不足，则知贵贱，贵上极则反贱，贱下极则反贵。”这是他根据市场上商品的供求情况来预测商品的价格变化。

一、市场预测

1. 市场预测的概念

市场预测就是运用科学的方法，对影响市场供求变化的诸多因素进行调查研究，分析和预见其发展趋势，掌握市场供求变化的规律，为经营决策提供可靠的依据。预测为决策服务，是为了提高管理的科学水平和减少决策的盲目性。我们需要通过预测来把握经济发展或者未来市场变化的有关动态，减少未来的不确定性，降低决策可能遇到的风险，使决策目标得以顺利实现。

2. 市场预测的基本要素

要搞好预测，必须把握预测的四个基本要素：

(1)信息，是客观事物特性和变化的表征和反映，存在于各类载体，是预测的主要工作对象、工作基础和成果反映。

(2)方法，是指在预测的过程中进行质和量的分析时，所采用的各种手段。预测的方法按照不同的标准，可以分成不同的类别：

按照预测结果属性，可以分为定性预测和定量预测；按照预测时间长短的不同，可以分为长期预测、中期预测和短期预测；按照方法本身，更可以分成众多的类别，最基本的是模型预测和非模型预测。

(3)分析，是根据有关理论所进行的思维研究活动。根据预测方法得出预测结论之后，还必须进行两个方面的分析：

一是在理论上分析，预测结果是否符合经济理论和统计分析的条件；二是在实践上对预测误差进行精确性分析，并对预测结果的可靠性进行评价。

(4)判断，对预测结果采用与否，或对预测结果依据相关经济和市场动态所作的修正需要判断，同时对信息资料、预测方法的选择也需要判断。判断是预测技术中重要的因素。

3. 市场预测的四大原则

预测本身要借助数学、统计学等方法论，也要借助于先进的手段。我们先不讲技术和方法，对企业的管理者而言，可能最先关注的是怎样形成一套有效的思维方式。以下几个原则可能会有些启发：

(1)相关原则

建立在"分类"的思维高度，关注事物(类别)之间的关联性，当了解到(或假设)已知的某个事物发生变化，再推知另一个事物的变化趋势。最典型的相关有正相关和负相关，从思路上来讲，不完全是数据相关，更多的是"定性"的。

1)正相关，是事物之间的"促进"。比如，居民平均收入与"百户空调拥有量"；有企业认识到"独生子女受到重视"而推知玩具、教育相关产品和服务的市场；某地区政府反复询问企业一个问题："人民物质文化生活水平提高究竟带来什么机遇?"这实际上是目前未知市场面临的一个最大机遇！该地区先后发展的"家电业""厨房革命"和"保健品"应该是充分认识和细化实施的结果。这也体现了企业的机遇意识。

2)负相关，是指事物之间的相互"制约"，一种事物发展导致另一种事物受到限制。特别是"替代品"，比如资源、环保政策出台，必然导致"一次性资源"替代品的出现，像"代木代钢"发展起来的 PVC 塑钢；某地强制报废助力车，该地一家"电动自行车"企业敏锐地抓住机遇也是一样。

(2)惯性原则

任何事物发展具有一定惯性，即在一定时间、一定条件下保持原来的趋势和状态，这也是大多数传统预测方法的理论基础。比如"线性回归""趋势外推"等等。

(3)类推原则

这个原则也是建立在"分类"的思维高度，关注事物之间的关联性。

1)由小见大，从某个现象推知事物发展的大趋势。例如，现有人开始购买私家汽车，您预见到什么？运用这一思路要防止以点代面、以偏概全。

2)由表及里，从表面现象推实质。例如，"统一食品"在昆山兴建，无锡的"中萃面"应意识到什么？"海利尔"洗衣粉到苏南大做促销，"加佳洗衣粉"意识到可能是来抢市场的。换个最简单的例子说：一次性液体打火机的出现，真的就有火柴厂没有意识到威胁的例子。

3）由此及彼，引进国外先进的管理和技术也可以由这一思路解释。记住一句话：发达地区被淘汰的东西，落后地区可能有市场。

毛泽东说过一句话：我不是李自成。可见历史的东西对以后的发展是极有指导性的。换句话说：以前谁敢想象自己家有空调、电脑、电话？我们问：您能不能想象10年后您会拥有自己的汽车？这种推理对商家是颇具启发的。您能总结一下中国家庭电视机的发展规律吗？也许，您从中就能找到商机！

4）由远及近，比如国外的产品、技术、管理模式、营销经验和方法，因为可能比较进步，就代表先进的方向，可能就是国内企业“明天要走的路”。

5）自下而上，从典型的局部推知全局。一个规模适中的乡镇，需要3台收割机，这个县有50个类似的乡镇，可以初步估计这个县的收割机可能的市场容量为150台。

6）自上而下，从全局细分，以便认识和推知某个局部。例如，我们想知道一个40万人的城市，女士自行车的市场容量：40万人——20万女性（去掉12岁以下50岁以上）还有10万，调查一下女性骑自行车的比率（假设60%）——可能的市场容量为6万。这对大致了解一个市场是很有帮助的。

（4）概率推断

我们不可能完全把握未来，但根据经验和历史，在很多时候能大致预估一个事件发生的大致概率，根据这种可能性，采取对应措施。扑克、象棋游戏和企业博弈型决策都在不自觉地使用这个原则。有时我们可以通过抽样设计和市场调查等科学方法来确定某种情况发生的可能性。

【案例一】

美国汽车制造业一度在世界上占据霸主地位，而日本汽车工业则是20世纪50年代学习美国发展而来的。但是时隔30年后，日本汽车制造业突飞猛进，充斥欧美市场及世界各地，为此美国与日本之间出现了汽车摩擦。

在60年代，当时有两个因素影响汽车工业：一是第三世界的石油生产被工业发达国家所控制，石油价格低廉；二是轿车制造业发展很快，豪华车、大型车盛行。但是擅长市场调查和预测的日本汽车制造商，首先通过表面经济繁荣，看到产油国与跨国公司之间暗中正酝酿和发展着的斗争，以及发达国家消耗能量的增加，预见到石油价格会很快上涨。因此，必须改产耗油小的轿车来适应能源短缺的环境。其次，随着汽车数量增多，马路上车流量增多，停车场的收费会提高，因此，只有造小型车才能适应拥挤的马路和停车场。再次，日本制造商分析了发达国家家庭成员的用车情况。主妇上超级市场，主人上班，孩子上学，一个家庭只有一辆汽车显然不能满足需要。这样，小巧玲珑的轿车得到了消费者的宠爱。于是日本在调研的基础之上作出了正确的决策。

在70年代，世界石油危机中日本物美价廉的小型节油轿车横扫欧美市场，市场占有率不断提高，而欧美各国生产的传统豪华车因耗油大，成本高，使销路大受影响。

成功心得：

一个企业要想取得成功，只有在广泛的市场调研的基础上才能通过表面看到商机，从而作出正确的决策，获得成功。在美国汽车行业与日本汽车行业相争的年代里，日本汽车制造商首先通过表面经济繁荣，看到产油国与跨国公司之间暗中正酝酿和发展着的斗争，以及发达国家消耗能量的增加，预见到石油价格会很快上涨其次，随着汽车数量增多，马路上车流量增多，停车场的收费会提高，因此，只有造小型车才能适应拥挤的马路和停车场。再次，日本制造商分析了发达国家家庭成员的用车情况。主妇上超级市场，主人上班，孩子上学，一个家庭只有一辆汽车显然不能满足需要。于是日本在调研的基础之上制造小巧玲珑的轿车，从而在70年代世界石油危机中日本物美价廉的小型节油轿车横扫欧美市场，市场占有率不断提高，从而在美日汽车行业相争的时代获得了成功。

【案例二】

新可口可乐跌入调研陷阱

曾经在朋友处听到这样一个美国式的幽默，假若你在酒吧向侍者要杯可乐，不用猜，十次有九次他会给你可口可乐，还有一次呢？对不起，可口可乐卖完了。可口可乐的魅力由此可见一斑。在美国人眼里，可口可乐就是传统美国精神的象征。

但就是这样一个大品牌，20世纪80年代中期却出现了一次几乎致命的失误。20世纪70年代中期以前，可口可乐一直是美国饮料市场的霸主，市场占有率一度达到80%。然而，70年代中后期，它的老对手百事可乐迅速崛起，1975年，可口可乐的市场份额仅比百事可乐多7%；9年后，这个差距更缩小到3%，微乎其微。

百事可乐的营销策略是：一、针对饮料市场的最大消费群体——年轻人，以“百事新一代”为主题推出一系列青春、时尚、激情的广告，让百事可乐成为“年轻人的可乐”；二、进行口味对比。请毫不知情的消费者分别品尝没有粘贴任何标志的可口可乐与百事可乐，同时百事可乐公司将这一对比实况进行现场直播。结果是,有八成的消费者回答百事可乐的口感优于可口可乐,此举马上使百事可乐的销量激增。

对手的步步紧逼,让可口可乐感到了极大的威胁,它试图尽快摆脱这种尴尬的境地。1982 年,为找出可口可乐衰退的真正原因,可口可乐决定在全国 10 个主要城市进行一次深入的消费者调查。可口可乐设计了“你认为可口可乐的口味如何?”“你想试一试新饮料吗?”“可口可乐的口味变得更柔和一些,您是否满意?”等问题,希望了解消费者对可口可乐口味的评价并征询对新可乐口味的意见。调查结果显示,大多数消费者愿意尝试新口味可乐。

可口可乐的决策层以此为依据,决定结束可口可乐传统配方的历史使命,同时开发新口味可乐。没过多久,比老可乐口感更柔和、口味更甜的新可口可乐样品便出现在世人面前。为确保万无一失,在新可口可乐正式推向市场之前,可口可乐公司又花费数百万美元在 13 个城市中进行了口味测试,邀请了近 20 万人品尝无标签的新、老可口可乐。结果让决策者们更加放心,六成的消费者回答说新可口可乐味道比老可口可乐要好,认为新可口可乐味道胜过百事可乐的也超过半数。至此,推出新可乐似乎是顺理成章的事了。

可口可乐不惜血本协助瓶装商改造了生产线,而且,为配合新可乐上市,可口可乐还进行了大量的广告宣传。1985 年 4 月,可口可乐在纽约举办了一次盛大的新闻发布会,邀请 200 多家新闻媒体参加,依靠传媒的巨大影响力,新可乐一举成名。

看起来一切顺利,刚上市一段时间,有一半以上的美国人品尝了新可乐。但让可口可乐的决策者们始料未及的是,噩梦正向他们逼近——很快,越来越多的老可口可乐的忠实消费者开始抵制新可乐。

对于这些消费者来说,传统配方的可口可乐意味着一种传统的美国精神,放弃传统配方就等于背叛美国精神,“只有老可口可乐才是真正的可乐。”有的顾客甚至扬言将再也不买可口可乐。每天,可口可乐公司都会收到来自愤怒的消费者的成袋信件和上千个批评电话。尽管可口可乐竭尽全力平息消费者的不满,但他们的愤怒情绪犹如火山爆发般难以控制。

迫于巨大的压力,决策者们不得不作出让步,在保留新可乐生产线的同时,再次启用近 100 年历史的传统配方,生产让美国人视为骄傲的“老可口可乐”。

分析:

市场营销调研与预测是现代市场营销活动的重要组成部分。市场营销调研作为市场营销活动的起点,为企业营销的目标、营销方式、营销内容的选择及决策提供了依据。

二、市场调查公司简介

1. 益普索中国

网址：http://www.ipsos.com.cn/

益普索(Ipsos)是全球领先的市场研究集团，于1975年成立于法国巴黎，1999年在巴黎上市，是全球唯一由专业研究人士拥有并管理的市场研究集团。2011年，益普索以5.25亿英镑的价格收购安吉斯集团旗下的市场调研机构思纬公司(Synovate)，这使得益普索成为世界第三大市场调研机构。而思纬的加入，也让益普索拥有了一个真正的全球性网络。

益普索于2000年进入中国，通过收购北京丰凯兴、华联信、大通等3个本土公司和自身的优势快速成长。益普索中国区(Ipsos in China)为中国最大的市场研究公司，在上海、北京、广州、成都、武汉等5个城市设有办公室，拥有专业人员约1500名，营业额超过10亿元人民币。

益普索拥有丰富的专业研究产品线 WSBL(Worldwide Specialist Business Lines)以及行业专长 COE(Centre of Excellence)，研究领域覆盖广告和品牌研究(Ipsos ASI)、营销研究(Ipsos Marketing)、媒介研究(Ipsos MediaCT)、公众事务与社会研究(Ipsos Public Affairs)、满意度与忠诚度研究(Ipsos Loyalty)、数据采集与处理(Ipsos Observer)、汽车研究以及金融与服务研究。服务范围覆盖了快消、金融、汽车、IT/电信、医药保健等众多行业。

2. TNS 中国(北京特恩斯市场研究咨询有限公司)

网址：http://www.tns-global.com.cn/China/

TNS 是 Kantar 集团的一员，Kantar 集团是全球最大的洞察、信息和咨询集团之一。凭借其长久以来建立的专长和市场领先的解决方案，TNS 在新市场进入、创新、品牌转换和利益相关者关系管理等领域为客户提供具体清晰的增长战略建议。TNS 在全球超过80个国家和地区设立了分支机构，与全世界消费者进行的对话数量在业界首屈一指。

TNS(北京特恩斯市场研究咨询有限公司)专长领域包括：汽车、消费者零售指数研究与定制化的消费者研究、金融、科技。

3. 央视市场研究股份有限公司(CTR)

网址：http://www.ctrchina.cn/ctrwebsite/cn/

央视市场研究股份有限公司(CVSC - TNSRESEARCH，简称 CTR)成立于1995年，是中国最大的市场调查和媒介研究公司，是中国国际电视总公司和世界领先的市场研究集团 TNS 共同组建的股份制合资企业。与其合作的 TNS World panel 曾经是 TNS－全球消费者市场和企业组合市场研究的一部分，2008 年被 WPP 收购。此后，Kantar 公司集团又进行了重大重组，并于 2009 年春宣布 TNS World panel 正式并入 Kantar 集团－WPP 公司中信息、洞察分析和咨询业务机构。Kantar World panel 成为唯一一家 100% 致力于消费者固定样组研究来启发客户的公司。

CTR 的产品与服务包括：提供 360°品牌与产品的营销传播监测、精准洞察品牌与产品策略、目标消费者行为和生活形态的追踪分析等服务。CTR 拥有逾 530 名全职专业研究及服务人员，监测网络覆盖中国近 500 个城市。

作为中国最大的市场资讯及研究分析服务提供商，央视市场研究股份有限公司（CTR）的研究服务涵盖品牌营销和媒介受众，研究领域跨越媒介与受众研究、品牌与传播策略、产品与消费市场分析、渠道与服务管理。

其专长领域主要包括：媒体价值研究、传播效果评估、数字化媒体传播、目标人群消费指数、广告花费研究、舆情监测与公关评估、消费者指数、平面媒体阅读率等。

4. AC 尼尔森中国

网址：http://www.cn.nielsen.com/site/index.shtml

尼尔森控股是全球首屈一指的咨询和监测公司，提供全球领先的市场营销和消费者资讯、电视和其他媒体监测、在线研究、移动媒体监测、商业展览服务以及其他相关服务。尼尔森业务有 100 个国家和地区，总部位于美国纽约和荷兰。

AC 尼尔森 1984 年开始进入中国。1994 年，AC 尼尔森通过收购调查研究集团（Survey Research Group）步入亚太市场。2001 年，AC 尼尔森成为 VNU 集团的一部分。

目前，AC 尼尔森零售研究覆盖中国主要城市和城镇的 70 多类非耐用消费品，定期为客户提供有关产品在各地的零售情况报告。AC 尼尔森的另外一个著名的一个产品是调查电视、广播和报纸在媒体市场上的顾客数目的尼尔森收视率。

AC 尼尔森专长领域主要有：

（1）零售研究。尼尔森的零售研究服务（RMS）运用从零售点收集的信息，可以对产品销售实施连续性追踪，为客户提供详细的销售信息、市场份额信息、分销信息、定价信息以及促销活动信息。

（2）建模与分析。尼尔森的先进的建模与分析服务帮助客户解决诸如定价、促销、营销组合、分类与产品合理化、品类的货架布置、店内品类结构、店内审计和测试等此类问题。

(3)全球服务。尼尔森全球服务与尼尔森全球区域总部合作,提供清晰、连续的市场信息。运用可靠的、可比的跨国家市场数据与区域信息,“尼尔森全球服务”为全球市场人员提供基于信息的以全球为视角的解决方案。

5. 零点研究咨询集团

网址:http://www.horizon-china.com/cn/index.html

零点研究咨询集团1992年成立,早期以民意调查起家,在中国国内拥有较高的知名度。于2000年进行结构调整,投资成立了前进策略(策略咨询)和指标数据(共享信息)。

零点调查集中其在专业调研、策略咨询、背景数据方面的优势,借助透过长期协作关系确立的行业资源协作网,建立了公共事务、IT和电信、金融、汽车、房地产、家电、快速消费品、烟草和电力研究中心商业服务十个专业研究事业部。其特色服务有:零点CATI快车,网上调查,多客户调查服务系统,调查结果发布服务,企业内部培训,多客户报告等。

2011年以来,零点研究咨询集团积极拓展新业务,相继成立了零点呼叫中心、零点国际研究院、零点远景网络实验室等。

零点调查针对不同的客户需求,提供针对性的研究服务,目前的业务主要定位在消费者研究、品牌研究、评估性研究、产品与营销研究四大研究领域。

6. 慧聪研究

网址:http://www.hcr.com.cn/

慧聪研究是在长期深度追踪行业发展基础之上,提供一站式的市场研究与媒体监测解决方案的信息集团。总部位于北京,在上海、广州设有分公司。

慧聪研究的前身为慧聪研究院,成立于1993年,是中国大陆最早一批的市场研究机构;2003年,慧聪研究院伴随慧聪网实现了在香港创业板的成功上市;2008年与169年历史的美国邓白氏达成合作;2011年,慧聪研究完成MBO,并正式更名,为推动慧聪研究成为行业领军企业奠定了有力基础。2012年,慧聪研究与DNA合并。

1993年,慧聪研究成立伊始,家电、IT事业部就作为主要业务方向,伴随公司蓬勃发展。2010年,消费电子事业部与IT事业部正式整合为ICT事业部,资源效率大幅提升;以满意度研究、产品研究、渠道建设为主打产品,以行业研究为特色,覆盖ICT产品的整个生命周期。

其研究产品主要有:价格监测、零售终端渠道研究、行业进入研究、竞争对手研究、消费者研究等。

7. 达闻通用市场研究有限公司

网址：http://www.dmworld.com.cn/

达闻通用市场研究有限公司成立于1998年，是一家以品牌整合研究为定位的科学创新型市场研究公司，达闻通用以卓越的研究分析技术和严格的质量控制著称，在建立适合实际市场需求的研究技术模型以及高效的实地执行系统方面有着丰富的经验和创树，擅长提供可解决营销问题的实操型研究方案和研究结果报告。2012年，达闻通用与天进品牌管理有限公司、集和品牌（中国）、尚扬（中国）营销战略咨询公司、尚道女性营销有限公司及广州市文化创意行业协会等联合创建南方品牌战略促进中心。

多年的经营，达闻通用已成功建立了以广州为总部核心的全国性调查研究网络，调查的范围涉及中国的60多个城市和农村，在深圳、北京、上海、武汉均设有分支机构及办事处。

达闻通用主张采用科学的手段，创建性地洞察市场需求，强调调研结果实效实用。达闻通用提供以品牌整合研究为核心的新产品及新市场研究、品牌定位及广告传播研究、零售及购物体验研究、满意度提升及舆论研究等四大领域的研究咨询服务。

8. 北京数字100市场咨询有限公司

网址：http://www.data100.com.cn/

北京数字一百市场咨询有限公司（以下简称数字100市场研究公司），是一家将技术领先的在线调查系统、在线样本库、专业研究服务集于一身的创新型企业。作为中国市场研究行业的创新者，致力于通过先进的技术推动行业的变革。以专业的服务协助企业科学决策、高效发展，以卓越的影响力成为中国在线调查第一品牌。

公司成立于2004年，总部设立在北京，在上海，广州设有分公司。专注于金融、快速消费品、IT电子、政府及公共事务、广告营销等行业。拥有在全国300多个城镇的访问能力，形成了覆盖中国1－6级城市的数字化调查网络。

数字100的产品与服务主要为样本库在线调查：基于Surveycool在线调查系统和Assuredsample在线样本库抽样的邮件式调查。融合了市场研究公司的专业经验与先进的IT技术。在此基础上形成了面向金融、快消、母婴、IT、汽车、广告等行业的系列产品。在提升效率和降低成本的同时，能够帮助决策者规避风险，优化产品与渠道。

9. 捷孚凯市场咨询(中国)有限公司

网址:http://www.gfk.com.cn/

捷孚凯(GfK)是全球前四大市场研究公司之一。GfK耐用消费品零售研究是全球耐用消费品领域最权威的市场研究机构。GfK耐用消费品零售研究是唯一能够在全球范围使用统一的标准和方法进行零售监测的企业。

捷孚凯(GfK中国)于1993年进入中国市场开始家用电器的零售监测,经过近二十年的积累和不断发展,目前监测的产品涉及消费电子、家电、IT和办公产品、通讯产品、数码影像、家居生活、时尚生活、医疗保健和汽车等100余类。

捷孚凯(GfK中国)于2009年增加了对无店铺渠道的零售监测。捷孚凯(GfK中国)以其长期的数据积累和独有的市场推总数学模型,成为国内零售监测行业公认的权威,是中国市场消费电子产品、家电产品、IT产品、通讯产品以及其他耐用消费品零售监测的领导者。

GfK专长领域为零售监测,其零售监测覆盖的产品领域涵盖:科技产品、家居产品、光学产品(眼镜、镜片等)、汽车用品、运动产品。

10. 英德知联恒市场咨询(上海)有限公司

网址:http://www.intage-china.com/

英德知联恒市场咨询(上海)有限公司是日本INTAGE集团在中国区的子公司,成立于2011年3月,由英德知市场咨询(上海)有限公司(2002年成立)和上海联恒市场研究有限公司(1997年成立)合并组成。主要开展在中国的市场研究、市场咨询等业务。"英德知"和"联恒(Hyperlink Research)"自2011年3月合并之后,公司区域扩大至以上海为中心、北京、广州和常州(CATI中心)这四个地方,在主要60个城市具有合作伙伴,调查可以覆盖中国200个以上城市(包含农村)。

英德知联恒市场咨询(上海)有限公司主要业务内容为快速消费品、汽车、医药、IT等。研究方法有专项研究、网络调查、零售研究等等。通过网络调查、CATI等调查方法以及通过本土的研究员向客户提供当地的消费者信息及洞察,为客户发展事业提供支持。

三、市场预测报告

1. 市场预测报告的概念

市场预测报告就是依据已掌握的有关市场的信息和资料,通过科学的方法进行分析研究,从而预测未来发展趋势的一种预见性报告。它在市场调查的基础上,综合调查的材料,用科学的方法估计和预测未来市场的趋势,从而为有关部门和企业提供信息,以改善经营管理,促使产销对路,提高经济效益。市场预测报告实际上是调查报告的一种特殊形式。它也是应用写作研究的文体之一。

2. 市场预测报告的特点

(1)预见性

市场预测报告的性质就是对市场未来的发展趋势作出预见性的判断,它是在深入分析市场既往历史和现状的基础上的合理判断,目的是将市场需求的不确定性极小化,使预测结果和未来的实际情况的偏差达到最小化。

(2)科学性

市场预测报告在内容上必须占据充分翔实的资料,并运用科学的预测理论和预测方法,以周密的调查研究为基础,充分搜集各种真实可靠的数据资料,才能找出预测对象的客观运行规律,得出合乎实际的结论,从而有效地指导人们的实践。

(3)针对性

市场预测的内容十分广泛,每一次市场调查和预测,只能针对某一具体的经济活动或某一产品的发展前景,因此,市场预测报告的针对性很强。选定的预测对象愈明确,市场预测报告的现实指导意义就愈大。

3. 市场预测报告的分类

(1)按预测的范围来分,可归纳为如下几类:

1)宏观市场预测报告,是对大范围或整体现象的未来所作的综合预测,常指有关国民经济乃至世界范围内的各种全局性、整体性的、综合性的经济问题的报告。

2)微观市场预测报告,是某一部门或某一经济实体对特定市场商品供需变化情况、新产品开发前景等分析研究的预测报告。

(2)按预测的时间分,可归纳为如下几类:

1)长期预测报告,是指超过五年期限的经济发展前景的预测报告。

2)中期预测报告,是指对二年至五年时间内经济发展前景的预测报告。

3)短期预测,是指对一年内经济发展情况的预测报告。

(3)按预测的方法分,可归纳为如下两类:

1)定量预测报告,包括数字预测法预测报告和经济计量法预测报告。数字预测法预测报告,是采用对某一产品(商品)已有的大量数据进行分析研究,用统计数字表达,从中找出产品(商品)的发展趋势而写成的报告。经济计量法预测报告,是根据各种因素的制约关系用数学方法加以预测而写成的报告。

2)定性预测报告,是对影响需求量的各种因素,如质量、价格、消费者、销售点等进行调查、分析研究,在此基础上预测市场的需求量而写成的报告。

4. 市场预测报告的写作格式

(1)标题。市场预测报告的标题一般由预测、预测展望组成,标题要简明、醒目。

(2)前言。这一部分要求以简短扼要的文字,说明预测的主旨,或概括介绍全文的主要内容,也可以将预测的结果先提到这个部分来写,以引起读者的注意。

(3)正文。市场预测报告的正文是市场预测报告的主体部分,一般包括现状、预测、建议三个部分。现状部分,预测的特点就是根据过去和现在预测未来。所以,写市场预测报告,首先要从收集到的材料中选择有代表性的资料、数据来说明经济活动的历史和现状,为进行预测提供依据。预测部分,利用资料数据进行科学的定性分析和定量分析,从而预测经济活动的趋势和规律,是市场预测报告的重点所在。这个部分应该在调查研究或科学实验取得资料数据的基础上,对材料进行认真分析研究,再经过判断推理,从中找出发展变化的规律。建议部分,为适应经济活动未来的发展变化,为领导决策提供有价值的、值得参考的建议,是写市场预测报告的目的。因此,这个部分必须根据预测分析的结果,提出切合实际的具体建议。

(4)附件。附件主要是图、表等数据材料,以及其他具体的辅助材料。

(5)署名。正文右下方写明拟此报告的单位或拟写人。

(6)日期。写全具体的年月日。如果文前已写明了日期,文末也可省略。

(7)结尾。结尾是归纳预测结论,提出展望,鼓舞人心,也可以照应而言或重申观点,以加深认识。

【案例】

市场预测报告范文:
2008 年生猪市场预测

2007 年是全国生猪市场历史上涨价速度最快、幅度最大的年份,尤其是 5 月以后,全国各地活猪价格屡创新高。不仅带动养殖户盈利不断上升,而且导致禽蛋肉、牛羊肉和蔬菜等的需求增加,从而带动了整个食品体系的价格上涨,给宏观经济的正常运行带来了巨大的压力。

随着猪价上涨带来的影响逐步扩大,经济学界、各大媒体甚至整个社会都关注养猪业。国务院、农业部、商务部和财政部等有关部门纷纷出台包括“补贴、保险、贷款”等各个方面的政策措施推动生猪生产,希望通过宏观调控平抑居高不下的猪价,然而猪价仍保持高位运行。

在政策和市场的双重影响下,2007 年下半年,母猪存栏快速回复。拐点出现在 5 月份前后,由于猪价屡创新高及政策的支持,农户的养殖积极性快速增强。因此,母猪的存栏增长速度比生猪存栏增长速度快、幅度大。为判断 2008 年甚至 2009 年生猪存栏结构的变化提供重要参考。

母猪存栏变化预测:后市生猪存栏的变化形势直接受前期母猪的补栏情况影响。从补充后备母猪到母猪所产的第一窝猪育肥上市,至少需要“120 天个体成熟 + 妊娠期 114 天 + 150 天出栏”,共 12 个多月的时间。因此,2008 年生猪的存栏变化主要取决于 2007 年母猪的补栏、存栏变化情况。

根据对母猪、生猪补栏积极性及存栏结构变化的分析验证,母猪存栏的最低谷、拐点在 2007 年的 5 ~ 8 月,最低点远低于正常水平。5 月过后,母猪补栏积极开始快速恢复,但由于前期母猪存栏下降幅度较大,2007 年底母猪存栏虽有恢复,但恢复至正常水平仍需一定时间。假如母猪补栏保持 2007 年底的势头,预计母猪存栏量将在 2008 年 5 月份前后恢复至正常水平。

其主要原因有:

一、社会经济的快速发展,使得外出打工与养猪相比更具有诱惑力。目前,超高盈利下仅有不到 30% 的散养户重新回来养猪,已经充分说明了这一点。这与过去相比,补栏增加的根本动力减少了许多。

二、外界投资更加理性,2005 年猪价高峰时,大量的外界资本进入养猪业,但经过了 2006 年上半年的亏损和疫病之后,“前车之鉴”使得愿意投资养猪的外界资本减少。

三、现有规模养殖户(场)扩大规模较为谨慎,而散养户退出所留下的空缺恰恰需要规模养殖户(场)来补,这就使得补栏需经历一个漫长的过程。

生猪存栏变化预测:通过母猪存栏的变化分析,既然母猪存栏的拐点在 2007 年的 5 ~ 8 月份,那么根据生产周期推算,2008 年 5 ~ 8 月份前,生猪的供应都难以有实质性的增长。2008 年下半年生猪供应将会有一定幅度的增加,但由于母猪存栏预计 2008 年 5 月份前后才能达到正常水平,那么生猪供应的“饱和状态”预计应该在 2009 年初之后才会出现。

生猪需求形势预测:由于 2008 年上半年生猪的供应很难有实质性的增长,那么这期间需求的变化将在很大程度上决定猪价的高低。2008 年一二月份,我国最大的传统节日前后,猪肉的需求达到全年的最高峰,较 2007 年 8 月份增加 1/3,而生猪供应很难增加。因此,2008 年一二月份,各省“抢猪”的现象普遍增多,猪价创新高。广东部分地区活猪收购价超18元/千克的价位就说明了这一点。

2008年春节过后，需求的回落有效缓解了生猪供应压力，猪价开始逐渐回落。但由于2008年6月份前生猪存栏难有实质性的增长，而多数地区蔬菜、水果等农产品并未到上市时间，因此，需求回落幅度有限，猪价仍将保持在一定的高位震荡。

2008年五六月份前后全国各地进入夏季，大量农产品开始上市，同时，前期的母猪补栏将在此时首次反映到生猪出栏上，供应将开始有较大的增加，猪价将保持下降势头。

2008年9月份前后，生猪出栏的持续增加将同时迎来需求的反弹，此时供应和需求的博弈结果将继续显示为"供应"决定价格，猪价在需求旺季持续回落。

2008年底，随着春节的临近，供应和需求的博弈将呈现胶着状态，猪价可能保持在较高价位震荡，距离均衡价位已经不远。

2009年生猪的供求形势现在预测虽然为时尚早，但根据存栏的变化分析，预计2009年第二季度，猪价有可能接近成本线。2007年下半年开始的母猪大量补栏将真正反映到2009年的生猪市场，形势不容乐观。2006年上半年的亏损在时隔2007年、2008年两年多后，将再次面临考验，这同时也昭示新一轮的盈亏周期拉开了序幕。

此轮盈利周期自2006年8月份开始，至2007年12月份已历经16个月，最高峰在2008年1月份出现，此半个盈利期为17个月，由此保守估计，仅整个盈利期就有望突破30个月，2009年上半年才有可能进入微利平衡期。当然，随着其他成本的上涨，正常区间有可能前移，微利在2008年年底到来的可能性也存在。

应对预案：2008年生猪市场预计还将以"红色"为主，根据"红色"警戒区预警应对方案，普通散养户不可盲目大量补栏，后市存在一定风险，生产的关键点在于控制成本及疫病。广大养殖户需谨慎扩栏，随时调整存栏结构，尤其需要控制好2008年年底、2009年初母猪的存栏数量以及发情配种。尽量避免亏损期到来前妊娠母猪、哺育仔猪、育肥猪存栏量过大，导致亏损期间损失过重。争取亏损期间存栏结构以后备母猪、暂停配种的能繁母猪为主，这样可最大限度地降低亏损期的损失，成功渡过2009年的亏损期，迎来新一轮的盈利期。

【实训练习】

近几年，某市春花童装厂沾尽了独生子女的光，生产销售连年稳定增长。谁料，该厂李厂长这几天来却在为产品滞销、资金搁置大伤脑筋。

原来，年初该厂设计了一批童装新品种，有男童的香槟衫、迎春衫，女童的飞燕衫、如意衫等等。借鉴成人服装的镶、拼、滚、切等工艺，在色彩和式样上体现了儿童的特点，活泼、雅致、漂亮。由于工艺比原来复杂，成本较高，价格比普通童装高出了80%以上，比如一件香槟衫的售价在160元左右。为了摸清这批新产品的市场吸引力如何，在春节前夕，服装厂与百货商店联举办了“新颖童装迎春展销会”，小批量投放市场十分成功，柜台边顾客拥挤，购买踊跃，一片赞誉声。许多商家主动上门订货。

连续几天亲临柜台观察消费者反映的李厂长，看在眼里、喜在心上，不由想到，“现在都只有一个孩子，为了能把孩子打扮得漂漂亮亮的，谁不舍得花钱？只要货色好，价格高些看来没问题。”决心趁热打铁，尽快组织批量生产，及时抢占市场。为了确定计划生产量，以便安排以后的月份生产，李厂长根据去年以来的月销售统计数，运用加权移动平均法，计算出以后月份预测数，考虑到这次展销会的热销场面，他决定生产能力的70%安排新品种，30%为老品种。

二月份的产品很快就被订购完了。然而，现在已是四月初了，三月份的产品还没有落实销路。询问了几家老客商，他们反映有难处，原以为新品种童装十分好销，谁知二月份订购的那批货，卖了一个多月还未卖三分之一，他们现在既没有能力也不愿意继续订购这类童装了。对市场上出现的一百八十度的需求变化，李厂长感到十分纳闷。他弄不明白，这些新品种都经过试销，自己亲自参加市场调查和预测，为什么还会事与愿违呢？

试问：

（1）你认为春花童装厂产品滞销的问题出在哪里？

（2）为什么市场的实际发展状况会与李厂长市场调查与预测的结论大相径庭？

第五章　评估创业项目　完成创业计划

【本章要点】

1. 自我分析
2. 创业项目构思
3. 制定项目名称
4. 评估创业项目构思
5. 确定创业项目
6. 创业项目计划的特点和作用
7. 设计创业计划书的步骤
8. 创业项目计划书的基本类型和内容
9. 自我评估创业项目计划的可行性
10. 创业项目评估报告要素

【开篇案例】

一个学生明星吹破的创业计划泡泡

南京某大学的休学学生张海(化名),南京"唐电"电器销售公司"董事局主席"兼"总裁",创办的南京"唐电"电器销售公司在南京某大学城开业后仅仅150天,22岁的张海就被南京市的一个派出所的民警拘留。一个月后,检察院正式批准逮捕,其罪名涉及诈骗和非法集资。在仅仅半年的时间里,张海经历了什么?他的创业之梦刚刚开头,却为什么以一场梦魇般的方式结束?

2010年12月,时为南京某大学大二学生的张海召开新闻发布会,面对云集的南京媒体,二一岁出头的张海宣布自主创办电器销售公司,并向外界公布了他宏伟而大胆的商业计划:年销售额4 000万;3年超过南京本地电器销售龙头"苏宁";5年后成功上市,年销售额将达到8亿元。张海说,他要做"苏宁"的掘墓人。发布会会场选在南京某著名酒店,布置豪华。张海和他的管理团队乘坐高级轿车而来,张海表现的像一名商界巨子,从轿车中钻出,缓步步入会场,向聚集的学生们挥手致意。面对记者们抛出的问题,他面带微笑,沉稳而冷静地回答或者拒绝。

张海向记者们解释了他创办企业的资金构成:自己做生意积攒30万,向同学父亲借款70万;朋友、老乡筹资100万;江苏某地产商风险投资100万,简称"三个一百万。张海继续抛出重磅炸弹,号称26岁以前成为中国首富,"以前我定的期限是30岁,现在觉得用不着到那么晚,改成26岁了"。发布会上唯一的不和谐发生了,现场有记者询问经营卖场与收益的可行性依据时,张海解释:"卖一部手机赚100元,大学城每天有300部的需求。大学城12万学生每人每年换一部2 000元的手机一年就是2.4亿的市场,这还不算电脑等其他电子产品的消费。"张海给出了无比简单却又极其自信的分析,发布会顿时出现了近10分钟的冷场。"我们都不知该对这个分析预测问什么问题。"记者说。

不久,当《南京日报》记者再一次在大学城见到张海的时候,这位学生中的明星和以前又不一样了,打着领带,戴无框眼镜,头发向后梳。他于2011年起办理了休学,搬进了校外自己租用的一套办公室,整日被下属兼追随者们围绕。接电话的时候,他习惯把手机拿得远远的,慢条斯理地说话。而"唐电"员工们一见到他就毕恭毕敬,递东西必用双手。和记者谈话的时候,他的旁边总跟着"总裁助理"——南京大学的一名大三学生,张海说的每一句话,她都会认认真真地记录在本子上。几乎每周都有关于张海壮语新消息见报,"他总是让人打电话来,说有个独家消息"。《南京日报》一位记者说:"大多时候是把他上一次说出的话详细解释一下。"

张海的形象在报纸上、在他的追随者们的口耳相传中、在学校网络论坛的反复讨论里,越来越丰满起来:他偶然在火车上认识了一位北京的商人,对方为他的计划所打动,投下100万资金;他的创业往事也被频繁搬上报纸,有报道说,他刚进大学就靠卖胶鞋赚了一大笔,其后又卖过辞典、手机,回老家做过招生代理,一个天生的商业奇才跃然纸上。很快张海就成为大学城内最炙手可热的学生偶像,他经常应邀为同学讲座,传授自己成功的经验。他最喜欢讲的,是他近乎神奇的融资经历。每当他讲到自己在火车上拉到100万投资,听众们眼里就顿时充满希望。"最好的商人,就是用别人的钱来赚钱!"这是张海最喜欢用来做总结的一句话。

张海和校方的交流显然很顺利:办理休学一路绿灯;在校内开讲座总能得到有关部门提供的方便;校内媒体不失时机地对张海进行了报道。而张海每天的必修功课就是在办公室上网或仔细翻阅当天南京所有的报纸搜寻有关自己的报道。他似乎对公共形象天生敏感,总会根据当前具体情况,决定出该跟哪些媒体接触,又该放出什么消息。

“一颗珍珠放在沙子里，不会有人知道。只有拣出来不断地擦拭，别人才会知道珍珠的光芒。”“唐电”的工作人员，几乎都能背出张海的这一“名言”。

这个案例告诉我们，既然是创业，就需要对自己创办的企业项目进行系统地可行性评估，对很多条件进行筛查、分析，做好实质性的准备工作，提高创业的成功率。简而言之，就是在国家政策允许的范围内，结合自身的具体情况，把创业项目、计划、可行性等事务性工作理顺并形成较为详细的文字报告，尽量规避风险，以利于创业具体工作的顺利开展，保证创业的成功。

通过前几章的学习，我们知道了所说的创业就是创建一个经济组织进行商品生产和交换，以获取资本收益，促进社会进步，实现个人发展目标的行为。即，创业是一种经济功能和个人特质；创业也是一种管理方法，是一种思考、推理、和行动的方法。

创业让一个人实现从“职业”到“事业”的转型，这样的诱惑常常让大多人的职业天平有时最终向创业倾斜。多数人都想创业，都想有一个属于自己的事业，哪怕它很小很小。基于上述诸多因素，现在我们开始对创建自己的企业有了原在的信心与动力，从本章开始就进入创业项目的各项技术性的实际阶段。

第一节 创业项目评估

创业是人生中的一个重大事件，与受雇佣于他人拿工资是完全不同的，它会改变一个人的生活。为了使创业成功有更多的胜算，创业者就需要全力以赴，做大量艰辛的基础工作，要收集、分析、利用和评估方方面面的大量信息，制定各项工作规划，其中，最重要的就是评估创业项目。

许多人想创业但是不知道选择什么项目，常常问计于亲朋好友、同事、创业咨询专家与培训机构等。在这里，我们给创业者的回答可能会令你失望：我们不会也不能直接给你推荐项目，而会教你一整套选择和评估创业项目或机会的思路和方法。实际中，为了给创业工作提供更为有力的指导，我们可以从以下几个方面设计更为精准的评估创业项目或机会的方案，以预测创业项目是否可行。

一、自我分析

创业的成败最主要的是取决于创业者自己，分析自己是否具有创业和经营企业的素质、技能和基本的物质条件等资源。

具体的可以从以下几个方面思考并判断自己创业成功的可能性有几分：

1. 健康

身体是本钱,没有健康的身体,将无法实现自己的各种设想。再就是,在创业和企业经营过程中会很劳累,很辛苦,可能会影响身体健康,所以,要衡量好自己的身体情况是否具备能承受创业所需要的体力支持。

2. 动机

创业前请一定问问自己:我究竟为什么要创业。若是仅仅是想有些事情做,那么创业成功的可能性就不是很大;若是自己就是想创办自己的企业,实现自我价值,并服务于社会,那么成功的可能性就大得多。

3. 风险

世界上没有绝对保证成功的创业项目,挫折、失败都可能随时发生,想创业就必须具有冒险精神并愿意承担风险,但并不是说盲目去冒险,所以,一定要进行创业项目评估,预测风险并预判自己承担风险的能力。

4. 决策

在创业的开始与实施过程中,自己必须随时面临做出许多决定的事情,当需要做出对项目有重大影响的决定时,作为经营者,必须果断。如,当不得不辞退勤劳而忠厚的员工时,只要有必要就必须这样做,不要工资都发不出来了,还碍于情面而保留员工,可能就会害人害己。

5. 技术

自己要有生产某种产品或提供某种服务所需要的技能,不仅能独立工作并带动他人还具有与众不同的一招鲜。要知道,隔行如隔山,自己拥有的技术情况与该技术在市场的运作将会直接决定创业项目的类型与成败。

6. 个人素养

个人的人品是在创业过程中始终伴随的无形资产,如果一个人在做事时不重信誉,不讲诚信,也就是名声不好,会对创业乃至以后的经营产生负面影响。创业,就是要说话算数,要履行承诺,要把自己创业的事情看得非常重要,要全身投入,要竭尽全力,要随时加班加点地工作,不能随随便便地就半途而废。

7. 家庭情况

创业与经营企业会占用一个人的很多时间与精力,要有时间的保障,所以得到家人的支持至关重要,这样才会有了强有力的后盾,自己孤军奋战是不可能成功的。

8. 企业管理与经营

自我与团队员工和其他相关企业的管理知识和技能也是至关重要的，要掌握基本的成本核算和财务管理方面的基本技能，要有对市场有敏锐的洞察力。要使员工人尽其才，并能安心本职工作，要让企业资产物尽其用，要让创业项目适应市场需求。

9. 个人财务状况

要认真计算自己可以支配的资金和能从银行贷款的数额与时长，所有资金的用途分配要有很明细的计划。一般情况下，一家新的小微企业至少要正常运转三个月以上，才会产生足够的利润来支付业主及其家庭的生活费用。

10. 相关的行业知识

对设想的创业项目具备充分了解和认识也是至关重要的，某行业的行家里手，更容易使创业项目成功。

俗话说：人认识自己是最难的。自己拥有什么样的能力与资源来创业，是否有能力来操作某个项目，自己要做全面的分析，别人能做成的项目不代表你也能做成，当然，别人没有做成的项目并不说明你也做不成，所以要知己知彼，量力而行，适合你的项目才是最好的项目，这是评估一个创业项目最关键的要素之一。

【案例】

王红和李明的创业故事（一）

开辟新的事业

王红（女）和李明（男）于十二年前分别从不同的职业技术学校毕业，学的专业分别是电气技术和机电一体化，进入同一家企业开始了人生的第一份工作。几年后，王红从事了人力和企业资源管理工作，李明从事了技术监管与市场开发的工作。

经过企业不同岗位的磨炼，七年前两位年轻人结婚后，不仅开始了自己的新生活，还计划开始自己的创业之路。

虽然俩人原来所在单位的工作也很好，但是，王红和李明在几年的工作中对自己有了重新认识，如王红勤劳，为人热情，性格开朗，聚集人气的能力很强；而李明做事谨慎，有主见，技术好，有组织生产的经验，对市场也有敏锐的洞察力，也就是说两位年轻人各有特点又互为补充。

就这样，王红和李明在双方父母和挚友的大力支持下，创办了××市××电气制造有限公司。

【实训练习】

分析自己是否具备一名成功创业者所要求的基本能力和素质。

填表说明：

1. 认真阅读每一项评估内容。
2. 实事求是地填写此表。
3. 一定要把自己的想法与家人或挚友交流，获得他们的客观评估很重要。
4. 最后对自己做出较为客观的分析、评估，并得出结论。
5. 克服弱点，提出增强个人创业能力的具体方案。

自我分析内容	自我评估		家人评估		挚友评估	
	长处	弱点	长处	弱点	长处	弱点
健康：创业和经营企业是一项很艰苦的工作，要求创业者有健康的身体。（若是身体健康，是一项长处）						
动机：自己确实想成为企业业主，那么，创业就很有可能成功。（若是有这样的动机，是一项长处）						
风险：自己必须愿意承担风险，当然也是限于理性的、可承受的风险。（若是认可，是一项长处）						
决策：在自己的企业里，必须自己做出决策，这十分重要，能在难以决断时自己果断地做出决定，不能让别人替自己做出决定。（若是能这样做，是一项长处）						
技术：企业提供的产品或服务，必须具备这样的实际能力。（若是具备这样的能力，是一项长处）						
个人素养：一人的诚信素质、做事习惯等对创业和未来企业的经营是无形资产。（若是具备诚信素质，是一项长处）						
家庭情况：家庭成员支持、赞同自己的创业计划非常重要。（若是具备这个优势，是一项长处）						
企业经营与管理能力：有效的经营企业所具有的能力，如市场洞察、销售、成本核算、财务、员工管理等能力。（若是同时具备了两项能力，就是一项长处）						
个人财务状况：若是自己有钱投资于企业，就是赔光了也没有关系，是优势；若是自己没有钱投入，完全依赖于创业的成功，则处于劣势。（若是资金充足，是一项长处）						

（续表）

自我分析内容	自我评估		家人评估		挚友评估	
	长处	弱点	长处	弱点	长处	弱点
对相关行业的了解：若是对自己创办的企业有丰富的知识和经验，就能避免犯很多错误。（若是行家，就是一项长处）						
最后，算算自己有多少长处和弱点，把两项数据分别加在一起，做出分析。						
若是长处多，说明有创办企业的潜质，选择“是”，反之，选择“否”。	是：			否：		

做完后，根据自我评价结果，分析出自己的弱项，可以从以下几个方面尝试克服的方法：

第一，若是技术上的弱项，可以寻找有技术的合作伙伴或聘用技术过硬的技术人员。

第二，若是能力上的弱项，可以通过阅读企业经营管理方面的资料，学习更多的知识。

第三，若是行业知识上的弱项，可以寻找有经验的合作伙伴或能提供咨询服务的人。

【案例】

谁更适合创业

小兰和小芳住在闽江上游的武夷山地区的邻村，年龄相仿，27岁左右。这里农活不多，茶园面积也不是很大，许多年轻人都出去打工了。

小兰因为母亲身体不好和孩子小，不能出远门打工，但也需要多挣些钱给母亲治病和准备孩子上学的费用。小兰本来想打算在村里办一家家庭旅馆，但是她又觉得自己的想法不现实：村民还是比较保守，不太喜欢陌生人到村里来住，而且村子离公路主干线比较远，即便是村民支持了，也很难吸引到游客；再就是，这里阴雨天比较多，游客就是来住下也会感觉很无聊。

办旅馆的类似想法小芳也有，她经过考察和思考，做了以下具体的工作：首先得到村委会的支持后再向村民宣传自己的设想，得到大家的支持，让大家相信家庭旅店也能赚钱，同时对村民的正常生活不会有太大的干扰；她又和当地的旅游部门进行交流，大家共同开发乡村游项目，小芳更加坚定了自己创业的信念了。

【实训练习】

请回答下列问题

1. 小兰和小芳各自的强项和弱项分别是什么？

2. 小兰和小芳谁将有可能成为成功的创业者？为什么？

二、设计创业项目构思的依据

确认了自己有进行创业的个人条件，那么就要设计创业项目构思了，就是打算办什么样的企业，分析创业项目。一个成功的企业始于正确的理念和好的构思，合理而又周密的创业构思可以避免以后很多的失望和损失，是评估创业项目的起步之路。

1. 企业类型决定创业项目

实际工作中会发现要在众多的行业中挑选一个合适的项目十分困难，感觉无从下手。其实，简单地说企业可以分为以下四种基本类型：

第一，制造企业——此类企业生产物质产品，如：生产并销售家具、玩具电器、服装，等等，那么，就是拥有了一家制造企业。

第二，服务企业——此类企业提供服务或劳务，不制造也不出售产品，如物流、房屋装修、法律咨询、技术培训、医院、养老院、幼儿园、家政，等等，都是服务行业。

第三，农、林、牧、渔企业——此类企业利用土地或水域进行生产，种植或养殖的产品多种多样，如：种果树，养殖鸡、鸭、珍珠，等等。

第四，贸易企业——此类企业是从事商品的买卖活动，从制造商或批发商那里购进商品，再把商品卖给其他企业和顾客。其中，批发商是从制造企业购买商品，然后再卖给零售商；零售商是从批发商或制造商处购买商品，卖给顾客。如水产、瓜果、蔬菜、日用品、建材等的批发行业都属于贸易企业。

实际生活中我们见到的企业其实可能不会完全符合上述分类，如，某位先生想开办一个汽车修理厂，他所提供的主要是维修服务，同时也可能出售各种零配件即兼做零售业，但是其主要经营内容决定了该企业的类型。

对企业类型有了基本了解之后，根据企业的不同特点，认真分析，以便掌握成功经营这些企业的要素，评估自己适合开办哪类企业，提高创业的成功率。

2. 小微企业成功的基本要素

要想创业成功，根据企业类型的不同特点，首先必须从以下几个要素对创业项目进行评估，以求创业者所提供的产品或服务具有优势。

第一，制造企业——工厂布局合理、组织生产有效、供应原料有效、生产效率高、产品质量好、浪费现象少、技术与研发力量强等。

第二，服务企业——地点合适、服务质量好、对顾客真诚、收费合理、售后服务到位、顾客满意率高等。

第三，农、林、牧、渔企业——合理、高效利用地力和水源，保护土地和水资源，降低种植和养殖成本，向市场出售新鲜的产品等。

第四，贸易企业——信息灵通、货物新奇、周转快、质量好、品种多、有特色、批发进货渠道合理、物美价廉等。

总之，无论什么样的企业类型，都应该做到：真诚关爱员工、真诚服务客户。

其次，要明确首次创业的基本原则：志向远大，量力而行，精打细算，实事求是，规模要小，逐步发展。这样做，会有以下诸多好处：

第一，节约资金，量入为出，使有限的资金发挥最大的效能。

第二，可以先不放弃原来的工作，用业余时间启动创业。

第三，先租赁或购买二手设备，以后再更新。

第四，根据经营情况，制定业务拓展计划，逐步进入新的业务领域。

第五，做好财务管理，避免因财务困难而陷入困境。

三、设计创业项目构思的路径

实际生产或生活中，人们遇到的问题和未满足的需要就为创业提供了线索，优秀的创业者善于从他人遇到的问题中发现商机，设计构思。

一个好的创业构思必须包含两个方面：

第一，必须有市场。

发现市场一个很有效的方法是：体会人们为满足自己的需要或解决各自问题所遇到的难处而发现商机展开构思。如，自己或他人所需要的某种服务跟不上或原材料供应紧缺而影响生活或完成工作任务；商品价格上涨过快，以至于居民连日常用品的价格都难以承受，这都是商机。创业者可以寻找更便宜的货源或经济实惠的代替品，或再建立成本更低、效率更高的分销系统。

第二，必须有利用这个市场的技能和资源。

在市场上找到创业项目后，就要判断它在当地是否有发展的机会，自己的技术能力、资源和兴趣是否有助于开办此类企业。如，你若是不会烤面包，就不大可能想开面包房；你若是会理发，就可能会开美发店。

也就是说，设计好的创业构思要沿着两条基本途径同时进行，下面以实例说明：

从个人技能出发	从顾客需要(市场)出发	个人技能与客户需要(市场)相结合
1. 我知道怎样做蛋糕,也有烘焙设备,因此,我想开一家蛋糕店。	1. 很多家庭需要购买生日蛋糕,因此,我要开一家生日蛋糕店来满足顾客的需要。	1. 很多家庭需要购买生日蛋糕,我有技术有设备,因此,我要开一家生日蛋糕店来满足顾客的要求。
2. 我会做某类服装,而且家里就有一台电动缝纫机,因此,我想开一家服装加工门店。	2. 人们需要不同价位、款式的高质量服装,因此,我可以开一家服装加工门店满足他们的需要。	2. 人们需要不同价位、款式、个性鲜明的高质量的服装,我有技术和设备,我可以开一家服装加工门店满足部分人群的需要。
3. 我懂翡翠知识,知道进货渠道,又有互联网开网店的知识,因此,我想开一家销售翡翠饰品的网店。	3. 随着人们生活水平的提高,人们对文化精神的追求也呈多元化,加之翡翠的美学、文化与保值作用。	3. 很多人有购买翡翠饰品的需求,我有翡翠知识且有进货渠道,人脉广泛,又懂电商知识,我可以开一家翡翠饰品经营的网上店铺。
4. 我学习电气专业,毕业后在企业一线工作了 5 年了,尤其对线路安装了如指掌。	4. 随着国家基础建设的深入开展,对楼宇电气的需求量越来越大。	4. 国家基础建设需要楼宇电气设备,我精通此专业,我可以先开办一家小型的电气公司。

所以,要沿着两条路径:既能满足市场的需要又有懂行的人员,开发出的创业构思才是可行的。

四、制定创业项目名称

有了可行的创业项目构思与资金之后,我们就可以先给创办的企业命名了。

1. 确定创业类型

根据调研结果与上述知识,现在需要确定选择企业类型,就是决定想要创办的企业的产品或服务是什么。

第一,说明本企业的产品或服务是什么。

第二,描述本企业的产品或服务的性能或特点,能满足客户的什么需要。

第三,明确本企业的产品或服务的市场竞争力,在市场上的独到之处是什么。

2. 确定企业的名称

确定企业名称的基本原则是:

第一,不违反国家的法律法规。

依据国务院《企业名称登记管理规定》的相关规定来执行。

第二，有利于宣传和记忆。

第三，有利于公众的接受和认可。

3. 确定企业的注册资金

不同规格的创业项目所需要的注册资金数额不一样。

第一，个体工商户、个人独资企业、合伙企业：无资本数量限制。

第二，有限责任公司：由50个以下股东出资设立，股东以其认缴的出资额为限对公司承担责任。只有一个自然人股东或者一个法人股东的有限责任公司。一人有限责任公司不能证明公司财产独立于股东自己的财产，应当对公司债务承担连带责任。

【案例】

王红和李明的创业故事（二）

志向大　信心足　起步稳

王红和李明确定了自己创业的设想后，从具体的一点一滴开始，步入了创业之路：

第一，分析了市场机会。

王红和李明经过几年在企业的工作经验，通过市场调查，发现随着国家基础建设与居民生活水准的提高，对电气设施的需求量直线上升。现在，虽然，生产电气的公司比较多，但是，高端品种少，做工比较粗糙的问题较为突出。若是能开发精巧的新产品，这个行业还有很大的发展潜力。

第二，谋划了资金的来源。

王红和李明的资金有以下四个方面的来源：一是他们自己的积蓄；二是双方父母的资助；三是合伙人提供的资金，四是银行低息小微企业贷款。这样他们共有创业资金50万元，预留10万保底，以防万一。

第三，确定了企业的构思。

生产高端的精巧的电气设备，生产规模先宜小不宜大，这样不仅投资小，而且雇佣员工人数也少，好管理。预计租地建厂需要3~5个月，2~3个月后新产品就可以进入市场了；4~6个月后企业经营的收入将足够维持企业的正常经营；再过6~10个月后会有足够的利润进行扩大再生产。

【实训练习】

估算一下自己可以用于创业的资金

资金内容		资金数额(元)
收　入	1. 手上的现金	
	2. 创业之前的总存款	
	3. 银行贷款	
	4. 现在的其他收入	
总收入(A)		
支　出 (今后__月)	1. 伙食费	
	2. 房租或房租还贷	
	3. 水、电、物业等费用	
	4. 交通、电话费	
	5. 养车的费用	
	6. 意外伤害、生病	
	7. 偿还贷款	
	8. 老人的费用	
	9. 孩子的费用	
	10. 其他费用	
总支出(B)		
预留资金(C)		
可用于创业的资金(A－B－C)		

【实训练习】

在社区里寻找自己的创业机会

分析判断在某社区里哪些产品或服务较差或找不到哪些产品或服务，这里举几个例子仅供参考，希望这些例子能起到启发的作用，促使自己能产生联想，构思好创业项目。

1. 商店里的玩具种类少，顾客选择的余地很有限。

2. 没有令人感到舒适、可与朋友聊天、价格适宜的休闲咖啡店或茶社。

3. 学生早餐、中餐可选择的品种与质量很有限，而且还要排长队，就餐环境也不好。

4. 小学生下午放学后没有人接送且没有人看管。

5. ……

你找到创业项目了吗？准备如何去做？把自己的创业构思写下来，通过后面的学习评估并完善它。

五、验证评估创业构思

有了创业构思并形成文字资料后，就需要知道它是否可行，是否具有竞争力并盈利，所以就要对它进行检验，最常用的方式是进行 SWTO 分析法，即优势、劣势、机会、威胁分析法。

SWOT(Strength Weakness Opportunity Threat)分析法，又称为态势分析法或优劣势分析法，在这里可以用来分析创业项目自身的竞争优势(strength)、竞争劣势(weakness)、竞争机会(opportunity)和竞争威胁(threat)。SWOT 是上述四个英文单词的第一个字母组合而成的。

1. SWOT 分析法模型

与其他的分析方法相比较，SWOT 分析法从一开始就具有显著的结构化和系统性的特征。就结构化而言，首先在形式上，SWOT 分析法表现为构造 SWOT 结构矩阵，并对矩阵的不同区域赋予了不同分析意义；其次内容上，SWOT 分析法的主要理论基础强调从结构入手来分析创业：第一部分为 SW，主要用来分析内部条件；第二部分为 OT，主要用来分析外部条件。

2. 创业项目的 SWOT 分析评估

优势和劣势是分析存在于创办的企业内部的可以改变的因素。

优势是指创业项目的长处，如：产品有竞争优势；商店位置非常便利；员工技术和素质高，等等。

劣势是指创业项目的弱点，如：产品价格贵；资金匮乏，不能按计划做广泛宣传；无法提供优质的综合服务，等等。

机会和威胁是必须要了解的存在于创办的企业外部的无法施加影响的因素。

机会是指周边地区存在的对创业项目有利的事情，如：计划生产的产品市场潜力很大，会越来越流行；附近没有类似的商店；有数个小区正在此地区建设，潜在的客源会逐渐上升，等等。

威胁是指周边地区存在的对创业项目不利的事情，如：在此地区有生产同样产品的其他企业;原料价格的上涨导致自己产品的价格上涨;无法预测自己的产品能流行多久,等等。

3. 创业项目 SWOT 评估结果

创业者必须对创业项目构思进行创业项目 SWOT 独立分析,评估创业构思从而独立做出判断并做出决定:坚持自己的创业项目构思并进行全面的可行性研究,或修改原来的创业构思,或完全放弃某个创业构思。

请记住:不要依赖专家或老师,他们只能告诉我们如何进行分析,最终做出判断或决策必须是我们自己。

【案例】

王红和李明的创业故事(三)

SWOT 分析法

优势(S)

王红和李明身体健康,精力充沛,吃苦耐劳,家庭和睦,同心协力面对生活与事业的挑战,有决心干一番事业。王红勤快,热情开朗,多才多艺,聚集人气的能力很强,有威信,人事管理与采购很有优势;李明为人忠厚,做事谨慎,有主见,技术好,有组织生产的经验,对市场也有敏锐的洞察力,有销售和售后服务网络;二人尤其李明,对电子商务很有研究,对电子商务平台很熟悉;再就是,近几年不准备要孩子。

劣势(W)

王红和李明刚刚开始起步准备创业,所以作为新手,首先就是没有创业与经营管理企业的经验和知识;再就是资金不是很充裕,企业的发展还要依靠利润的积累,所以,发展速度要适中;第三就是王红有时热情太高,难免会做出一些仓促的决定,而李明虽然做事谨慎,但是决策略显迟缓;最后就是与企业的合伙人的合作要和谐,员工人数不多,每个人都要是多面手。

机会(O)

随着国家经济社会发展和人们生活水平的提高,市场对电气设备的需求在逐渐扩大,精细度也在提高,李明有科技专利正好适应市场的需求,而且,国家大力支持创业,能提供低息贷款与其他的政策支持。

威胁(T)

对市场的需要空间及竞争对手的潜力无法确切认知,也无法十分确认自己的产品在市场受关注的程度及市场的需要量,尤其是对国内外市场的瞬息变化无法预测;自己的产品在市场上的认可度无法精确量化;若是市场很好的话,仿冒产品就会很快出现，应对挑战压力巨大。

【实训练习】

对自己的创业项目的构思进行 SWOT 分析法评估。

填表说明：

1. 根据个人情况实事求是填写。

2. 学会对创业项目构思进行 SWOT 分析法。

对创业项目构思进行 SWOT 分析法评估

优势(S)	劣势(W)
1. 2. 3. ……	1. 2. 3. ……
机会(O)	威胁(T)
1. 2. 3. ……	1. 2. 3. ……

六、确定创业项目

在上述创业调研论证工作的基础上，就要走向真正的市场，考察具体的创业项目。以下几点是确定具体创业项目的基本依据：

1. 在某地区该项目的市场需求量，是否有广泛的市场空间，是否有充足的客户需求。

2. 在某地区消费者购买该产品的欲望，自己的产品或服务是否能吸引消费者，如果别人对这个产品或服务根本没有兴趣，那就不可能有人购买。

3. 在某地区消费者购买该产品的能力，别人对自己的产品是否有兴趣，同时是否还有购买力。

4. 在某地区市场需求的持续性，别人购买了自己的产品或服务后，以后会不会再选择自己的产品或服务，创业项目的产品或服务是否具有可持续性。

5. 在某地区自己所能支配有的资源到底有多少，自己对该地区人文和自然环境的熟悉度，政策熟知度；人脉资源也是不可小觑的，俗话说"一个好汉三个帮"。

所以，根据市场确定创业项目是评估创业项目的首要也是至关重要的依据，只有根据市场确定的创业项目才是有生命力的，才会有光明前途的。

【实训练习】

我的企业构思

1. 我的企业名称：________________________________

2. 我的企业类型：制造业________服务业________贸易业________

农、林、牧、渔业____________________

其他（如有，请说明）____________________

3. 我的企业准备销售的产品或服务：____________________________

____

4. 我的企业的服务对象：____________________________

____

5. 我的企业将解决并能满足顾客的要求：____________________________

____

6. 我的企业的优势：____________________________

____

【实训练习】

分析评估自己是否已经做好创业的准备了。

填表说明：

1. 认真阅读每一项评估内容。

2. 实事求是地填写此表。

3. 最后做出较为客观的分析、评估与结论。

4. 若是对下面的10个问题不能全部给出肯定的答案：否，那就可以判断自己还没有做好创业的准备；若是能客观的对下面的10个问题给出做出肯定的回答：是，那就可以继续进行创业的其他准备工作了。

创业评估的内容	自我评价	
	是	否
1. 是否明确创业与经营要讲诚信，要长期承担责任并且很辛苦。		
2. 是否明确自己为什么想创业。		
3. 是否知道一般情况下企业通常是因为什么原因而倒闭的。		
4. 是否能确认自己确实是适合创业的人。		

（续表）

创业评估的内容	自我评价	
	是	否
5. 是否确切知道自己需要并如何改进哪些弱项才能成为成功的创业者。		
6. 是否明确知道自己可以有多少资金用于创业。		
7. 是否预算过这笔资金足够支持自己的创业。		
8. 自己是否有了一个明确的企业构思。		
9. 是否对自己的创业项目的构思进行了 SWOT 分析。		
10. 是否知道自己的顾客群体是谁。		
自己的回答有几个“是”几个“否”	是：	否：

第二节　创业项目计划

创业活动是一项复杂的社会实践活动，在创办一个企业之前，需要收集和分析大量的信息，把一个想法变成一个商机，就像把一条毛毛虫变成一只美丽的蝴蝶。但是要想取得创业的成功，我们还要学习并制定理性的、可操作的创业项目计划。

创业项目计划是创业者提出某一项具有市场前景的产品或服务等，用书面的方式阐述自己的创业项目构思、创业过程的安排和部署，要做得很周详，包括创业目标、任务、策略、规划、程序，以及对市场、资源、财务、利润等方面的预测，形成投资、规范经营的可行性报告，对创业项目初步评估。它是一个有关发展机会以及打算如何创业并收获价值的路径设计，此过程中若是发现构思不完善，就要对创业计划多做修改。若是创业构思不止一个，就要对每一个构思做份计划，可以再度比较哪一个项目成功的可能性更大。优秀的创业计划往往会使创业者的创业工作达到事半功倍的效果。

一、创业项目计划的作用

创业项目计划要系统展示自己的创业构想，从各个方面保证创业活动顺利进行。

第一，许多创业构思初期阶段是比较空泛的，经过一个具体的创业计划制作过程，把整个计划全面展示出来，成为一个系统的、可行的方案，可以作为评估创业项目和创业实施过程的参考工具。

第二，创业项目计划在一定时间内为创业行动提供原则和行动指导，根据计划，保证创业过程顺利进行。它是一份内部文件，像一个罗盘充当指引管理团队和员工行为的重要路线图。

第三，创业计划是创业者的自我推销文件，向潜在投资者、供应商及合作者展示拟创企业的方向、价值、产品等的机制。风险投资者在投资之前要向创业者索要创业项目计划，判断这个项目是否与自己的投资兴趣相吻合，然后决定是否与创业者进行下一步的合作。

第四，创业计划也展示了创业者自己的信心、经营策略、创业思想等，表明新企业管理层非常严谨，是创业者创业起步的基石。

【案例】

王红和李明的创业故事(四)

谁当老板

王红和李明要办的企业是合作的有限公司，在有能力雇用别人做工和管理之前，企业的员工就只有三位合伙人。他们就创业计划中的重要部分企业的管理和分工坐下来仔细商量，分析各自的特点，适合做什么工作。经过认真讨论，他们认为自己各有特长。

李明见多识广，有主见，技术好，适合负责产品设计、工艺技术和企业计划，而且资金投入最多；合伙人善于和人打交道、熟悉市场，适合生产管理和销售；王红心细，善于言辞，适合财务和人事管理。他们最后达成共识，李明可以当总经理，但在大事上，他们三位将共同商量决定。

三位合伙人，共享收益、共担风险，他们自我决定彼此如何分工合作，交流透明、诚恳。因此他们准备了一份书面合作协议，明文规定各自的责任。

【实训练习】

我的企业需要的员工

填表说明：

1. 第一栏中所列出的工作种类，通常是所有企业必须具备的。

2. 如果你没有时间或能力把全部工作包下来，就要雇佣员工了。

工作种类	完成这项工作所需要的技能、经验和其他要求	我是否有时间、技能、经验做这项工作		需要的雇员数目	预测雇员的工资
		有	没有		
办公室综合管理					
财务管理					
市场营销和促销					
企业成本管理					
价格确定					
原料采购、售后服务					
生产管理					
人事管理					
其他工作					
……					

二、创业计划书的特点

一份优秀的创业计划书的总体要求是：要对市场做出最清晰的分析；对产品需求做出最准确的预测；对投资的收益做出最可信的阐释；对新企业的管理做出最周密的筹划。

创业计划书的四个基本目标是：分析和确定创业机会和内容，说明创业计划；开发新产品或服务需要采取的方法；确定实现创业目标所需要的资源，以及获得资源的具体方法；分析和确定企业能否成功的关键因素。总之，一份成功的创业项目计划应具有以下特点：

第一，格式严谨，结构安排适当、完整，前后一致，风格统一。

创业计划书必须有完整的格式，分项详细，描述必要的内容和条款，要体现出所创企业的专业素质，使之具有说服力和可靠性。

第二，长度适中，重点突出。

创业计划书应能对创业构思和赢利模式进行简洁明了的描述，一定要在内容上突出创业项目的创新点和重点。不妨写成“电梯文本”的范式，能在几分钟内打动投资人说明已成功了一半。

第三，表达清晰明确。

通过创业计划表达出创意的背景、团队近期或中长期目标；清楚细分市场，如行业有多大的吸引力、竞争状况如何等。创业计划书是一个清晰路径图，明确写出创业者在未来3～5年要达到的目标。

第四，数据、信息的表达应有理有据。

创业计划书的写作宜用客观的、中性的语言。有关数据或产品等最好用图表或图片的形式直观地呈现出来，数据一定要详细、真实、有出处，并有据可查，任何结论都要能够经得起推敲。

第五，突出管理团队核心成员的经验和能力。

对投资者来说，最看重的是创业计划书中对创业成员的描述，如资质、现金流、担保以及贡献。一份内容完整、思路清晰、具体可行的计划书是集体力量的结晶。

第六，令人信服的财务计划。

提供产品或服务的营销方法、营销能力的有力证据，详细地说明制造产品或提供服务的过程和相关成本，预测产品所能达到的发展水平，投资者在未来3～5年内怎样从企业获得回报。

请一定注意：创业计划书必须严格保密，严防落入竞争者手中。

【案例】

王红和李明的创业故事（五）

产品决策

王红和李明是济南人，准备在济南创业。首先，二位考察了济南地区和周边的市场，又去了解了部分经济发达和不发达地区，发现他们准备生产的精巧的电气设备在发达地区市场广阔，在二、三线地区和乡镇地区有很深的潜力可挖掘。

最后，王红和李明做出了他们的产品决策。

1. 客户：新建楼宇；中等收入者和单位发放福利与奖品。

2. 产品特色：精巧美观，通过造型设计和专利技术，让自己的产品在市面上众多的同类产品中突显出来，吸引市场的注意力。

3. 产品规格：多样化，满足不同客户的需求。

4. 产品设计：一是聘请技术人员，二是聘请专业设计人员，三是充分施展自己专利的特长。

【实训练习】

完成下表，记下自己将要出售的产品或服务的信息。

填表说明：

1. 表的第一行填写自己的企业准备出售的所有的产品或提供的服务。

2. 表的第一列填写产品或服务的特征，产品的特征如质量、颜色、规格、包装、零配件、维修等 服务的特征如态度、效率、质量、安全等。

特征产品或服务	1	2	3	4	5	……
质量						
颜色						
规格						
包装						
零配件						
维修						
……						
态度						
效率						
质量						
安全						
……						

三、制定设计创业计划书的步骤

创业者必须论证其创业项目的可行性，务必要注意计划书的结构和内容一定要完整。如果计划书不完善，漏洞百出，会为计划书的可信度带来疑问，很容易让投资者猜测新企业本身也不完善，因此，要先制定设计创业项目计划书的步骤。

第一，确定创业项目计划书的撰写人。

首先要确定谁来制定创业计划书，如果聘请外部专业人士协助书写创业计划书，管理团队就可以把时间和精力集中用于开发商机、创建企业的事宜上来。

第二，进行市场调研，细化商业创意。

创业团队或者创业计划制定者要对拟创企业所处环境、政策、技术、成本、市场规模、合作伙伴、竞争对手等情况进行调研，收集信息，细化创业构思，明确创业项目、客户、商业模式等具体内容。

第三，拟订创业计划。

在市场调研的基础上对创业项目的可行性进行分析，拟订创业计划书和文本结构；说明创业团队的执行能力、财务计划等；制定明确的创业项目实施方案，从思想上和理论上做好必要的准备。

第四,创业计划书的修改和补充。

创业计划书完成之后,最好采用模拟辩论或答辩的方式,对计划书中的关键问题做出清晰的说明,以便从计划书中发现问题,及时进行改进和调整。

【实训练习】

确定或拟定自己的竞争对手,并对自己做出优势分析。

1.完成下表

我和竞争者	我的产品或服务	竞争者A的产品或服务 名称: 地址:	竞争者B的产品或服务 名称: 地址:	……
价格合理性				
质量可靠性				
采购方便性				
企业知名度				
品牌信誉度				
技术水平				
广告有效性				
交货及时性				
位置优越性				
设备先进性				
特别销售有效性(如:赊销、折扣、礼品等)				
销售额				
……				

2.我的产品或服务很有特色,特征是什么?列举若干项目。

3.我的产品或服务与对手相比的主要优势是什么?列举若干项目。

四、创业计划书的基本类型

在创业计划书中,我们所能展现的最引人注目就是对创业项目构思可行性分析与结论,以及对有竞争力的独特模式的描述。

创业计划书中的第一要素就是确定企业的名称,其基本原则第一节已做介绍。

根据实际工作的需要，创业计划书有两种类型：简式和详式。

第一，简式的创业计划书。

一般有 10～15 页，我们可以简明叙述企业的重要信息和部分辅助材料。适合处于发展早期还不准备写详尽创业计划书的企业，若是我们正在寻找资金和准备创办新企业，可以不用花太多时间撰写详尽的计划。

第二，详式的创业计划书。

一般要写 30～40 页，我们要详细地描述创业构思和创业计划的关键部分，需要附有 10 多页的辅助性材料。一般我们若要寻求投资等就要递交规范、详细的创业计划书。

要知道，创业项目计划书的阅读者们都很忙，不会花太多时间阅读长篇累牍的创业计划。所以详尽的计划越精炼、越准确越好，其他诸如创业者简历、技术分析、法规审批等更加广泛的信息最好放在附录中。

五、创业项目计划书的基本内容与写作

根据上述基本要求，我们必须收集各方信息并做出艰难的决策，制定撰写一份完整规范而又令人信服的内容详尽的创业计划，它应该包括以下几个主要部分。

1. 实施概要

实施概要是整个创业计划书的高度精练，涵盖高度概括整个创业计划各部分的要点，内容要全面，条理要清晰，勾画出企业的轮廓。向投资者提供他必须了解的新企业独特性质的所有信息。

这部分尽管是在最后才能撰写，以利于形成准确的概述，却要放在创业计划书的首页。我们要使这部分具有吸引力和说服力，要回答的关键问题有以下几个：

（1）企业概况和理念。

（2）商机和战略。

（3）目标市场和预测。

（4）竞争优势。

（5）盈利和收获潜力。

（6）管理团队。

（7）投资者退出战略。

2. 企业概况

（1）企业概述：企业名称、地址、创建时间；企业使命、目标和战略；描述企业

理念(如创造健康),公司将要做的业务、产品或服务。

也就是要向人们传达一个信息:产品或服务将从根本上改变,并有助于人们现在生活和工作的方式。

(2)机会:有待解决的问题或未满足的需求;概括关键事实、条件、竞争者的弱点、行业趋势、商机的逻辑证据。

(3)竞争优势:企业模式概述;在市场上处于领先优势的专有技术和企业独具的能力和独到之处,如何塑造持续竞争优势等。

(4)现状与需求:企业现状描述,企业打算怎样发展、走向何方,发展战略等,说明企业在进入市场后的发展和扩张计划。

(5)注册资金:不同规格的创业项目所需要的注册资金数额不一样。(第一节已做介绍)

3. 产品(服务)设计、开发计划

(1)产品特征:产品满足什么需求,与竞争对手产品比较的独特性。详细描述每种产品用途、独特特征,突出此产品的特点。

(2)产品设计、开发的时间、资金:说明产品的开发现状,需要多少时间和资金开发、测试和引进,产品的性能、特点和产品图片,产品生产计划、成本和售价。

(3)专利或专有技术:描述产品或服务获得的专利、商业机密或其他所有权特征。

4. 市场分析

任何企业都是通过满足顾客需要而获取利润的,创业计划要说明产品或服务的顾客类群(细分市场)。

(1)产业描述:介绍所在行业的现状、前景(正在增长)、规模、产业趋势、产业吸引力(成长期、成熟期或衰退期),盈利潜力等。

(2)竞争者及其优势、产品、价格和市场策略。

(3)预计市场的进入障碍及对策。

(4)目标市场的购买特征:经济、地理、职业、心理特征等。社会阶层是建立在财富、权力基础上的,对个人行为、态度取向、价值观具有不同影响。可以从高收入阶层、中产阶层、低收入阶层三个层次进行分析。

(5)市场份额和销售额预测:根据对产品或服务的优势、市场规模、发展方向、竞争对手及其产品销售趋势的评估,估计今后3~5年中每年将获得的市场份额和销售额。

(6)毛利和营业利润:描述在计划进入的细分市场后,销售的每种产品或服务的毛利(销售价格 - 成本)、营业利润的大小。

毛利分析举例:如果每只餐具成本约 0.1 元(不计水电费和个人工资),销售价格每只餐具为 0.25 元,则每只餐具的毛利润为 0.15 元,每天计划产量 3 万只。年产量 3 万只 ×300 天 = 900 万只。年毛利润 0.15 元 ×900 万只 = 135 万元。

(7)要说明将花多长时间来达到盈亏平衡的销售量水平。如上例,如果总投资经费为 200 万元,那么 2 年后即可收回成本,达到盈亏平衡点。

5. 管理团队

(1)组织结构:如果公司规模足够大,必须附有组织图。

管理团队:列出关键管理角色、人员、职责、背景、敬业精神;团队成员在组织结构上的合理性和互补性,是一支高效的管理团队。

(3)所有权与报酬:将支付的月薪、计划安排的股票所有权;打算进行的各种凭业绩分配的股票期权、奖金计划等。

(4)专业顾问与服务:指出所选的法律、会计、广告、银行的顾问的名字和提供的支持和服务。

6. 营销计划

(1)营销战略:通盘考虑价值链和细分市场上的分销渠道,说明产品或服务将引入某地区、全国和国际市场的方式和销售延续。

(2)产品或服务定价:讨论产品或服务的定价策略,把定价原则与竞争对手的定价原则相比较,计算出毛利润、成本及盈利。

(3)促销策略:说明销售和分销产品的方法,如建立销售队伍、销售组织。如何选择合适的销售人员及负责的区域,每个月可完成的销售量;采用什么方法吸引客户注意力;如果要采用直接邮寄、报刊或其他媒体营销,则指出采用的工具和成本。

(4)工厂地理位置和条件:地理位置的优势和劣势;劳动力的可供应性、技能、和供应商的接近度;运输、公共设施的便利程度;厂房、机器和设备是租用还是购买,指出租或买的成本和时间、融资数额,今后 3 年将何时扩展工厂场地和设备,以适应未来的预期销售能力。

(5)原材料供应:列出一份生产、产品设计和开发计划,写明各个运营成本的数量包括可用原材料、劳动力、购买的组件、工厂经常性开支等。

(6)质量控制:写明质量控制、生产控制、库存控制的方法,公司将采用的质量控制的过程。

(7)法律法规问题:针对与生产和服务相关的国家和地区法律法规要求,写明开始营业所必需许可证、健康许可证、环境审批证等。

7. 财务计划

财务计划要精心做好经营规划与资本预算，描述未来 3 ~ 5 年的资本需求、资金来源和资金使用等。

(1) 销售预算：估计每月销售额的期望量值。

(2) 经营成本：为了达成某种目的或获得某种商品所付出的代价。依据企业经营时限长短，企业的生产成本可分为固定成本和可变成本。

(3) 财务报表包括：损益预估表、资产负债预估表、预计现金流量表。没有这些报表，银行和投资者一般不会考虑为企业投资或贷款。

(4) 损益预估表，也称收益表，是反映企业在某段经营效益的财务报表，可以反映收入和支出情况，还可以反映企业是正在盈利。一般来说，投资者要求看到企业经营前 3 年的盈利规划。

可能存在的风险：竞争者引起的潜在降价风险；潜在的行业不利影响；超出估计的设计和没有达到的预期销售；获得原材料时遇到的困难等。

主动指出风险所在主动向投资者表明，已经考虑过风险，并能够处理风险，增加企业的可信度。

8. 附录

一般来讲，你提供的信息越详尽，获取帮助的机会就越大。

(1) 关键人员的简历、产品样本、顾客或供应商评价等。

(2) 设定某项投资最小和最大的规模。

(3) 关注企业的某些关键特质：具有专业知识和管理能力的管理团队、已被市场接受、财务远景等。

(4) 营业执照、产品或服务目录、价格表、岗位责任、工作定额、照片、技术分析、法规审批、参考资料表等。

不同类型的企业可以用适合自己情况的格式来写创业计划，上述格式是基本要求，只要能根据上述要求写出自己的创业计划，再写其他形式的创业计划也没有什么困难了。银行等金融贷款机构可能要了解的情况会更加详细，或要求你用另一种格式写创业计划，但上述内容均不可少。

创业计划完成后要反复审阅，直到满意为止。此计划是要交给一些关键人物或机构的，得字斟句酌，以便准确地向传递他们所需要的信息。

【实训练习】

据创业规划书的设计和写作要求，组建一个创业团队(3 ~ 5 人)，撰写一份规

范的简式《创业项目计划书》。

基本要求：

(1)格式要规范，至少写出创业计划书格式内容的7～9个主要部分。

(2)可参考相关资料，结合本团队创业项目写作。

(3)如果有商业秘密，应该注明保密性的内容。

【案例】

创业项目计划书分析　案例一
××创业项目(水晶影像)计划书

一、项目概述

1.项目持有人简介

姓　名：×××

项目名称：××水晶影像

行　业：文化、体育和娱乐业

项目单位：×××

法人代表：×××

法定地址：×××

项目注册资本：××万元

项目开发方式：连锁加盟或独资或股份

项目实施范围：××省或××市

2.项目概况

如：设备、合作交流单位、技术水平、知识含量、市场竞争力、产品附加值、市场前景等。

如：产品技术升级潜力、产品在功能性、技术性、实用性等多方面所处地位、为增强客户的忠诚度与美誉度所采取的具体措施。

如：产品有个性DIY创意礼品：个性文化收藏礼品、个性商务专用礼品系列；特色手工家居饰品；个性广告休闲娱乐饰品系列等20多个系列和1000多个品种，专业生产各种个性化新奇特礼品、动漫周边产品，时尚礼品的加工设备和耗材等。公司自成立以来，已形成各种个性印像产品、耗材和设备一条龙服务，并成为数码热转印和立体影像技术的龙头企业。同时，已推出适合中国中小投资者创业的××数码影像特许连锁经营模式，现已拥有一定的品牌优势和数家连锁加盟企业。

二、项目市场情况分析

1. 行业现状和市场分析

如:国内外市场现状和递增速度。

2. 目标用户分析

主流客户:学生。

学生,尤其是大学生,他们拥有个人能够独立掌握的资金,同时喜好时尚、追求个性、朋友广泛,对各种新事物都具有浓厚的兴趣和尝试意识,是极具个性的DIY制品绝对的主流消费群之一。

实力客户:上班一族(年轻白领)。

有稳定工作的年轻人,具有前卫的思想、自我的观念,他们有主见、善交际,有不断扩展的朋友圈、亲人圈和客户圈,同时又具有很好的消费实力,且都处于谈婚论嫁、男女热恋、或者家庭美满的时节,是这些有品质、高档次、艺术性和实用性兼容的个性礼品的实力消费群。

固定客户:摄影机构、婚纱影楼、照相馆。

摄影机构:凡是为客户拍婚纱、摄写真,没有不送客户水晶工艺品的,但是"术业有专攻",他们一般和专业的水晶制作单位联盟合作,结成代加工关系。以优质低价为每一位加盟和进货客户提供物美价廉的近××余种水晶款式和规格,为客户向影楼提供水晶照片制作做出完善保障,全面提升客户的产品质量和技术竞争力。

联盟客户:精品店、饰品店、格子铺、礼品定制专业店。

可以和上述等单位拟定协议、联盟合作,定制符合客户需求的水晶照片、水杯、旅行杯、个性服饰、万能印产品等,为客户提供更多贴心礼品,实现三方共赢。

大宗客户:学校、公司、宾馆、酒店等企事业单位。

上述企事业单位,每逢重大节庆日,或是出于维护客户关系、实现促销宣传的目的,都会制作节日祝贺礼品、促销活动礼品、品牌宣传用品、广告服饰、奖杯等礼品,绝对的实力消费群。

高端客户群:旅游风景区、公园、娱乐场所、市区、大型商超附近。

上述地点每天数千人游览量,高收入客户群,80%冲动消费者,20%潜在客户群,只要质量过关、宣传到位、技术精湛、服务做好,财富资源绵延不绝。

稳定客户群:各都市村庄、社区、家属院定居人群。

送情侣、送爱人、送父母、送朋友、送同事、送小孩,既是个性礼品,又能传承纪念;仅此一块,只要做活市场,绝对可以稳赚!

三、项目的可行性分析

1. 项目的优势

品牌优势

××文化是中国数码印像行业十大知名品牌、中国诚信名牌企业、最适合投资的连锁品牌。正如社会对××品牌的评价:“在××,我们不仅可以学到技术和经营管理经验,更重要的是我们重新寻找到了梦想和未来!”

“××文化”名字响亮、大气、上口、易记;以人间最美丽的影像凝固为终身事业,营造出独特的文化底蕴和绚丽时尚的气质。凡加盟商均可统一使用本公司“××”商标,并可充分利用本公司强大的品牌优势及无形资产优势,免费使用公司全套加盟授权证书、形象设计、宣传和制作系统的软件升级等服务,为协助各加盟商尽快打开当地市场,我公司还将制定统一产品广告宣传,在各强势媒体上投入巨资进行大规模广告宣传。这是其他小公司或不知名品牌无法比拟的品牌优势。

产品优势

“××文化”数码印务推出十二大系统,集时尚数码影像、数码印务、广告、工艺品等之后,经营项目可达百项。这种多元化经营模式将彻底取代传统影楼、照相馆、自拍影像、电脑画像、手工瓷像、名片刻字店、图文制作室、装饰公司等店铺的单一模式,一改传统经营收入起伏不定的状况,为中小投资者提供了一店多能的经营模式。

管理优势

科学严谨的管理体系是规范市场,确保市场稳步扩张的保障。为此,××文化对加盟商的管理实行八项统一:

统一经营理念 统一行为规范 统一形象设计 统一店铺企划

统一营销管理 统一培训督导 统一物流配送 统一售后服务

服务优势

××文化利用自身强大的科技实力、品牌优势,对加盟商提供长期的技术服务及后期技术升级、产品更新换代,品牌延伸支持,确保每位加盟商能长期经营下去,有发展前途,有发展空间,确保品牌的满意度、忠诚度和美誉度。本公司开发研制项目多、实力强大,后期服务有长期、可靠的保障。

成本优势

我们是×××品牌系列烫画机设备、移印设备、注墨机、热转印耗材的直接生产者,也是×××热升华墨水和×××烫画纸在中国的总代理。××加盟总部目前已成为中国华南地区数码影像业最大的耗材供配基地。这就保证了所有加盟商在后续经营中能够以最理想的价格拿到最优质的耗材,从而达到后方无忧,利润最大化的绩效。超强的技术后盾,标准化的配方及操作工艺,工业化的管理,稳定的供货渠道,集中统一配送,将加盟商的生产成本降到最低。

2. 项目的推广模式

“××文化数码影像店”“××文化数码快印店”“××文化明星广场”“××文化 DIY 创意馆”等加盟连锁经营店。

3. 产品技术及环保可行性分析

××文化作为中国最具规模的数码影像连锁加盟机构,中国华南最大最全的数码影像耗材配送基地,确保各投资者低成本运营,××文化向投资者提供的热转印纸,热转印墨水,热转印杯盘,热转印机器均由××文化生产基地出品,由××文化进行品质监督。从而保证投资者时刻能够得到世界上最好的产品,××文化×××系列产品已通过国际 ISO9001 质量体系认证,保证投资者利益。

四、财务可行性分析

1. 初始投资

门店面积:按 15 ~20 平方米计算

门店租金:2000 元/月

装修费用:6000 ~8000 元(含展示陈列架约 500 ~800 元,工作台 500 元左右,前台/收银台 500 元左右)

电脑:3000 元左右

数码相机:约 2000 元(500 万像素以上)

彩色喷墨打印机:约 2600 元(两台)

加盟金:暂无

保证金:暂无

员工工资:2000 元(1 人)

进货费用:8800 ~19800 元

流动资金:10000 元

投资合计:4.04 ~5.34 万元

2. 投资回报

项　目	一年开支费用	说　明
年营业额	36 万元	月入 3 万,日入 1 千元
加盟费、保证金	暂无	
装修费	8000 元	
电脑等办公设备	7600 元	
年租金	2000×12 月 =2.4 万	

（续表）

项　目	一年开支费用	说　明
水电、管理费	400×12 月 =4800 元	1 月 400 元
工资	1 人×2000×12 月 =2.4 万	2000 工资含提成，中等
工商、税收	税 1.5 万	
通讯费	月 500，年 6 千	
宣传费、宣传单、设计、印刷、文具	预计年 5000 元	
其他不可预料成本	1 万元	
产品成本	5 万	
年利润	36 - 15.44 = 20.56 万元	
小结：通过 4.04 ~ 5.34 万元的启动资金，年成本为 15.44 万元，经过一年的经营，一年内赚 20.56 万，投资回报丰厚。		

五、投资风险及建议

××文化数码影像连锁经营的理念是与加盟商分享成功和财富，将加盟商的风险降低到最低限度，真正实现资源共享，如同一个强大的设计师队伍随时恭候您。同时实行了管理指导制度，及时解决经营中出现的技术问题，让加盟商放心无忧经营。

六、提供岗位描述

每个加盟店需人员 2 ~ 4 人

七、项目持有人的扶持及优惠条件

第一，能够让您瞬间拥有一个响亮的知名品牌。

第二，能够全面而无偿采用××文化的各种技术资源、材料资源、管理资源及人力资源。

第三，能够充分享用××文化的规模化经营带来的多种福利。

第四，能够提高加盟商在当地市场的信誉。

第五，能够提高加盟商市场环境的安全性。

八、加盟者条件

第一，根据开设加盟店所在的地域面积，加盟者应具备相应的营运资金。

第二，加盟者有 10 ~ 20 平方米左右的店铺，无实体店铺者需要有一定的网店销售经验。

第三，加盟者有一定的影像基础，对数码产品有一定的操作基础，懂得如何操作电脑，处理图片。在实际操作过程中需要大量的拍摄图片和对图片进行处理，这就要求加盟商具备与之相关的基础。

第四,加盟者有一定的销售渠道或经验;具备广阔的人际交往网和丰富的销售经验对加盟商来说是很有利的。

第五,加盟者认可××文化品牌,热爱××文化项目;一个好的品牌之所以好,在于很多人认可,作为加盟商更加要相信自己的品牌,只有对××抱有信任的态度才会和××互利共赢。

九、联系方式

项目单位:××市××文化艺术发展有限公司

公司地址:××市××区××路××号

联系人:×××

咨询电话:××××××××

商务QQ:××××××××

手机:×××××××××××

公司主页:www.×××.com

【案例】

创业项目计划书分析　案例二

××市××儿童托管辅导公司创业项目计划书

一、项目介绍

项目名称:××市××儿童托管辅导公司

经营范围:儿童托管、课后辅导、营养配餐服务的提供

项目投资:20万人民币

场地选择:××市××路××地段

项目概述:创办××市××儿童托管辅导公司,将父母亲上班期间无法照顾的儿童组织起来,管吃、管睡、管学习辅导,解决家长与儿童双方面困难,而且利用系统的管理教育,培养儿童的自我约束力,造福后代。

目前,××市的儿童托管已成为市民日常生活中一个老大难的问题,身边熟人常谈及孩子上学后,因家长上班远而不能及时教育小孩,也吃不好午饭变瘦了。谈论更多的是,父母辅导孩子做作业成问题,产生代沟等,由此我们产生一种想法,如果能把这些小孩组织起来,保证孩子们吃得香、睡得好,同时辅导他们做作业,是一个很好的商机。

1. 市场需求分析

据悉,目前××市各小学都不同程度地出现托管难的问题,据不完全统计,各

小学平均有800名新生入学需要托管服务的比例约50%，需要辅导各科作业的比例约45%，需要美术、音乐、英语等辅导约单科作业辅导的费用约200.00元/名。

从上述数据分析出以下几点：

(1)当今人们对教育的重视程度较以前大有提高；

(2)当今的孩子竞争性强、压力大；

(3)父母投入社会工作多，难以照顾好孩子；

(4)教育社会化的程度需不断提高。

2. 市场竞争与前景

社会进步必然存在竞争，在创业阶段必须重视行业竞争。据有关报道，目前，××市现在开发此类服务市场的时间不算很长，普遍存在着质量不高的问题，如师资不合格、服务质量差等。只要确定自己的竞争优势，突出优点，创新发展，才能不断满足社会的需求。发展潜力十分巨大的项目来讲，只要重视竞争对手，采取"全方位发展，服务多元化，以优质服务取胜"的经营方针，一定能成功。

3. 成本预算(按三线城市工资与消费计算)

薪资预算

职位	人数	职位工资	工资总额
总经理	1	2000	2000
主任	2	1500	3000
职员	12	1000	12000
合计	15		17000

说明：专科课程辅导老师不作为工资预算，故不计入经营成本。组织一个班另外聘辅导教师(见辅营业目标的说明)。

投资预算

投资项目	预算资金
办理牌证	2000
简单装修	40000
办公设备、儿童用品	20000
公关业务员	5000
资料与宣传	2000
合计	69000

说明：(1)对原经营场所只是修补性质的简单装修。

(2)要充分利用原经营场所的基本设施:电器、办公设备、床等,用旧添新。

经营成本预算

项目费用预算	支出预算(元)
工资	17000
折旧以2万元设备计提4年使用	420
公关、促销	10000
广告、宣传	1000
水、电	4000
管理费	1000
学生午、晚餐费	7920
税金	2000
杂费	500
合计	43840

说明:(1)学生伙食费用:按每月160名学生计算,其中有80名学生是午、晚餐的,估计240餐次,每餐伙食收费1.50元,则每天伙食费用共360元,按月30天计,每月有22天工作日,计算得每月伙食费用是7920元。

(2)学生伙食标准:针对少年儿童饮食需求,按不同节令制定出符合标准的菜谱。

(3)失业人员创业在税收政策方面有一定优惠。

二、盈亏分析

1. 经营目标

(1)实现招生目标:全年1 920人次,即每月160名学生。

说明:①1 920人次,实际是每月160名学生的重复,即:160×12个月=1 920人次。

②160名学生是以4个小学计算,平均每个小学录取40名学生,则:

4×40=160名。

③每个小学平均900名学生,按录取40名计算,则只是每个学校的4.4%的学生。

(2)主营业额目标

全年营业额:768 000元(托管服务)。

说明:①月营业收入:160名×平均单价400元=64 000元。

今年收入:64 000元×12个月=768 000元。

②平均单价是以(午托、午晚托)算术平均法计算所得:400元。

(3)辅导营业目标:全年营业额为10 200元(家教、辅导)。

说明:①全年招生34名,每科收费300元。34名×300元=10 200元

②每周二晚辅导课,每班11~12名学生。

③每班每月营业收入3 300元,辅导老师按每晚50~100元提成,平均为75元。

3 300-(75×8晚辅导课)=2 700元

④第二年营业额增加10%,第三年营业额20%。

2. 投资收益预算

(1)主营业利润=营业额—总成本税金

=768 000-(43 840×12)-(2 000×12)=217 920元

(2)辅营业利润=总营业额—提成总额—其他费用

=10 200-1 800-400=8 000元

(3)总利润=主营业利润+辅营业利润=217 920+8 000=225 920元

三、盈亏预测

1. 如果全年招收1 315名次学生,即每月为109名学生就为保本经营。

2. 如果全年超过1 315名次学生,即每月超过计划109名学生就有盈利。

3. 如果全年不到1 315名次学生,即每月不到109名学生就出现亏损。

4. 如果按计划完成全年招收1 920人次学生,即每月招收160名学生则实现利润21.4万元(每月招收160名学生,即实际是每个月报60名学生的重复)。

四、风险预测

1. 风险预测包括以下六个方面

(1)选择经营场地的地理位置是否合理;

(2)场所与学校的地理位置是否合理;

(3)对竞争对手的了解不足;

(4)实际投资超出预算;

(5)管理制度不完善;

(6)师资质量问题。

2. 控制办法

(1)选择经营场所必须进行实地考察,多选几个点,多提几个方案,请专家评价选取最佳方案。有条件时可在经营场所周边的居民进行一次民意调查,为决策提供有利的依据。

(2)学校与场所间要充分考虑所需的接送时间、交通工具等,避免迟到现象。

(3)加深对竞争对手的了解:避实就虚,做到他有我有、他无我有,并且定价合理。

(4)对每次投资要进行经济核算,在预算时要宽松或上下互补。

(5)教师要进行严格考核,质量要严格把关。

3.人员机构管理

(1)组织结构与职能范围。

(2)领导方式:垂直分级领导。

(3)制定工作 岗位职责,由上至下每个工作岗位制定出责任、权利、行为规范。

4.管理模式

(1)总经理—部门经理—职员的直接指挥方式。

(2)实行分级管理,由上至下:部门经理对总经理负责,职员服从部门经理工作分配;由下至上:职员向部门经理提出,部门经理向总经理反映。

(3)引入竞争机制、激励机制:重视个人绩效表现,部门经理、主任、员工不固定,能者上。

(4)管理方式人性化:重视调节员工的情绪,发挥积极性,以提高工作效率。

(5)用人标准:总经理:合作方选举产生;

专业人员:本科毕业、持有国家认可的资格证书;

员工标准:大中专毕业,道德品质优良、责任心强、努力工作。

5.建立管理制度

管理制度包括员工守则、岗位职责、待遇、考勤奖罚、晋升、财务、安全防火等方面。

五、营销策略

1.服务说明与定价

(1)午托:接送小孩、午餐、辅导作业、午睡,250元/月。

(2)午晚托:接送小孩、午餐、辅导作业、午睡、晚餐、淋浴、辅导作业,晚上9点家长接回家,550元/月。

(3)代请各科家教老师:20元/每次。

(4)课外知识辅导:道德教育、情绪控制教育、理财教育等,300元/月。

(5)特殊服务:孩子遇病不能回校上课或白天在校发生事情,提供及时协助,30元/次。

说明:

托管服务(午托、午晚托)以4~5个月为一个学期计算,家教、辅导课按每月为一期计算;托管服务招收四个班,每个班45名学生,寒暑假照常服务;辅导班,每12名学生一个班。

2. 经营策划

(1)场所定位 选择交通方便的场所;场所周边学校不少于4个;选择的场所在老城区。场所的面积不少于500平方米。

(2)设定经营场所 营销策略加强联系、不断了解、推陈出新、满足需求。

营销手段有以下几个方面

熟人推荐:利用熟人介绍。

公关促销:利用学校关系,由学校推广促销。

宣传推广:到各学校设点进行宣传推广工作,特别是中午、下午放学时的宣传。

单位宣传:到学校门口和深入学校周边的居民区派发单张。

电话热线:接受家长的咨询、推广、投诉。

人员推销:直接推销。

街道设点:深入各街道居委设招生站,进行宣传推广。

3. 经营计划

(1)把新生入学的促销工作作为全年的重心来抓。

(2)销售指标落实到个人,经济效益挂钩。

(3)做好各学校、街道居委的宣传、公关工作。

(4)宣传单张必须及时派送到准消费者手中。

为完成主营业目标:公关促销计划完成25万元,宣传推广计划完成20万元,单张推广计划完成10万元,人员推销计划完成5万元,街道居委计划完成1.0万元,其他完成1.8万元。

(5)辅营业额的完成:做好家长细致的思想工作,完成全年招生34名学生并不难。第二、三年必须抓紧市场开发工作,不断推出新的服务,满足社会需求,提高营业额。

【实训练习】

A. 评估这两个创业项目计划书,你认为能够满足投资者的或政府机构的需求吗? 请给出尽可能多的理由。

B. 评价这两个创业项目书的财务计划、盈利预测是否合理。

C. 评价这两个创业项目计划书的管理团队结构。

D. 如果你来写这两份创业项目计划书,你会怎样设计它的结构和内容。

第三节　创业投资可行性研究

一、可行性研究概述

可行性研究在20世纪60年代就已经被工业发达的国家普遍采用，被作为工程建设的首要环节。任何一个项目在投资前都要先进行可行性研究，要在“干什么（WHAT）、为何干（WHY）、何时干（WHEN ）、在何地干（WHERE ）、谁来干（WHO）以及如何干（HOW）”等六个方面（即所谓“6W” ）进行详细研究，只有证明该项目各种条件具备、有利可图并且前景看好，才能做出投资的最终决定。国内外各个领域长期的投资经营实践活动经验证明，这是符合工程建设客观规律并行之有效的一项重要工作，它在实践中已经发展成为一套完整系统的科学方法。

可行性研究报告主要内容是要求以全面、系统的分析为主要方法，经济效益为核心，围绕影响项目的各种因素，运用大量的数据资料论证拟建项目是否可行。对整个可行性研究提出综合分析评价，指出优缺点和建议。为了结论的需要，往往还需要加上一些附件，如试验数据、论证材料、计算图表、附图等，以增强可行性研究报告的说服力。

可行性研究报告是确定建设项目前具有决定性意义的工作，是在投资决策之前，对拟建项目进行全面技术经济分析论证的科学方法，在投资管理中，可行性研究是指对拟建项目有关的自然、社会、经济、技术等进行调研、分析比较以及预测建成后的社会经济效益。在此基础上，综合论证项目建设的必要性，财务的盈利性，经济上的合理性，技术上的先进性和适应性以及建设条件的可能性和可行性，从而为投资决策提供科学依据。

二、可行性研究的阶段和内容

在进行项目评估和可行性分析时，一般需要确认和分解评估指标，依据项目和投资公司的具体情况，就各项指标的重要性进行排序，进而给出定性或定量的描述，最后按一定的模型、方法进行综合决策。对于某个具体项目标的取舍和分解因项目的特点不同，会有很大的区别，但总体来说，进行投资项目的可行性分析至少应该包含以下几个方面。

1. 市场评估

创业投资项目的市场评估包括现有市场评价（主要是针对更新换代产品而

言)以及未来市场预测、这一类指标评估的目的在于通过考察现有的市场与竞争状况,判断项目是否就有客观的市场前景。市场预测在内容上相当复杂,要确保其质量,必须进行充分、详细的调查研究,全面、准确地进行选择。一般而言,在对项目进行市场分析预测时,应着重考虑以下一些因素:

(1)创业投资项目的消费对象。进行市场预测,首先要考虑是否有消费对象以及什么样的范围内有消费对象,以谁为主要消费对象等问题,还要考虑这些潜在的消费对象对产品服务的依赖和需求程度、需求目的和产品的需求弹性等。

(2)创业投资项目的价格水平和潜在消费对象的收入状况。市场需求总是与商品价格和消费者的收入水平密切相关,考虑到这一点,就必须认真分析产品在不同价格水平上的试产需求量,研究企业所能承受的最低价格。不仅如此,需求还取决于消费者收入水平的高低,因此要关注消费者的收入来源构成及其经常性收入占总收入的比例等。

(3)替代产品的发展趋势。创业投资项目产品多为技术型产品,在这种情况下,市场上能否接受以及什么时能接受,这种工艺和创新产品的扩散速度以及竞争能力都存在不确定性,因此在进行评估时充分考虑项目的试产定位和细分,估算产品在一定时期内可以占到的试产份额,做好市场潜力和增长空间预测分析。

2. 产品与技术评估

创业投资项目的产品和技术评估主要包括现有产品与技术的纵向、横向延伸空间和创新开发能力,着重考察产品与技术的独特性,技术含量、边际利润、竞争保护和持续创新的可能性等。具体来说,要分析主要产品的技术特征、技术水平、技术壁垒以及知识产权保护情况,产品的竞争优势、更新周期、技术发展的方向和重点,产品的研究开发能力、生产能力以及各种支撑条件。

3. 投资项目规模评估

创业投资项目规模的确定是公司决策的基本内容之一。投资规模指的是通过投资所形成的项目生产规模,它直接决定了投资回报预期,因此也是评估指标体系中一个极为重要的组成部分。一个投资项目规模的确定,需要考虑到多方面的因素,着重把握好以下几条原则。

(1)经济规模。公司通过投资所形成的生产规模是否经济,可以从不同的两个角度进行判断 一是规模是否能导致单位产品的生产成本降低;二是规模能否导致公司利益最大化。由于受其他因素特别产品的是产品的市场价格因素的影响,在大多情况下,通过单位产品生产成本和总利润分别反映一定生产规模的经济性,结果是不一样的。对于创业投资项目来说,考虑规模经济问题时,究竟是考虑成本最低化还是利润最大化为标准，要视项目自身的行业、产品特点而定。

（2）供求状况。项目的投资、生产规模受制于市场供求状况，生产规模反映了公司可以提供的市场供给能力，而供求能否充分实现，最终要看市场对需求的容纳状况。因此，在评估创业投资规模时，要从动态的角度对市场供求长期趋势进行预测。

（3）融资能力。创业投资项目的规模，还是受到其资金筹措能力的限制，规模不同，其所需要的投资金额就不同，对项目的融资能力的要求也就不同。对这一指标的评估要从宏观、微观两个方面进行，一方面要考虑国家的宏观金融政策、资本市场的完善程度，另一方面还要考虑项目公司的资信状况、融资方案的选择等。

（4）生产要素的持续供给。项目投产以后，要充分发挥其生产能力，需要在其生命周期内有稳定而充足的能源、原材料等生产要素的供给，否则未来的生产过程将时断时续，公司经济效益将会受到损害。

4. 项目管理评估

创业投资项目管理评估主要包括两个方面：

（1）是组织项目的人事制度评估。

（2）是项目的团队素质评估。

创业投资项目的高科技含量决定了人的因素对企业的特殊意义，它是创业企业活力的源泉、生产活动的能动因素，因而投资者也必须对其进行考察。

创业投资项目的组织人事制度主要包括组织设置的人事选拔、人事选择考评、人事激励等几个方面。首先，要了解项目的组织原则，分析项目的组织结构是否在主要方面能满足项目需要，是否有利于项目发展。其次，要进行人力可获性预测，也就是该项目可能获得的人力结构和数量，通过分析项目预定的招聘工资待遇、教育培训、福利等方面来评定项目是否能够实现人和职务的最佳组合，从而充分发挥员工的积极性、创造性，共同把创业投资项目搞好。

创业投资项目整个团队成员的素质对创业企业的生产经营的重要性是毋庸置疑的，对这一指标的评估考察的重点是：一、项目的高层管理者是否具有高度的责任感、极强的必胜信念、高超的领导艺术和创新意识，是否具有足够的威望和号召力，能够运用权力来是实现自己的理想。二、项目的核心领导层对目标市场、行业是否熟悉，对产品的了解、核心技术的掌握、融资与调拨能力、组织管理能力是否具备。三、团队成员的地域分布、技术状况、知识结构。四、团队的工作理论和企业文化等。

5. 财务评估

这一指标包括项目投产后未来5年的财务预测和投资回报预测。财务预测主要是从销售出发预测损益表、现金流量表，重点考察投资资本需求，资本支出水平，计划资本支出、计划折旧与摊销时间表、账面和课税资产寿命，融资需求、净现金生产能力等；预测资产负债表，考察各科目的变动情况和其合理性、销售和损益的对照。

投资回报的预测主要是根据创业投资项目的特点，选择和确定能够反映项目风险的贴现率，建立合理的现金流量模型。并使用这一贴现率计算项目的投资收益、净现值和投资回收期、投资回报期等。

6. 风险及退出方式评估

创业投资项目往往具有很高的风险性，如产品的技术风险、市场风险、财务和金融风险、管理风险、法律风险、道德风险、退出变现风险、宏观经济风险等，而其中某一类的风险又可能是多方面的。创业投资项目的高风险性，加大了评估难度，这就要求在进行风险评估时将定性分析和定量分析结合起来，通过系统而充分的考虑，定性分析出与项目有关的各种因素，确定要分析的这些不确定因素的概率分布，并在项目多方案比较和选择的不同条件下，定量的分析出与项目有关的各种因素同时发生变化对项目投资效果所产生的影响。

创业投资的目的不在于被投资企业股份的占有和控制，而是在于企业做大后将资产变现、获取收益，因此退出方式是创业投资家在评估项目时考察的一个非常重要的指标。对这一指标考察的重点是评估企业提出的退出依据是否可靠、最可能的退出方式及各种方式的可能性程度，合同中有无保护投资权益的财务条款及财产保全措施等。

三、产品开发方案和建设规模确定

任何一个新建项目，或者技术改造项目，都必须研究一个拟建项目规模，什么是项目建设规模呢？即建设项目生产规模，也就是生产能力、它是指工程项目预期的总生产量。恰当的建设规模，是取得规模经济效益的关键。

建设规模与产品方案研究，是在市场预测（根据市场调查的结果，可以预测出计划生产的产品在未来五年、十年或更长时期内可能的需要量）和资源评价（资源开发项目可提供资源的数量、质量、服务年限）的基础上，论证比选拟建项目的建设规模以及主导产品和辅助产品的组合方案，作为确定项目技术方案、设备方案、工程方案、原材料供应方案及资金投入方案等的依据。

确定建设规模一般应研究以下主要因素和内容：

1. 合理经济规模

不同的建设项目的经济规模是各不相同的,即便是相同的建设项目,其建设规模也不尽相同,例如:同是化学工业项目,化工项目和石油化工项目其最佳经济规模就不相同,化工项目的精细化工和橡胶加工等行业的生产规模一般较小,以适应多品种小批量的生产方式;

化工项目中的石油化工行业,则为了降低生产成本和节省能量,往往以大型为好。一般讲最经济规模的确定可从以下几方面考虑:

(1) 建设项目的性质。

如上所述,同是一个部门不同的行业其经济规模的起点不同,但是任何一个新建项目的最佳经济济规模还须遵守一个不成文的规定,即最佳经济规模一定要大于最低限度的规模。

(2) 建设项目的产品销售市场

如果该建设项目的产品大部分供出口,那么它的最佳经济规模必须达到国际竞争规模。国内销售为主,就可以根据国家的经济政策、资源分布和地区消费等情况来选择合适规模,

(3) 产品的规模要做多方案的比较

有的建设项目的产品是多品种,所以要考虑原料、产品及副产品之间的平衡,以便组成最合适的生产系统。为了平衡各方面的情况,对产品的规模要做多方案的比较。譬如对石油化工项目来说,还应考虑以下因素:

① 将来增长的可能性。有些产品的需求量目前看来需求量并不大,但今后都可能大幅度地增长,对这类产品,在建设规模上要留有余地。

② 与国内其他工业部门的关系。从当前和长远来看有发展前途的,而且会成为其他工业部门的原料产品,在建设规模上应考虑留有余地。反之,如果是与传统产品发生竞争的产品,就可不考虑留有余地。

③ 产品的发展前途。同一种原料可生产儿种产品,但却不能同时兼顾时,应留下最有发展前途的产品,而舍去其他产品。

④ 产品品种。在联合企业申的几种产品用途大致相同(如塑料品种中的几种用途大致相同)时,应减少品种,而扩大保留品种的生产规模。

⑤ 辅助原料的来源。产品的辅助原料难以取得,就不应该去搞这种产品。

⑥ 政府的政策和周围的工业基础

(4) 成本与盈利的比较。

大多数的建设项目都有一个最优的生产规模,即最小经济规模,同时还有盈

亏临界规模。最优生产规模就是成本最低、盈利最大的生产规模。盈亏临界规模即保本的生产规模,超过此界限,就会发生亏损。

总之,合理经济规模是项目投入产出比处于较优状态,资源和资金可以得到充分利用,并可获得最佳经济效益的规模。

2. 市场容量对项目规模的影响

市场容量是一定时期(一般为一年)内全社会或一定地区的社会购买力。有货币支付能力的社会购买力越强,市场容量就越大;反之则小。

正确估计市场容量是制约建设规模的重要因素,它决定着投资项目能否生存的前提和发展空间。因此,项目建设规模的确定应根据产品市场的调查和预测的结果对建设项目规模进行初步确定。

在市场充分需求、产品能够全部售出的情况下,可以按规模经济和比例报酬理论来确定目的建设规模。但如果市场需求发生变动,项目在既定规模水平上则不能实现其预定的产销售收入,也就谈不上规模经济和比例报酬递增了。因此,市场需求对建设规模的制约因素是确定建设项目规模容量一个不可忽视的方面。通过对市场的需求预测,有多大市场,才能确定多大的建设规模。

市场需求是制约建设项目规模的质的因素,决定着项目的生存前提和发展空间。在市场需求预测的基础上找出拟建设项目产品的市场容量空间,据以确定建设规模。

3. 环境容量对项目规模的影响

环境容量是自然环境或环境组成要素(如水、空气、土壤、生物等)对污染物质的承受量或负荷量。环境中污染物浓度低于这个数值,人类和生物不致受伤害;高于这个数值,人类和主物将不能适应而受到伤害。环境容量主要应用于环境质量控制,并作为工农业规划的一种蔽据,任一环境,它的环境容量越大,可接纳的污染物就越多;反之,则少。所以环境容量大小直接影响项目规模的大小。

自然环境是人类生活和生产的物质基础,是实现社会再生产的必要物质条件,自然环境的好坏,即自然环境提供资源能力,可影响项目规模的确定。所以,在确定建设规模的同时还要考虑项目对周围环境的影响,包括对地区的地质;水文、气象等可能产生的影响,对自然资源的影响,对周围大气、水、土壤的环境质量的影响,噪声、震动对周围生活区的影响。

确定建设规模时,还必须从我国国情出发,实事求是地分析自然资源条件,对项目能否合理开发和有效利用自然资源。依据拟建项目所必须又能够获得的自然环境条件,确定建设规模。

4. 资金、资源、原材料以及主要外部协作条件等对项目规模的影响

我国幅员辽阔,区域间的资源条件和区位条件各不相同,地区间的经济发展也很不平衡。

同一个项目规模在不同地区建设,投资成本和效益会相差很悬殊。因投资环境是市场决策重要依据,而市场又直接影响到项目的建设规模。

环境条件的内容极为广泛而丰富,它包括自然条件、资源、市场、社会等多方面。确定项目规模,首先是自然环境,即地理位置、气象、水文、地质等不否适合该项目规模。其次是资源,其内容也极为广泛,这里所说的资源是指自然资源,它能为建设项目提供原材料和能量,如各种金属和非金属所构成的矿产资源,平原、丘陵和山地等组成的土地资源,河流湖泊、地下水及地表水组成水资源,煤、石油、天然气、阳光、水力等组成的能源资源,等等。所以,资源是项目存在的物质基础,它们的储量、品位等决定了建设项目的规模。

原材料、能源供应及其他生产条件对项目建设规模也起到很大的制约作用。如果存在原材料、能源供应不足或不稳定,或存在运输困难,价格昂贵使生产成本大大提高等问题,或是劳动力质量不好和数量不足等都会直接影响建设规模。

外部协作配套条件也制约了项目建设规模。例如:煤炭工业建设项目,它是由煤矿、勘探、矿山建设、采煤和洗选煤等生产单位构成的。采煤是中心任务,但采煤矿井的坑道需的木材(或钢架)等,需要相应专业化的协作单位。如果建设项目不符合社会分工发展的要求,不能促进专业化协作的发展,而是按照“大而全”的原则形成“项目规模”,尽管很大,则往往是不能取得好的规模经济效益。

资金即项目建设投资额,它是建设项目工作量的货币表现,它能反映项目建设规模,同时也决定投资项目能否顺利建成投入使用的关键因素。不同的资金来源都是有限的,而且往往是有严格的使用条件。在确定各种渠道提供的资金是正当、合理、可靠的前提下,资金的数量决定于建设项目的规模。

不同行业、类型项目建设规模的确定,除需考虑上述因素外,根据项目的特点,还应考虑其他内容。如煤炭、金属矿山、非金属矿山、石油天然气等矿产资源开发项目。

5. 产品方案选择

产品是为了满足人们需要,通过有目的生产活动所创造的物质资料。自然资源,如原始森林、地下矿藏等,在没有经过人们的劳动加工之前,都是天然的财富,而不是产品。产品必须是劳动的产物,劳动过程就是产品的生产过程。产品方案是指拟建项目的主导产品与辅助产品或副产品及其生产能力的组合方案。对产

品方案的分析论证，是指对项目拟生产的产品品种、产量、规格、质量标准、工艺技术、材质、性能、用途、价格、产量、内外销比例等进行分析论证，为进一步研究工艺技术设备，原材料燃料供应等方案打下基础。确定产品方案，一般应遵循以下原则：

(1) 市场需求

如果创业要兴建一个工厂，首先要确定生产什么，接下来还要确定生产多少，即要确定生产的“质”和“量”，这就是产品方案和生产规模的确定。随后一系列技术方案、建设计划、费用估算及效益评估都是以此为基础来进行的。生产的产品是否适销对路、是否供过于求，不仅直接影响企业的经济效益，而且可能影响到企业的生存与发展。有的新建项目因为对市场需求分析研究不够，新厂刚刚建成投产就出现产品积压的局面。

生产规模与经济效益密切相关。在市场允许的范围内，如果生产规模过小，就会失去规模经济性与赢利的机会；如果规模超过了市场所允许的范围，则会使产品积压，资金沉淀无法周转，造成成本上升和投资浪费。因此，可行性研究的第一步就是市场需求预测，在市场有需要的前提下，产品开发方案的确定，要根据本地区的条件、企业本身的情况以及其他条件综合考虑，作出正确的选择。

例如，假定国内彩电年需求量为 3 000 万台，某企业欲建一新彩电厂，经市场调查分析后，认为可以占领整个市场的 10%。因此，其生产规模不能超过年产 300 万台。如果进一步从技术、资金及其他物质条件分析，发现该企业最多只有年产 150 万台的条件，其生产规模就只能定为年产 150 万台，即生产规模受物质条件制约。假若筹建企业的物质与技术条件有建年产 500 万台的能力，但市场占有率只有 5%，那么其生产规模受市场条件制约，故也只能是年产 150 万台的生产规模。

(2) 国家产业政策

产品方案要符合国家有关产业政策的要求，能促进产业结构的调整和产品的更新换代。拟建项目产品方案应符合国家发布的产品发展目录，使产品具有先进性和市场竞争力。

(3) 提高“三化”水平、促进专业化协作

提高“三化”水平，即提高产品的通用化、标准化、系列化水平。通用化是将生产量大、使用范围广的不同类型或同一类型不同规格的产品零部件进行合并简化，使其能在一些产品中通用；标准化是将零部件通用范围扩大，并规定出标准的规格型号；系列化是将产品合理分级，排成系列。拟建项目产品方案应从社会和区域的角度考察是否符合专业化协作，以及上下游产品链衔接的要求。

(4) 符合技术经济要求

产品方案拟采用的工艺技术应当是先进的、适用的和可靠的技术，而且经济上是合理可行的。

(5) 符合资源综合利用和环境保护的要求

对含有多种成分的资源和生产过程中产生有多种副产品的项目，应考虑资源的综合利用，提出主导产品和辅助产品的组合方案，做到充分利用资源，节约原材料、能源、减少污臭、保护生态环境和人们的身心健康。

自然资源具有数量上的有限性和分布上的不均衡性的特点，许多自然资源还具有不可再生性。因此，必须合理地开发和有效地利用。正确选择所开采利用的自然资源，首先开发利用具有地区优势的自然资源，具有较大潜力的再生资源，具有较大利用深度的自然资源；其次要全面规划、合理安排开采利用方式。

(6) 原材料、燃料、动力供应

拟建项目所需的原材料主要有：未经加工的原料（如自然资源）、初步加工的原料、半加工和加工的材料（即中间产品）、辅助材料（如催化剂、化学品、添加剂等）和成品（如生产 PVC 需要 NaOH）。所需燃料主要有煤、石油、天然气等。所需的动力有电、汽、压缩空气等。

拟建项目产品方案就是根据原材料、燃料、动力供应的数量、质量、价格及供应来源的稳定性、平衡性、合理性和经济性来确定的。

(7) 技术设备条件

合理的产品方案应与先进的技术装备相适应。如果拟建项目产品有极大的市场，资源供应非常充足、建厂条件很理想，但是技术不过关、设备落后、工艺设计不合理，该项目仍然是不成功。所以合理的产品方案必须在工艺技术、设备、设计方案等方面遵循“先进、适用、合理、经济”的原则。

(8) 生产运输包装储存条件。

对产品生产、运输包装、储存有特殊要求的项目，确定产品方案时，应考虑满足这些条件要求的可能性。

不同行业，不同项目的产品方案研究内容不同，应根据项目的特点具体确定

6. 建设规模与产品方案比选

前两节阐述了影响建设规模的重要因素及产品方案选择可遵循的原则，根据上述的要求，提出两个或两个以上方案进行比选，分别说明各方案的优缺点，择优推荐。

比选内容主要有：单位产品生产能力（或使用效益）投资；规模效益，即投入产出比、劳动生产率等；技术先进可靠、工艺流程合理、设备安全效率高等；生产多

种产品项目应比较资源综合利用的合理性;比较环境保护措施是否得当,“三废”治理和综合利用能否与主体工程同时设计、同时施工、同时交付使用,实行“三同时”的原则。

对建设规模和产品方案的比选方法很多,常用的方法有四种:

(1) 差额投资内部收益率法

由于建设规模不同,所需的投资额也不相同,采用差额投资内部收益率法为佳。差额投资内部收益率 IRR 与基准收益率 ic,进行对比,当 IRR 大于等于 0 时,投资大(规模大)的方案为优;当 IRR 小于 ic 时,投资小(规模小)的方案为优。

(2) 净现值率法

净现值是一个绝对数,不能反映单位投资的效益。

(3) 最小费用法

上述两种方法是对方案进行详细分析研究为前提的,这需要花费大量的时间和经费。为了节省时间和费用,通常用比较简单的方法进行方案比选,最小费用法就是其中之一。该方法通过比较各方案的单位产品年计算费用,选其中费用较小者为优。

(4) 选择最优生产规模计算法

为了得到最优生产规模,要在考虑到外界因素的影响和生产规模的合理界限内,制定出尽可能多的方案来进行分析、对比和论证,然后从中选出最优方案来。

一般而言,以单位产品计算费用最小的方案为最优方案。计算公式为:

$$Cj(x) = C(x) + Y(x) + Z(x) + K(x)Es \quad (6-68)$$

式中:Cj(x)—年产量为 x 时的单位产品年均计算费用;

C(x)—年产量为 x 时的单位产品年均生产费用;

Y(x)—年产量为 x 时的单位产品年均运输费用;

Z(x)—年产量为 x 时的单位产品年均销售费用;

K(x)—年产量为 x 时的单位产品投资额;

Es—标准投资效果系数。

由上式计算得到的单位产品计算费用最小的方案,即为工程项目的最优生产规模。多方案比较也可用年金法和现值法来分析论证。

例 某地区通过调查确认,本地区每年需化肥折算成合成氨约 3 万吨,经初步分析论证,有两种生产规模的建厂方案:A 方案为建 3 个年产 1 万吨合成氨生产规模的工厂;B 方案为建一个年产 3 万吨合成氨生产规模的工厂。两个建厂方案费用情况如下:

项目	单位	方案 A	方案 B
企业生产规模	万吨/年	3×1.0	3.0
总投资	万元/年	3×4000	1100
年经营费	万元/年	3×2500	720
产品运费	万元/年	3×100	390

假定两种企业规模的经济寿命都是 20 年，贴现率 5%，请确定一个方案为实施方案。

解：(a)用年金法，即计算两个方案各自的年费用情况，取费用小者为实施方案。

AC = 3x[4 000(A/P ,0.05,20) + 2 500 + 100] = 8 762.9 万元/年

ACz = 11 000(A/P,0.05,20) + 7 200 + 390 = 8 472.2 万元/年

ACz < A C,

故选 B 方案。

(b)用现值法，即计算两方案费用折现情况，选择现值费用小者实施。

PC = 3x[4 000 + (2 500 + 100)x(P/A,0.05,20)] = 109 205.2 万元

PCz = 11 000 + (7 200 + 390)x(P/A,0.05,20) = 105 588.2 万元

PC < PC. 1

故选 B 方案。

7. 原料路线的选择

(1)工业原料

①基础原料

基础原料即存在于自然界或在自然界生长但未经过加工处理的最基础、最初级的原料，粗略地可分为三大类：一是矿物质，二是生物质，三是其他自然物质如空气和水等。利用这三种基础原料，通过各种工艺加工处理后，就可制造出成千上万种加工原料或产品。

空气和水是人类必不可少的物质，也是极其重要的基础原料，尤其对化工产品来说，更是如此。过去，空气和水被认为是取之不尽用之不竭的物质，而且得到它几乎不用付出多少代价，因而很少被人重视。在水资源紧缺、空气污染严重的今天，人们已经清醒地认识到空气与水的价值，在进行原料路线选择时，要予以考虑。

原料路线的选择要看企业拟生产的产品要求。但是对那些可以互相替代的原料，例如煤与石油或天然气，其原料路线和原料结构(及原料选择的问题)就要

认真研究分析。例如自从19世纪70年代德国成功地从煤焦油中提取芳烃开始，以煤为原料的工业便得到大发展，直到20世纪40年代以前，许多工业产品都仍然是以煤为原料。20世纪50年代由于廉价的中东石油，以石油代替煤为原料便能使产品成本降低许多，故在短短的30年内，就迅速发展形成了一门新兴工业——石油化工。20世纪70年代中期，石油价格上涨，发生了所谓"石油危机"，20世纪90年代末石油价格进一步上涨，到2008年5月，石油突破135美元/桶，加上科学家预测的石油储量只够人类使用几十年，而煤至少还可以用几百年，就动摇了以石油为原料的工业企业。因此，如果你投资一个既能以石油为原料又能以煤为原料的企业，你就应该根据所拟建企业的性质、技术、经济状况及企业的长远规划，认真考虑该企业的原料路线和原料结构。

②工业原料

工业原料是指从基础原料出发，通过加工后得到的物质，这种物质在一定条件下就是一种产品，一般称为一次产品，一次产品又可以再加工生产出二次产品，如此继续加工的话，可以得到三次产品、四次产品等。一次以上的产品即是工业原料，例如，石油通过一次加工成为石脑油，石脑油裂解制得乙烯，乙烯又加工成乙醇，乙醇又可以制得乙醛等。前一级产品即是后一级产品的工业原料。如果拟建企业的原材料是工业原料，除了考虑其货源与价格的稳定性、运输是否方便以及运输成本外，还要考虑供应工业原料的单位是否会投资生产与你相同的产品而成为强劲的市场竞争对手。

(2)选择原料的考虑因素

为了合理利用资源，取得尽可能好的经济效益，在选择原料时主要考虑如下几点因素：

① 原料来源的可靠性。对机械电子等产品而言，原材料的来源可能不是十分重要。但对化工产品来说，一个化工生产装置建成后，其专用性很强，如果原料来源中断或受到限制，就会变成无米之炊。因此，必须选择来源确有保证的原料。

② 选择最适宜、最有效的原料种类。应该就不同原料的投资、成本和劳动生产率进行比较，选择单位产品投资最少、成本最低的原料。如果主要指标的倾向性不一致，则按最小计算费用法进行方案选择。

③ 尽可能选择当地或附近的原料。既可保证原料来源，又可减少运输费用和运输量。

④ 尽可能利用不稀缺的原料种类。有的原料在国民经济中消耗量远大于其开采量，称为稀缺原料。

⑤ 对原材料应尽可能充分利用。

8. 技术工艺和设备的选择

工艺技术选择的原则。针对工艺设计过程中影响工程造价的因素，工艺技术选择应遵循以下原则。

(1)先进性。项目应尽可能采用先进技术和高新技术。衡量技术先进性的指标有产品质量性能、产品使用寿命、单位产品物耗能耗、劳动生产率、装备现代化水平等。

(2)适用性。项目所采用的工艺技术应该与国内的资源条件、经济发展水平和管理水平相适应。具体体现在：

①采用的工艺路线要与可能得到的原材料、燃料、主要辅助材料或半成品相适应；

②采用的技术与可能得到的设备要适应，包括国内和国外设备、主机和辅机；

③采用的技术、设备与当地劳动力素质和管理水平相适应；

④采用的技术与环境保护要求相适应，应尽可能采用环保型生产技术。

(3)可靠性。项目所采用的技术和设备质量应该可靠，并且经过生产实践检验，证明是成熟的技术。在引进国外先进技术时，要特别注意技术的可靠性、成熟性和相关条件的配合。

(4)安全性。项目所采用的技术在正常使用过程中应能保证生产安全运行。

(5)经济合理性。在注重所采用的技术设备先进适用、安全可靠的同时，应着重分析所采用的技术是否经济合理，是否有利于降低投资和产品成本，提高综合经济效益。技术的采用不应为追求先进而先进，要综合考虑技术系统的整体效益，对于影响产品性能质量的关键部分，工艺过程必须严格要求。关键工艺部分，如果专业设备和控制系统国内不能保证供应，则成套引进先进技术和关键设备就是必要的。

9. 设备的选择

设备选型与设计在工艺设计中确定了生产工艺流程后，就要根据工厂生产规模和工艺过程的要求，选择设备型号和数量，并对一些标准和非标准设备进行设计。设备和工艺的选择是相互依存、紧密相连的。设备选择的重点因设计形式的不同而不同，应该选择能满足生产工艺要求、达到生产能力的最适用的设备。

(1)对主要设备方案选择时应满足以下基本要求：

①主要设备方案应与拟选项的建设规模和生产工艺相适应，满足投产后生产(或使用)的要求；

②主要设备之间、主要设备与辅助设备之间的能力相互配套；

③设备质量合格、性能成熟,以保证生产的稳定和产品质量;

④设备选择应在保证质量和性能的前提下,力求经济合理;

⑤选用设备时,应符合国家有关部门颁布的相关技术标准要求。

(2)设备选型时应考虑的主要因素。设备选型的依据是企业对生产产品的工艺要求。设备选型重点要考虑设备的使用性能、经济性、可靠性和可维修性等:设备的使用性能包括设备要满足产品生产工艺的技术要求,设备的生产率,与其他系统的配套性、灵活性及其对环境的污染情况等;选择设备时,既要使设备的购置费用不高,又要使设备的维修费较为节省。任何设备都要消耗能量,但应使能源消耗较少,并能节省劳动力。设备要有一定的自然寿命,即耐用性;设备维修的难易程度用维修性表示。一般说来,设计合理,结构比较简单,零部件组装合理,维修时零部件易拆易装,检查容易,零件的通用性、标准性及互换性好,那么维修性就好;设备的可靠性是指机器设备的精度、准确度的保持性,机器零件的耐用性、执行功能的可靠程度,操作是否安全等。

(3)设备选型方案评价。合理地选择设备,可以使有限的投资发挥最大的技术经济效益,设备选型应该遵循生产上适用、技术上先进、经济上合理的原则,考虑生产率、工艺性、可靠性、维修性、经济性、安全性、环境保护性等因素进行设备选型。设备选择方案评价的方法有工程经济相关理论、全寿命周期成本评价法(LCC)、量本利分析法等

设备的经济因素分析一般常采用以下三种方法进行计算,费用较低者为好。

①现值法。计算设备现值费用,取费用低者。

$$PC = P + W(P/A,i,n) - L(P/F,i,n) \tag{6-70}$$

式中:PC—现值费用;

P—设备初始投资;

W—设备年经营费用;

L—设备终残值;

i—贴现率;

n—设备使用寿命。

②年金法。计算设备的平均年费用。

$$AC = P(A/F,i,n) + WL(A/F,i,n) \tag{6-71}$$

式中:AC—设备平均年费用。

其余符号与(6-8)式相同。

(4)工艺技术方案的评价对工艺技术方案进行比选的内容主要有技术的先进程度、可靠程度,技术对产品质量性能的保证程度,技术对原料的适应程度,工

艺流程的合理性，技术获得的难易程度，对环境的影响程度，技术转让费或专利费等技术经济指标。对工艺技术方案进行了比选的方法很多，主要有多指标评价法和投资效益评价法。

10. 厂址选择

厂址选择就是对拟建中的工厂应该建设在哪里，也要经过分析论证后确定。它是可行性研究中的重要内容之一。厂址选择不当，其固有的缺点例如交通不便就会造成工厂先天性和永久性的包袱与负担，而使其经济效益发挥受到很大的制约。改革开放初期，外资企业将厂址选择在沿海就是这个原因。

（1）交通成本　对于大多数制造业工厂和从事分配的企业来说，运输成本在总成本中均占有较大的比重。运输距离越远近、运输环节多少、运输手段的不同，均对运输成本构成直接影响。因此，通过合理选址，使运输距离最短、减少运输环节中装卸次数，尽量靠近码头、公路、铁路等交通设施，可以使运输成本最低。例如对于物流公司来说，就一定要选在交通畅通方便的地方，既要有铁路运输，又要有高速公路运输，还要有空运。这样才会提高效率，使公司在运输效率上不落后与竞争对手，甚至超越别人，提高公司竞争力。试想，物流公司总是不能按时间将货物送到客户手上，那么还有谁会再次选择这家物流公司呢？由此可见，交通对相关企业的重要性。

（2）原料供应　某些行业对原料的量和质均有严格的要求，这类部门长期以来分布在原料地附件，以降低运费，减少时间阻延，得到较低的采购价格。例如对于钢铁工业，需要大量的铁矿石去加工冶炼，如果远离矿产资源，那么就需要通过铁路或者公路等运输原材料，这不仅要耗费大量的时间和运输成本，还要耽误生产。这对于竞争激烈的市场来说不是正确的选择。因此，选择在距离原材料接近的地方建厂，可以迅速地得到材料立即加工，而且可以常年节约大量的运输成本和人力成本，为企业在市场竞争中增加大量优势。

（3）产业集聚　产业集聚最大的好处是获得规模效益，降低企业成本，提高企业创新能力。对于同类企业来说，集聚发展可以促进企业间的技术交流与传播，使一家企业的创新迅速外溢到其他企业。如果说企业是条船，那么承载这条船的产业环境就是大海，失去产业环境的大海，企业无法航行。例如著名的北京中关村，在这里有成众多的高新科技企业，中关村比邻中国最著名的两座大学，北京大学与清华大学，是北京高科技中心，被称为中国的硅谷。中关村正是由于地处高科技人才聚集区，高新产业聚集区，企业之间的互相交流互相影响，才使得北京中关村发展如此迅速，成就如此惊人。

（4）劳工成本　不同的产品和生产方法，所要求的劳工数量和质量是有区别的；技术密集型工业如仪器仪表生产、集成电路生产和电脑生产等对劳工的素质有较高的要求。而劳动密集型工业如纺织业、服装业等对劳工的数量有较大的需求。因此，设施选址时劳工的供应状况是一个重要的条件。例如对于一些服装加工类企业，选择厂址看中的就是廉价的人力资源，选择一个人力资源成本低的区域，为企业最大限度地节约人力成本，提高企业竞争力，以最少的投入达到较高收益。

(5) 建筑成本和土地成本　不同的设施选址方案，在土地的征用、平整等上所花费是不同的。同样，不同方案的建筑成本往往也不相同，高建筑成本导致未来产品成本中固定成本部分加大，于竞争不利。

(6) 生活设施　为了稳定职工队伍，应该选择职工生活比较方便的地区。企业周围应该有生活配套设施，如医院、商业场所、交通、公安、消防等，如果比较齐全，可以减少制造企业自身的投资。

厂址选择分级评分标准及评分对比

序号	指标	分级		评分标准		厂址评分及比较					
		优	良	般	差	A 址		B 址		C 址	
						等级	得分	等级	得分	等级	得分
1	接近原料	10	8	6	4	优	10	差	4	中	6
2	接近市场	10	8	6	4	中	6	良	8	优	10
3	能源供应	8	6	4	2	良	6	中	6	中	6
4	水源情况	8	6	4	2	良	6	优	8	良	6
5	劳动力来源	8	6	4	2	优	8	良	6	良	6
6	地质气候	8	6	2	2	良	6	良	6	良	6
7	企业协作	6	4	2	0	差	0	中	2	良	4
8	运输条件	6	4	2	0	良	4	良	4	优	6
9	环境状况	6	4	2	0	中	2	差	0	良	4
10	居住条件	6	4	2	0	中	2	中	2	良	4
评分总评							50		44		56

从表中的评比总分可知，C 址得分最高，因此选 C 址为好。

该法是将一些因素定量化以便于分析比较，但定量化的标准没有参考标准，为人为行为，在确定标准时（即给标准定分），应尽可能减少这些人为因素，避免出现误导。

11. 投资估算与资金筹措及规划

投资估算在可行性研究中是一个很重要的指标，没有资金，项目建设就是一句空话，如果资金运用不当就会造成浪费，所以必须对资金的运用很好的规划，务求合理才能顺利完成项目的建设。

（一）资金的筹措

在可行性研究报告资金筹措部分中，要求叙述资金来源和依据、资金筹措方式、组成及数额、贷款的利率、银行费率、债券利率、计息方法、贷款偿还年限以及偿还的方式等。

资金来源有多种，如何选择资金来源也关系到企业的兴衰，对贷款的性质、用款的条件、还款的期限和利率等都要认真研究，不能贸然签约，否则会使企业陷入十分被动的困境。就世界范围来说，发行股票是集资的最好办法，股票通常有两种：普通股与优先股。普通股票持有人（普通股东）无权索回他们的投资，只能在股票市场上出售自己的股票（即将所占有的股份在股票市场上转让给别人），但他们有权选举负责管理公司的董事。如果股东分不到应有的股息，他们就可以改选董事会。通常在企业破产时，普通股东只能在公司还债及偿还优先股东股以后才能分得剩余部分，因而承担了企业的最大风险。有限公司股东损失的只是他们购买股票时所付出的资金，但如果不是有限公司，股东个人财产也要按所持股份的比例去抵债。

优先股与普通股不同，它无权选举董事会，但在企业破产时，在首先还债后，该股有优先按股票面值取回投资的优惠。平时优先股可在普通股分取股息之前按一定股息率分取股息。如果公司经济困难，也可以暂时不给付股息。在下次公司付息时，应将积欠的股息先发给优先股股东。

普通股东在掌握了公司经营权的同时，也承担了公司的全部风险，由此可见，普通股东是公司的真正主人。发行股票筹集资金的最大好处是不必定期付给固定的股息，也没有到期偿还的义务。但股东有权参加公司的管理，当某人或某集团公司掌握的股份过半数以上时便对该公司的经营拥有决策权，实际上公司等于被转让或收买。

在你没有取得股票发行资格前，通常可以采用如下一些方式来筹措资金：

(1)个人资产

主要是你的自有资金，例如现在你真正能动用的现金、活期存款、股票或债券、用不上的车子、钱币、邮票、书或艺术品、储蓄存款以及各种可变现的有价证券等。

(2)向朋友与亲戚借贷

如果你的朋友或亲戚对于你的事业投资有兴趣,可以邀请他们入股或借钱给你。

(3)邀集合伙人与同事入股

邀请公司里和你一起开创事业的人做合伙人或股东,也可以考虑从员工那里筹集资金。

(4)负债融资

如果你确实没有其他资源,那你可以考虑负债融资。但有两件事要特别注意:一是你和你的企业能否赚取足够的利润来偿还这笔债务;二是你能否说服放贷者,让他们相信你具有经营事业的能力,愿意将钱贷给你。

负债融资,是广受欢迎的筹措资金方式,因为一是可以节税,二是不需要牺牲股权。同时,它也受到投资者的青睐。原因是它可以提供固定的收益,若是负债证券的股东,在面临清算或整盘时,通常可以优先受偿,因此债权相当有保障。

负债融资通常使用以下三种工具:票据、债券、信用债券。

(5)商业银行贷款

企业筹措资金的来源,最常见的是商业银行。因此,明智、谨慎地选择商业银行非常重要。你一定要让银行了解你的资金需求和还款的能力。你的贷款申请书内容一定要真实可靠,而且你还要有较高的信誉,使银行认为贷款给你没有风险,他们才会根据银行基本放款政策来考虑你的申请。

(6)向租赁公司借款

租赁不能直接取得资金,但是,可以由此方式获得你原先得花钱购买的物品。这就是说,经由租赁方式,你可以把别人的金钱作为你自己的资金。

事实上,租赁是一种抵押借款。它经常使用在运输工具、建设工程、重型机械、办公器材、家具、电脑、不动产等方面。使用分期付款方式的租赁,可以很快获得你所要的设备。某些物品相对少的话,从订货到送达往往需要一段较长的时间,而租赁公司却能很快将物品运送给你。

(7)供应商

以赊销方式提供材料、产品或服务的供应商,也能帮助你筹措资金。例如你开一家服装店,制造商运了价值50万元的衣服给你,而付款期限为90天。这50万元相当于你借了三个月的无息贷款。

采用这种方式能使你增进和制造商的合作关系,在未来的交易中,供应商再会以赊销的方式为你提供更多的商品,或是给更长的付款期限。

(8)股权融资

在某些情况下,你可以通过"卖出"公司的一部分股权来获得你所需要的资金。公司最好鼓励自己的员工购买公司的股票。据有关资料统计,那些让员工购买股票的公司比那些只限定主管级人员才能购买股票的公司,成长速度高出27%

(9)寻找富有的个人投资

许多富有的投资者,喜欢资助新企业成立,而且从中获利。因为他们本身对事业或技术感兴趣,或是被你邀请加入股东会,或是他们有亲戚或朋友需要一份工作。这些投资者可能为公司带来经营技巧和业务机会。这样的投资者通常不会直接参与公司的管理或营运,其只希望能够在相当短的时间内,就能拿到很高的投资回报。那些老顾客、供应商和未来的客户有可能是潜在的投资者。

(10)创业投资公司

创业投资公司对具有成长潜力的公司特别有兴趣。他们不仅提供资金,有时也提供管理上的协助,期望从股价增值中获得利润。

创业投资公司拥有良好的业务网络及宝贵的企业经验,他们的建议和协助,可能是你的事业成功的关键。

(二)资金的规划与使用

投资任何项目都存在风险,资金不好好规划,或使用不当都会增加项目的风险,因此,对筹措到的资金,一定要精心筹划,做到借好、用好、还好。具体来说要注意如下几点:

(1)借款要仔细研究分析,借贷到最合理、成本最低的款项。借款的种类、利率、借款期限等因素要综合考虑。

(2)要制订科学合理的用款计划。没有科学合理的使用借款计划,就可能会使资金使用不当,资金如果用到了不应该使用的地方,将会造成最后资金不足而不能完成建设任务的被动局面。

(3)严格控制用款。要严格按用款计划使用资金,坚决制止计划外的工程;精打细算,不要一次提款,而要按照工程与资金使用计划分期提款,能晚提就不要早提,能少提就不要多提,尽可能减少贷款的利息。

(4)做好偿还贷款的计划。

(三)财务评价

财务评价是可行性研究中的一项很重要的内容,它主要关心企业财务上的可行性,实质上是关系到企业的经济效益情况,故也称企业的经济评价。

(1)财务平衡、利润计算和现金流量表

为了计算各项评价指标,首先要编制一系列评价表,财务评价的表格主要有三个:

①财务平衡表

财务平衡表也称资金平衡表,财务平衡表主要有下列作用:

Ⅰ.反映资金来源及构成,如借款与自有资金的比例、国内资金与外汇的比例;

Ⅱ.预测企业资金赢利或短缺的情况;

Ⅲ.计算投资回收期、贷款偿还期、选择资金筹措方案、制定资金筹措和偿还计划;

Ⅳ.反映项目整个寿命周期内资金来源和运用的平衡情况。

②利润计划表

主要用来计算项目整个寿命周期内各年利润及利润总额的数值。

③现金流量计算表

现金流量计算表可以根据需要编制全部投资现金流量计算表和自有资金现金流量计算其作用有二:

Ⅰ.反映工程项目整个寿命周期内的现金流动情况;

Ⅱ.计算净现值和内部收益率等指标。

现金流 t 计算表(全部投资)

序号	项目	合计	建设		投产		达到设计生产能力			
			1	2	3	4	5	……	N	
	计算产量									
一	现金流出 1.基建投资 2.流动资金 3.经营成本 4.销售税金 5.资源税 流出小计									
二	资金流出 1.基建投资 2.流动资金 3.经营成本 4.销售税金 5.资源税 流出小计									
三	净现金流量									
四	累计净现金流量									

（续表）

序号	项目	合计	建设		投产		达到设计生产能力			
			1	2	3	4	5	……	N	
一	指标计算 净现值 折现系数(i=%) 净现值 累计净现值 内部收益率 1. 折现系数(i=%) 净现值 2. 折现系数(i=%) 净现值									
	内部收益率= 投资回收期=									

现金流 f 计算表(自有资金)

序号	项目	合计	建设		投产		达到设计生产能力			
			1	2	3	4	5	……	N	
	计算产量									
一	现金流出 1. 基建投资 2. 流动资金 3. 经营成本 4. 销售税金 5. 资源税 流出小计									
二	现金流出 1. 基建投资 2. 流动资金 3. 经营成本 4. 销售税金 5. 资源税 流出小计									
三	净现金流量									
四	累计净现金流量									
	计算产量									

（续表）

序号	项目	合计	建设		投产		达到设计生产能力			
			1	2	3	4	5	……	N	
一	指标计算 净现值 折现系数（i＝%） 净现值 累计净现值 内部收益率 1. 折现系数（i＝%） 净现值 2. 折现系数（i＝%） 净现值									
	内部收益率＝　　投资回收期＝									

（2）财务评价的主要指标和计算方法

财务评价方法有静态法和动态法两种。静态法主要有投资收益率和投资回收期等指标；

动态法有净现值法、内部收益率法、现值指数法、等年值法、投资回收期法和资金化费用法等指标。

12. 国民经济评价

企业财务评价是从企业经济效益的角度来评价项目的可行性，而国民经济评价则是从国家和社会的角度和利益出发来评价，即将建设项目置于整个国民经济这个大系统中来评价。如果有的企业、地区或部门只从本身的利益出发，未考虑国民经济全局，就会给国民经济带来负面影响。例如，长江上游地区的木材加工项目投资收益率比较高，可以给企业和当地财政带来很好的经济效益，但是砍伐树木带来的生态环境破坏所导致的洪水灾害却使国民经济要付出沉重的代价。

与企业财务评价一样，国民经济评价也是由一些评价指标组成

【案例阅读】

金蝶公司的总裁徐少春是中国第一批会计电算化硕士研究生，从师于我国著名会计理论家杨纪琬教授。毕业后到深圳蛇口中华会计师事务所工作，1991 年辞去公职创办了深圳爱普电脑公司，1992 年 7 月成功地开发了爱普财务软件。为了扩大经济规模，1993 年 8 月，徐少春的深圳爱普电脑公司、香港招商局社会保险公司及美籍华人 3 方合资，成立了现在的深圳金蝶软件科技有限公司，注册资本为 500 万人民币。公司以“突破传统会计核算，跨进全新财务管理”为目标，

进行产品创新,力图把金蝶公司建成国际性的财务软件公司。以现金和技术入股的总裁徐少春,当时并非最大的股东。正是这种经历和体验,使徐少春很早就拥有了容纳百川、借助资本运营的企业发展思路。而这种兼容并蓄的企业家襟怀,也就成了金蝶公司成功走上风险资本创业之路的深层根据。

金蝶公司创立之初,便迅速开发自己的新产品。1993 年底,金蝶公司开发了 V2.0 和 V3.0DOS 版财务软件。1995 年底,金蝶公司率先开发出 Windows 操作系统的产品,市场份额快速扩张。1996 年 4 月,金蝶公司开发的 Windows 版本的财务软件,被评为"中国首家 Windows 版财务软件总分第一名"。

1997 年,金蝶公司率先推出 32 种决策知识型财务软件。1998 年 2 月,金蝶公司宣布与微软公司在开发、技术等方面进一步合作,并推出国内第一家 3 层结构技术基于大型数据库(C/S)版本的财务软件。金蝶公司所处的软件产业作为一种高效益、高投入、高风险的行业,其商品化需要大量的资金不断地投入。企业在开发软件过程中,需要召集大量的人才进行开发。在软件向市场的推介中,需要大量的市场宣传和售后服务。而这一切,都需要一定资金的先期投入。随着改革的深入,国内的财务制度与国际标准逐步接轨,国内在几年内先后成立了 200 余家大大小小的财务软件公司。如何在众多的财务软件公司中脱颖而出,使用户了解并使用自己的产品是金蝶公司的当务之急。金蝶公司为了抓紧战略时机,扩大自身规模,实现规模化、产业化,1997 年前后在国内先后设立了 20 家分支机构。自 1993 年金蝶公司成立以来,其营业收入和利润等主要经济指标以每年 300% 的速度增长。随着规模的扩大,仅仅靠金蝶公司自身的积累已不能实现金蝶的战略需要和可持续增长,金蝶公司必须实现依靠资本市场来完成高效率的积累。

5 年来,金蝶公司数次主动向银行申请,也有几次银行上门来洽谈,最终却只获得 80 万元贷款,原因就在于没有足够的资产作抵押,也缺乏担保,因为此时金蝶公司只有区区 500 万元固定资产。事实证明,金蝶公司向银行贷款这条路走不通。

【实训练习】

A. 张老板欠别人 10 万元,因暂时无力偿还,办法一是向银行贷款,年利率为 8%;二是商请对方延期至 6 个月后归还,但到时要付本息共 10.6 万元,张老板应采取哪一种方式比较有利?

B. 某人采用分期付款的方式购买一套价值 30 万元的房子,首期付款 30%,余下的从次月开始分月付款偿还,如果年利率为 8%,20 年还清,试问每月应该支付多少元?

C. 李先生的小孩今年读小学6年级，估计6年后他小孩读大学的学费可能要5万元，故他从今年开始，每年为小孩存一笔款至银行，如果存款利率4.5%，试问李先生每年要存款多少元？

D. 某企业拟向银行借款，甲银行利率8%，每年计息一次；乙银行利率7%，每日计息一次，试问应向哪个银行借款合算？

E. 某人向银行存入一笔资金作为资助贫困学生的基金，他计划第二年开始每年资助10位贫困学生，每人1 000元，如果银行的存款利率为5%，试问他应该存款多少？

第四节　创业项目评估报告

评估创业项目与创业项目计划已经完成，现在，需要请人帮你审核自己的创业计划——创业评估报告。

有很多机构和专家可以帮助审核创业项目计划，例如：政府有关部门、对自己的业务领域和企业类型有经验的咨询顾问、会计师、银行家、律师等专业人士、一些协会的代表、工商管理院校和培训机构的人士。

自己的创业计划是一份很重要的文件，它提供了一个在纸面上而不是在现实中所构思的企业项目的机会。如果创业项目评估报告没有通过相关人士的认可，则表明自己的创业计划构思不好，就要放弃它，这样就避免时间、金钱和精力的浪费。所以，先做出一份创业计划很有必要，此间，应尽可能向专业人士征求意见并得到评估报告。

现在，我们就不同规模的创业项目形成的评估报告做出基本阐述。

一、自我评估创业项目计划的可行性

当我们确定自己适合某个创业项目后，不必急着马上走上创业这条路，首先还必须从以下几个方面先实际评估一下自己的创业计划是否可行，创业人士要谨慎行事，尽量规避风险。

1. 能否用语言清晰地描述出自己的创业构想。应该能用很少的文字将想法描述出来。根据成功者的经验，不能将这想法变成自己的语言，此状态大概也是一个警告——还没有仔细地思考是否准备创业。

2. 是否真正了解自己所从事的行业。许多行业都要求选用从事过这个行业的人，并对其行业内的方方面面有所了解。否则，就需要花费很多时间和精力去

调查,诸如市场、价格、销售、管理费用、行业标准、竞争优势,等等。

3. 看到过别人是否使用过这种方法。一般来说,一些经营红火的公司经营方法比那些特殊的想法更具有现实性。有经验的企业家中流行这样一句名言:"还没有被实施的好主意往往可能实施不了。"

4. 自己的想法是否经得起时间考验。当未来企业家的某项计划真正得以实施时,会感到由衷的兴奋。但过了一个星期、一个月甚至半年之后,将是什么情况? 它还那么令人兴奋吗? 或已经有了完全不同的另外一个想法来代替它。

5. 你是否有一个好的人脉网络。开始办企业的过程,实际上就是一个组织诸如供应商、承包商、咨询专家、雇员的过程。为了找到合适的人选,你应该有一个服务于你的个人关系网络。否则,你有可能陷入不可靠的人或滥竽充数的人之中。

6. 明白什么是潜在的回报。每个人投资创业,其最主要的目的就是赚最多的钱。可是,在尽快致富的设想中隐含的绝不仅仅是钱。还要考虑成就感、爱、价值感等潜在回报。如果没有意识到这一点,那就必须重新考虑创业计划。

经过评估后,证明自己适合创业,同时也能正确回答上述的几个问题,那么你创业项目的可行性将会很高,你就可以决定着手去创业。如果创业前举棋不定,最好还是选择工作这条路。因为,假设现在有机会创业,动机不错,创业项目也很好,但是基于市场、经济能力、或家庭等因素的考虑,现在也许不是创业计划实施的最好时机。

二、创业项目评估报告要素

第一,教育类创业项目评估报告提纲。

以下内容是否齐全

1. 创业项目总论:简明扼要地说清楚准备做的事情,能体现出自己热情度和坚定的态度。

2. 创业项目计划概况:项目名称、类别;待办理资质属性;选址:最好选两个,一方面备用,而另一方面显示你的心细和稳妥;业务类别:收费标准;师资情况;所需软件和硬件设施、设备。

3. 创业项目价值意义:经济价值;社会价值收益;市场资源价值。

4. 创业项目市场分析:市场环境、优势资源、客户需求(有数据)、目前存在的不足、应对和解决办法、风险预测。

5. 创业项目营销策略。

6. 创业项目资金来源与使用安排。

7. 创业项目的管理机制。

8. 创业项目的与主持人的资质文件。

9. 创业的发展目标:要积极乐观和自信,动力要强大。

10. 创业项目的可行性。

请注意:创业之前不要把大量的精力放在做商业计划上,按要求需要制定教学计划和教学特色,教育民办组织如果能在服务上多下些细节功夫,将会让客户产生好感。

第二,小型实体店(网上开店)创业项目评估报告提纲。

以下内容是否齐全

1. 创业项目名称。

2. 创业项目的市场与政策背景。

3. 创业项目设计的基本概况。

4. 创业项目持有人的姓名、电话、地址等。

5. 创业市场评估:市场需求分析、竞争对手。

6. 创业项目岗位和员工数量。

7. 创业项目所需要的资金预算:投资总额,资金来源,资金使用的分配。

8. 创业项目财务分析与预测:成本分析,销售收入预测,利润分析,投资回报周期预测。

9. 创业者个人情况要求与介绍。

10. 创业项目的扶持政策与措施。

11. 创业项目风险预估与对策预备。

12. 创业最终评估。

13. 附件:创业项目与持有人相关资质文件。

14. 结论:创业项目的可行性。

第三,创业投资可行性评估提纲。

以下内容是否齐全

1. 公司基本情况:公司名称、公司成立时间、公司注册时间与地点、主要股东与股份比例、主要业务、过去三年的销售收入和毛利润与纯利润、公司地点、联系电话、公司网页、联系人等。

2. 公司管理层情况:管理层的结构、主要管理人员的个人情况。

3. 公司产品或服务描述:产品或服务介绍、产品的技术水平或竞争优势。

4. 公司产品研究与开发:现有技术成果与水平、研发队伍技术水平与竞争力、与外单位合作情况、已经投入的费用和今后投入的预算、对研发人员的激励机制等。

5. 行业与市场研究:行业历史变革与未来预测、竞争对手与公司的优势、未来三年的市场销售预测。

6. 公司营销策略:在促销及建立销售网络等方面拟采取的策略和可操作性、对销售人员的激励机制等。

7. 公司产品制造:生产管理、生产方式、生产设备、质量保证、成本控制等。

8. 公司管理:机构设置、员工持股、人事计划、劳动合同、知识产权管理等。

9. 公司项目建设:项目建设计划、项目实施进度。

10. 融资说明:资金需求量与使用计划、拟融资形式、投资者权利等。

11. 公司财务预测:预测今后 3 年或 5 年的销售收入、利润、资产回报率等。

12. 投资风险控制:项目实施中可能出现的风险分析和拟采取的措施。

13. 其他:公司产品或技术或服务经权威部门评价、行业准入、政府支持、专业评估等。

14. 附件:资料清单。

15. 结论:创业项目的可行性

总之,创业必须要有相当的竞争力,而且只有自己才能决定怎么做最恰当。成事不易,创业更难。选择创业这条路,自然而然地你会憧憬成功的景象,但是,虽然往坏处打算尽管令人不愉快,却是创业之初应该考虑清楚的。

【实训练习】

分析评估“×××创业项目(水晶影像)计划书”和“××市××儿童托管辅导公司创业项目计划书”的内容和结构,指出其优点和缺点各有哪些。

第六章 创业策划与营运管理

第一节 创业策划

一、创业策划

创业策划是创业者叩响投资者大门的“敲门砖”，一份优秀的创业策划书往往会使创业者达到事半功倍的效果。创业策划书是创业者计划创立业务的书面摘要。它用以描述与拟创办企业相关的内外部环境条件和要素特点，为业务的发展提供指示图和衡量业务进展情况的标准，通常创业策划是市场营销、财务、生产、人力资源等职能计划的综合。

二、创业策划书

如何写一份详细的创业项目策划书？对于正在寻求资金的风险企业来说，创业计划书就是企业的电话通话卡片。创业计划书的好坏，往往决定了投资交易的成败。对初创的风险企业来说，创业计划书的作用尤为重要。一个酝酿中的项目，往往很模糊，通过制订创业计划书，把正反理由都书写下来，再逐条推敲。创业者这样就能对这一项目有更清晰的认识。

首先，把计划中要创立的企业推销给创业者自己。

其次，把计划中的风险企业推销给风险投资家。

公司创业计划书的主要目的之一就是为了筹集资金。因此，创业计划书必须要说明：

1. 创办企业的目的

为什么要冒风险，花精力、时间、资源、资金去创办风险企业。

2. 创办企业所需多少资金？

为什么要这么多的钱？为什么投资人值得为此注入资金？对已建的风险企

业来说，创业计划书可以为企业的发展定下比较具体的方向和重点，从而使员工了解企业的经营目标，并激励他们为共同的目标而努力。更重要的是，它可以使企业的出资者以及供应商、销售商等了解企业的经营状况和经营目标，说服出资者为企业的进一步发展提供资金。

三、怎样写好创业策划书

为了确保创业计划书能“击中目标”，创业者应做到以下几点：

1. 了解市场

创业计划书要给投资者提供企业对目标市场的深入分析和理解。要细致分析经济、地理、职业以及心理等因素对消费者选择购买本企业产品这一行为的影响，以及各个因素所起的作用。创业计划书中还应包括一个主要的营销计划，计划中应列出本企业打算开展广告、促销以及公共关系活动的地区，明确每一项活动的预算和收益。创业计划书中还应简述一下企业的销售战略：企业是使用外面的销售代表还是使用内部职员？企业是使用转卖商、分销商还是特许商？企业将提供何种类型的销售培训？

2. 关注产品

在进行投资项目评估时，投资人最关心的问题之一就是，风险企业的产品、技术或服务能否以及在多大程度上解决现实生活中的问题，或者，风险企业的产品（服务）能否帮助顾客节约开支，增加收入。因此，产品介绍是创业计划书中必不可少的一项内容。

通常，产品介绍应包括以下内容：产品的概念、性能及特性；主要产品介绍；产品的市场竞争力；产品的研究和开发过程；发展新产品的计划和成本分析 ；产品的市场前景预测；产品的品牌和专利。在产品（服务）介绍部分，企业家要对产品（服务）作出详细的说明，说明要准确，也要通俗易懂，使不是专业人员的投资者也能明白。一般来说，产品介绍都要附上产品原型、照片或其他介绍。

产品介绍必须要回答以下问题：

（1）顾客希望企业的产品能解决什么问题，顾客能从企业的产品中获得什么好处？

（2）企业的产品与竞争对手的产品相比有哪些优缺点，顾客为什么会选择本企业的产品？

（3）企业为自己的产品采取了何种保护措施，企业拥有哪些专利、许可证，或与已申请专利的厂家达成了哪些协议？

(4)为什么企业的产品定价可以使企业产生足够的利润,为什么用户会大批量地购买企业的产品?

(5)企业采用何种方式去改进产品的质量、性能,企业对发展新产品有哪些计划,等等。

3. 敢于竞争

在创业计划书中,创业者应细致分析竞争对手的情况。竞争对手都是谁?他们的产品是如何工作的?竞争对手的产品与本企业的产品相比,有哪些相同点和不同点?竞争对手所采用的营销策略是什么?要明确每个竞争者的销售额,毛利润、收入以及市场份额,然后再讨论本企业相对于每个竞争者所具有的竞争优势,要向投资者展示,顾客偏爱本企业的原因是什么?例如:本企业的产品质量好,送货迅速,定位适中,价格合适等等,创业计划书要使它的读者相信,本企业不仅是行业中的有力竞争者,而且将来还会是确定行业标准的领先者。在创业计划书中,企业家还应阐明竞争者给本企业带来的风险以及本企业所采取的对策。

4. 营销策略

在创业计划书中,营销策略应包括以下内容:(1)市场机构和营销渠道的选择;(2)营销队伍和管理;(3)促销计划和广告策略;(4)价格决策。对创业企业来说,由于产品和企业的知名度低,很难进入其他企业已经稳定的销售渠道中去。因此,企业不得不暂时采取高成本低效益的营销战略,如上门推销,大打商品广告,向批发商和零售商让利,或交给任何愿意经销的企业销售。对发展企业来说,它一方面可以利用原来的销售渠道,另一方面也可以开发新的销售渠道以适应企业的发展。

5. 人员管理

有了产品之后,创业者第二步要做的就是结成一支有战斗力的管理队伍。企业管理的好坏,直接决定了企业经营风险的大小。而高素质的管理人员和良好的组织结构则是管理好企业的重要保证。因此,风险投资家会特别注重对管理队伍的评估。

企业的管理人员应该是互补型的,而且要具有团队精神。一个企业必须要具备负责产品设计与开发、市场营销、生产作业管理、企业理财等方面的专门人才。在创业计划书中,必须要对主要管理人员加以阐明,介绍他们所具有的能力,他们在本企业中的职务和责任,他们过去的详细经历及背景。此外,在这部分创业计划书中,还应对公司结构做一简要介绍,包括:公司的组织机构图;各部门的功能与责任;各部门的负责人及主要成员。

6. 计划摘要

计划摘要列在创业计划书的最前面,它是浓缩了的创业计划书的精华。摘要要尽量简明、生动。特别要详细说明自身企业的不同之处以及企业获取成功的市场因素。

计划摘要一般要有包括以下内容:公司介绍;主要产品和业务范围;市场概貌;营销策略;销售计划;生产管理计划;管理者及其组织;财务计划;资金需求状况等。

在介绍企业时,首先要说明创办新企业的思路,新思想的形成过程以及企业的目标和发展战略。其次,要交代企业现状、过去的背景和企业的经营范围。在这一部分中,要对企业以往的情况做客观的评述,不回避失误。中肯的分析往往更能赢得信任,从而使人容易认同企业的创业计划书。最后,还要介绍一下创业者自己的背景、经历、经验和特长等。企业家的素质对企业的成绩往往起关键性的作用。在这里,企业家应尽量突出自己的优点并表示自己强烈的进取精神,以给投资者留下一个好印象。

在计划摘要中,企业还必须要回答下列问题:

(1)企业所处的行业,企业经营的性质和范围;

(2)企业主要产品的内容;

(3)企业的市场在那里,谁是企业的顾客,他们有哪些需求;

(4)企业的合伙人、投资人是谁;

(5)企业的竞争对手是谁,竞争对手对企业的发展有何影响。

7. 财务规划

财务规划需要花费较多的精力来做具体分析,其中就包括现金流量表,资产负债表以及损益表的制备。流动资金是企业的生命线,因此企业在初创或扩张时,对流动资金需要有预先周详的计划和进行过程中的严格控制;损益表反映的是企业的赢利状况,它是企业在一段时间运作后的经营结果;资产负债表则反映在某一时刻的企业状况,投资者可以用资产负债表中的数据得到的比率指标来衡量企业的经营状况以及可能的投资回报率。

财务规划一般要包括以下内容:

(1)创业计划书的条件假设;

(2)预计的资产负债表;预计的损益表;现金收支分析;资金的来源和使用。

可以这样说,一份创业计划书概括地提出了在筹资过程中创业者需做的事情,而财务规划则是对创业计划书的支持和说明。因此,一份好的财务规划对评估风险企业所需的资金数量，提高风险企业取得资金的可能性是十分关键的。如果财务规划准备的不好，会给投资者以企业管理人员缺乏经验的印象，降低风险企业的评估价值，同时也会增加企业的经营风险。

企业的财务规划应保证和创业计划书的假设相一致。事实上，财务规划和企业的生产计划、人力资源计划、营销计划等都是密不可分的。要完成财务规划，必须要明确下列问题：

(1)产品在每一个期间的发出量有多大？

(2)什么时候开始产品线扩张？

(3)每件产品的生产费用是多少？

(4)每件产品的定价是多少？

(5)使用什么分销渠道，所预期的成本和利润是多少？

(6)需要雇佣那几种类型的人？

(7)雇佣何时开始，工资预算是多少？

8. 复核检查

在创业计划书写完之后，创业者最好再对计划书检查一遍，看一下该计划书是否能准确回答投资者的疑问，争取投资者对本企业的信心。通常，可以从以下几个方面对计划书加以检查：

(1)你的创业计划书是否显示出你具有管理公司的经验。如果你自己缺乏能力去管理公司，那么一定要明确地说明，你已经雇了一位经营大师来管理你的公司。

(2)你的创业计划书是否显示了你有能力偿还借款。要保证给预期的投资者提供一份完整的比率分析。

(3)你的创业计划书是否显示出你已进行过完整的市场分析。要让投资者坚信你在计划书中阐明的产品需求量是确实的。

(4)你的创业计划书是否容易被投资者所领会。创业计划书应该备有索引和目录，以便投资者可以较容易地查阅各个章节。此外，还应保证目录中的信息流是有逻辑的和现实的。

(5)你的创业计划书中是否有计划摘要并放在了最前面，计划摘要相当于公司创业计划书的封面，投资者首先会看它。为了保持投资者的兴趣，计划摘要应写的引人入胜。

(6)你的创业计划书是否在文法上全部正确。如果你不能保证，那么最好请人帮你检查一下。计划书的拼写错误和排印错误能很快就使企业家的机会丧失。

(7)你的创业计划书能否打消投资者对产品、服务的疑虑。如果需要，你可以准备一件产品模型。创业计划书中的各个方面都会对筹资的成功与否有影响。

《学生创业模拟案例解析》：

25 小时特色旅行社创业计划书(封面略)

目　录

◇关键的风险分析

◇应付风险的应急策略

执行总结

本创业计划的创意背景

近年来，旅游业逐渐成为了人们热议的行业，也成为人们节假日的主流选择；然而亲子关系在现在的社会，也成了风口浪尖的社会问题；各路美食达人成为了旅游人群中的一部分，他们以品尝各地美食作为旅游的主要目的。我们旅行社抓住了这个契机，推出了具有独家特色的各种旅游线路。

项目的简述

25小时特色旅行社抓住了以上的机遇成立，推出了以增强亲子关系，增强小朋友动手动脑能力为主题的亲子DIY主题游；以品尝各地美食特色小吃为主的风味美食游。我们旅行社以济南技师学院为创始地，以中小学为市场拓展目标，更好地冲击其他旅行社的垄断销售行为，既不用担心团内都是小孩而疲于照看，又不用担心客源，也为我校贫困生提供勤工助学的岗位，给以学生实践和锻炼的机会。

竞争优势和劣势分析

(一)竞争优势

(1)挂我校济南技师学院的名字。用其品牌运作有安全保证，可得到校内面点班、烹饪班、电子商务班的技术支持，人事安排主要是学生，工资费用比较低，降低成本。

(2)作为我市第一家创意特色旅行社，我们有充足的特色和新鲜感来吸引人群消费。

(3)与特色小吃风味小吃店主联系，相互宣传。学生与学生之间，家长与家长之间口口相传，扩大影响范围。

(二)劣势分析

人事管理以及市场推广经验不足。

团队概述

在本社开业之前我们团队将组织进行专业培训。培训我们企业管理、市场营销等方面的能力，同时聘请学校老师担当创业顾问，给我们进行营销指导以及法律事务指导，提供全方位的支持，使我们成员各司其职，发挥相关领域的特长与运作经验使我们可以优势互补。通过策划并充分利用有限的课余时间组织各种户外活动来打响我们的品牌，创造一定的知名度，不断地为游客们提供最优质旅游和其他服务为目的，同时来培养我们企业管理的各方面能力。

项目的效益

我们以特色旅游为主要项目，其中有亲子 DIY 主题游、美食游、采摘游等，内容新奇，项目多样，旅游的同时又可以促进亲子关系，动手动脑等，以此来得到丰厚的利润。

产业背景和公司概述

济南作为省会城市，旅游业的发展，当然也不可能落后。在这么一个前提下，我们开创济南首家特色旅行社。随着生活水平不断提高，出外旅游已成为人们生活中必不可少的部分。我们针对的主要目标中小学生作为学习的初级阶段，课余时间相对较多，好奇心较强。在父母的陪同下，安全也得到了保障，还能增强亲子关系。我们旅行社的特点就是：新奇的线路，特色的景点，满足旅客的需要。让吃货有的吃，让小朋友能够亲子动手，让游客能够亲手采摘。

像我们这样的特色旅社还是不多见的，因此我们有信心吸引到最够多的客源，得到充分发展的空间。

竞争对手分析

各个旅行社的农家乐游。其他旅行社的知名度和经验是我们所不具备的。但是我们可以采摘和亲自动手制作相结合，发展出新的产业。

公司概述

25 小时旅行社可以为不同人群的旅行提供不同的精品旅游线路。

济南的象征——泉城广场

芙蓉街古色古香的商铺

芙蓉街的泉水以及热闹的景象

芙蓉街的“家家泉水，户户垂柳”

古色古香的芙蓉街小巷与现代商铺的结合

特色手工艺品。用漂流瓶、泉水、砂砾、贝壳、荧光粉制成，具有纪念意义的小饰品

以济南的景点为模型制作的空气加湿器，具有纪念意义的小家电

济南三大名胜：趵突泉、大明湖、千佛山

主营线路目前有：

一、美食达人吃喝玩乐一体游。主要包含济南特色小吃，特色酒吧饮品站，特色手工制作，以及济南最著名的“家家泉水，户户垂柳”的景色游览。

二、亲子DIY主题游。亲子DIY主题游分为三种，包括农家乐采摘DIY一体、采摘DIY一体和单纯的DIY游。DIY游主要是为了增进父母与孩子之间的亲情，同时锻炼孩子动手动脑的能力，激发孩子的想象力，留下一段美好的回忆；采摘DIY游便是在DIY游的基础上加上亲自动手采摘，让孩子了解我们使用材料的生长环境，亲近大自然。农家乐采摘DIY一体游便是在两者的基础上加上农家乐的旅游项目。

三、普通旅游。和其他普通旅行社一样，以自然与人文为主的旅行。

对于旅游的六大要素：吃、住、行、游、购、娱，我们的分析如下。

(1)吃：与我校烹饪班合作，提供营养餐、美容餐等特色餐，即节约成本，又安全放心。

(2)住：提前与农家乐点达成合约，让其提供舒适安全的住所；对于普通人文游，可与在大型酒店工作的学校师哥师姐联系，以优惠的价格订购房间。

(3)行：联系大型客车进行运输，保证旅途的安全性，舒适性。达成长期合作合同，换取优惠价格。

(4)游：以我社特色的亲子DIY主题游和美食达人游为主，普通人文游为辅。

(5)购：推销我社特色的旅游小饰品、以济南景点为模型制作的空气加湿器等。(详情请见插图)

(6)娱：在特别的节日，比如说：母亲节、父亲节，可以组织亲自动手制作一份特别的礼物送给父母的活动；在端午节可以组织亲自动手制作月饼；在植树节可以组织蟠龙山森林公园游；节水日可以去趵突泉、大明湖等组织亲近泉水游等。

市场分析

目标市场顾客的描述

目前较好的小学每周都会有一次以班级为单位的雏鹰小队活动,我们可以充分的抓住这个契机,与学校合作,展开以班级为单位的亲子 DIY 主题游。即锻炼孩子的动手动脑能力,又增进了父母与孩子之间的感情,一举两得。

对于美食爱好者,我认为他们有如下特点:①对于美食相当热衷。②为了美食,可以付出较多。③时间比较紧,工作压力大,希望一次性品尝到众多美味。综上所述,我们推出了美食达人吃喝玩乐一体游,充分满足美食达人的要求。

市场发展的方向

我们致力于打造不同的、独具特色的旅游线路,满足不同人群的需求。目前这个行业的需求较大,供应与需求不成比例,因此,前景应该较为明朗。在今后的社会中,亲子关系会受到更大的关注,而美食达人也会越来越多,所以我们的市场应该会越来越大。

战略和营销

发展战略

一、实施战略

第一步:(开业前)与特色美食店建立合作关系,相互宣传。

第二步:(时期为一年)第一笔资金到位后,大部分用于基础运行中去。力争与多所小学建立合作关系,争取到稳定的客源。

第三步:加大融资,扩大业务规模,并适当在业务集中城市(点)建立全权物业。

通过战略来实现预期的计划和目标

1. 旅游企业与学校达成合作。

出游后还可以学校开展一些相应的后续工作来巩固旅行社在同学中印象,如旅游游记、旅游随想征文活动,摄影比赛等活动。

2. 在各学校集中的地方设点,旅游产品宣传要多元化

3. 与校园周边的店铺合作,进行捆绑式销售

4. 利用网络促销

营销策略

(一)合理开发旅游路线

(1)推出多种符合亲子需求的旅游产品

推出多种有特色的旅游产品,满足亲子游的需要,这是从根本上有效地开发大学生旅游市场的途径。基于小学生心理和生理的特点,以下旅游产品值得关

注：

农家乐采摘DIY一体游：小学生大多好奇心强，喜欢动手，喜欢一探究竟，该旅游路线满足了以上特点。

采摘DIY一体游：满足了小学生好奇心强，喜欢动手的特点。

亲子DIY主题游：增强亲子关系，满足了其喜欢动手的特点。

(2)推出符合美食达人特点的旅游线路

美食达人吃喝玩乐一体游。主要包含济南特色小吃，特色酒吧饮品站，特色手工制作，以及济南最著名的“家家泉水，户户垂柳”的景色游览。

(3)普通路线游

即人文自然景观游。

(二)合理定价旅游产品

只有合理的定价，才能激发更多旅游者出游，形成规模市场。合理的定价主要包括：

(1)明码实价。明码实价能令消费者感到诚实可信，增强旅游者的出游信心、合作单位继续合作的想法。若设置多种折扣，只会增加他们对旅游企业利润的怀疑，促使他们放弃通过旅游企业来安排旅游行程的可能。

(2)根据不同的时间和空间制定不同的价格。旅游景区有热、温、冷景区之分，旅游时间有旺、淡季之分。旅游企业应根据出游时间和空间的不同，制定不同的价格。这样既可利用淡季和温、冷景区的优惠价格吸引游客，又可充分合理利用旅游资源，调节旅游企业的经济收益结构。

(三)采取多种旅游促销方式

儿童(家长)参加了自己(孩子)喜欢的活动之后，通常都会迫不及待地告诉自己的小伙伴(其他孩子家长)，信息传递快。旅游企业在旅游促销中，可利用这一特点，采用一些低成本的促销方式，可取到较为良好的效果。

(1)推出团购价，既可以增加客源，又可以通过折扣达到促销的目的。

(2)学校与学校或学生与学生之间口口相传。

(3)与校园周边的店铺合作，进行捆绑式销售。

(4)利用网络促销。

管理团队

组织结构

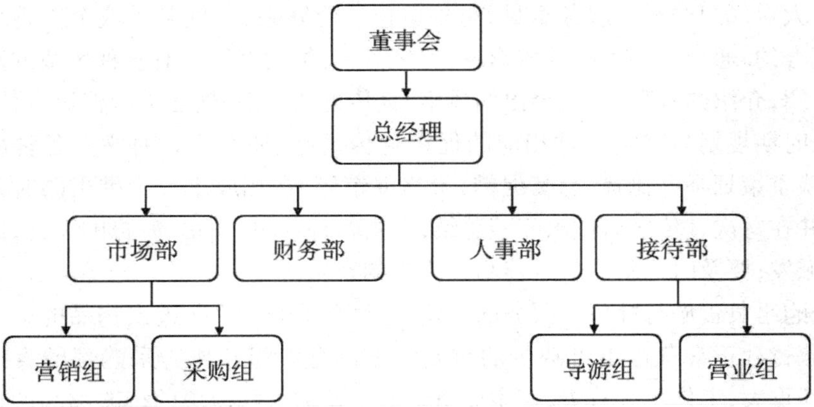

管理理念

(1)尊重各个员工的独立人格。

(2)上级对下级进行规划管理,下级应服从上级的工作指导,尽力完成上级发放的任务。

(3)互相监督:管理层监督员工的工作,同时员工也可以向上级提出自己的意见或见解。

(4)营造集体氛围:既要上下属感受到旅行社严明的纪律,也要关怀员工,让员工感受到来自集体的温暖,有利于加强凝聚力,提高工作积极性。

(5)公平对待,一视同仁,各尽所能,发挥才干。

部门设置与职责

总经理:

总经理负责综合协调和管理店内各部门工作,督促员工工作,同时接受董事会的监督,做好旅行社与合作单位的交流工作,工作内容为督促各部长及员工的工作,鼓舞员工的工作热情,听取员工的意见。综合决策各种工作的运行,组织例会,代表旅行社与董事会进行交流,向上反映员工的意见及要求,向下传递董事会所要求的工作。

市场部:我们设营销组和采购组。

营销组负责的产品宣传,促销以及促进与消费主体——顾客群体之间的联系。它的工作直接或间接关系着旅游企业的形象及客流、销售情况,部长协助完成销售经营目标,督导员工工作,对顾客对我们的服务的评价及时进行研究,调整相应对策,以便为顾客提供良好的消费环境;推广销售,根据市场情况与不同时期的需要,组织讨论制订销售计划,有特色的旅游线路的推广计划,同时负责各种宣传海报的设计，绘画，为各种促销活动出谋划策；及时收集客户调查表并加以统计收集客人对部门的经营服务意见；与外单位广泛联系，与外单位或个人签订消费优惠等合约. 通过各种手段宣传形象，促进营销，扩大客流. ，对各种风情的路线的系统介绍，介绍的各种产品，突出的风格，宣传近期动态，配合进行促销宣传计划；在各个时期规划与制定各种相应的促销宣传措施，如在节日时举办各种应节活动，在淡季策划举办比赛，有奖促销，价格促销等，在相应季节为推出的时令进行宣传，并在每次宣传之后做出经验总结；负责各种传单、横幅、海报的设计，绘画及张贴，派发；要及时更新广告宣传品及店内的音乐。

采购组负责旅行社所有服务的采购，经营的采购，验收进出物品的记录等工作，是旅行社正常营运不可缺少的重要组成部分。组长作为采购部的直接领导者，责任重大，工作不容有失，其主要负责对下发的采购清单的待购物品的近期销售情况进行充分了解，熟悉待购货物近期的市场需求并较准确地预测一段时间内（一般为半个月）的需求量，详细对待购物品的待购数量进行预测记录，作出价格预算，并将所需款项向大学生旅行社财务部汇报以取得采购经费。采购工作流程为采购部接到需要采购的货物清单后，由部长负责对待购物品的数量和价格作出预算，并将预算款单递交财政部申请购物经费，并由记录员记录在当月收支单上，供月末核查，采购经费将交给采购员外出采购货物，货物采购完成后，由本部门对货物进行验收盘点并详细记录，采购后的验收也是管理的重要环节，有了它可以防止财产损失，减少和消灭事故的发生。记录员必须把握好验收这一关，如实详细地做好记录，并和采购员作好验货工作，并根据市场部所提供客户意见分析进而通过科学的市场预测来确定市场对于量、质、品种、价格等方面的需求，从而采购适销对路的商品更好地提高经济效益。总之，采购组将以经济效益为标准运用科学的决策分析方法，进行综合比较，实现采购活动效益最优，为提供有利的物质保障。

财务部：

实行严格的财务管理，实现损益表控制的手段是通过“月报表”和“年报表”上的科目审核，审核内容包括销售额、顾客数、顾客平均消费数量，现金超收或不足、收银机的操作错误、亏损、其他营业项目、采购的价格，目标是追求利润最大化，投资目标最大化，满足内部方面的利益，计算顾客的消费结算，结算每天，每班的票据，款项和账单，并编制相应的营业报表收集、整理、点核旅行社里各处银台的现金收入和转账票据，并将其送存银行，处理社内各部门报销账款的现金以及签发各种付款费. 办理同银行的结算事项，处理有关的结算问题，管理银行账户的收支准备各项备用金及监督和管理备用金的使用情况 。

接待部:设为导游组和营业组

导游组里的导游会引导游客游览,让游客感受山水之美,并且在这个过程中给予游客食、宿、行等各方面帮助,并解决旅游途中可能出现问题。负责旅游解说外,还要营造一个有利的经营环境,保证旅游企业的形象,从而促进产品的销售,建立良好关系,树立良好形象;处理好与竞争对手的关系;建立客人档案,对常客及会员要求较详尽的资料,弄清顾客的爱好,习惯等。

营业组负责旅行社的营业工作,执行公司的促销计划,检查门市部,准确回答顾客提问并协助顾客解说服务,按陈列要求整理排面,负责办理门市部的物品,接待来访的客人,对其进行解说和帮助,保证满足客人满足。

人事部:

主要职责为负责人员到职与离职的相关办理各类人事资料的汇总,建档及管理,员工档案资料管员工请假,调休假作业,出勤状况,稽查,统计作业员工考勤,督导并薪资核算对本店各项工作的纪律检查,作好每次会议的会议记录,作好大学旅行社每次招待知名人士的经验记录,以便下次招待借鉴协调本部门与其他部门的联系。

风险分析

关键的风险分析

我们由于缺乏社会经验和经营管理经验,在创业过程中,遇到挫折可能是很经常的事情,我们要对市场风险有足够认识,这关系到大学生旅行社的创业成败,关键有财务、市场、管理、竞争、资金撤出、政策等风险如下:

实际投资超出预算

市场推广是否合理

管理制度不完善

对竞争对手的了解不足

国家对大学生创业的政策

应付风险的应急策略

具体方法如下:

加大融资力度,

找学校老师作为管理指导,

与同行兼并,把其卖给知名旅行社作为其一个门市部,专门经营大学生旅游的品牌

宣告破产,退出市场

在旅行社经过各种避免风险的策略后还是不能抵御的时候,我们唯有选择最

后的战略，就是退出市场。以防止全部资金流失的市场风险。并且能够及时转移投资。如果本店宣告破产后，将把固定资产折旧抵债，将剩余的固定资产按成本或低成本转移给另外的商店，最大限度降低资本的损失。

【实训练习】

A. 创业策划书要充分考虑哪几个方面因素？

B. 你对创业有什么计划，创业项目的特色是什么？

第二节 营运管理

一、营运管理的认知

1. 营运管理定义

营运管理（OPERATION MANAGEMENT），是零售管理术语，是指零售商透过一些硬指标及软指标对其门店的各项作业，起到培训、督导、考核、奖惩的一系列经营管理活动。营运管理的工作范围涵盖整个公司的营运活动，包括市场营销、客户服务、流程控制、行政管理、总务及行政等工作。

营运管理就是对营运过程的计划、组织、实施和控制，是与产品生产和服务创造密切相关的各项管理工作的总称。从另一个角度来讲，营运管理也可以指为对生产和提供公司主要的产品和服务的系统进行设计、运行、评价和改进。在当今社会，不断发展的生产力使得大量生产要素转移到商业、交通运输、房地产、通讯、公共事业、保险、金融和其他服务性行业和领域，传统的有形产品生产的概念已经不能反映和概括服务业所表现出来的生产形式。

因此，随着服务业的兴起，生产的概念进一步扩展，逐步容纳了非制造的服务业领域，不仅包括了有形产品的制造，而且包括了无形服务的提供。实施有效的营运管理越来越重要。面对全球性的竞争压力，企业管理人员迫切需要对营运管理的一些基本关系和概念有深刻的了解，更重要的是，他们必须知道如何运用这一知识来最大程度地提高质量和生产。

现代管理理论认为，企业管理按职能分工，其中最基本的也是最主要的职能是财务会计、技术、生产营运、市场营销和人力资源管理。这五项职能既是独立的又是相互依赖的，正是这种相互依赖和配合才能实现企业的经营目标。企业的经营活动是这五大职能有机联系的一个循环往复的过程，企业为了达到自身的经营目的，上述五大职能缺一不可。

2. 营运管理的对象

营运管理的对象是营运过程和营运系统。营运过程是一个投入、转换、产出的过程，是一个劳动过程或价值增值的过程，它是营运的第一大对象，营运必须考虑如何对这样的生产营运活动进行计划、组织和控制。营运系统是指上述变换过程得以实现的手段。它的构成与变换过程中的物质转换过程和管理过程相对应，包括一个物质系统和一个管理系统。

3. 营运管理的目标

企业营运管理要控制的主要目标是质量，成本，时间和柔性（灵活性、弹性、敏捷性），它们是企业竞争力的根本源泉。因此，营运管理在企业经营中具有重要的作用。

特别是近二三十年来，现代企业的生产经营规模不断扩大，产品本身的技术和知识密集程度不断提高，产品的生产和服务过程日趋复杂，市场需求日益多样化、多变化，世界范围内的竞争日益激烈，这些因素使营运管理本身也在不断发生变化。尤其是近十几年来，随着信息技术突飞猛进的发展，为营运增添了新的有力手段，也使营运学的研究进入了一个新阶段，使其内容更加丰富，范围更加扩大，体系更加完整。

4. 营运管理的范围

现代营运管理涵盖的范围越来越大。现代营运的范围已从传统的制造业企业扩大到非制造业。其研究内容也已不局限于生产过程的计划、组织与控制，而是扩大到包括营运战略的制定、营运系统设计以及营运系统运行等多个层次的内容。把营运战略、新产品开发、产品设计、采购供应、生产制造、产品配送直至售后服务看作一个完整的“价值链”，对其进行集成管理。

信息技术已成为营运管理的重要手段。由信息技术引起的一系列管理模式和管理方法上的变革，成为营运的重要研究内容。近30年来出现的计算机辅助设计（CAD）、计算机辅助制造（CAM）、计算机集成制造系统（CIMS）、物料需求计划（MRP）、制造资源计划（MRPII）以及企业资源计划（ERP）等，在企业生产营运中得到广泛应用。

5. 营运管理全球化

随着全球经济一体化趋势的加剧，“全球化营运”成为现代企业营运的一个重要课题，因此，全球化营运也越来越成为营运学的一个新热点。营运系统的柔性化。生产营运的多样化和高效率是相矛盾的，因此，在生产营运多样化前提下，努力搞好专业化生产营运，实现多样化和专业化的有机统一，也是现代营运追求的方向。

做到这一点，现代营运实践中努力推广柔性营运系统。例如，产品设计中的并行工程、快速原型法、虚拟制造技术、CAD/CAM技术、模块化技术等，产品制造中的数控机床、柔性制造单元、成组技术等。供应链管理成为营运管理的重要内容。企业开始致力于整个供应链上物流、信息流和资金流的合理化和优化，与供应链上的企业结成联盟，以应对日趋激烈的市场竞争。

由于可见营运管理工作是企业中非常重要的岗位，一个成熟的营运管理人员必须具备：

首先，具有丰富的市场营销学知识和经营管理经验；

其次，了解本行业的市场情况和业务运作流程，对经营的运作状况有准确的分析判断和较强的控制能力；

最后，通晓人性，洞察力和逻辑思维能力强，具有高超的领导艺术和沟通才能。

二、营运资本管理

1. 营运资金问题的现状分析

广义理解，营运资金是指企业的全部流动资产总额。包含了企业所有流动资产，即企业一定时期持有的现金和有价证券、应收和与预付账款及各类存货资产等。狭义的理解，营运资金是指企业的流动资产总额减去各类流动负债后的余额，也称净营运资金。它并不特指某项资产，而是一个差额。

小企业由于实力较弱，规模较小，尤其是我国现阶段市场经济体制还很不完善，小企业在经营中存在很多实际的困难，在营运资本及其管理上存在较多的问题。

（1）小企业的营运资本相对较少。小企业筹集资金的来源相对有限，困难较大，往往缺乏资金，营运资本自然也比较少，难免时常捉襟见肘。

（2）小企业对营运资本的管理意识淡薄。由于企业规模较小，许多小企业缺乏财务管理的意识，尤其缺乏对营运资本的管理意识。比如不注意收账和现金支付的比例，整天拆东墙补西墙。其实营运资本的管理对小企业的重要性甚至甚于大企业。因为大企业营运资本的管理决策一般对企业没有致命的影响，而小企业由于底子薄，根基浅，应付风险的能力小，一笔较大的欠款就可以使一个企业倒闭。小企业流动资产在总资产中占的比例高，而且小企业在长期资本市场上筹资比大企业困难，因此短期负债在总资本中占的比例较大。管好流动资产和流动负债对小企业的生存和发展有重要的意义。

(3)小企业筹集资金的能力相对较弱。小企业的信誉度较差,固定资产也较少,从银行贷款、赊欠账款等都相对比较困难。所谓越有钱越能借来钱,越没钱越借不来钱。

2. 营运资金的有关政策

(1)创建期的财务政策。由于创建者创建初始的行业经验和管理经验还有待积累,企业没有建立完整的信用体系,企业总体的价值较低。而资本市场中的投资者总是青睐高价值的企业,对低价值企业会采用非常严厉的歧视政策,因此,创建期的企业缺乏通畅的筹资渠道。

(2)成长期的财务政策。当企业平稳度过创建期并步入成长期时,产品的定位与市场渗透程度都得到很大的提高,但企业此时仍面临较大的经营风险和财务压力。一方面企业需要大量的资金来配合快速发展的市场,另一方面因货款未及时回笼也会致使资金缺口的出现。因此,在本阶段,管理者需制定恰当的财务政策以保证企业尽快成长起来。

(3)成熟期的财务政策。成熟期的基本标志是企业的市场份额较大在市场中的地位相对稳固营风险相对较低。处在成熟期初期的产品销售仍在增加,但增长速度减慢,直至停止,随后出现缓慢下降趋势。该阶段,企业面临的主要问题是,如何降低产品成本,充分发挥经营杠杆的作用。同时,应进一步完善产品质量的控制制度,严格产品成本控制标准,保证产品在质量和成本上的竞争优势。由于成熟期产品能为企业产生大量稳定的现金流量,这就能为企业处在开发期及引入期产品提供了大量的资金,平衡了在不同生命周期期间上产品的资金需求,减少了企业财务风险。

(4)分化期的财务政策。企业在成熟期之后,可能出现三种情况。其一,企业不思进取,没有及时调整业务、增加新产品或新业务,使得原有的核心业务孤立无援,企业业务量逐渐递减。其二,企业为了寻找新的利润增长点,盲目进行投资,仓促进入自己不熟悉的行业或者领域,由于缺乏行业经验和该行业的管理知识,最终导致企业资金链的断裂,将企业推向破产。这两种情况都会使企业过早地夭折。其三,企业在清晰的战略指导下,盘点自己的核心能力,通过合理的资本运作,获取企业利润增长的核心资源,将企业导入新的成长曲线,企业将进入更加辉煌的青年和壮年时期。

3. 营运资本管理原则

小企业要有效地管理企业的营运资金,必须结合小企业的特点和营运资金的特点，以便有针对性地进行管理。小企业在营运资金的管理中使营运资金效用最大化的基本原理，就是从营运资金管理的着重点出发，以效用最大化为目标，着重衡量营运资金的运用效果，强调资金的使用效益，要以最小的流动资产投入获取最大的销售收入。也就是俗话所说的，以三两拨千斤。营运资本对中小企业尤其重要，虽然中小企业通过租赁厂房和设备使其固定资产方面的投资最小化，但是他们不可能避免在现金、应收账款和存货方面的投资。因此，流动资产对中小企业的财务负责人特别重要。而且，因为中小企业要进入长期资本市场存在一定的局限性，所以，它必须主要依靠商业信用和短期银行贷款，通过这两方面增加流动负债又影响了营运资本。目前，大多数中小企业的筹资、投资还只是停留在计划阶段和绝对数量阶段，未上升到按照科学方法设计出行之有效的筹资组合、投资组合。一般而言，营运资本的管理需遵循以下原则：

（1）根据企业生产经营状况，合理确定营运资金的需要量

企业营运资本的需要数量与企业的生产经营活动有直接关系，当企业产销两旺时，流动资产不断增加，流动负债也会相应增加而当企业产销量不断减少时，流动资产和流动负债也会相应减少。因此企业财务人员应认真分析自身企业的生产经营状况，采月一定的方法预测营运资金的需要数量，以便合理使用营运资金。

（2）加速营运资本的周转，提高资金的利用效果

营运资本周转期 = 存货周转期 + 应收账款周转期 − 应付账款递延期。企业一方面要千方百计地加速存货、应收账款等流动资产的周转，如：加速生产和推销产品的速度、采取措施加速应收账款的回收。另一方面要延长应付账款递延期，即在可能的条件下拖延付款期限。

（3）合理安排流动资产与流动负债的比例关系，保证企业有足够的短期偿债能力

如果一个企业的流动资产比较多，流动负债比较少，说明企业的短期偿债能力较强反之，则说明短期偿债能力较弱。但如果企业的流动资产太多，流动负债太少，也并不是正常现象，这可能是因为流动资产闲置、流动负债利用不足所致。根据惯例，流动资产是流动负债的一倍是比较合理的。

4. 营运资金的风险管理

（1）企业营运资金风险的种类

①现金的收付风险。现金收付风险是指企业在生产经营循环中，无法按时收回到期货款或无法及时偿还到期债务的可能性。

②应收账款的信用风险，客户拖欠的风险、客户赖账的风险、客户破产的风险、不同付款方式造成的外贸信用风险。

③存货的资金占用风险，存货管理中的资金占用风险是指企业拥有存货时因价格变动、产品过时、自然损耗等原因而令存货价值减少的可能性。企业资本结构不合理带来的财务危机。

(2)营运资金风险的管理措施

①构建健全有效的财务风险控制机制。

②建立财务风险的全过程控制机制。

③企业需做好财务风险事先、事中和事后的控制工作。

④建立和完善财务风险预警机制。

【案例一】

上海启点超市是以经营1元、5元、9元商品为特色的新型连锁超市，成立于2005年1月28日。该超市把"超值均价"与"简单折扣"的概念结合起来，以学生和中等收入的时尚女性为主要消费群体，兼顾一般居民及外来务工人员，商品以学生用品、各类饰品、休闲食品、简易家居用品、生活用品为主，同时经营贴近消费者日常所必需的食品和一般物品。

2005年初，"1·5·9启点超市"均价折扣店出现在上海。起初，该超市面对的同样是困扰业界的均价折扣店在国内"养不活、养不大"的困惑。但经过大量调研分析后，该超市的管理层认为，在经营中如果敢于根据中国国情大胆创新，均价折扣店在国内一样有着美好的前景。于是，确立以1元、5元、9元的复合式均价为主的价格体系，在商品选择上追求新颖实用，突出自己的经营风格。

启点超市在管理的众多层面上大胆创新，明确了"低投入，低风险，高效率，高产出"的企业理念。并独创"简单、便宜、诚信"的经营理念。简单，即企业管理层级简单、操作程序简单、门店布置简单，以简单来降低成本，以最大价值回馈顾客。便宜，即采购设备优质而便宜、商品价格便宜，营运成本低廉。诚信，即诚实经营、诚信服务，以"无条件退换""顾客的要求是我们的追求"的公开承诺赢取顾客的信任。同时，该超市坚持在营运过程中贯彻"卓越、细节、直接"的管理思路，独创出四种营运管理方法：1.因物而异，在商品陈列灵活多变的基础上立体铺展。该超市的商品陈列注重宏观布局，力求达到最佳视觉效果。销售的商品中，饰品、化妆品、家居用品等虽形状各异，陈列要求却大相径庭。并彻底改变传统超市的陈列方式，采用吊杆、网栅、挂钩、异形架等全新器械，从天花板、墙面到周转箱、地板全方位铺陈，立体地展示各种商品的鲜活感、亲近感，使顾客在商品丛中产生新鲜体验。2.门店不设仓库，化整为零精确备货。超市的存货管理逐渐趋向于无仓经营。启点超市的存货管理极为严格，有限的备品一律就近储藏在对应商品附近的塑料周转箱内，并做好相应标志。精确备货且化整为零能带来诸多优势:门店店堂有效销售面积的最大化;商品的加货理货更加准确迅速;存货确认方便快捷;色彩艳丽的塑料周转箱不仅能美化店堂形象,营造亮丽氛围,还是一个个漂亮的陈列展台,从而进一步扩大有效陈列面积,提升陈列效果。3. 删繁就简,高效简练的商品管理300平方米左右的单店面积,却涵盖了一万种以上采购方式各异的商品品类,再加上成倍扩张的门店数与库存要求最低的配送中心,这在一般超市商品管理的运作模式中是无法做到的。以商品管理系统为例:在超市中普遍使用的面面俱到式的商品信息管理体系,看似全面,实则其中有相当比例的信息在实际营运中毫无用处。启点超市的商品信息管理系统首先把信息分为"重要""必要"和"一般"三类,全取重要、监控必要、筛选一般、抛弃无用,为传统信息系统彻底瘦身。启点超市改良的信息系统涉及的设备、人工费用不及普通超市的一半,但面对上万种商品的进销调存却游刃有余,效率和效果十分明显。4. 库外分流,零库存的仓储追求。在仓储物流方面,该超市把门店的零库存概念加以融和,使配送中心实现了难度极大的占商品品种数90%的商品零库存周转的惊人奇迹。为了实现这项营运创新,该超市对商品实行预先库外分流,其中异地厂家直接采购的买断商品,完全按需进货,极少数也只在配送中心简单分装后迅速直送门店。并不断加大此类商品采购力度,使之占到总品种数的80%以上。对本地供应商提供的商品50%以上实现厂家直送,尽力实现厂门到店门的对接性物流。

经过半年的正常营运后,上海启点超市已发展到12家门店,一个配送中心,并且取得了在高速扩张下基本保本盈利的骄人业绩。该超市的初步成功,标志着在中国真正意义上颇具规模、又极富本土特色的均价折扣店正在茁壮成长。

【实训练习】

A. 营运资本的管理需要遵循哪些原则?

B. 从"上海启点超市"成功的营运管理中你受到了哪些启发?

第三节　人员管理

新创企业的价值创造主体,是管理者和企业员工,虽然员工主要的工作是执行管理者的意志,推进企业的发展,员工的执行力和主动性,是企业战略推进的不可或缺的因素,对于新创企业来说,创业之初的人事规划和管理非常重要。企业要发展,人才是关键。在企业界有这么几句话:一流的老板是员工为你拼;二流的老板是你和员工一起拼;三流的老板是埋头苦干自己拼;四流的老板没得拼。这说明人才的重要性,更体现了人力资源管理的重要战略地位。新创企业在资源匮乏,环境变化剧烈时,更不能浪费人才资源,在人员管理上更加谨慎。

新创企业人员管理的各个环节就是要满足对实现企业战略中至关重要的人才的需求,人力部门需要通过有效的管理方案使得人力资本对于企业的战略支持作用发挥到最大。新创企业应当用战略来指导人员管理的每一个具体操作过程,创业者需要对人力资源进行系统规划,借助人力资源管理制度的建立和完善,推动新创企业的组织机构建设,从而推动企业朝正规化发展。创业者做好规划的同时,完善员工的调配、培训和薪酬管理机制等工作和管理。

新创企业战略性人力资源规划的框架如下:

工作分析→员工招聘→员工培训→绩效管理→薪酬管理

一、工作分析

为什么要做工作分析?

为什么有人工作量很大,做也做不完?

为什么有人没活干,整天喝茶看报纸?

为什么会有人工作相互重叠,有功劳大家争,有责任没人担?

为什么招聘的员工,会常常不符合要求?

为什么公司付出了巨大的薪资总额,而员工仍是抱怨工资太低、福利太少?

为什么员工抱怨公司没有提供足够的培训学习机会?

为什么公司投入了培训却没有达到期望的效果?

为什么有的员工不知道自己该做些什么?

为什么主管难以确切地评价下属员工的工作成绩是好是坏?

我们应该做工作分析!

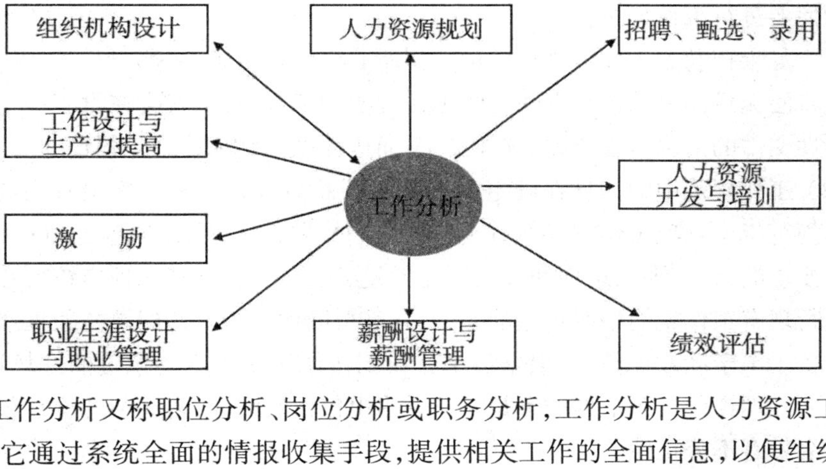

工作分析又称职位分析、岗位分析或职务分析,工作分析是人力资源工作的起点,它通过系统全面的情报收集手段,提供相关工作的全面信息,以便组织进行

改善管理效率。工作分析通过对工作进行整体分析，以便确定每一项工作的七个标准：用谁做（Who）、做什么（what）、何时做（When）、在哪里做（Where）、如何做（How）、为什么做（Why）、为谁做（Whom）。分析的结果或直接成果是岗位说明书。岗位说明书是记录工作分析结果的文件，它把所分析该岗位的职责、权限、工作内容、任职资格等信息以文字形式记录下来，以便管理人员使用。工作分析是现代人力资源管理的基础，只有在客观、准确的工作分析基础上才能进一步建立科学的招聘、培训、绩效考核及薪酬管理体系。

在创业之初，为了在市场竞争中生存下来，企业员工比较少，此时的工作分析没有太大意义，只有企业初步获得发展，需要进一步吸收新的员工，企业内部建立了规范的管理制度的时候，工作分析就不可少了，工作分析是一个繁琐的过程，有时企业需要寻找外部的咨询公司来进行工作分析。

1. 工作分析的内容与常用方法

工作分析包括两部分内容，一是对企业内各职位所要从事的工作内容和承担的工作职责进行清晰的界定；二是确定各个职位所要的任职资格，如学历、专业、年龄、技能、工作经验、工作能力以及工作态度等。工作分析的结果一般体现为岗位说明书。

新创企业进行工作分析常用的方法主要有职务分析问卷法、管理人员职务描述问卷法、岗位工作分析法、任务清单分析系统和关键事件法。

2. 工作分析的原因

在瞬息万变的工作环境中，一个适当的工作分析体系是至关重要的。新的工作不断产生，旧的工作要重新设计。

为何要进行工作分析：

（1）如果招聘者不知道胜任某项工作所必需的资格条件，那么员工的招聘和选择就将漫无目的。如果缺少适时的工作说明和工作规范，就会在没有一个清楚的指导性文件的情况下去招聘、选择员工，而这样做的结果将会是很糟的。

（2）工作规范中的信息在确定人力资源开发需求方面常常是很有用的。如果工作规范指出某项工作需要特殊的知识、技能或能力，而在该职位上的人又不具备所要求的条件，那么培训和开发可能就是必要的了。这种培训应该旨在帮助员工履行现有工作说明中所规定的职责，并且帮助他们为升迁到更高的工作职位做好准备。至于绩效评价，应根据员工完成工作说明中规定的职责的好坏进行。如果一名经理评价员工根据的不是工作说明中包括的因素，则这种评价在很大程度上就会带有不公正性。

（3）在报酬方面，用货币体现某项工作的价值之前必须了解其对公司的相对价值。相对来说，工作的职责越重要，工作就越有价值。要求有更多的知识、技能和能力的工作对公司来说应该更具价值。

（4）在考虑安全与健康问题时，来自工作分析的有关信息也很有价值。例如，公司应该说明一项工作是否具有危险性。工作说明和工作规范中应该反映出这一点。而且，在某些危险的工作中，工人为了安全地完成工作，也需要了解一些有关危险的信息。

（5）工作分析信息对员工和劳动关系也很重要。当考虑对员工进行提升、调动或降职的问题时，工作说明提供了一个比较个人才干的标准。无论公司是否成立了工会，通过工作分析获得的信息经常能导致更为客观的人力资源管理决策。

（6）完整的工作分析对支持聘用实践中的合法性尤其重要。例如，我们需要工作分析的资料为有关升职、调动和降职的决策提供依据。

工作分析对人力资源管理的职能是有内在联系的，工作分析为连接这些职能及制定合理的人力资源计划提供了基础。

3. 工作分析的意义

工作分析对于整个人力资源管理活动，甚至对整个企业的管理活动的意义非常明显。这主要表现在以下几个方面：

（1）通过工作分析可以使管理者明确目前和将来一段时间的工作量，从而明确人力资源需求的数量以及需要填补的岗位，为人力资源规划提供依据；让企业知道哪些岗位空缺，需要招聘什么人，招聘多少人等信息，这些都依赖于工作分析的过程与结果，即工作说明书中的要求。

（2）如何开发有效的、合法的测试和面试，才能从大量后选者当中遴选出最适合岗位要求的人。通过工作分析所得到的人员任职资格，即胜任岗位的人应该具备的知识、能力、经验等都可以作为开发人员遴选方法的标准。

（3）员工工作表现如何只能根据工作内容标准来考核，通过工作分析能够得到员工履行每一项工作的期望标准，这样建立的考核标准才称得上科学和合法；通过工作分析得到各岗位胜任所需要的知识与技能，当岗位任职者的能力与岗位要求有大的差异，就需要企业加以培训以提高技能。

（4）根据工作分析得到各岗位在工作任务繁简、承担责任大小、岗位要求人员资格高低等信息的差异，可以做出科学的工作评价，从而明确各岗位对组织的相对价值，为岗位工资的建立奠定基础；明确了员工晋升和发展的路径以及相依相应资格条件，有力地促进了职业发展在激励员工方面所发挥的作用；使工作内容更加丰富化，提高员工工作的满意度。

（5）通过工作分析得到的员工工作所处于的一些特殊工作环境，如高温、高噪音等因素，可以为组织提供特定岗位员工津贴或劳动与安全保护措施提供依据和支持。

4. 工作分析的步骤

企业在做工作分析时，应遵循如下几个步骤：

（1）确定工作分析信息的目的

通过工作分析所获得的信息直接决定了企业需要搜集什么类型的信息，以及使用什么技术来搜集这些信息。有些技术对于编写工作说明书、为空缺的工作岗位甄选员工就是非常有效的。

（2）搜集与工作相关的资料

这是了解工作性质和后续分析的第一手资料，包括现有的企业章程、组织结构、生产状况、工作流程和办事细则等，企业在创立初期，已有的资料非常少，没有那么多成型的书面材料，因此，创业者可以借助这一步，帮助工作分析人员进行有效的职位调查，对企业的各个职位进行全方位地了解。在收集资料的过程中，创业者要对重要岗位倾注更多的精力，把岗位分析做得更精细些。除了书面材料，同在工作岗位上的员工进行面谈，让他们自己说出自己所从事的工作的任务是什么，以及他们自己所负有的责任有哪些。这些资料对于后续的人力资源规划极为有用。

（3）整理和审查所搜集到的工作信息

工作分析给我们提供了很多与工作的性质和功能相关的信息。将这些信息与从事相应工作的人员以及他们的直接主管进行核对，才能保证信息的准确性和完整性，同时也有利于确定这些信息能否被相关人员所理解。除此之外，由于工作描述是反映工作承担者的工作活动，所以这一审查步骤实际上还为这些工作的承担者提供了一个审查和修改工作描述的机会，而这肯定会有利于赢得大家对所搜集到的职务分析资料的认可。

（4）编写工作说明书和工作规范

一般情况下，在完成职务分析之后都要编写工作说明书和工作规范。工作说明书就是对工作职责、工作活动、工作条件以及工作对人身安全的危害程度等工作特性方面的信息所进行的书面描述。而工作规范则是全面反映工作对从业人员的品质、特点、技能以及工作背景或经历等方面要求的书面文件。正式的工作说明书将直接用于员工的招募、聘用、培训、绩效考核中，因此，工作说明书应当书写规范，以便于未来的工作中参考。

【案例一】

下面是一个企业销售部经理的职务分析说明。

职务名称:销售经理

工作活动和工作程序:通过对下级的管理监督,实施企业产品的销售、计划、组织、指导和控制;指导销售部的各种活动;就全面的销售事务向分管的销售副总汇报;根据对销售区域、销售渠道、销售定额、销售目标的初步认识,协调销售分配功能;划分销售员的区域分配;评估销售员的业务报告;组织销售员的培训等。审查市场分析,以确定顾客需求、潜在的销售量、价格一览表、折扣率、竞争活动;亲自与大客户保持联系;可与其他管理部门合作,建议批准用于研发的预算开支;可与广告机构就广告事宜进行谈判;可根据有关规定建议或实施对本部门员工的奖惩;可以调用小汽车 2 辆、送货车 10 辆。

工作条件和物理环境:65% 以上时间在市内工作,一般不受气候影响;湿度适中,无严重噪音,无个人生命或严重受伤危险,无有毒气体。有外出要求,全年 30% ~35% 的工作时间出差在外。

工作地点:本市

社会环境:有一名副手,销售部工作人员 50 ~60 人,直接上级是销售副总;需要经常交往的部门是生产部、财务部。

聘用条件:每周工作 40 小时,固定假休息;基本工资每月 3500 元,职务津贴 500 元,每年完成任务奖金 1 0000 元,超额部分按 2‰提取奖金;本岗位是企业的中层干部岗位,可晋升为销售副总。每月的通信费、因公请客、出差按级别标准报销,每年有一次出国考察机会。

【案例二】

谁该清扫地面

一个机床操作工把大量的液体洒在他机床周围的地板上,车间主任叫操作工把洒在地板上的液体打扫干净,操作工拒绝执行,理由是任职说明书里并没有包括清扫的条文。车间主任顾不上去查任职说明书上的原文,就找来一名服务工来做清扫工作。但服务工同样拒绝,他的理由是任职说明书里同样也没有包括这一类工作,这个工作应该由清杂工来完成,因为清杂工的责任之一是做好清扫工作。车间主任威胁服务工说要解雇他,因为,这种服务工是分配到车间来做杂务的临时工。服务工勉强同意,但是干完以后立即向公司投诉。

有关人员看了投诉以后,审阅了这三类人员的任职说明书:机床操作工、服务工和清杂工。机床操作工的任职说明书上规定:操作工有责任保持机床的清洁,使之处于可操作的状态,但并未提及清扫地板;服务工的任职说明书上规定:服务工有责任以各种方式协助操作工,如领取原料和工具,随叫随到,即时服务,但也没有包括清扫工作。清杂工的任职说明书确实包括了各种形式的清扫工作,但他的工作时间是从正常工人下班以后开始。

二、员工招聘

新创业者根据工作分析的结果,找出下一步需要的员工岗位,然后安排员工招聘的工作。员工招募和雇佣的同时也是企业自身展示人力资源优势的机会,这对于新创企业尤为重要,能够招募到优秀的员工也意味着在市场中企业具备了良好的企业形象和优秀的成长性。

人员招聘是指企业为了生存和发展的需要,根据人力资源规划和工作分析的要求,寻找、吸引那些有能力又有兴趣到本组织任职的人员,并从中选出合适的人员予以录用的过程。

一个企业从建立之日起,就面临人员的招募甄选工作,“选对人比培养人更重要”逐渐成为众多管理者所认同的观点。如何为组织吸引到尽可能多的优秀人才？如何选拔合适的人选？采用什么样的甄选方式才能保证甄选的效果？如何在工作中把合适的人用到合适的位置上……这一系列的问题都需要由人员招聘来解决。

(一)招聘一般来说包括招募、选拔、聘用三个环节

1. 招募

所谓招募,是指组织通过各种信息发布,把具有应聘资质(即具有所需技巧、能力和其他特征)的申请人(可以是内部员工或外部人员)吸引到组织空缺岗位的过程。一旦申请人和组织的招聘人员之间达成如何开始下一步工作的口头或书面协议,这就意味着招募过程的结束和选拔过程的开始。

根据人员招聘的来源,我们可以把招聘渠道划分为两类:一类是内部招聘,另一类是外部招聘。内部招聘和外部招聘没有孰优孰劣之分,选择哪一种取决于企业领导者的战略、人力资源政策、企业所在地的劳动力市场和劳动力市场中所处的地位,以及拟招聘岗位的性质、层次和类型等因素。

(1) 内部招聘

内部招聘的政策需要由企业管理层来决定。一个企业要维持现有的企业文化不妨从内部选拔人员,因为内部的员工在思想、核心价值观念、行为方式等对于企业有更多的认同,而外部人员要接受这些则需要较长的时间。内部招聘主要适

用于管理者,而对于一般员工来讲,还需外部招聘,以防止"近亲繁殖""家庭团伙"的形成。内部招聘的渠道很多,主要包括内部晋升、岗位轮换、岗位平调、人员重聘、内部公开招聘、临时人员转正和员工推荐等。内部招聘能使管理者很好地服务企业,愿意为企业贡献自己全部的能力和知识。对于符合标准者给予内部提升,可以让他们更容易安心本职工作,适需适用,且培训成本低。但对内部应聘者一律要按照德才兼备、试甄选进行选拔,不搞特殊照顾。如果组织打算推行内部招聘政策,必须要在组织内部创造一种毛遂自荐、举荐人才、展示人才的机制,这样才能真正成功地实现内部招聘,达到理想的效果。

（2）外部招聘

外部招聘是指企业为了满足发展的需要,获取人力资源,创业者在内部招聘很难满足企业的发展需要时,从企业外部获取人员来弥补人力资源短缺。新创企业的员工招聘一般以外部招聘为主。通常创业者可以选择的外部招聘渠道有:广告招聘、人才招聘会、校园招聘、中介机构招聘、网络招聘、推荐和自荐等。

媒体广告招聘:通过报纸杂志、广播电视等媒体进行广告宣传,向公众传达招聘信息,覆盖面广、速度快。相比而言,在报纸、电视中刊登招聘广告费用较大,但容易醒目地体现企业形象;很多广播电台都辟有人才交流节目,播出招聘广告的费用较少,但效果也比报纸、电视广告差一些。事实上,对于新创企业来说,此种招聘方式成本较高。

人才招聘会:我国很多城市都设有专门的人才交流服务机构,这些机构常年为企事业用人单位提供服务。他们一般建有人才资料库,用人单位可以很方便地在资料库中查询条件基本相符的人才资料。通过人才交流中心选择人员,有针对性强、费用低廉等优点。人才交流中心或其他人才交流服务机构每年都要举办多场人才招聘会,用人单位的招聘者和应聘者可以直接进行接洽和交流。招聘会的最大特点是应聘者集中,用人单位的选择余地较大,费用也比较合理,而且还可以起到很好的企业宣传作用。

校园招聘:学校是人才高度集中的地方,是企业获取人力资源的重要源泉。对于大专院校应届毕业生招聘,可以选择在校园直接进行。包括在学校举办的毕业生招聘会、招聘张贴、招聘讲座和毕业生分配办公室推荐等。

网上招聘:网上招聘是一种新兴的一种招聘方式。它具有费用低、覆盖面广、时间周期长、联系快捷方便等优点。用人单位可以将招聘广告张贴在自己的网站上,或者张贴在某些网站上,也可以在一些专门的招聘网站上发布信息。

人才猎取和中介招聘:"猎头"公司是一种专门为雇主"猎取"高级人才和尖端人才的职业中介机构。中介招聘的往往不是那么满意,使用率对于新创企业较少。

员工推荐:通过企业员工推荐人选,是组织招聘的重要形式。可以由朋友熟人介绍所认识的合适人选加入企业的员工招聘,推荐人往往介绍他比较放心的人员,所以员工推荐往往使企业招聘到适合的人选。

【案例一】

一则成功的招聘启事——最快地找到目标应聘者

A公司是一家外资企业,由于业务发展的需要,公司拟招聘一名采购经理。公司人事部门拟了一份招聘启事,其主要内容如下:

A外资公司招聘采购经理的启事

大专以上学历,三年相关工作经验,较好的英语和计算机能力,有高度工作责任感和沟通协调能力。主要工作职责是联系供货公司,及时准确地在规定时间内将企业各部门所需货物发送至指定地点,并确保货物的质量和价格符合企业的要求。

案例点评

看似一则短短的招聘启事,其中却透露出一些招聘以外的信息。在中国有很多这样的招聘启事:大专以上学历,两年相关工作经验,能熟练操作OFFICE者优先。

两种招聘启事是有本质差别的。上述外资企业启事中有较详细的工作职责,明确告诉了应聘者今后的职责范围和应负责任,同时,对应聘人员的四条要求也是“有根有据”的。而另一则招聘启事却没有对职责规定作出详细规定。

A公司找到合适人选,关键得益于这份成功的招聘启事,严格规定了岗位要求,显示出非常强的针对性。

【案例二】

招聘启事的错误

××公司员工招聘启事

(公司介绍略)

N公司现诚聘秘书一名,要求:正直、诚实、勤奋、肯干。年龄:三十周岁以下,女,重点大学文秘专业毕业,本地户口,有三年以上的工作经验。符合条件者,请将简历寄到某某公司某某收。合则约见,勿电勿访。资料概不退回。

该公司招聘启事发出后,并没有得到求职者的回应,请分析“招聘启事”的缺陷，并重新设计一则“招聘启事”。

2. 选拔

所谓选拔，就是采用适当的甄选方法和程序，从应征的候选人中挑选出符合组织需要的人，实现人岗匹配的过程。选拔是人力资源获取工作中最关键的一步，也是技术性最强的一步。在选拔中，要避免仅凭简单面试、个人主观感觉就草率决定录用与否的情况发生，要把选拔时的成本支出看成是投资，根据组织需要，在招聘预算的范围内选取合适的测评方法和手段。因为选择科学有效的测评方法（如结构化面试、心理测验、评价中心等）、聘请相关的专家进行指导都可以提高选拔的成功率，大大降低人员进入组织后的培训费用，提高人员在组织中的稳定性。

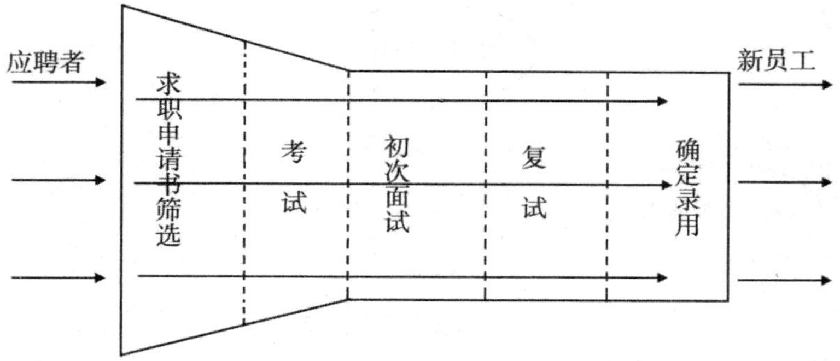

3. 聘用

所谓聘用，简单地说就是将应聘候选人转化为员工的过程。经过评估和体检，用人单位做出录用决策，被录用者也愿意加入单位，在这种双方意愿一致的情况下，单位与被录用人员通过签订劳动合同，确定单位与个人的劳动关系以及坚持平等就业、互相选择、公平竞争，反对种族歧视、民族歧视、性别歧视、年龄歧视、信仰歧视，尤其对弱势群体应予以保护和关心。不允许吸纳未成年人就业，保护妇女儿童的合法权益。

三、员工培训

（一）制定培训目标

一个完备的培训体系包括制定培训目标，编写培训计划、配置培训课程、配置培训资源、确定培训预算、预设评估要求等一系列的步骤。要建立完备的培训体系，进行系统性的培训，首先要制定企业的培训目标。

1. 制定培训目标的原则

企业制定培训目标要遵守以下几个原则：

(1)要与企业的发展战略相结合。

(2)要与企业的短中长目标相结合。

(3)要从企业的实际情况出发。

(4)设定阶段性实际目标。

(5)一次的培训目标不要太多,但是要有相关的负责人和资源配置,做到可执行,能够落实。

(6)要从学员的角度出发,详细描述目标培训的预期效果,让学员也明确学习目标,积极参与到培训中。

2. 培训目标的内容

企业的培训目标包括多方面的内容,常规来说包括内容如图6-1所示:

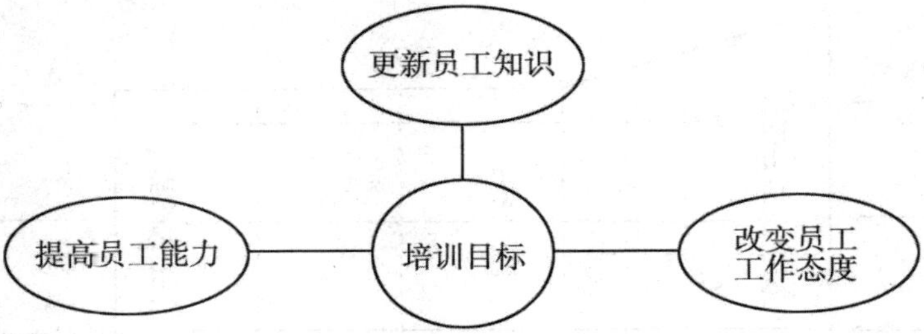

图6-1 培训目标的内容

3. 制定培训目标的流程

制定培训目标一般有三个步骤,如图6-2所示:

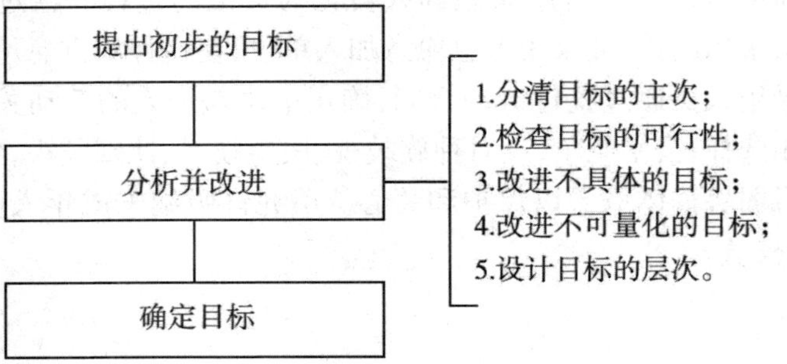

图6-2 制定培训目标的三个步骤

(二)编写培训计划

编写培训计划一般要经历调研、分析、制定、沟通、修正等流程,编制一份实用的培训计划,是培训实施之前具有指导意义的重要准备工作。

1. 培训总规划

确定培训总规划的具体步骤,如表 6 – 1 所示:

表 6 – 1　　确定培训总规划的具体步骤

步骤	内容	说明
1	明确培训总目标	将企业的培训需求转变为企业培训的总体目标,并结合上年度培训计划的总结及分析,确定本年度的培训重点
2	研究企业状况	通过对企业的发展目标及生产经营状况的研究,确定哪些方面需要培训
3	分类培训项目	根据培训项目具体目的的不同,将培训划分成不同的板块,比如:素质训练、业务培训、管理培训等
4	决定培训课程	根据不同分类的培训项目,配置相应的培训课程,并列出细则,比如:课程名称、时间、地点、授课方式等
5	规划培训预算	对各项培训项目的费用以及管理各培训项目的总费用进行估算,确定年度总预算

2. 阶段性任务及计划

阶段性任务及计划是指短期的、或者针对每个不同项目内容的培训活动或课程的具体计划。见表 6 – 2:

表 6 – 2　　制定阶段性任务及计划的步骤

步骤	任务模块	在总培训计划中的任务模块
1	确立培训目的	阐明培训计划完成后,受训人应有的成效
2	设计大纲及期限	为培训计划提供基本结构和时间阶段的安排
3	草拟培训课程表	确定具体的日程安排和课程设置
4	设计培训形式	确定培训的实施方式以及学员的学习形式
5	制订控制措施	采用一定的控制手段,监督培训计划的进展情况
6	决定评估方法	确定评价培训效果的标准、方法、工具等

3. 培训计划变更和调整

企业的培训计划同样需要动态管理。随着企业战略的不断实现和企业经营管理水平的不断发展,企业现状和培训需求在发生变化,培训计划也要相应地做出变更和调整。见表 6 – 3 所示:

表6-3 培训计划变更和调整举例

变更和调整的内容	说明
培训目标变更	企业战略或者企业内外部因素发生变化导致培训目标的变化
培训需求偏差纠正	在实施过程中发现培训需求调查失实或者计划与需求不符的情况
细节调整和完善	根据实施效果对原培训计划做细节性调整,如时间、地点的调整等
增加新培训项目	在一些新的培训需求或者临时性的培训需求之下增加培训内容

(三)配置培训资源

培训资源主要包括三个方面:讲师、资金、资源,即通称的“人、财、物”。

企业要想有效使用培训资源,做到“资源用足”,就需要进行合理配置。下面分别从“人、财、物”的角度介绍如何进行培训资源的有效配置。

1.“人”

培训资源中‘人”的概念,指的是培训的实施者,一般包括以下四个方面,如表6-4所示:

表6-4 讲师资源分类例表

类别	说明
内部讲师	企业专职培训师、各级管理者、技术专家、业务骨干等
外部讲师	专业培训师、咨询顾问、高校教授、专家学者等
交流人员	参观考察活动中其他公司的交流指导人员,一般不是正式讲师
工作人员	培训管理人员、培训工作人员以及培训辅助人员等

2.“财”

资金是培训的物质基础,是培训工作所必须具备的场所、设施、讲师、资料等费用的保障。资金的充足与否、到位与否、配置合理与否直接影响着培训计划的实施以及培训实际效果的好坏。

资金的分配可参考以下原则:

(1)知识、技能的培训作为重点;

(2) 业务部门、创造性部门优先于服务部门、事务性部门;

(3)管理人员、专业骨干员工培训重于一般员工培训;

(4)应当首先满足上年度发生重大事故或者有存在严重能力不足的关键绩效部门的培训。

3.“物”

这里的“物”即培训活动必需的“资源”,一般包括以下内容,见图6-3所示:

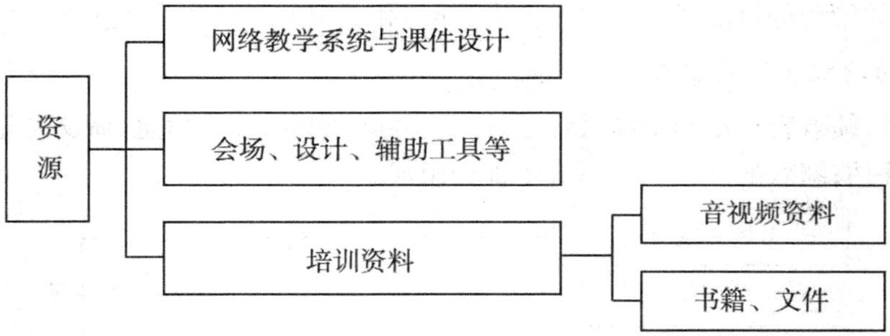

图 6－3　企业培训资源图

充足的资源是培训效果的重要保证，如何提高资源的使用效率，是企业在进行培训资源配置时最值得关注的问题。若企业培训资源有限，对紧急且急需的培训项目资源配置就应该充足一些，重点项目的配置也要高一些，而相对不重要或者不紧急的项目则可以适当减少资源的配置。

（四）预设评估要求

为了保证培训计划的有效实施和对培训后效果的评估，在培训实施之前就要预先设定培训评估的要求。这里的评估要求主要包括两方面的内容，如表 6－5 所示：

表 6－5　　培训评估要求的内容

项目	内容
培训实施过程中的评估	实施过程中评估的标准
	评估的方式与流程
	评估人与监督人
培训结束后的评估	训后评估的标准
	评估的形式与方法
	责任人

（五）整合培训体系

整合培训体系即指，把制定培训目标、编写培训计划、配置培训课程、配置培训资源、确定培训预算、设定培训评估要求六个步骤进行梳理和整合，形成一个系统的培训体系，并结合企业实际，在应用中不断加以完善的过程。

四、绩效管理

所谓绩效管理，是指各级管理者和员工为了达到组织目标共同参与的绩效计划制定、绩效辅导沟通、绩效考核评价、绩效结果应用、绩效目标提升的持续循环过程,绩效管理的目的是持续提升个人、部门和组织的绩效。

(一)绩效管理的组成

通常,绩效管理由制定绩效计划;持续不断的沟通;收集信息、做文档记录;年终绩效评估;绩效的诊断和提高五个部分组成。

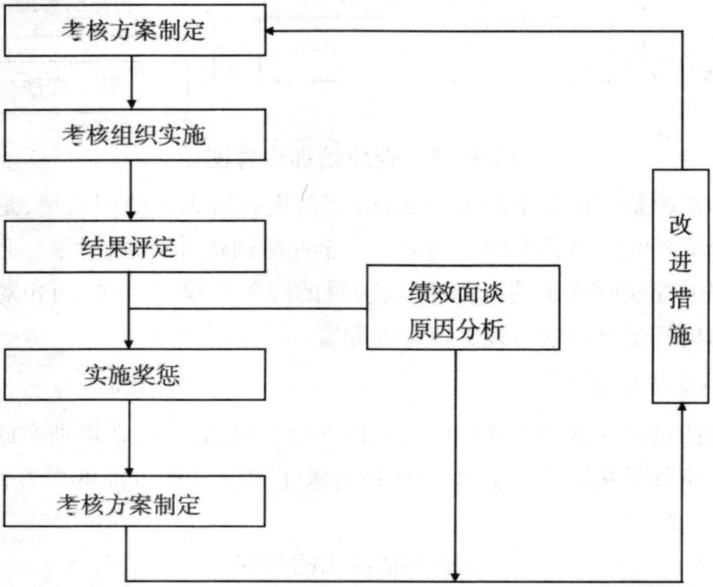

图6-4 绩效考核基本流程图

1. 制订绩效计划

绩效计划是绩效管理的开始。在这个阶段,管理者和员工通过沟通主要完成以下任务:

(1)员工的主要工作任务是什么?

(2)如何衡量员工的工作(标准)?

(3)每项工作的时间期限?

(4)员工的权限?

(5)员工需要的支持帮助?

(6)经理如何帮助员工实现目标?

(7)其他相关的问题:技能、知识、培训、职业发展等。

以上是制订绩效管理目标的过程,最终结果是形成经理和员工共同签字的文字记录,我们称之为绩效管理目标。

通常,一份有效的绩效目标必须具备以下几个条件:

（1）服务于公司的战略规划和远景目标。

（2）基于员工的职务说明书而做。

（3）目标具有一定的挑战性，具有激励作用。

（4）目标符合 SMART 原则，即 Specific（明确的）、Measurable（可衡量的）、Aligned（相关的）、Realistic（现实的）、Timed（有截止期限的）。

2. 持续不断的沟通

沟通是一切管理所必不可少的重要手段，我们在沟通的前面用"持续不断"修饰，尤其强调绩效沟通的关键性作用。

一般，沟通应符合以下几个原则：

（1）沟通应该真诚

一切的沟通都是以真诚为前提的，都是为预防问题和解决问题而做。真诚的沟通才能尽可能地从员工那里获得信息，进而帮助员工解决问题，提供帮助，不断提高经理的沟通技能和沟通效率。

（2）沟通应该及时

绩效管理具有前瞻性的作用，在问题出现时或之前就通过沟通将之消灭于无形或及时解决掉，所以及时性是沟通的又一个重要的原则。

（3）沟通应该具体

沟通应该具有针对性，具体事情具体对待，不能泛泛而谈。泛泛的沟通既无效果，也不讲效率。所以管理者必须珍惜沟通的机会，关注于具体问题的探讨和解决。

（4）沟通应该定期

经理和员工要约定好沟通的时间和时间间隔，保持沟通的连续性。

（5）沟通应该具有建设性

沟通的结果应该是具有建设性的，给员工未来绩效的改善和提高提供建设性的建议，帮助员工提高绩效水平。

3. 信息的收集、作文档记录

在这个环节中，经理要注意观察员工的行为表现，并做记录，同时要注意保留与员工沟通的结果记录，必要的时候，请员工签字认可，避免在年终考评的时候出现意见分歧。做文档的一个最大的好处是使绩效评估时不出现意外，使评估的结果有据可查，更加的公平、公正。

4. 绩效评估

绩效评估一般在年底举行。员工绩效目标完成得怎么样，企业绩效管理的效果如何，通过绩效评估可以一目了然。绩效评估也是一个总结提高的过程，总结过去的结果，分析问题的原因，制定相应的对策，便于企业绩效管理的提高和发展。同时，绩效评估的结果也是企业薪酬分配、职务晋升、培训发展等管理活动的重要依据。

5. 绩效的诊断和提高

没有完美的绩效管理体系，任何的绩效管理都需要不断改善和提高。因此，在绩效评估结束后，全面审视企业绩效管理的政策、方法、手段及其他的细节进行诊断，不断改进和提高企业的绩效管理水平。

（二）绩效管理在企业中的实施流程

理论的理解固然重要，但绩效管理的实践才是企业管理者必须做的事情，所以，下面结合绩效管理的理论谈谈绩效管理的实施流程。

通常，绩效管理的实践流程主要包括以下几个方面：

1. 取得高层管理者的支持

绩效管理是企业管理的一个重要改革措施，仅凭 HR 部门不足以推动整个企业的绩效管理的实施。因此，取得高层管理者的认同和支持显得特别重要。

首先与高层管理者探讨绩效管理的理论、方法、意义和作用，说服高层管理者。然后在高层管理者的主持下，与之一起实践推动。每一个环节都要向高层管理者汇报，并通过高层管理者的意志将之传达下去，使绩效管理的每个环节都落到实处，收到效果。

2. 制定完善的实施方案

在取得高层管理者的认同和支持之后，HR 部门认真制定企业的绩效管理实施方案，包括绩效管理的政策方针、实施流程、角色分配、管理责任等。

3. 广泛的宣传

任何一种新的管理手段的实施都离不开广泛的宣传贯彻，可以通过公司的内刊、宣传栏、局域网等媒介手段对绩效管理的理论、方法、意义和作用等进行宣传，制造声势。培养经理、员工对绩效管理的感性认识，树立企业的绩效观。这为以后的绩效管理的实践打下坚实的群众基础，实施起来的阻力会小一些。

4. 培训直线经理

好的管理手段要由高素质的管理者来组织实施，因此对管理者的培训必不可少。要让管理者深刻掌握绩效管理的理念，改变旧有的管理观念，掌握绩效管理的流程、方法和技巧，使得每个管理者都喜欢绩效管理，都掌握绩效管理，都会运用绩效管理，都愿意使用绩效管理的手段管理自己的部门和下属。

5. 做职务分析

在以上工作的基础上，开始推行企业的绩效管理。在此之前的一个必不可少的工作就是职务分析，制定职务说明书。许多的企业里，这项工作是一个空白，至多只有一个泛泛的岗位描述。因为绩效管理的许多信息和数据都是从员工的职务说明书得来的，所以，实施绩效管理必须首先制定职务说明书，必须针对每个员工的工作进行认真细致的分析。这项工作需要花费大量的时间，为了更好地推行绩效管理，企业宁可多花一些时间做好做细。

6. 出台企业绩效政策

绩效管理的推行必须由政策保证，因此，在上述工作的基础上，出台必要的政策措施非常必要。在政策里，可以规定高层管理者、HR 经理、直线经理和员工各自的绩效责任，规定绩效管理的方法和流程，规定绩效评估的方法，规定绩效管理结果的运用等，企业可以依据自己的实际情况具体对待。

五、薪酬管理

薪酬制度本质上是通过一定的物质手段对员工进行激励，更大地提升员工的工作积极性，进而提升企业绩效。员工激励的方法有很多，薪酬不仅是管理学领域研究的重点，也是经济学研究的重要组成部分。

（一）薪酬的主要内容

1. 基本薪酬

它是一个企业根据员工所承担 或完成的工作任务，或者员工具备的完成工作的技能或能力而向员工支付的稳定性报酬。养老保险、医疗保险、带薪休假、住房补贴等各种福利。基本薪酬往往以月薪为主，即每月按时向员工发放同定的基础工资。基本薪酬具有：

（1）常规性。基本薪酬是劳动者在法定工作时间和正常条件下所完成的定额劳动的报酬。

（2）固定性。员工的基本薪酬数额以企业所确定的基本薪酬等级标准为依据，等级标准在一定时期内相对稳定，员工的基本薪酬数额也相对固定。

（3）基准性。所谓基准性包括两层含义：第一，基准薪酬是其他薪酬形式的计算基准，其他薪酬形式的数额、比例及其变动均以基本薪酬为基准，基本薪酬有总体薪酬的“下台”支撑。第二，为保证员工的基本生活需要，政府对员工基本薪酬的下限做强制性规定，推行最低工资保障制度。

2. 可变薪酬

可变薪酬也被称为浮动薪酬或奖金，是薪酬体系中与绩效直接挂钩的部分。

实行可变薪酬的目的是在薪酬与绩效之间建立起一种直接的关系，这种绩效既可以是员工个人的绩效，也可以是企业中某一个业务单位、员工群体、团队甚至整个企业的业绩。

【案例】

一个关于牙膏的金点子

日本东京生产牙膏的狮子公司正在开会讨论如何解决牙膏销售不旺的问题。大家想了很多办法，但都行不通。这时，一个年轻的经理站起来对总裁先生说："我手中有张纸，纸上写了一个建议，若您采纳了我的建议，我们的产品销售肯定能上去，但必须支付我……"他开出了很高的价钱。公司每月都支付你薪水，另有分红和奖励，现在让你来开会，你还另要钱，是否太过分了，大家都大声地指责他，连总裁也有些生气了，但是大家还是想不出一个好办法。"总裁先生，请别误会，若我的建议行不通，你可以把它丢掉，一毛钱也不必付。"年轻人说。总裁接过那张纸，看了后，马上如数签了张支票给那个年轻人，大家都傻眼了。"怎么，一张纸就值那么多钱？到底上面都写了什么金点子？"大家很好奇。原来纸上就写了一句话"将牙膏口扩大一毫米"。大家嘲笑说："这算什么建议？一分钱也不值！"总裁这回眉开眼笑了："诸位好好算一算，早上，每个消费者多用了一毫米的牙膏，每天的牙膏消费量将多出多少倍呀？算不出来，就用手、用脚也行啊！"在大家还在计算的时候，总裁已经下令更换新的包装了。这个决定使狮子公司的当年营业额增加了32%。

3. 间接薪酬

间接薪酬也被称为福利薪酬，是薪酬结构中不可或缺的组成部分。福利薪酬主要是指企业为员工提供的各种物质补偿和服务形式，包括法定福利和企业提供的各种补充福利。

(二) 薪酬的功能

1. 改善经营业绩方面。

一方面，人员的状态是任何企业经营战略成功的基石，也是企业达成优良经营绩效的保障；另一方面，不谈薪酬，我们就无法谈及人和人的工作状态。薪酬不仅决定了企业可以招聘到员工的数量和质量，也决定了企业中人力资源存量，同时，它还决定了现有员工受激励的状况，影响到他们的工作效率、出勤率和对企业的归属感和忠诚度，从而直接影响企业的生产能力和生产效率。因此，企业必须充分发挥和利用薪酬的调节作用，提高和改变其经营业绩。

2. 有效配置资源

薪酬是企业合理配置劳功力、提高企业效率的杠杆。一方面,企业通过报酬机制,调节企业生产和经营环节的人力资源、实现企业各种内部资源的有效配量;另一方面,由于产品结构和技术结构的变化,企业对人力资源的素质坚持不断提高,因此,企业经常会发现劳动力素质(技能)结构方面供求失衡的现象,供不应求且素质较高的劳动者可以得到较高薪酬,而供过于求且素质较低的劳动者得到较低薪酬的话,就能引导员工学习企业所需要的知识和技能,提高自身的素质,从而使劳动力素质结构合理化。因此,薪酬可以从供求双方来调节劳动力的素质结构,实现供求相对平衡。

3. 塑造和强化企业文化

如上所述,薪酬会对企业员工的工作行为和态度产生很强的引导作用。因此,合理的富有激励性的薪酬制度会帮助企业塑造良好的企业文化,或者对已经存在的企业文化起到积极的强化作用。但是,如果企业的薪酬政策与企业文化价值观存在冲突,那么,它就会对企业文化和企业的价值观严重的消极影响,甚至会导致原有的企业文化土崩瓦解。

4. 支持企业变革

随着经济全球化的趋势愈演愈烈,变革已成为企业经营过程中的一种常态。为了适应这种状况,企业一方面要重新设计战略、再造流程、重建组织结构;另一方面它还需要变革企业文化,建设团队,更好地满足客户的需求,使企业变得更加灵活,对市场和客户的反应更为迅速。而这一切都离不开薪酬,因为薪酬可以通过作用于个人、工作团队和企业整体来创造与变革相适应的内部和外部范围,从而有效推动企业变革。首先,企业的薪酬制度和薪酬政策与重大组织变革之间存在着内在的联系。据统计,在企业流程再造的努力中,50% ~70% 的计划都未能达到预期的目的,其中的一个重要原因就是再造后的流程与企业的薪酬体系之间缺乏一致性。其次,作为一种强有力的激励工具和沟通手段,薪酬如果能够得到有效运用,它就能够起到沟通和强化新的价值观和行为,支持对结果负责的精神作用,同时它还直接成为为新绩效目标的实现提供报酬的工具。这样,薪酬就会有利于强化员工对变革的接受和认可程度从这个意义上说,薪酬更多的是对目前以及将来的一种投资,而不仅仅是一种成本。

5. 控制经营成本

出于企业所支付的薪酬水平高低会直接影响到企业在劳动力市场上的竞争能力,因此,企业必须保持一种相对较高的薪酬水平,这对于企业吸引和保留员工来说无疑是有利的;但是,较高的薪酬水平又会对企业控制生产成本产生压力,从而影响企业在产品市场上的竞争力。因此,一方面,企业为了获得和保留企业经营过程中不可或缺的人力资源不得不付出一定的代价;另一方面,企业由于处于产品或服务市场上的竞争压力又不能不注意控制薪酬支出。事实上,虽然动力成本在不同行业中以及在小企业中的经营成本所占比重不同,但是对于任何企业来说,薪酬成本都是一项不容忽视的成本支出。通常情况下,薪酬总额在大多数企业的总成本中占到40% ~90%。因此,有效地控制薪酬成本支出对于大多数企业的成功经营来说具有重大意义。

这是薪酬的基本分配功能。劳动者在劳动过程中脑力和体力的消耗、劳动力的代际延续、抚养家庭子女等都要借助于薪酬的补偿来实现、劳动者只有得到保障的、稳定的收入,才能安心工作,增加对企业的信任感和归属感。在市场经济条件下薪酬收入是绝大多数劳动者的主要收入来源,它对于劳动者及其家庭的生活所起到的保障作用是其他任何收入保障手段都无法替代的。当然,薪酬对于员工的保障并不仅仅体现在它要满足员工吃、穿、用、作、行等方面的基本生存需要,对于员工家庭的生存状态和生活方式所产生的影响也是很大的。

(三)薪酬管理与人力资源管理职能之间的关系

薪酬管理是整个人力资源管理系统以及组织运营和变革过程中的一个重要组成部分,它与其他人力资源管理职能共同构成了公司。作为现代企业人力资源管理中的重要组成部分,薪酬职能必须紧密结合人力资源管理才能发挥最大的作用。

1. 薪酬管理与工作分析

工作分析是人力资源管理的基础性职能,通过工作分析,对某特定工作的具体特征(包括工作活动的内容、工作职责、工作关系、聘用条件及工作环境等)做出明确的规定,并确定在此岗位上的员工所需要具备的一般要求、生理要求和心理要求(各种技能)。在工作分析的基础上,进行职位评价,即对各个岗位的重要性进行评价,然后根据职位评价的结果和企业的薪酬制度来确定基本工资(岗位工资)。因此,工作分析是进行薪酬评理的基础。

2. 薪酬管理与员工招聘

科学合理、灵活的薪酬制度总能从不同的角度满足优秀人才的优势需要,这使得企业在劳动人市场上更具吸引力,能够招聘到符合企业需要的高素质的员工。据一家顾问公司2005 年在美国100 万名员工进行调查统计得到的结果发现,对员工有吸引力的因素依次为;保持个人好的工作声望,有表现自己能力的机会,有意思的工作,喜欢共同工作,有机会得到提升所希望的报酬。可见,一般员工关心的问题绝大多数是与薪酬有关的(无论是内在薪酬还是外在薪酬)。

3. 薪酬管理与员工培训与发展

员工的培训与发展机会,都属于非货币化薪酬的范畴。企业给员工合理的培训和发展机会,有利于员工更好地完成现在的工作并促进员工的职业发展。培训和发展机会的给予是企业对员工的投资,是企业给员工的一种回报,并会提高员工的工作满意度和组织承诺,同时提高员工的心理投入。因此,培训与发展管理也是广义的薪酬管理活动的一部分内容。

4. 薪酬管理与绩效考核

对员工进行定期和不定期的绩效考核有很多目的,主要有加薪、支付奖励性报酬、培训与晋升机会等几个方面的内容,都是与薪酬的给付有关。越来越多的企业根据员工、团队或部门的业绩来给员工支付报酬。因此,薪酬管理与绩效考核密不可分。

5. 薪酬管理与胜任能力模型

所谓胜任能力,就是指与特定组织中特定岗位上的人员工作业绩水平有因果关联的任职者的个体的胜任行为。它能够将特定工作岗位上表现优秀的员工与表现一般的员工区分开来。建立在胜任能力模型基础上的薪酬体系,能够鼓励员工积极提高与实现高绩效有关的能力,打造一种积极的以能力为中心的高绩效组织。

6. 薪酬管理与留人

好的新酬制度能起到留住关键人员上的作用。目前,部分企业为了稳定员工队伍,特别是为了留住关键性员工,都设计了高比例基本薪酬和高福利的薪酬制度。另外,有些企业还设计了灵活多样的薪酬制度,如股票期权、菜单式福利等,以此来吸引和留住企业的员工。同时,由于实行高回报的长期激励薪酬制度,使得员工离开企业的代价也陡然高升,这在一定程度上也起到了稳定员工的作用。

(四)薪酬管理的内容

1. 薪酬体系

薪酬体系决策的主要任务是确定企业的基个薪酬以什么为基础。在目前情况下,国际上通行的薪酬体系有三种,即职位或岗位薪酬体系、技能薪酬体系以及能力薪酬体系。其中,职位薪酬体系的运用最为广泛。所谓职位薪酬体系、技能薪酬体系以及能力薪酬体系,就是指企业在确定员工的基本薪酬水平时所依据的分别是员工从事工作的自身价值、员工自身的技能水平以及员工所必备的能力水平。职位薪酬体系是以工作以职位为基础的薪酬体系,而技能和能力薪酬体系则是以人为基础的薪酬体系。

2. 薪酬水平

薪酬水平是指企业中各职位、各部门以及整个企业的平均薪酬水平,薪酬水平决定了企业薪酬的外部竞争性。这里需要指出的是，在传统的薪酬水平概念中，我们更多地关注企业的整体薪酬水平，而在当今全球经济一体化以及竞争日趋激烈的市场环境中，人们开始越来越多地关注职位之间或者不同企业中同类工作之间的薪酬水平对比，而不是笼统的企业平均水平的对比。这是因为，随着竞争的加剧以及企业对自身在产品市场和劳动力市场上的灵活性的强调，企业在薪酬的外部竞争性方面的考虑越来越多地超越了企业对内部薪酬一致性的考虑。

3. 薪酬结构

薪酬结构指的是同一组织内部的不同职位所得到的薪酬之间的相互关系，它涉及的是薪酬的内部公平性问题。在企业总体薪酬水平一定的情况下，员工对于企业内部的薪酬结构是极为关注的，这是因为，企业内部的薪酬结构实际上反映了企业对于职位（技能或能力）重要性以及职位（技能或能力）价值的看法。如果说企业的薪酬水平会对员工的吸引和保留产生重大影响，那么薪酬结构的合理与否往往会对员工的流动率和工作积极性产生重大影响。一般而言，企业往往通过正式或非正式的职位（技能或能力）评价来确定薪酬结构的公平性和合理性。

4. 薪酬形式

薪酬形式是指员工所得到的总薪酬的组成成分以及各部分的比例关系。通常情况下，薪酬形式划分为直接薪酬和间接薪酬，前者主要是指直接以货币形式支付给员工并且与员工所提供的工作时间有关的薪酬，而后者也包括福利、有形服务等一些具有经济价值，但是以非货币形式提供给员工的报酬。

5. 薪酬管理政策

所谓薪酬管理政策主要涉及企业的薪酬成本与预算控制方式以及企业的薪酬制度、薪酬水平是否保密的问题。薪酬管理政策必须确保员工对薪酬系统的公平性看法以及薪酬系统有助于企业以及员工个人目标的实现。薪酬管理的目的是让员工了解薪酬分配的原则和依据，使员工理解企业对什么样的行为和绩效感兴趣。因此，薪酬制度和薪酬水平是否保密，还取决于是否能够化解员工的不满情绪以及能否保证薪酬的激励功能的体现。

6. 薪酬系统的运行管理

薪酬体系设计完成后，在其运行过程中对其运行过程中出现问题的管理，包括薪酬的预算、成本控制、薪酬诊断与薪酬调整等问题。有效的运行管理可以保证薪酬系统的实施效果。

【实训练习】

1. 某公司是一家大型的电子企业。2006 年，该公司实行了企业工资与档案工资脱钩，与岗位、技能、贡献和效益挂钩的“一脱四挂钩”工资、奖金分配制度。

一是以实现劳动价值为依据,确定岗位等级和分配标准,岗位等级和分配标准经职代会通过形成。公司将全部岗位划分为科研、管理和生产三大类,每类又划分出十多个等级,每个等级都有相应的工资和奖金分配标准。科研人员实行职称工资,管理人员实际职务工资,工人实行岗位技术工资。

科研岗位的平均工资是管理岗位的2倍,是生产岗位的4倍。二是以岗位性质和任务完成情况为依据,确定奖金分配数额。每年对科研、管理和生产工作中有突出贡献的人员给予重奖,最高的达到8万元。总体上看,该公司加大了奖金分配的力度,进一步拉开薪酬差距。

该公司注重公平竞争,以此作为拉开薪酬差距的前提。如对科研人员实行职称聘任制,每年一聘。这样既稳定了科研人员队伍,又鼓励优秀人员脱颖而出,为企业长远发展提供源源不断的智力支持。

请根据案例回答以下问题:

该公司薪酬体系的优势主要体现在哪些方面?您对完善该公司薪酬体系有何建议?

2. 某厂是一家民营企业。企业创立之初,规模不大,是典型的直线制企业。总经理聘请了自己的几个亲友负责管理生产、销售、技术及后勤 ,那几名管理人员的分工并不明确,但都非常敬业,忠诚度很高,在企业的发展初期起了很大的作用。目前生产线的员工实行的是计件工资制;销售人员只有提成工资;其他员工实行的是固定底薪,到年底按企业当年的效益发奖金,奖金的多少由总经理决定。企业的经济实力和业务规模近几年有了很大的提高,但也遇到很多发展中的问题,如企业的管理工作日趋繁重,员工反映管理人员方法生硬;产品缺乏创新,导致一部分固定客户的流失;有些生产和销售的骨干被同行高薪挖走;人才的引进工作也不顺利,好不容易招聘到的几个技术人才不到半年就纷纷离开了

为了改变这些困境,企业进行了一系列改革,如将企业的组织结构调整为直线职能制,明确了各部门的职责;在原有基础上对所有岗位的薪资按比例进行了调整;为了避嫌,免除了原有管理人员的职位,对这些人员在工作安排和薪酬发放上与一般员工一视同仁;为了提高管理水平,面向社会进行了重新招聘,并规定应聘人员的学历一律不能低于大学本科。

请根据案例回答以下问题:

(1)企业改革之前存在哪些问题?

(2)请对企业采取的改革措施做出评价。

(3)请对企业的薪酬制度提出改革建议。

第七章　创业投融资与日常理财

第一节　创业融资方法与策略

创业不仅是实现理想的过程,更是使投资者(股东)的投资保值增值的过程。创业者和投资者是一个事物的两个方面,大家只有通过企业这个载体才能达到双赢的目标。“烧投资者的钱圆自己的梦”的问题说到底是企业家的信用问题,怀抱这种思想的人不会成为一个成功的创业者。能为股东创造价值的企业家才能得到更多的融资机会和成长机会。因此创业者不仅要加强自身的技术能力,还需要具备企业家的道德风范。

金钱不是万能,没有金钱万万不能,创业者只有解决好了融资问题,才能将自己的技术和创意转化为赢利的工具,才能在激烈的市场竞争中立于不败之地;拓宽融资渠道、对投资人负责才能使自己的企业茁壮成长。

任何创业都是要成本的,就算是最少的启动资金,也要包含一些最基本的开支,如产品定金、店面租金等,更别说大一些的商业项目了。

目前国内创业者的融资渠道较为单一,主要依靠银行等金融机构来实现。其实,创业融资,要多管齐下,千万别吊死在一棵树上,这样才能多多益善。

一、融资的定义

从狭义上讲,融资即是一个企业的资金筹集的行为与过程。也就是公司根据自身的生产经营状况、资金拥有的状况,以及公司未来经营发展的需要,通过科学的预测和决策,采用一定的方式,从一定的渠道向公司的投资者和债权人去筹集资金,组织资金的供应,以保证公司正常生产需要,经营管理活动需要的理财行为。公司筹集资金的动机应该遵循一定的原则,通过一定的渠道和一定的方式去进行。我们通常讲,企业筹集资金无非有三大目的:企业要扩张、企业要还债以及混合动机(扩张与还债混合在一起的动机)。

从广义上讲,融资也叫金融,就是货币资金的融通,当事人通过各种方式到金融市场上筹措或贷放资金的行为。从现代经济发展的状况看,作为企业需要比以往任何时候都更加深刻,全面地了解金融知识、了解金融机构、了解金融市场,因为企业的发展离不开金融的支持,企业必须与之打交道。1991 年邓小平同志视察上海时指出:“金融很重要,是现代经济的核心,金融搞好了,一着棋活,全盘皆活。”一位领导人曾说过,各级党政领导干部和广大企业领导干部,都要学一些金融基本知识,如何运用金融这个经济杠杆,是一门很大的学问。这就昭示我们,如果不了解金融知识,不学习金融知识,作为搞经济的领导干部是不称职的,作为企业的领导人也是不称职的。金融知识的主要内容包括:金融机构、金融业务、金融市场、金融调控、金融监管。

二、融资的方法

目前,许多创业者都说融资难,创业融资到底难不难?融资是一门技术,赚钱是一门艺术。蒙牛为什么“牛”?黄光裕、陈天桥为什么成为中国的首富?因为他们掌握了融资的技术、把握了赚钱的艺术。所以蒙牛用短短的 5 年时间就“牛”起来,所以陈天桥 32 岁、黄光裕 36 岁就成为中国首富。

企业不但要用好自己的钱,也要用好别人的钱,还要用好明天的钱。企业不但要用好实有资本,还要用好虚拟资本。企业只用自己的钱永远做不大,只有用好别人的钱、用好明天的钱、用好虚拟资本,才能把企业做强做大。按照传统经济理念,一元钱只能办一元钱的事情,按照创意经济的理念,一元钱可以成为 10 元钱的虚拟经济资本,产生更多的剩余价值。因为人类社会已进入了全球经济、创意经济、诚信与多赢经济的时代。

中国中小企业融资的方法可分为四大类二十八种模式。

第一类:债权融资模式(六种模式)

第一种模式:国内银行贷款

国内银行贷款,是指银行将一定额度的资金及以一定的利率贷放给资金需求者,并约定期限付利还本的一种经济行为。

国内银行贷款的特点:

(1)手续较为简单;

(2)融资速度较快;

(3)融资成本较低;

(4)贷款利息进入企业成本;

(5)按期付利、到期还本。

第二种模式：国外银行贷款

国外银行贷款，是指为进行某一项目筹集资金，借款人在国际金融市场上向外国银行贷款的一种融资模式。

国外商业银行贷款的特点：

(1)国外商业银行是非限制性贷款；

不限贷款用途、不限贷款金额、不限贷款币种。

(2)国外商业银行贷款利率较高；

按国际金融市场平均利率计算，硬通货币利率低，软通货币利率高。

(3)国外商业银行贷款看重贷款人的信誉。

第三种模式：发行债券融资

企业发行债券融资，是企业按照法定的程序，直接向社会发行债券融资的一种融资模式。

企业债券融资的种类与特点：

(1)短期企业债券(期限1年以内)；

(2)中期企业债券(期限1至5年)；

(3)长期企业债券(期限5年以上)；

(4)企业债券具有流通性、收益性、偿还性、安全性的特点。

第四种模式：民间借贷融资

民间借贷融资，是不通过金融机构而私下进行的资金借贷活动，是一种原始的直接信贷形式。民间借贷模式创新——个人委托贷款业务。

所谓个人委托贷款业务，是由个人委托人提供资金，银行作为受委托人，根据委托人确定的贷款对象、用途、金额、期限、利率等代为发放、监督使用并协助收回贷款。

个人委托银行贷款的规定

1999年中国人民银行发布的《贷款通则》规定：委托贷款是由政府部门、企业事业单位以及个人委托人提供资金，由贷款人(委托人)根据委托人确定的对象、用途、金额、期限、利率等代为发放、监督使用并协助收回贷款。商业银行和信托投资公司都可以开办委托贷款业务。

2002年1月中国人民银行批准中国民生银行正式开办个人委托贷款业务

第五种模式：信用担保融资

信用担保融资，是介于商业银行与企业之间以信誉证明和资产责任保证结合在一起的融资模式。

信用担保贷款目前在全国31个省、市中，已有100多个城市建立了中小企业信用担保机构。这些机构大多实行会员制管理的形式,属于公共服务性、行业自律性、自身非盈利性组织。担保基金的来源,一般是由当地政府财政拨款、会员自愿交纳的会员基金、社会募集的资金、商业银行的资金等几部分组成。会员企业向银行借款时,可以由中小企业担保机构予以担保。另外,中小企业还可以向专门开展中介服务的担保公司寻求担保服务。当企业提供不出银行所能接受的担保措施时,如抵押、质押或第三方信用保证人等,担保公司却可以解决这些难题。因为与银行相比而言,担保公司对抵押品的要求更为灵活。当然,担保公司为了保障自己的利益,往往会要求企业提供反担保措施,有时担保公司还会派员到企业监控资金流动情况。

信用担保融资的特点:

(1)使原借、贷两者关系变为借、贷、保三者关系;

(2)信用担保分散银行贷款风险;

(3)信用担保分解企业融资困难;

(4)信用担保收取一定比例的担保费用;

(5)成功的信用担保将实现企业、银行、担保机构“三赢”。

第六种模式:金融租赁融资

金融租赁融资是以商品形式表现借贷资本运动的一种融资模式。

金融租赁融资的特点:

(1)由承租人指定承租物件,使用、维修、保养;

由承租人负责,出租人只提供金融服务。

(2)金融租赁以承租人占用出租人融资金额的时间计算租金;

(3)租赁物件所有权只是出租人为了控制承租人偿还租金的风险而采取的一种形式所有权,到合同结束时,根据合同协定可以转移给承租人;

(4)金融租赁最少需要承租方、出租方、供物方三方当事人。

第二类:股权融资模式(九种模式)

第七种模式:股权出让融资

股权出让融资,是企业出让企业的部分股权,以融到企业发展所需要的资金。

股权出让的对象:

(1)股权出让大型企业;

(2)股权出让境外商企;

(3)股权出让产业基金;

(4)股权出让风险投资;

(5)股权出让个人投资。

第八种模式 增资扩股融资

增资扩股融资，是企业根据发展的需要，扩大股本融资的一种模式。

增资扩股的特点：

(1)通过扩大股本，直接融进资金；

(2)通过扩大股本，把企业加快做大；

(3)根据经营收益状况，向投资者支付回报。

第九种模式：产权交易融资

产权交易融资，是指企业的资产以商品的形式作价交易的一种融资模式。

产权的种类

(1)按产权的归属主体不同可分为：

政府产权、法人产权、私有产权

(2)按产权历史发展的形态不同可分为：

物权、债权、股权

(3)按产权客体形态的不同可分为：

有形资产产权和无形资产产权

(4)按产权运动形态的不同可分为：

固定资产和流动资产

(5)按产权具体实现形式的不同可分为：

所有权、占有权和处置权

第十种模式：杠杆收购融资

杠杆收购融资，是指以被收购企业的资产或股权作为抵押筹资，来增加收购企业的财务杠杆的力度，去进行收购兼并的一种融资模式。

杠杆收购的范围：

(1)资本规模相当的两个企业之间；

(2)大企业收购小企业；

(3)小企业收购大企业；

(4)个人资本收购法人企业。

第十一种模式：风险投资融资

风险投资，是一种投资于高科技、高增长、高风险企业的权益资本投资。

风险投资的特点：

(1)高风险

(2)高回报

(3)专业性

(4)组合性;

(5)权益性;

(6)中长期。

第十二种模式:投资银行融资

投资银行投资,是指投资银行将符合法规可动用的资金以股本及其他形式投入于企业的投资。

投资银行的含义

投资银行,是主营资本市场业务的金融机构,现实中的证券公司、基金管理公司、投资管理公司、风险投资公司、投资顾问公司等都是投资银行机构。

投资银行投资的特点:

(1)投资银行是资本市场的核心机构;

(2)投资银行除了自身的可用资金,还有多种融资渠道;

(3)投资银行投资原则上参股不控股;

(4)知名投资银行投资的企业,实际上已为进入资本市场奠定了基础。

第十三种模式:国内上市融资

国内上市融资是指企业根据国家《公司法》及《证券法》要求的条件,经过中国证监会批准上市发行股票的一种融资模式。

企业在国内上交所主板上市融资的条件:

(1)股票经国务院证券监督管理机构核准已公开发行;

(2)公司股本总额不少于人民币三千万元;

(3)公开发行的股份达到公司股份总数的百分之二十五以上;公司股本总额超过人民币四亿元的,公开发行股份的比例为百分之十以上;

(4)公司最近三年无重大违法行为,财务会计报告无虚假记载。

企业在国内深交所中小企业板上市融资的条件:

(1)目前在深交所中小企业板上市,实行"两个不变",即:现行法律法规不变;发行上市标准不变;

(2)目前在深交所中小企业板上市,实行"四个独立",即:运行独立、监察独立、代码独立、指数独立;

企业国内创业板上市的条件:

(1)IPO 后总股本不得少于 3000 万元 ;

(2)发行人应当主要经营一种业务;

(3)最近两年连续盈利,最近两年净利润累计不少于一千万元,且持续增长;或者最近一年盈利,且净利润不少于五百万元,最近一年营业收入不少于五千万元，最近两年营业收入增长率均不低于百分之三十；

(4)前净资产不少于两千万元。

第十四种模式：境外上市融资

境外上市融资是指企业根据国家有关法律政策规定及境外资本市场的法律法规及《上市规则》，在境外资本市场上市融资的一种融资模式。

国家鼓励具备条件的企业到境外上市融资：

(1)1999年7月14日，中国证监会发布《关于企业申请境外上市的有关问题的通知》；

(2)1999年12月，中国证监会发布《境内企业申请到香港创业板上市审批与监管指引》；

(3)2005年10月21日，国家外汇管理局发布《关于境内居民通过特殊目的公司融资及返程投资外汇管理有关问题的通知》；

(4)国内企业到境外资本市场上市融资，是我国对外招商引资的新发展。

目前实际可选择的境外资本市场：

(1)香港交易所主板和创业板股票市场；

(2)新加坡交易所股票市场；

(3)美国纽约交易所和NASDAQ股票市场；

(4)英国伦敦交易所股票市场；

(5)德国法兰克福交易所股票市场。

其中，香港交易所主板和创业板股票市场为国内中小企业境外上市融资的首选股票市场。

第十五种模式：买壳上市融资

买壳上市融资，是非上市公司在境内外资本市场通过收购控股上市公司来取得合法的上市地位，然后进行资产和业务重组进行发行配股的一种融资模式。

壳公司的特点：

(1)经营业绩差；

(2)行业前景不佳；

(3)产品市场萎缩；

(4)股价长期低迷；

(5)企业债务过重；

(6)自身无回天之力。

第三类：内部融资和贸易融资模式(七种模式)

第十六种模式：留存盈余融资

留存结余融资，是指企业收益缴纳所得税后形成的、其所有权属于股东的未分派利润，又投入于本企业的一种内部融资模式。

留存结余融资的特点：

(1)手续简便；

(2)财务成本低；

(3)增强企业凝聚力；

(4)企业没有债务及股权分散的风险。

第十七种模式：资产管理融资

资产管理融资，是指企业通过对资产进行科学有效的管理，节省企业在资产上的资金占用，增强资金流转率的一种变相融资模式。

应收账款抵押贷款

通过以应收账款作为抵押取得贷款。

应收账款抵押贷款的特点是：卖贷方将应收账款抵押给金融机构，而取得抵押贷款。但应收账款仍由卖贷方去负责追索。存货质押担保贷款存货担保融资是通过仓储物品进行质押贷款。

存货担保的特点是：企业的存货必须市场相对畅销、不易腐坏、市场价格相对稳定等，以其作为融资的担保品。

第十八种模式：票据贴现融资

票据贴现融资，是指票据持有人在需要资金时，将商业票据转让给银行，银行按票面金额扣除贴现利息后将余额支付给票据持有人的一项银行业务。

在我国商业票据主要是指银行承兑汇票和商业承兑汇票。

银行承兑汇票贴现

(1)银行作为汇票的承兑人，在票面上办过承兑手续，承诺到期付款的汇票。

(2)银行承兑汇票持有人，在需要资金时，可申请提前兑现。

商业承兑汇票贴现

(1)购货人作为汇票的承兑人 在票面上办过承兑手续，承诺到期向销货人付款的汇票。

(2)商业承兑汇票的贴现是以企业信用为基础的融资，如果承兑企业的资信好，商业承兑汇票持有人在需要资金时，可持商业承兑汇票到银行按一定的贴现率申请提前兑现。

这种融资方式的好处之一是银行不按照企业的资产规模来放款，而是依据市场情况（销售合同）来贷款。企业收到票据至票据到期兑现之日，往往是少则几十天，多则300天，资金在这段时间处于闲置状态。企业如果能充分利用票据贴现融资,远比申请贷款手续简便,而且融资成本很低。票据贴现只需带上相应的票据到银行办理有关手续即可,一般在3个营业日内就能办妥,对于企业来说,这是"用明天的钱赚后天的钱",这种融资方式值得中小企业广泛、积极地利用。

第十九种模式:资产典当融资

资产典当融资,是指资产所有者,将其资产抵押给典当行而取得当金,然后按约定的期限支付当金利息、偿还当金、赎回当物的融资行为。

我国2001年8月正式实施《典当行管理办法》。

资产典当融资的特点:

(1)当物、当期、当费灵活;

(2)典当手续简便快捷;

(3)典当融资限制条件较少。

典当融资典当是以实物为抵押,以实物所有权转移的形式取得临时性贷款的一种融资方式。与银行贷款相比,典当贷款成本高、贷款规模小,但典当也有银行贷款所无法相比的优势。首先,与银行对借款人的资信条件近乎苛刻的要求相比,典当行对客户的信用要求几乎为零,典当行只注重典当物品是否货真价实。而且一般商业银行只做不动产抵押,而典当行则可以动产与不动产质押二者兼为。其次,到典当行典当物品的起点低,千元、百元的物品都可以当。与银行相反,典当行更注重对个人客户和中小企业服务。第三,与银行贷款手续繁杂、审批周期长相比,典当贷款手续十分简便,大多立等可取,即使是不动产抵押,也比银行要便捷许多。第四,客户向银行借款时,贷款的用途不能超越银行指定的范围。而典当行则不问贷款的用途,钱使用起来十分自由。周而复始,大大提高了资金使用率。

第二十种模式:商业信用融资

商业信用融资,是指在商品交易中,交易双方通过延期付款或延期交货形成的一种商业信用筹措资金的形式。

商业信用融资的特点:

(1)最原始的商品交易资金周转的信用方式;

(2)商业信用能为交易双方提供方便;

(3)商业信用可以巩固经济合同、加强经济责任;

(4)商业信用融资的关键是交易双方都要诚守信用。

第二十一种模式:国际贸易融资

国际贸易融资,是指各国政府为支持本国企业进行进口贸易而由政府机构、银行等金融机构或进出口商之间提供资金。主要形式有国际贸易短期筹资和国际贸易中长期融资。

国际贸易短期筹资

进出口商在商品交易过程中,需要短期融通资金,以促进进出口贸易的有效实现,这些短期资金可以从各国的对外贸易银行或其他途径得到解决。

国际贸易中长期筹资

国际贸易中长期筹资即指出口信贷,它是以出口国政府的金融支持为后盾,通过银行对出口商或进口商提供低于市场利率并提供信贷担保的一种筹资方式。

第二十二种模式:补偿贸易融资

补偿贸易融资,是指国外向国内公司提供机器设备、技术、培训人员等相关服务等作为投资,待该项目生产经营后,国内公司以该项目的产品或以商定的方法予以偿还的一种融资模式。

补偿贸易的特点:

(1)补偿贸易是投资与贸易相结合的活动;

(2)补偿贸易是商品贸易、技术贸易和国际信托相结合的活动;

(3)买方所购进设备款和利息不以现汇偿还,而以其所购进设备生产的产品偿还。

第四类:项目融资和政策融资模式(六种模式)

第二十三种模式:项目包装融资

项目包装融资,是指对要融资的项目,根据市场运行规律,经过周密的构思和策划进行包装和运作的一种融资模式。

项目包装融资的特点:

(1)项目包装的创意性;

(2)项目包装的独特性;

(3)项目包装的包装性;

(4)项目包装的科学性;

(5)项目包装的可行性。

第二十四种模式:高新技术融资

高新技术融资,是指用高新技术成果进行产业化的一种融资模式。

高新技术融资的来源:

(1)国家科技型中小企业技术创新基金;

(2)国内民间资本;

(3)国际机构资本。

第二十五种模式:BOT 项目融资

BOT 项目融资，是指经政府特许具有相关资格的中小企业一种特许项目的融资模式。

BOT 项目融资的含义

BOT 是英文的缩写，其含义是：

投资建设 → 经营管理 → 到期移交

BOT 项目融资的特点：

(1)政府主导与参与；

(2)按市场机制运作；

(3)由 BOT 项目公司具体执行；

(4) BOT 项目主要是市政、道路、交通、电力、通讯、环保等资本与技术密集的大型项目。

第二十六种模式：IFC 国际融资

IFC 是国际金融公司的简称(英文缩写) IFC 是世界银行集团成员之一。它既是世界银行的附属机构，又是独立的国际金融机构。IFC 投资的重点是发展中国家中小型企业的新建、改建和扩建项目。

IFC 贷款投资的特点：

(1)主要向发展中国家私人控股中小企业贷款；

(2)贷款额度在 200 万 ~400 万美元之间，最高不超过 3000 万美元；

(3)贷款期限 7 ~15 年；

(4)贷款利息不统一，视投资对象的风险和预期收益而定；

(5)IFC 经常采取贷款投资与股本投资相结合的投资方式。

第二十七种模式：专项资金融资

专项资金投资，是指国家专门投资于中小企业专项用途的资金。

国家有关部门和各省市政府陆续出台专项资金政策：

(1)国家财政部、原国家经贸部颁发《出口信用保险扶持发展资金管理办法》

(2)各省市相继出台扶持中小企业发展的专项资金

第二十八种模式：产业政策融资

产业政策投资，是指政府为了优化产业结构，促进高新技术成果产业化而提供的政策性支持投资。

产业政策投资的种类：

(1)财政补贴；

(2)贴息贷款；

(3)优惠贷款；

(4)税收优惠;

(5)政府采购。

三、融资技巧

创业致富投资的获得除创企业项目和创业者的素质外,还需一定的融资技巧。在和投资人正式讨论投资计划之前,创业者需做好四个方面的心理准备:

1. 准备应对各种提问。一些小企业通常会认为自己对所从事的投资项目和内容非常清楚,但是你还要给予高度重视和充分准备,不仅要自己想,更重要的是让别人问。创业者可以请一些外界的专业顾问和敢于讲话的行家来模拟这种提问过程,从而使自己思考得更全,想得更细,答得更好。

2. 准备应对投资人对管理的查验。也许你为自己多年来取得的成就而自豪,但是投资人依然会对你的投资管理能力表示怀疑,并会问道:你凭什么可以将投资项目做到设想的目标?大多数人可能对此反应过敏,但是在面对投资人时,这样的怀疑却是会经常碰到的,这已构成了投资人对创业企业进行检验的一部分,因此创业者需要正确对待。

3. 准备放弃部分业务。在某些情况下,投资人可能会要求创业者放弃一部分原有的业务,以使其投资目标得以实现。放弃部分业务对那些业务分散的企业来说,既很现实又确有必要,在投入资本有限的情况下,企业只有集中资源才能在竞争中立于不败之地。

4. 准备做出妥协。从一开始,创业者就应该明白,像自己的目标和创业投资人的目标不可能完全相同。因此,在正式谈判之前,创业者要做的一项最重要的决策就是:为了满足投资人的要求,创业者自身能做出多大的妥协。一般来讲,由于创业资本不愁找不到项目来投资,寄望于投资人来做出种种妥协是不大现实的,所以创业者做出一定的妥协也是确有必要的。

很多 VC(VC:Venture Capital 全称风险投资)的网站都提供一个可以投递商业计划书的邮箱,但是创业者投递了商业计划后,能够得到反馈吗?答案是“不能”实际上,这是一种最糟糕的跟 VC 接触的方式。

所谓风险投资,根据美国全美风险投资协会的定义,是指由职业金融家投入到新兴的、迅速发展的、有巨大竞争潜力的企业中的一种权益资本。风险投资也可以理解为一个动态循环的过程。风险投资者以自身的相关产业或行业的专业知识与实践经验,结合高效的企业管理技能与金融专长,对风险企业或风险项目积极主动地参与管理经营,直至风险企业或风险项目公开交易或通过并购方式实现资本增值与资金的流动性。一轮风险资本投资退出以后,该资本将投向被选中的下一个风险企业或风险项目，这样循环往复，不断获取风险资本增值。

为什么这个方法不好？大部分 VC 公司每天都会收到大量的商业计划，要对这些商业计划书都认真处理是很困难的，因此，VC 都会采用某种筛选机制。大部分 VC 会认为，如果你是一个真正的创业者，你会找到一个认识 VC 的人，跟这个人搞好关系，想办法让他把你介绍给 VC。如果你做不到这一点，你很可能不是一个真正的、合格的创业者。

这话听起来有点糙，但道理是对的。如果你不能够找人把你推荐给 VC，你怎么能够找到客户推销你的产品，或者跟他们合作；如果不够执着、没有办法走进 VC 的大门，你怎么才能让最受欢迎的记者来给写你的创业故事？或者让最多疑的客户掏钱？VC 希望你有能力在薪水不够吸引人、常常需要加班、公司现金只能维持几个月的情况下，游说员工加入公司。一句话，创业者在大多数情况下脸皮需要足够厚。

当初融资的时候，要找出谁是 VC 的朋友是很困难的，但是现在，你有很多社会关系工具，比如 LinkedIn、Facebook、Twitter、甚至 Google 搜索，太容易了。除了这些，还可以给出几条建议：

1. 公司律师

VC 时刻都会跟律师打交道，律师可能会协助 VC 募集资金，也会代表 VC 投资过的公司处理法律事务。VC 在出售公司或者实施公司期权计划的时候，也需要跟律师合作。实际上，大部分出色的早期公司的代表律师跟 VC 的圈子很重叠。他们通常是 VC 最好的早期项目来源之一，因为通常创业者要做的第一笔业务是让律师帮他们注册公司。

例：我在 2003 年第三次融资的时候，我已经知道这个诀窍了。我给两个熟识的律师打电话，问他们在华盛顿区的 VC 情况。他们告诉我：哪家 VC 公司最好、哪家很有趣、哪家很无聊？甚至更详细的关于合伙人的问题：谁有影响力、谁没有？谁做了大量项目？谁把时间花在 golf 课程上？谁懂 SaaS、谁不懂？我还问他们谁会积极参加董事会、谁只参加“电话董事会”？（那个时候还没有 The Funded 网站）当然，不是每个律师都会告诉你这些细节，但是如果你能够花足够多的时间跟足够多的律师在一起，并且给他们提供帮助（比如给他们介绍客户），那你就能获得一些信息。大部分做 VC 业务的好律师，在你做好融资准备之后，把你介绍给 VC 还是轻车熟路的。

2. 专注创业企业的猎头

跟猎头交流，不仅仅是因为他们爱交际，也因为他们认识很多人，如果他们在这一行干过足够长的时间的话，他们对人的了解有更多的渠道。好的猎头一定认

识 VC,你需要找到这样的猎头。怎样找呢？很简单,跟本地的创业企业 CEO 联系,问问他们。(见下面第 4 条)

3. VC 投资过的公司

假如你已经挑出了想接触的 VC 公司,收集了他们的一些信息,但是你还没有找到合适的人给你做推荐,那么最好的办法就是找到被这些 VC 投资过的公司的 CEO。但是很多人都不这么做。每家 VC 都会在网站列出他们的投资项目清单,很容易就能找到认识这家 VC 的一些 CEO(被投资公司的网站通常会列出董事会名单,这样你甚至可以知道那个合伙人负责这个项目)。当然,当你联系这些 CEO 的时候,你需要节省他们的时间,并最好能让他们觉得认识你对他们也有帮助。问他们能不能抽出 30 分钟跟你喝喝咖啡,向他们学习一点融资的经验。如果他们答应了,你不要超过约定的 30 分钟限制,跟他们建立联系,他们会对你的融资有帮助的。

如果你觉得跟那些 CEO 打电话不方便,也可以跟他们的其他创始人联系,这些人的名单在公司的网站上也有。一旦你按照上面的方法见了 4、5 家公司的 CEO,至少可以跟其中的 1 位建立友好关系。在适当的时候,礼貌地请他们给你推荐那些投资给他们的 VC。来自被投资公司的推荐是所有 VC 最好的项目来源。

4. 其他创业者

另外一个渠道是尽量广泛地联络其他创业者。创业者通常深深地陷入在销售产品、融资和招聘人员,他们通常没有时间去联络其他创业者。要得到如何创办公司(当然包括融资)方面的建议,最好的办法就是跟这些创业者沟通。

他们可以给你一大堆有关本地 VC 的信息和他们融资的经验。当然,你不能完全依赖某个人的信息,如果你见过足够多的创业者,你就能区分谁的经验好谁的建议不妥。

现在,你知道了 VC 会从被投资公司、律师、猎头和创业者(当然还可以通过同学、其他 VC、商学院老师等)那里收到大量商业计划书。你还认为你寄给 VC 网站邮箱的商业计划书,能够给你带来 VC 的面谈机会吗?

据国外媒体报道,美国知名 VC 布拉德·菲尔德(Brad Feld)日前撰文表示,创业企业应该找对投资人,在寻找投资人之前先从六个方面对自己进行评估。这样才能减少筹资的盲目性,并顺利找到企业真正的“天使”。布拉德·菲尔德原文如下:

作为一名 VC,每天我都会接见数位希望筹集资金的企业家,通常情况下我的回答是“你不应该来找我,你应该求助于天使投资人”。

造成这种混乱的原因不同:有时是因为对风险投资和天使投资的作用和预期的误解;有时是因为寻求企业的企业家没有搞清公司做什么业务和需要多少资金。不论什么原因,以下是一些关于寻找 VC 和天使投资人的指导方针。

(1)明确本轮融资额。如果本轮融资少于 100 万美元,找 VC 无疑是浪费时间。当然有两个例外:第一,这笔钱是针对种子期(Seed round)的;第二,同该风险投资公司有既存关系。

(2)明确公司融资总额。如果你确定创业企业发展所需要的所有资金少于 300 美元,最好去找天使投资人。

(3)明确企业类型。VC 喜欢潜力巨大的业务,天使投资人则偏爱投资那些需求较小的公司,最好需要数额较少的资本。此外,大多数 VC 希望所投企业有明确的经济规模。

(4)管理团队的经验。成功的企业家总能较快地从 VC 那里筹集到资金。如果你是第一次创业,你会发现比起那些有经验的企业家,获得 VC 青睐的可能性小得多。此时不妨去投奔天使投资人。

(5)关系网络。如果之前并没有接触过 VC,或者你的朋友、同事也鲜有这方面的经验,就处于了不利地位,意味着一切要从头开始。相反,假如你朋友的父亲是财富 1000 强公司的 CEO,意味着你能很轻易获得天使投资人的召见。

以上是一些基本的准则,还有大量的例外存在。一般来说,一家创业企业三分之一投资来自于首位投资人,另外三分之一的投资来自于追随首位投资人的投资者,最后三分之一的投资具有随机性。因此,找到最适合的首位投资者至关重要。

资深投资人教你十步赢得投资者青睐。

几乎每家创业公司都在寻求融资,而事实上提交融资申请后真正能拿到资金的公司少之又少,这确实让人感觉很沮丧。怎样才能强化自身优势,赢得继续生存的机会呢? 拥有十多年投资经验的 Startup Professionals 创始人兼 CEO Marty Zwilling,站在资深投资者的角度给出了如下十条建议:

(1)立即整合你的业务

如果你想获得融资,首先要将你的业务整合成某种符合融资要求的股份制公司形式。法人实体最好符合投资人股权共享的理念,而非法人实体无法获得投资。

(2)组建有经验的团队

记住一句话:投资人只投团队,不投创意。根据个人经验来说,这一点几乎是获得天使投资最大的绊脚石,因此极其重要。如果创始人没有丰富的经验,可以找一些顾问弥补这个不足。

(3)注册域名,建立网站

如今即使你不是互联网企业,如果没有网站,也算不上真正的公司。投资人通常会去你的网站去感受公司的氛围和眼界。同时注意保护好公司在社交网络中的品牌名称或标识。

(4)界定知识产权

把专利和商标集中到一起以展示真实的知识产权状况。这将是一个强大的竞争优势,“入场壁垒”也是能否获得融资的关键。同时也是在各阶段融资中经常出现的障碍。你可以提前准备,否则可能错失良机。

(5)创建产品原型

对很多创业者来说,他们需要融资去建立设计和建立产品原型,然而大多数的天使投资者则希望在投资前就能看到产品原型。这时候就需要你用自己或家人甚至朋友的钱来创建产品原型,以展示你的早期进展。

(6)创建简报和摘要

投资者希望你能通过 1 到 2 页的摘要来阐述 10 页左右的幻灯片简报。要记住这是给投资人而不是给你的客户看,所以你需要简明扼要地展示商业计划与商业模式中的要点。

(7)准备一份投资级的商业设计

不管你是否需要融资,每个创业者都需要为自己拟一份专业的商业计划。作为创始人,你可能认为每个人都能通过你的激情和语言理解你的愿景及计划,而事实并非如此。你需要准备回答投资人或合作者可能提出的任何问题,包括流量评估、资金需求及退出策略等。

(8)完成财务报表

与商业计划一样,财务报表不仅仅是给投资者看,更多的是自己需要使用。但也不需要太复杂,在多数情况下 Excel 提供的功能满足需求。利用它提供的公式计算 5 年内公司的收入、成本、现金等,并需要将可能的变数都考虑进去以增加可信度。

(9)赢得至少一个客户

免费试用的客户不在此列,必须有人肯为你产品或服务付钱。所有的信念和市场研究都不如客户付的钱实在。这被称为“商业模式验证”。

(10)尽力与投资者建立联系

最后也是最重要的是,在你需要帮助前就先和投资人建立联系。如果你在各种团体或活动中都扮演一个积极的角色,那你可能会更早接触到投资者。

总之，天使投资人可以被你创建新的成功事业的梦想所感动，但这离不开良好的计划、努力的工作以及细心的准备。你需要先做好自己的工作引起他们的关注，而不要指望资金会像变魔法一样从天而降。

四、融资应注意防范的误区

筹资的过程对于创业者来讲，实质上就是推销你的公司，推销你的产品和你的梦想的过程。成功的企业家之所以会成功，一个重要的原因就是他懂得怎样向经验最丰富的投资商推销他的第一商品——初创的企业，从而获得资金的支持。

但创业企业筹集风险资金的过程的确是艰难的。一般来说，风险投资公司一年要听数百位企业家阐述他们的创业计划，可最后投资的企业不足约见的1%。因此，做好准备，把握机会、主动争取相当重要。

误区一：廉价出卖你的技术或创意

许多创业者急于得到启动或周转资金，往往在融资时急于求成。给小钱让大股份，轻易地贱卖技术或创意，“只要能获得启动资金就行”。但在公司运营一段时间后，才感悟到当初的技术卖便宜了。开始对当初的投资协议不满，这时，有的人又会轻率地提出毁约。这样做的后果都是很不好的，只会使我们在资本市场上失去商业信誉。

误区二：烧别人的钱圆自己的梦

这种对风险投资不负责任使用的情况，相当普遍地存在着，在当前的网络融资中表现得最为明显和突出。

创业不仅是创业者实现理想的过程，更是使投资者的投资保值增值的过程。创业者和投资者是一个事物的两个方面，只有通过企业这个载体发展的过程，才能达到双赢的目标。

误区三：没有完善的融资战略设计

跟任何推销过程一样，在筹资和融资过程中，也需要完善的策划和充分的准备。但是，很多创业者只有总的战略策划和设计，却没有关于融资的具体战略设计，这是不应该的。这一部分内容应该用心进行策划，策划的内容应该有：

哪些风险投资商对你这一类别的项目和产品感兴趣？

他们一般可能采取哪种投资合作形式？

他们一般在第一次接触中会提出和涉及哪些问题？我应该做哪些准备才能展现本项目的优势和特点？

在第一次交往中如何阐述清本项目的价值，既引起投资方的兴趣，又进行必要的火力侦察，为后续谈判打好基础？

应该提起注意的是:这些战略设计的内容是不要写进商业计划书的。

误区四:缺少对融资方案的比较性选择

尽管国内的中小企业融资渠道还不是很健全,但渠道还是比较多的。总的来说可以分为两类:资本金和债务资金。

其中的债务资金不会稀释创业者股权,而且可以有效分担创业者的投资风险。如果采用出让股权的方式进行融资,则必须做好投资人的选择。

误区五:过度包装或不包装

有些创业企业为了融资,不惜粉饰财务报表、甚至造假进行“包装”。其实,财务数据脱离了企业的基本经营状况,明眼人一眼就能看穿。

但也有另一种情况,有些创业企业认为自己经营效益好,应该很容易取得融资,不愿意花时间及精力去包装。但实际上资金方看重的不止是企业短期的利润,而是企业的发展前景及企业可能面临的风险,更看重的是企业团队带领员工战胜风险的能力。

误区六:缺乏资金规划和融资准备

不少民营企业在发展过程中把融资当作一个短期行为来看待,希望突击拿款或突击融资,而实际上成功的机会很少。缺乏融资准备最典型的表现是多数创业者对资本的本性缺乏深刻的研究和理解。在这种情况下就去盲目进行融资,往往效果不佳。其实,资本的本性是逐利,不是救急,更不是慈善。中小企业融资时,能够把企业及公司业务清晰地展示在投资者面前,让投资者看到给你融资后“逐利”的可能性和现实性,他们才会放心。

误区七:缺少必要的融资知识

真正理解融资的人很少,很多创业者总希望托人打个电话,找个熟人,写个创业计划书,就能把钱贷到手。其实,企业融资是非常专业的,需要有丰富的融资经验、广泛的融资渠道,对资本市场和投资人要有充分的认识和了解,还要有很强的专业策划能力及解决融资过程中遇到的各种现实问题的运作能力。

误区八:先期融资贷款未还

银行其实都是愿意贷款支持讲信用的中小企业做大做强的。就一般情况而言,除了高新技术企业之外,银行还从贷款原则出发,青睐那些产品有市场、法人代表对企业的管理控制能力强、经营规模和经济效益呈向上趋势、并拥有长期稳定销售合同的中小企业。

事实上,企业的每一轮中小企业融资,都将影响投资者对你后续中小企业融资的可行性和价值评估。

误区九:只顾扩张不建立合理的公司治理结构

企业的规范化管理是企业自身的一种融资能力。很多民营企业在不断扩张中企业管理却越来越粗放、松散,不注意在企业发展的过程中完善公司治理结构,规避企业扩张过程中的经营风险的能力。不具备银行评估的基本贷款和融资的条件,这也是造成中小企业融资、贷款难的一个重要原因。

误区十:盲目对外出具融资担保函

由于融资比较困难,一些创业企业之间往往进行相互出具融资担保。但由于这种盲目担保往往给创业企业带来很多意想不到的风险。

【实训练习】

A. 除了课文中介绍的融资方式,你还能找到哪些融资方式。

B. 根据个人的创业项目,写一份面向天使基金或是风险投资基金的融资用创业计书。

【案例】

那些获得巨额融资后还是失败了的创业公司

投资方:Alloy Ventures, Walden Venture Capital

失败原因:

……它的服务与其竞争对手如mValue公司的服务有所不同。mValue公司本月早些时候已经倒闭,AllAdvantage. com公司也因为在支付费用和分配广告收益方面出现很多漏洞而多次调整它的经营模式。

AllAdvantage. com成立于1999年春,网站经营方式为:向访问者提供“每日抽奖”“产品促销”以及“点击广告得现金”等活动;在征得访问者同意的情况下,收集访问者网上购物习惯等私人信息。通过这些途径,AllAdvantage公司从广告客户那里获得了高额的广告费用。

“我们过于依赖风投,而且会员的增长速度大大超过了公司早期的利润增长。简单地说,我们用互联网时代的模式吸引会员,却用落后的媒体时代所用的方式来销售广告,广告是我们主要收入渠道……当网络广告市场和理财市场在2000－2001年间衰落时,AllAdvantage. com所赚利润已不能满足会员的迅速增长(以及他们每小时带来的固定成本)。于是我们不得已停止这个生意,尽管还有很多新的会员加入。”

Nielsen调查表明:AllAdvantage网站在访问量下降幅度非常显著,网站在2000年4月份的访问量为200万人次,但是到12月时其访问量就已经降到了54.7万人次。

Kozmo. com

投资方:Oak Investment Partners,Flatiron Partners

失败原因:

有时候,“利润”二字并不能代表一切。这就是原本在市场上处于领先地位的在线配送公司 Kozmo. com 得到的深刻教训。投资人宣布不再为该公司注资,公司停止营业。

实际上,Kozmo 的管理层确实已寻找到了在线配送业务的出路,但令人惋惜的是,当时已经太迟了。在纳斯达克市场 2000 年 4 月崩盘后,Kozmo 通过裁员以降低成本,并通过增加高附加值的商品、取代配送录像带和瓶装可乐等项目来增加销售收入。同时开始增收配送费用,开始销售例如 DVD 播放机在内的更多商品,并积极开展离线业务,比如 Kozmo 曾经通过邮件向用户寄送产品目录。“不过很快,其他零售商也开始这么做。”

2000 年 12 月份,公司营业额 200 万美元,利润 20 万美元;而到了 2001 年 6 月份时,公司营业额 80 万美元,亏损 250 万美元。

Drapkin 公司创始人和负责人,《来自电子商务壕沟的建议》一文的作者迈克尔·德拉普金(Michale Drapkin)称:“同日配送服务的问题在于,最高效的服务却只带来最微薄的利润。那么即使在市场上占据了相当的份额,要返还 2.8 亿美元的投资基本上也是不可能的。”

资料来源:Forbes/2001/04/12/0412topnews. html 搜狐科技/20010417/file/0457,643,100051. html

eToys

投资方:Bessemer Venture Partners,Sequoia Capital

失败原因:

自 1997 年成立以来,eToys 在网络玩具销售市场中所占的份额不断扩大,逐渐成长为可与亚马逊书店比肩的 B2C 电子商务领导者,市值曾高达 15 亿美元。但公司的最大心病是一直无法实现收支平衡,亏损额不断扩大。2000 年 10 月,公司宣布预计当年第四财政季度的销售收入在 2.1 亿美元到 2.4 亿美元之间。考虑到玩具销售的季节性,这个数字对 eToys 来说性命攸关。然而不幸的是,eToys 最终的营业额只有 1.31 亿美元。

与由盛而衰的电子商务行业里人们耳熟能详的每一个悲惨故事相比,eToys 的故事似乎没有什么不同。但在专家眼里,eToys 的倒闭别有一番滋味。eToys 经营良好,拥有智能化的方便可靠的电子网站和一个运营顺畅的配送系统。它所定位的市场对互联网的运作也十分合理,大多数玩具被买来作为礼物,在这个领域,或许只有同为网上零售商的亚马逊书店，才能与它一争高下。

eToys破产原因主要是管理不善：公司高管多是年轻人，观念超前、充满自信，主要精力用于建设先进的网络电子商务基础架构，靠投资生存，不考虑实际生意；在有了大量投资后，花钱如流水，许多项目超出预算，投入大量资金放在没有效果的广告上，以及雇佣了不少水平不符合高薪的技术人员。

分析家指出，eToys破产的影响有二：一是消费型网站的受挫会对网上广告业造成连锁损害。在网上广告蓬勃发展的同时，定价的过于高昂预支了投资者口袋中有限的资金。资本市场对消费型网站的抛弃意味着在线广告投入的大幅减少甚至消失。现在即便是网络业巨头雅虎和美国在线都已经感受到这股寒潮。其他规模较小的网上内容服务商随时面临被淘汰出局的厄运。二是B2C形式的电子商务网站的失败会使风险投资变得更加小心翼翼。新经济公司从风险投资公司得到的资金将大大少于从前。一位曾在一年中帮助18家新兴公司上市的欧洲资深律师表示，风险投资家的投资战略将有所转变，每笔交易的考察时间将会被大大延长，以深入观察投资项目的进展情况。即便在第一期投资投入以后，还会有连续不断的考察和重新谈判，为新兴公司重新定价，以减少投资风险。新兴公司的融资大门仍然敞开，但融资之路将越走越难。

Caspian Networks

投资方：New Enterprise Associates，US Venture Partners

失败原因：

先是想要打造核心路由、帮助电信运营商提升服务质量，结果创业未半炒了投资方鱿鱼。2002年（注：互联网泡沫结束后！）早期又获得1.2亿美元投资，2003年核心路由上市，但几个月后便转移了市场策略，效仿思科（Cisco）、帮助电信运营商监测和控制P2P网络。2005年5月公司又获得5500万美元投资，总融资额超过3亿美元，这让私募行业大为震动，公司也表示将在2006年初开始盈利，但2006年4月时，Caspian发明了“公平使用策略框架”（一种分配不同服务间流量的解决方案），号称自己是“网络中立”这个议题的终结者。

到2006年9月，Caspian终于把资金用完难以为继，宣布破产。显然，多轮投资者的仙人指路为Caspian没落起到了汗马功劳。

Pay By Touch

投资方：Mobius Venture Capital，Rembrandt Venture Partners

失败原因：

Pay By Touch共获投资超过3.4亿美元，“滑动手指付款”的产品遍布全世界，合作伙伴包括：艾伯森，花旗银行新加坡，壳牌……

但除了这些早期客户之外,产品的发展并不如预期一般顺利。公司宣称有超过3000家店铺安装了指纹扫描器,但从未公布过交易量明细。对于习惯了信用卡和借记卡付款的消费者,指纹支付并没有充分吸引力。"很难和信用卡公司竞争,"Gartner 分析师阿维娃·利坦(Avivah Litan)指出,"消费者已经习惯了刷卡获得飞行里程和其他奖励,没有使用指纹支付的动机。"

RealNames Corporation

投资方:Draper Fisher Jurvetson,Clearstone Venture Partners

失败原因:

Realnames 公司成立于1996年,曾拿到超过1亿美元的风险投资,并于2000年向国际互联网技术标准组织 IETF 递交了第一份关于"关键字"寻址技术的国际标准,成为是全球最大的"关键字"寻址服务提供商。2000年3月,因看好"关键字"技术,微软与 RealNames 签订了为期两年的合同,获得其20%的股权(初始价值约为8000万美元)和1500万美元的现金。RealNames 公司总裁、CEO 蒂尔称,RealNames 还承诺在合同期间另外支付2500万美元,让 IE 浏览器提供关键字服务。

2002年3月28日,微软与 RealNames 的合同到期,微软对 RealNames 发出最后警告,称将终止合同,并只给 RealNames 三个月的期限处理善后事宜。5月7日,微软决定结束与 RealNames 公司的合作,不再允许该公司在 IE 浏览器上启动"关键字"服务系统,并将于6月28日关闭 RealNames 的服务;5月14日,这家国际著名的关键字服务提供商正式宣布倒闭。

RealNames 表示它从创立到倒闭都没有其他更好的选择,只能选择微软作为合作商,在合作的两年期间产品表现已经证明,在长期内有很大可能获得成功,但微软以"关键字服务系统质量不佳"为理由强行终止合作。这么看来,RealNames 的失败是个大鱼吃小鱼的故事。

Procket Networks

投资方:New Enterprise Associates,Institutional Venture Partners

失败原因:

推出产品后的一年多时间内,Procket 公司只获得了极少数客户,其中大多是大学和小型运营商,最大、而且是唯一的大型运营商客户是日本 NTT 公司,而 NTT 同时还用着 Cisco 和 Juniper 的产品,后两者加起来在整个市场上占据了超过90%份额。

产品销售达不到市场预期,梦幻创始人团队相继离职,使得 Procket 也成了风投者的包袱,2.72亿美元投资急剧缩水,最终于2004年6月17日被思科以8900

万美元收购,这固然是一桩划算的交易,但其实思科中意的是 Procket 的人才,不是硬件。

"这桩收购之所以成功进行,是因为我们将获得 130 位能干的人才。我们觉得应该买下这家公司,以维持整个团队,而不是逐一挖角。"倘若果然如思科所言,短期内不采用 Procket 的技术,那么思科相当于花 68.5 万美元重金礼聘一位 Procket 工程师。

六个月前才从思科跳槽的 Procket 首席执行官罗兰·阿克拉(Roland Acra)说,被思科收购,对大多数的员工都是好事一桩。"公司破产倒闭是很可悲的,"他说:"创投界现在无意资助另一家初创的核心路由器公司,至少十年内我不认为还会有与 Procket 类似的一家。思科的文化与 Procket 相似,它让热心发展技术的人才有贡献所长的舞台。"

Boo. com

投资方:Arts Alliance 等

失败原因:

网上服装零售商 Boo. com 是欧洲第一家破产的互联网公司,公司主要创立者是两位著名模特,他们拥有 40% 股份,Boo 出现正迎合了当时英国网络公司的时尚——明星加盟、美人主理。因此投资者都是国际大公司,有法国贝纳德·阿诺尔集团、贝纳通家族、美国 J. P. 摩根集团、高盛集团等,Boo 轻轻松松筹集到 1.35 亿美元,也因此被誉为欧洲资金最雄厚的互联网公司。

Boo 目标定位是全球市场,打算为 18 个国家的顾客量体裁衣销售服装,前期宣传投入巨大;为了符合自身格调,办公室租在成本高昂的伦敦金融中心区,经理们去世界各地看时装展都是坐头等舱、住五星级酒店;公司规模迅速扩大,本预计只要 40 名员工,但很快便在世界各大城市如伦敦、纽约、巴黎等地设立办公室,并雇佣了 450 名员工,超出预期 10 倍以上。

网站建设和经营亦不尽如人意,多国语言、技术问题让网站上线推迟了近五个月,网站的设计过于超前,实际可供选择的时装款式并不多,更重要的是,网站名牌服装售价与高档时装店毫无二致,对消费者缺乏吸引力。所以在上线一个月后,营业额只有 6 万英镑,甚至无法支付 450 名员工的薪水。

"公司错过了时机,没能成功执行这个好的创意,从一开始就把大部分目标客户排除在外了……没有高速的网络连接,就无法正常使用网站的试穿等功能。"其网站大量使用 JavaScript 和 Flash,在 56Kbps 窄带时代加载速度非常慢。

Boo. com 一名经理承认,公司的失败之处还有全球市场推广和广告开销过大、技术投入太少,短短 2 年时间吞噬了其 1.35 亿美元的投资。公司的债权人大多是广告代理，这些广告代理从公司手中至少挣了2500万美元。

DeNovis，Inc.

投资方：Advanced Technology Ventures，UV Partners

失败原因：

DeNovis为医疗保险和金融服务业提供交易处理和信息管理系统，产品包括eHD产品套件，用于与医疗应用程序搭配；HICL和ELR，是语言类产品，能够协助编写和管理商业计划、合约和政策。DeNovis还提供咨询服务，咨询项目包括商业流程、员工训练等，IBM集团和德勤咨询都是公司战略合作伙伴。

DeNovis也是因财务问题而倒下，风投资金用得七七八八之后，还是无法上市或寻找到合适的收购方。

Pets. com

投资方：Hummer Winblad Partners，Bowman Capital

失败原因：

互联网泡沫阶段另外一个非常重要的教训就是，无论你如何聪明地做广告，也无法拯救自己，最出名的例子就是在线宠物商店Pets. com。这个公司有一个非常可爱的玩偶吉祥物，受欢迎程度非同一般，当时曾出现在美国超级碗的黄金广告时段内，也在印到了感恩节大游行的气球上。但是不管这个玩偶多可爱或者多烦人，Pets. com依旧不能吸引宠物主人来网上购买狗粮、猫粮，因为消费者购买之后还需要等几天才能拿到货，一刻都等不了。所以，Pets. com决定靠牺牲运费来换取销量，然而实际上，Pets. com上销售的宠物用品大部分都是亏钱的。2000年2月，在美国亚马逊的支持下，Pets. com上市融资8250万美元，巨额开支让其苦不堪言，9个月后成功倒闭。

几乎从一开始，Pets. com就注定要有这样的结局：尽管有很多人愿意为宠物花钱，但猫食、狗食物罐头等宠物用品运费高昂，Pets. com几乎没法从中获利，靠折扣吸引客户的手段更是让其收入状况雪上加霜。

COPAN Systems

投资方：Globespan Capital Partners，Austin Ventures

失败原因：

总部位于朗蒙特的数据储存公司Copan Systems破产前募集了多达1.07亿美元的风投资金。Copan公司的资产在一个私人拍卖会上以200万美元的价格被硅图国际公司收购。在倒闭前几周，一度有传言说IBM会收购它，但最终IBM没有这么做。

“Copan公司有一定的吸引力，但是需要的资金过多。”Austin风险投资公司的一合作伙伴菲尔·西格尔(Phil Siegel)这样说道。Austin Ventures风险投资公司投资了硅图国际公司对Copan的收购,并且承认这是一笔好买卖。

Copan的产品与众不同,但缺陷在于没有卖点,团队无法理解市场,仅凭自身经验进行开发。

Calxeda

投资方:Battery Ventures,Flybridge Capital Partners

失败原因:

Calxeda曾经风光无限,其研发的ARM架构处理器被业界认为将是Intel等传统x86巨头的最有力竞争对手之一。但商场无情,在推出第二代产品之后,这家被寄予厚望的业界新锐终因体力不支而倒了下去。某位董事接受采访时说"公司只是风投资金用完了而已,"在这背后有着不少辛酸。

实际上,作为一项新兴的技术,ARM服务器可以说有着一个非常好的开头。整个业界几乎一边倒给予了肯定和积极的评价,这一技术有望改变整个数据中心和互联网面貌。但在实际的市场需求方面,ARM服务器却四处碰壁。很少有公司愿意大批量采购ARM服务器用于商务实践。

简单地说,ARM架构低功耗服务器是ARM集群应用的一种,而利用ARM集群模拟神经元、建设物联网等一些更高阶的项目早已在各个大学的实验室里搞的风生水起。ARM商业服务器在设计、制造、运维、软件编程等主要核心问题上已经没有核心问题等待解决,但为何商业市场对ARM服务器却总是叫好不叫座呢?

原因很简单,那便是转移成本太高。对于任何一个完全理性的消费者,比如企业用户,面对一项新兴的,与原有技术完全不同,但的确有吸引力的技术时,最合理的选择就是研究—论证—实验—等待。而想要将一群最终会选择等待的用户变为实际的用户所需要的是漫长的积累和大量的资金投入。而归根结底,问题又回到了钱上。

然而与x86市场的"最上游的Intel具有最多利润和话语权"不同,处在行业最上游的ARM本身是个员工不过2万人,营业额不过10亿美元。而处在下游的三星、高通、苹果等业界巨头营业额高达数百上千亿美元。这就解释了为何在32位大行其道的时候苹果为何推出64bit ARM芯片,在Cortex-A9/15大行其道的时候高通为何还死抱住Cortex-A8的大腿。而在话语权方面,高通、苹果和三星的嗓门显然也要大过ARM自身。话语权和利润的分散让ARM阵营难以形成有效控制力和合力,想要推动市场更多的还要靠下游厂商自己。

2013年12月19日,Calxeda这家坐落于拥有"小硅谷"之称的奥斯汀市的新锐科技企业在"败光"手中所有现金并融资失败之后宣布重组(有消息指出这家企业将会彻底关闭，不过这一消息未经官方证实），包括重组其债务、把所有员工送回家，以及在计算将出售哪些资产来赔付投资。Calxeda 的技术并非是没有价值的，有买家接盘的可能性很大，不过出价可能不会太高。

第二节　创业企业财务管理与日常理财

财务管理是企业一项很重要的工作，尤其是创业初期的财务管理是创业的重要环节。财务管理是根据财经法规和制度，组织企业资金运动，处理企业同各方面的财务关系。中小企业创业初期，其启动资金大多来自于亲朋借款、银行贷款等，如果对财务工作不重视，造成创业企业在财务上产生很多不规范行为，就会给企业带来经营和财务风险，甚至导致创业失败。

一、什么是财务管理

（一）财务管理定义

财务管理是企业管理的组成部分，是关于资产的购置（投资），资本的融通（筹资）和经营中现金流量（营运资金），以及利润分配的管理。通俗讲，企业财务管理就是企业聚财、用财、发财、理财的活动。创业者创办企业要先聚一部分财（融资），融资的目的是为了用财，用财的目的是为了发财，发财后要在企业内部、国家、企业之间进行分配（利润分配、纳税）。

（二）财务管理的主要方法

企业要有效地组织、指挥、监督和控制财务活动，处理好各种经济关系，就需要运用一系列科学的财务管理方法，包括财务预测、财务决策、财务预算、财务控制、财务分析等方法。

财务预测是在分析、研究有关财务活动的历史资料的前提下，对企业未来的财务活动和财务成果（偿债能力、运营能力、盈利能力等）做出估计和判断，拟定财务计划。创业初期的财务预测，主要是对企业的未来收入做出比较现实和客观的假设。

财务决策是在财务预测的基础上，对不同方案的财务数据进行比较分析，从中选择最优方案。财务决策的主要内容有筹资决策、投资决策、成本费用决策、利润决策等，它是财务管理的核心。

财务预算主要有筹资预算、投资预算、成本费用预算等，是对企业生产经营活动的各个方面进行规划。

财务控制是保证企业财务活动符合原定目标,取得最佳经济效益。企业通过财务控制确保财务预算完成,最重要的是成本费用控制。

财务分析是采用专门分析方法,对企业过去和现在有关筹资、投资、经营、分配等活动的运营能力、偿债能力、盈利能力等进行分析与评价,为企业的投资者、债权人、经营者等相关组织和个人决策提供准确信息和依据。

二、财务管理的目标与内容

(一)财务管理的目标

财务管理的目标又叫理财目标,是指企业进行财务活动所要达到的最终目的。

1. 利润最大化

利润是企业在一定期间内全部收入减去全部费用的余额,利润代表了企业新创造的价值。利润越大,说明企业新创造的价值就越大,企业新增加的财富就越多。企业获利的多少也同时表明了企业竞争力的强弱,因此企业把利润最大化作为财务管理的目标。但是由于利润最大化目标没有考虑利润实现的时间、资金时间价值和风险问题,会使创业企业片面追求更多的利润而给财务决策带来严重的短期行为:拼资源、拼设备、只追求眼前利润最大化,只顾企业长远发展,忽视新产品开发、生产安全、人力资源开发等,影响创业企业的后续发展。

2. 股东财富最大化

股份制企业的财务管理目标就是股东财富最大化。股东创办企业的目的是扩大财富,其财富的多少由其拥有的股票数量和股票市场价格来决定。股票价格围绕着企业预期获利能力的高低变化而上下波动,股票价格越高,股东财富就越大。

3. 企业价值最大化

企业价值最大化是指通过企业财务上的合理经营,采用最优的财务政策,充分考虑资金时间价值和风险与报酬的关系,在保证企业长期稳定发展的基础上使企业价值达到最大。投资者创立企业,目的在于创造尽可能多的财富,这种财富表现为企业价值,但企业价值不等于账面资产总价值,因为很多资产的账面价值是按历史成本计价的,不能代表这些资产的市场价值。还有商誉等无形资产在企业账面上也不能反映出来,所以企业价值应通过市场评价来确定。

(二)财务管理的内容

1. 资金筹集的管理

包括企业资本金、资本公积金的筹集和运用，银行借款、企业债券和其他负债的筹集和管理。

2. 流动资产的管理

包括现金、应收账款、存货等流动资产的管理。

3. 固定资产、无形资产的管理

包括固定资产的购置、使用、大修、折旧和清理变卖的管理，无形资产的取得、摊销、使用、计提减值准备、处置的管理。

4. 营业收入的管理

包括营业收入预测及计划、营业收入的确认。

5. 利润的管理

包括利润预测和计划、利润的形成、分配。

6. 财务报告的管理

包括对财务报表的分析，对企业财务经营状况和经营成果的评价等。

三、创业者应掌握的财务知识

要自主创业就要学会当老板。《中华人民共和国会计法》第四条规定：单位负责人对本单位的会计工作和会计资料的真实性、完整性负责；第二十八条规定：单位负责人应当保证会计机构、会计人员依法履行职责，不得授意、指使、强令会计机构、会计人员违法办理会计事项。可见，作为单位负责人（创业者）必须掌握财务会计基础知识。当然，创业者未必是财务专家，但至少要掌握一些基础财务知识，做到能看懂账本、知道会计是怎么做账的、企业的成本、费用和利润如果计算和分配，这样即使请专业人士来从事财务会计工作时，自己也能通过账本了解企业的日常收支状况，做到心中有数，保证创业企业的经营活动顺利进行，避免不必要的损失和风险甚至违法。

（一）会计基础知识

1. 会计的概念

会计是以货币作为主要计量单位，对单位的经济交易或事项进行核算和监督的一种经济管理活动。

2. 会计的特点

（1）以货币为主要计量单位

货币是会计主要的计量单位，但不是唯一的计量单位，其他辅助计量单位有平方、立方、千克等。

（2）有一系列专门方法

包括会计核算方法、会计分析方法、会计检查方法。会计核算方法是会计的基本方法，主要包括设置会计科目和账户、复式记账、填制和审核会计凭证、登记会计账簿、成本计算、财产清查、编制会计报表。

(3)连续、系统、全面、综合的核算

会计核算已经发生或完成的经济业务，包括记录、计算、分类、汇总和报告，具有连续、系统、全面、综合的特点。

3. 会计的职能

会计的职能是指会计在经济管理过程中所固有的功能，包括会计核算和会计监督两个方面。

(1)会计核算

会计核算是以货币为主要计量单位，对企业一定时期内的经济活动进行真实、准确、完整和及时地记录和报告，即"记账、算账、报账"的功能。

(2)会计监督

又称控制的职能，是会计按照一定的目标和要求，利用会计核算所提供的信息，对企业的资金运动进行的控制，使之达到预期目标。

4. 会计的对象

是指会计核算和监督的内容。凡是企业发生的、能以货币表现的经济活动，即经济交易或事项，都是会计核算和监督的内容，也就是会计的对象。

5. 会计要素和会计恒等式

(1)会计要素是对会计对象按经济交易或事项的经济特征所作的基本分类，是会计核算对象的具体化。我国《企业基本会计准则》规定了六大类会计要素：资产、负债、所有者权益、收入、费用和利润。

资产，是指由于过去的交易或事项形成，由企业拥有或者控制的，预期会给企业带来经济利益的资源。

负债，是指由于过去的交易或事项形成的，预期会导致经济利益流出企业的现时义务。

所有者权益，是企业投资人对企业净资产的所有权，是企业全部资产减去全部负债后的余额。

收入，是指企业在销售商品、提供劳务以及让渡资产使用权等日常活动中所形成的经济利益的总流入，表现为资产的增加或债务的清偿。

费用，是企业在生产和销售商品、提供劳务等日常活动中所产生的各种耗费，是经济利益的流出。

利润，是企业在一定期间内生产经营活动的最终成果，也就是收入与费用相抵后的差额。利润是评价企业经营业绩的一项主要指标，也是债权人、投资者等做出信贷和投资决策的重要参考指标。在一定期间内，如果企业的收入大于费用，表示企业盈利；反之则表示亏损。

（2）会计恒等式

会计恒等式也称会计平衡公式，是反映各会计要素之间数量关系的公式。

会计等式一：资产 = 负债 + 所有者权益

这是会计记账和核算的基础，也是编制资产负债表的基础。该等式表明了股东与债权人在企业的资产中占有多少份额，是资金运动的静态表现。例如：鲁益食品厂投资者投入 1 100 000 元，向银行借入 150 000 元，欠面粉厂货款 30 000 元，已购买的原材料 180 000 元，购置的固定资产 550 000 元，银行存款 100 000 元，其他资产 450 000 元。该企业的资产 = 100 000 + 180 000 + 550 000 + 450 000 = 1 280 000（元）　负债 = 150 000 + 30 000 = 180 000（元）　所有者权益 = 1 100 000（元）　可见，该企业的资产等于负债加所有者权益，符合会计恒等式原理。

会计等式二：收入 - 费用 = 利润

该等式反映了企业一定时期内经营成果（利润）的形成过程，也称动态会计等式，是编制利润表的基础。

（二）企业财务报表编制与分析

财务报表是用简洁的数字，以表格化的报告形式，说明企业的营运能力、获利能力、财务状况及现金流量等情况，为创业者科学决策、改善企业经营管理、确定企业未来发展目标提供可靠依据。财务报表主要包括资产负债表、利润表、现金流量表、所有者权益变动表及报表附注，详细内容在第四节学习。

四、创业企业常见财务问题及风险

在创业企业成立初期和发展过程中，由于财务管理不规范而产生的问题很多，具体体现在：

（一）常见问题

1. 重经营工作轻财务工作

企业创业初期，创业者往往把抢占市场放在创业首位，忽略了财务工作的重要性。例如创业者仅凭脑子计算或凭感觉决策，而不去做规范细致的财务预测和预算，毫无计划性。经常遇到突然没钱发工资、付货款等问题，然后手忙脚乱找朋友、家人筹款，很是被动。因此在创业前期一定要做好创业项目规划及可行性的分析，包括财务预测和预算，这是很重要的工作。通过财务分析，创业者可以知道怎么掌控公司，保证企业现金流，避免风险。

2. 对财务管理认识不足

绝大多数创业者不具备专业财务知识与技能，不是财务会计专家，对财务工作的认识还局限在记账、发工资等简单的会计工作上，没有意识到完善的财务管理工作可以给企业增加收益、节约成本。

3. 财务会计信息失真

创业初期，很多创业者为达到少交税的目的，指使会计人员做假账；向银行申请贷款，为达到银行要求贷到款项，对财务报表和数据随意修改；为对实际经营有利，夸大注册资本，而部分出资实际不到位，账实不符。其结果造成企业“多套账”，财务会计信息失真。虚假的信息不仅使企业内部财务管理混乱，财务风险、隐患滋生，影响企业的正常决策，同时也给创业企业带来信用危机。

（二）财务管理不规范引发的创业风险

创业企业除因虚假出资、账实不符引发法律风险外，还有以下几种风险：

1. 管理风险

大多企业创业初期股东较少，企业所有权和经营权高度统一，老板“一支笔”成为财务管控的主要手段。看似严格，其实只是一种威慑力。如果创业者不懂财务基本知识，仅靠“一支笔”而缺乏规范的财务监督和牵制是控制不了企业内部的财务风险的。

2. 决策风险

对财务工作不重视、财务部门在企业里地位不高、财务人员薪酬偏低，导致财务人员流动频繁，使得企业财务核算的连续性大受影响：旧账、错账、糊涂账出现，账面数据与真实状况严重不符，依靠这样的财务数据对企业进行决策，势必影响企业的发展甚至导致创业失败。

五、企业日常理财

创业者创业的目的除了为社会做出贡献、实现个人梦想外，还想要掘得人生第一桶金。怎样达到创业目的创业成功？这就要求创业者不仅要有挣钱的技能，还要学会理财。俗话说“你不理财，财不理你”。为什么有些创业者感觉自己挣了不少钱，但月底或年底一核算，根本没有多少；或者前期挣钱了，后期又亏损很多。究其原因，是创业者没有良好的财务基本功，在日常管理中没有掌握和运用理财基本知识和基本技能。

（一）生产成本、费用的管理

1. 生产成本、费用的概念

生产成本，也称制造成本，是企业为生产产品或提供劳务而发生的各项成本，包括：

（1）直接材料

生产过程中消耗的原材料、辅助材料、备品备件、燃料及动力等。

（2）直接人工

从事产品生产人员的工资、补贴、福利费等。

（3）制造费用

企业的生产车间为组织和管理生产所发生的各项费用，包括车间管理人员工资、折旧费、维修费及其他制造费用（差旅费、办公费、劳保费等）。

费用是指在生产经营过程中发生的、能够用货币形式表现的各种耗费，这里指的是期间费用，即不计入产品成本而直接计入当期损益、与产品生产无直接关系的费用，主要包括销售费用、管理费用和财务费用。

（1）销售费用是企业在销售产品和提供劳务过程中发生的费用，具体包括包装费、运输费、保险费、广告费、销售人员的工资、福利、差旅费等。

（2）管理费用是企业行政管理部门为组织和管理生产、经营而发生的费用，具体包括管理人员的工资、福利、差旅费、办公费等。

（3）财务费用是企业为筹集和使用资金而发生的费用，包括借款利息支出、外汇手续费、金融机构手续费等。

2. 成本费用的管理与控制

在市场经济条件下，企业必须以产品销售收入抵补产品生产过程中的各项支出，才能确定盈利。因此生产成本的控制是一项非常重要的工作，也是反映企业生产经营工作效果的直接指标。因为企业原材料的消耗水平、设备利用好坏、劳动生产率的高低、产品技术先进程度，都会通过生产成本反映出来。

（1）降低生产成本，严格控制原材料、人工成本

创业企业要通过各种手段（计划、控制、分析、考核等）挖掘降低成本的潜力，努力降低成本、增加盈利，例如调动工人积极性、提高技能、节约原材料、燃料、改进产品工艺、减少废品损失、提高产品质量等。①对原材料的控制，要从原材料消耗量和原材料单价两方面入手，制定科学的原材料消耗定额和限额燃料方法，严格控制原材料采购成本，充分了解市场行情，掌握原材料报价，节约运杂费，减少运输途中损耗。例如：创业者小张经营一家小五金配件厂，他总感觉今年自己的一批货亏损了，由于本人不懂财务会计知识，也不重视财务会计工作，因此一直找不到亏损的原因，也算不出亏损了多少，经过懂财务的朋友指点，他才清楚，是自己生产产品用的原材料比去年上涨了。②对人工成本的控制可通过计件工资制、

提高出勤率、减少非生产人员、控制工资增长幅度等来实现。

(2)控制期间费用

创业企业要想降低和控制管理费用、销售费用和财务费用,就必须做好财务预算管理,加强审核控制,建立健全各项费用管理制度,日常工作中严格按制度规定费用支出。

销售费用具有较多变动项目,如运输费、装卸费、包装费等,这些费用项目随销售量的大小而变化,对费用总额影响较大,可以将这些项目与销售量结合,按不同销售规模(销售量)控制开支的大小。此外,还要制定相关专项制度,严格把关、审批费用。在费用开支前,由相关负责人审查批准并经常核对总额是否突破预算。

管理费用与产品的制造费用不同,管理费用是对生产经营活动从事监督和提供服务过程中发生的费用。创业企业在从事经济活动时应对某一时期可能发生的管理费用事先做出预算,然后按预算控制支出。

财务费用是企业筹资活动形成的,控制财务费用应结合筹资的数额,结合资金成本的控制,分析财务费的发生是否合理、有效。

(二)现金管理

在我国,现金仅指企业的库存货币,但由于银行存款、其他货币资金(外埠存款、银行汇票存款、银行本票存款、信用卡存款等)都具有现金的特征和作用,创业企业在管理现金过程中,对货币资金的各部分都应同等重视。因为现金直接表现为企业财富的货币形式,并且流动性强,所以现代企业对现金管理非常重视。

现金对于创业企业,如同血液对于人体。只有血液充足、流动顺畅,人体才会健康。创业企业如果没有充足的现金,就无法正常运营,甚至危及创业企业的生存。

创业企业加强现金管理应做到:

1. 实行严格的预算管理,统一调配使用资金

对各部门实行严格的预算管理及备用金制,严格实行“收支两条线”。

2. 加强对往来款项和存货的管理,加速资金的周转。

如严格企业收款责任制,加快现金的回流,减少和控制坏账的比例等,加强应收账款、应付账款、其他应收、应付款和预收账款、预付账款的管理。

3. 利用企业信用和银行信用进行融资,增大企业可支配的现金量。

当企业的现金短缺时,企业可以利用自己的商业信用和银行信用,通过办理银行承兑汇票,减少对外采购中现金的支付;或者通过短期融资、中长期融资等方式,调节企业可支配的现金量。

（三）流动资金与现金流量

（1）流动资金

企业为了进行正常生产，除了需要有固定资产以外，还需要有劳动对象，即需要占用资金用来购买原材料、燃料等，以形成生产储备，然后投入生产，产品经销售回收货币而获得银行存款、库存现金等货币资金，这些资金由企业用来重新购买劳动对象及支付其他生产费用，这部分资金叫做流动资金。它就是这样从流通领域进入生产领域，又从生产领域进入流通领域；从货币形态变为实物形态，通过储备、生产和销售等过程又变为货币形态。流动资金周而复始的循环运动叫做流动资金的周转。

①企业流动资金的组成及分类。企业流动资金可分为生产领域和流通领域的流动资金两大类，其组成及分类如表 7－1 所示：

表 7－1　　流动资金的组成

生产领域流动资金	储备资金	原料、辅助材料、燃料、低值易耗品、修理用备件、包装物	定额流动资金
	生产资金	在制品、自制半成品、待摊及预期费用	
流通领域流动资金	成品资金	库存成品、准备出售之半成品	非定额流动资金
	结算资金	发出商品、应收及预付款	
	货币资金	银行存款、库存现金	

②流动资金的考核。考核指标一般有两个：资金周转速度和产值资金率。

资金周转速度是指流动资金在一定时期内的周转次数或周转一次所需的天数，即

$$\text{流动资金周转次数}=\frac{\text{全年产品销售收入}}{\text{全年定额流动资金平均占用额}}$$

$$=\text{流动资金周转天数}\frac{360}{\text{全年流动资金周转次数}}$$

产值资金率即每元产值所占用的定额流动资金的金额，它和上述两个指标的实质并没有不同，只是从不同的角度反映企业流动资金的周转情况。

③流动资金的估算。企业生产所需流动资金的估算，是按项目定时间分别计算，然后汇总得出的。国外所用的方法与国内大致相同，一般组成项目、时间如下：原材料库存按一个月供应量费用计算；辅助材料库存按一周供应量费用计算；产品库存按一个月生产成本费用计算；应收款项账目按一个月产品销售价格计算；现有储备（如支付工资、原料、公用设施和技术供应所需的现金）按一个月的生产成本计算。

为了简化流动资金的估算，一般扩大指标计算，流动资金额约为固定资金额的10% ~20%，或者为企业年销售收入的20% ~25%。可能后者的估算较为接近实际，因为它较能真实地体现出原材料价格。

例如，用总投资100万元建一个煤球厂与用100万元建一有机颜料厂比较，煤球厂用总投资的10%，即10万元作为流动资金就可以了；有机颜料销售价格为20万元/吨，其原料大约为10万元/吨，如果该厂以总投资的10%（即10万元）作为流动资金的话，肯定远远不够。

如果该厂生产规模为年产100吨，则年销售收入2 000万元，以销售收入的20%计算，流动资金应该为400万元，其估算显然以第二种方法为好。

(2)现金流量

一个投资机会所有的资金支出为现金支出（ - ），所有的资金收入为现金收入（ + ）。现金流量就是实际发生的现金支出和现金收入所组成的资金运动。

现金流量 =（年销售收入 - 销售成本）×（1 - 税率）+ 年折旧费

例 某企业投资额100万元，使用年限为6年，终了时固定资产残值为10万元，每年折旧费为15万元，每年固定销售收入、经营费和扣税后收益如下，试计算各年现金流量与整个投资使用年限中的现金流量。

①销售收入（ + ）200万元

②年原材料成本（ - ）100万元

③增值税（17%）（ - ）17万元[（① - ②）×17%]

④年销售成本（ - ）150万元

⑤年税后净利（ + ）33万元（① - ④ - ③）

⑥年折旧费（ + ）15万元

⑦年净现金流量（ + ）48万元（⑤ + ⑥）

整个投资使用年限中现金流量计算列于表中：

表7-2　现金流量计算表

年末	现金支出	现金收入
0	-100万元	
1		48万元
2		48万元
3		48万元
4		48万元
5		48万元
6		48万元 + 10万元（残值）

注：0年末指建设期末，以后即为投产期。

（三）营运资金的管理

营运资金是企业流动资产和流动负债的总称，营运资金的管理就是对企业流动资产和流动负债的管理。其要求是既要保证有足够的资金满足企业生产经营的需要，又要保证能按时按量偿还各种到期债务。

1. 加强对赊销和预购业务的控制

有些企业为了达到实现利润、多销产品的目的，经常采用赊销形式以达到更大销售业绩，但会产生应收账款。如果忽视对应收账款的管理，不能及时催收货款，易造成货款被拖欠。对此企业应制定相关制度，加强对应收账款、预付货款的控制，减少风险，提高资金的使用效率。

2. 合理制定流动资金的需要量

企业流动资金的需要量，既取决于企业经营规模和流动资金资金的周转速度，也受市场供、销情况的影响。企业要全面、综合考虑各种因素，合理确定流动资金的需要量，要保证企业经营的需要，又不能安排资金过量而造成浪费。

3. 完善财务制度

如内部财务管理责任制度、审批制度、内部控制制度等，明确责任、提高决策效率，降低企业经营的风险。

【案例一】

走出困境的富华公司

富华公司是我国的一家上市公司。在过去的连续三年中，公司的收益水平不断下降，股东们对此意见很大，要求查出原因并采取措施，为此公司聘请了财务顾问进行咨询。财务顾问在对该公司初步了解后，认真翻阅了公司历年财务报表资料，计算并编制了相关指标及报表，评价出该企业财务状况及存在问题。

启示：财务分析的主要目的在于对企业未来的状况及经营业绩进行最佳预测，其本质是收集与决策相关的各种财务信息，加以分析和说明，为企业的投资者、债权人、经营者了解企业过去、评价企业现状、预测企业未来做出正确决策提供准确信息和依据。

【案例二】

“三创客”的创业之路

每天早上、中午和下午就餐时间，在科技大学第一食堂4号和5号窗口里，总有三个忙碌的年轻人：于明、赵瑾和杨小光，食堂里这两个售饭窗口就是他们的创业阵地。2014 年 1 月份,3 个年轻人凑了 20 多万元注册成立济南东晨科技网络有限公司,瞄准“互联网 +”商机,做起线上和线下相结合的校园餐饮。

虽然都是“90 后”在校大学生,但他们创业没有要家里的一分钱,20 万元的创业资金都是三人辛苦挣来的。从上大一开始,于明就做两份兼职:一份工作是送外卖,另一份工作是帮商家在网上做营业推广。后来认识了同样做兼职的赵瑾和杨小光。在积攒了一部分收入后,三个人决定自主创业,成立一家公司。2013 年 8 月三人开始为创业做准备:进行市场调查和分析,选择创业项目,撰写创业计划书,筹备资金、注册公司等。最初公司既经营外卖,也经营其他食品:从别的商家那里购进,再通过网络推广销售出去。由于创业初期对经营项目的成本费用、收益等问题缺乏科学的测算,运营 3 个月后他们发现公司目前的模式盈利空间太小,辛辛苦苦忙碌了 3 个月却几乎没赚到钱。经过分析论证后,三个人决定开自己的餐饮店,卖自己生产的产品。他们在学校食堂租了两个窗口,买来大量烹饪书籍钻研菜谱,聘请专业厨师掌勺,针对大学生饮食口味及消费特点,每周推出新菜品,每天推出特价菜。三个年轻人在经营中各有分工:赵瑾负责外卖业务,杨小光负责维护客户群,于明负责公司财务和产品质量。由于没有经验,第一个月亏了 7000 多元。经过分析、整改,他们除改进促销方法外,还注重菜品口感和花样,严格控制各项成本和费用,将菜品单价维持在 3 ~ 10 元以内并推出单人、双人、四人套餐;此外还同移动营业厅合作,推出充话费送饭卡充值活动。一个月后,公司扭亏为盈,以后每个月的纯利润都在 15000 元左右。

看着自己创立的公司逐渐成长、壮大,三个年轻人倍感欣慰,同时也作出了 2016 年的发展计划:让自己的餐饮公司走出校园,营业额争取达到 100 万……

【案例三】

高房租正在逼死餐饮业?

2015 年 6 月,麦当劳在济南榜棚街的店面、张庄路茶叶市场附近的店面,已经递交了闭店申请,正在等待批复,批复之后就将进入闭店程序。山东麦当劳对此事解释是:关闭这两个店不是因为经营不善,而是因为房租太高。虽然两个店位置优越,客流量大,但营业额与上涨的房租不成比例,致使利润率太低,赚的钱相当于都交给房东了,瞎忙活,不能再给房东打工了。

洋快餐日子不好过,中式快餐也好不到哪里去。最近,济南第一大快餐连锁企业——金德利民两家店就关了门,一家位于经七路与经十路交叉口,另一家位于经六纬十附近。

“关店不是因为经营不好。”山东金德利集团常务副总李女士说,主要是店面租金上涨太快，以经十路这家店为例，200平方米左右，2010年年租金只有16万元，2011年涨到20万元，勉强还可以接受，现在合同到期（2015年），一下要涨到48万元，上涨两倍，“靠卖包子、卖菜，根本赚不出来”。

“我们金德利民200余家店，只有五分之一是自有物业，没有租金压力，营业状况还不错。”李女士透露，剩下的全是租赁物业，受租金上涨影响明显，五年来，他们的店面租金支出上涨了50%，“很多店赚的钱全给房东了”。

“快餐是微利行业，卖一份盒饭，毛利只能赚一两块钱。”济南另一快餐巨头超意兴负责人张先生说，房租上涨，给企业压力越来越大。按理讲，目前整体经济增速放缓，房租不降，至少不能上涨吧，但房东不管这一套，照涨不误，导致快餐企业经营越来越困难，“现在不赔钱就是高手”。以超意兴为例，目前在济南拥有100余家店，40%在亏损，剩下60%也不能说在盈利，多数只是保本经营。

中央八项规定实施以来，社会上大力倡导“厉行勤俭节约、抵制铺张浪费”，高端餐饮业绩下滑，纷纷转型寻找出路，开拓中低端市场，比如开连锁快餐店等，会对传统快餐店也形成冲击。“最关键的是行业外‘热钱’，近几年看到快餐行业是块肥肉，加之门槛低，纷纷大举进入。”张先生说，目前济南快餐行业已经整体过剩，进入恶性竞争阶段。

据透露，三四年前，济南叫得上名来的快餐店只有三四百家，到今年3月份，仅加入济南快餐行业协会的企业就有40余家，拥有600余家店面。“如果再算上那些社会上的无名快餐店，保守估计，济南得有2000余家。”张先生说，过去干服装的进来了，干建筑配套的、干运输的等等，都进来了。

“不进来不知道快餐行业这潭泥水有多深。”张先生说，它对成本控制、菜品特色等要求很高，外行贸然进入，肯定会不适应，预计从现在开始，济南快餐行业会进入洗牌期，迎来闭店潮，今年年底之前估计会有四分之一闭店，到明年年中会有一半快餐店关闭。

——摘自《济南时报》2015年6月10日

【创业实训一】

毕业大学生王可创业两年后的恒泰制造厂，2014年3月末各项会计资料如下：

（1）正在加工尚未完工的产品84 000元；

（2）原材料95 000元；

（3）仓库存放的完工产品149 000元；

（4）向银行借入为期6个月的借款170 000元；

（5）向银行借入五年期借款400 000元；

(6)房屋及建筑物 390 000 元;
(7)机器设备 890 000 元;
(8)应付进货款 237 000 元;
(9)应收销货款 161 000;
(10)股东投入资本 1 000 000 元;
(11)各种银行存款 184 000 元;
(12)尚未分配利润 146 000 元。

实训要求:根据"资产 = 负债 + 所有者权益"会计恒等式,填表并回答:

A. 该企业的资产、负债、所有者权益各是多少?

B. 是否符合会计恒等式要求?

项目	资产金额	负债金额	所有者权益金额
合计			

【创业实训二】

电子商务专业学生李莉毕业后准备自主创业。她看好养生降糖的苦荞制品并计划以 O2O 的模式销售。李莉在一大型居民社区租了一家门店销售苦荞挂面、苦荞馒头和苦荞面水饺,并且加入两个知名团购网站。这样顾客既可以在网上购买、快递到家,也可以网上订购、到店取货,至于一些不太擅长网购的老年人,开在社区的门店则解决了这个问题。

要求:

A. 请你帮李莉考虑一下经营产品的成本和费用有哪些项目?

B. 若要降低成本、减少费用,李莉应该从哪些方面入手?

C. 李莉还可以运用哪些方式推广商品?

注:O2O 是 online to offline 的缩写,又被称为线上线下电子商务,即把线上的消费者带到现实的商店中去:在线支付(或预订)线下商品、服务,再到线下去享受服务。通过打折、提供信息、服务等方式,把线下商店的消息推送给互联网用户,从而将他们转换为自己的线下客户。也有观点认为,O2O 是 B2C 的一种特殊形式。

【创业实训三】

汽修专业毕业生李晨创办了一家汽修厂,需要购入汽车轮胎,请你帮他设计一个轮胎采购成本表。

第三节 创业企业财务报表编制与分析

一、财务报表的编制

1. 什么是财务报表

财务报表是财务报告的重要部分(财务报告是反映企业财务状况和经营成果的总结性文件,包括财务报表和财务状况说明书),主要包括资产负债表、利润表、现金流量表、所有者权益变动表以及附注。

财务报表给投资者、经营者、行政管理部门(税务、工商、审计等)提供创业企业的生产经营管理信息,对企业加强经营管理、开拓市场、提高效益起着重要作用。

财务报表是为了解企业而服务的,作为创业者,至少要了解并掌握企业三方面情况:一是企业财务状况,通俗讲就是要清楚企业目前有多少钱、欠人家多少钱;二是企业的经营成果,就是一定时间里企业是赚了还是赔了,如果是赚了,赚多少,如果是赔了,赔多少;三是要清楚一定时间里企业收了多少钱,支出去了多少钱。企业者要掌握这三方面情况,依靠的是三张报表:资产负债表、利润表、现金流量表,创业者至少要学会看懂这三张报表。

2. 资产负债表的编制

资产负债表是反映企业在某一特定日期(月末、季末、半年末)全部资产、负债、所有者权益状况的报表。

资产负债表

编制单位：×××公司　　　　××××年××月××日　　　　单位：万元

资产	年末余额	年初余额	负债及股东权益	年末余额	年初余额
流动资产：			流动负债：		
货币资金			短期借款		
交易性金融资产			交易性金融负债		
应收票据			应付票据		
应收账款			应付账款		
预付账款			预收账款		
应收股利			应付职工薪酬		
应收利息			应交税费		
其他应收款			应付利息		
存货			应付股利		
待摊费用			其他应付款		
一年内到期的非流动资产			预提费用		
其他流动资产：			预计负债		
流动资产合计：			一年内到期的非流动负债：		
			其他流动负债：		
			流动负债合计：		
			非流动负债：		
非流动资产：			长期借款		
可供出售金融资产			应付债券		
持有至到期投资			长期应付款		
长期股权投资			专项应付款		
长期应收款			递延所得税负债		
固定资产			其他非流动负债		
在建工程			非流动负债合计		
固定资产清理			负债合计		
无形资产			股东权益：		

（续表）

资产	年末余额	年初余额	负债及股东权益	年末余额	年初余额
开发支出			股本		
商誉			资本公积		
长期待摊费用			盈余公积		
递延所得税资产			未分配利润		
其他非流动资产			减:库存股		
非流动资产合计			股东权益合计		
资产总计			负债及股东权益总计		

补充资料:1. 已贴现的商业承兑汇票______元。

2. 融资租入固定资产原价______元。

资产负债表的结构是以会计平衡公式“资产 = 负债 + 所有者权益”作为理论基础。资产负债表分为左右两部分,左边列示的是资产,主要是流动资产和非流动资产两大类;右边列示的是负债(流动负债、非流动负债)和所有者权益。补充资料是表中无法单独反映的一些信息。表中资产部分反映企业在某一特定日期拥有或控制的经济资源及其分布情况,它为创业者分析企业的生产经营能力提供资料;负债部分反映企业所承担的债务总额及构成状况,便于创业者掌握企业的债务结构,为分析企业面临的财务风险提供资料;所有者权益部分反映企业的投资者对企业净资产所拥有的要求权,包括投入资本和留存利润,为创业者熟悉企业的财务实力提供准确信息。总的来说,资产负债表反映了企业的偿债能力,为创业者对企业未来进行经济决策提供重要信息。表中主要内容说明

“年初余额”　表中“年初余额”栏内各数字根据上年末资产负债表“期末余额”栏内所列数字填列。

“期末余额”　表中“期末余额”栏内各数字根据会计账簿的总账和有关明细账的期末余额编制。

“流动资产”　指在一年或一个正常营业周期内可以变现、出售或耗用的资产,是企业在短时间内持有的资源,主要包括货币资金、短期投资、应收票据、应收账款、其他应收款、存货、待摊费用等。

“长期投资”　指企业对外投出的期限在一年以上的资金,包括对外联营投资、购买的股票等。

“固定资产”　企业使用期限超过一年、单位价值在规定标准以上的房屋、建筑物、机器设备等。

“无形资产” 指没有实物形态的资产，包括专利权、土地使用权、非专利技术、商誉等。

“流动负债” 指企业应在一年或一个营业周期内偿还的债务，包括短期借款、应付票据、应付账款、其他应付款、应付职工薪酬、应交税费、应付利息、应付股利等。

“非流动负债” 指流动负债以外的负债，偿还期通常在一年以上或超过一个营业周期以上，主要包括长期借款、应付债券、长期应付款等。

“所有者权益” 指投资者对企业净资产的要求权，包括实收资本、资本公积、盈余公积和未分配利润。

3. 利润表的编制

利润表是反映企业在一定期间内经营成果的报表，它主要提供企业经营成果方面的信息。通过利润表，创业者可以了解企业在一定期间的收入、费用和成本的发生以及利润(或亏损)的实现、构成情况，将利润表中的数据与资产负债表的信息相结合，能够分析企业的获利能力以及未来企业发展的趋势，便于投资者、创业者做出决策。

利润表

编制单位：×××公司　　××××年××月××日　　单位：元

项目	本年金额	上年金额
一、营业收入		
减：营业成本		
营业税金及附加		
销售费用		
管理费用		
财务费用		
资产减值损失		
加：公允价值变动收益		
投资收益		
二、营业利润		
加：营业外收入		
减：营业外支出		
三、利润总额		
减：所得税费用		
四、净利润		

利润表是按照利润的构成内容层次，分步骤逐步、逐项计算并编制而成，通常分三个步骤计算出本期税后利润（净利润）：

第一步：营业收入减去营业成本、营业税金及附加、销售费用、管理费用、财务费用、资产减值损失，加公允价值变动收益、投资收益，计算出营业利润。

第二步：营业利润加营业外收入，减去营业外支出，计算出利润总额。

第三步：利润总额减去所得税费用，计算出净利润（若为负数即表示企业亏损）。

4. 现金流量表

现金流量表是反映企业一定期间的现金（包括库存现金、银行存款、其他货币资金等）和现金等价物（自购买之日起三个月到期的国库券、商业本票、可转让定期存单、银行承兑汇票等）流入和流出的报表。现金流量表主要提供企业有关现金流量方面的信息，让创业者及其他报表使用者了解和评价企业获取现金的能力并据以预测企业未来现金流量。

现金流量表

编制单位：×××公司　　　　××××年××月××日　　　　单位：元

项目	金额
一、经营活动产生的现金流量：	
销售商品、提供劳务收到的现金	
收到的税费返还	
收到其他与经营活动有关的现金	
经营活动现金流入小计	
购买商品、接受劳务支付的现金	
支付给职工以及为职工支付的现金	
支付的各项税费	
支付其他与经营活动有关的现金支出	
经营活动现金流出小计	
经营活动产生的现金流量净额	
二、投资活动产生的现金流量：	
收回投资收到的现金	
取得投资收益收到的现金	
处置固定资产、无形资产和其他长期资产收回的现金净额	

（续表）

项目	金额
处置子公司及其他营业单位收到的现金净额	
收到其他与投资活动有关的现金	
投资活动现金流入小计	
购置固定资产、无形资产和其他长期资产支付的现金	
投资支付的现金	
支付其他与投资活动有关的现金	
投资活动现金流出小计	
投资活动产生的现金流量净额	
三、筹资活动产生的现金流量：	
吸收投资收到的现金	
取得借款收到的现金	
收到其他与筹资活动收到的现金	
筹资活动现金流入小计	
偿还债务支付的现金	
分配股利、利润或偿付利息支付的现金	
支付其他与筹资活动有关的现金	
筹资活动现金流出小计	
筹资活动产生的现金流量净额	
四、汇率变动对现金及现金等价物的影响	
五、现金及现金等价物净增加额	
加：期初现金及现金等价物余额	
六、期末现金及现金等价物余额	
补充资料	
1. 将净利润调节为经营活动现金流量：	
净利润	
加：资产减值准备	
固定资产折旧、油气资产折耗、生产性生物资产折旧	

（续表）

项目	金额
无形资产摊销	
长期待摊费用摊销	
处置固定资产、无形资产和其他长期资产的损失（收益以“－”号填列）	
固定资产报废损失（收益以“－”号填列）	
公允价值变动损失（收益以“－”号填列）	
财务费用（收益以“－”号填列）	
投资损失（收益以“－”号填列）	
递延所得税资产减少（增加以“－”号填列）	
递延所得税负债增加（减少以“－”号填列）	
存货的减少（增加以“－”号填列）	
经营性应收项目的减少（增加以“－”号填列）	
经营性应付项目的增加（减少以“－”号填列）	
其他	
经营活动产生的现金流量净额	
2. 不涉及现金收支的投资和筹资活动	
债务转为资本	
一年内到期的可转换公司债券	
融资租入固定资产	
3. 现金及现金等价物净增加情况：	
现金的期末余额	
减：现金的期初余额	
加：现金等价物的期末余额	
减：现金等价物的期初余额	
现金及现金等价物净增加额	

企业一定时期内的现金流入量和流出量，反映了企业经营活动、投资活动和筹资活动的现金流量，说明企业的现金流量形成原因和过程，现金流量表的内容主要由这三大业务活动的内容构成。

企业产生的现金流量有三类：

经营活动产生的现金流量 指企业投资活动和筹资活动以外的交易和事项，包括销售商品或提供劳务、收到返还的税费、购买商品或接受劳务、经营性租赁、支付工资、支付广告宣传费、交纳税款等。

投资活动产生的现金流量 指企业购置与处置非流动资产交易产生的现金流入与流出，包括取得和收回对外投资、购建和处置固定资产、无形资产等。

筹资活动产生的现金流量 指与投资者、债权人有关的筹资性交易产生的现金流入与流出，包括吸收投资收到的现金，取得借款收到的现金、偿还债务支付的现金等。

5. 三大财务报表告诉创业者什么信息

作为企业者 至少要了解、掌握企业的三个方面：财务状况、经营成果和现金流量。以上三个财务报表就是提供这三方面信息的：

资产负债表 告诉创业者公司资产负债情况（出报表时），即企业是穷还是富，穷到什么程度，富到什么程度。表中最重要的关系就是：资产等于负债加所有者权益。

利润表 告诉创业者公司损益情况，即是赔还是赚，赔了多少，赚了多少。表中最重要的关系就是：收入减去成本费用等于利润。

现金流量表 告诉创业者公司收进多少现金，付出多少现金，还剩余多少现金。

二、财务报表分析

1. 什么是财务报表分析

财务报表分析是通过收集、整理企业财务会计报告中的有关数据，结合其他信息，对企业的财务状况、经营成果和现金流量情况进行综合比较和评价，从而判断企业的获利能力、财务状况和偿债能力、筹资和投资的合理性等，为企业决策提供依据。

2. 财务报表分析的主要方法

进行财务报表分析时所需资料主要是财务会计报告中的资产负债表、利润表和所有者权益变动表三张报表，分析方法主要有比较分析法、比率分析法、趋势分析法等。

（1）比较分析法

通过对同一个财务指标在不同时期报表中的数据的比较，说明企业经营活动状况。

[例1]圣文技术学院毕业生张强2012年毕业并创业成立一家电子产品销售公司。2013年公司实际销售利润171万元，2013年公司计划销售利润是180万元，利用比较分析法计算如下：

计划完成率 = 180/171 × 100% = 95%

计划完成差额 = 171 − 180 = −9（万元）

通过分析得知，创业者张强的公司2013年销售利润没有完成预定计划（差9万元），只完成了计划的95%。

[例2]创业者张强的公司计划2014年实现利润210万元，1～9月份已完成利润180万元，利用比较分析法计算（月按30天计算，季度按90天计算，全年按360天计算）：

预计完成计划所需天数 =（计划数量 − 截止期累计数量）/平均每天数量

预计可完成计划的数额 = 已完成数量/已用去天数 × 全部计划期天数

预计完成计划所需天数 =（210 − 180）/（180 ÷ 270）= 45（天）

预计可完成计划的数额 = 180/270 × 360 = 240（万元）

通过分析可以看出，张强的公司2014年按前三个季度完成情况，可提前15天（90天～45天）完成任务，可超计划完成30万元（240万元～210万元）利润。

（2）比率分析法

是利用财务报表中两组相关数值的比率说明企业财务状况和经营成果。该方法常用于分析比较企业的财务支付能力、营运能力及盈利能力，如资本收益率、流动比率、速动比率等。

①资本收益率

是反映企业资本与经营成果关系的指标，该指标越高，说明企业获利能力越强，资本运用的效果越好。

资本收益率 = 净利润/实收资本 × 100%

[例3]佳美公司2013年全年税后利润120万元，公司投资者投入资本为400万元，试分析公司获利能力。

资本收益率 = 120/400 × 100% = 30%

分析：该公司资本收益率为30%，说明公司投资者所投资本的获利能力强。

②流动比率

流动比率是衡量企业短期偿债能力的重要指标，它表明企业每1元流动负债有多少流动资产作为偿还。

流动比率 = 流动资产/流动负债 × 100%

流动比率越高，说明企业资产的变现能力越强，短期偿还能力也越强，反之则越弱。但流动比率也不能过高，过高则表明企业流动资产占用较多，会影响资金的使用效率和获利能力。一般认为：流动比率应维持在2:1(200%)以上，即企业流动资产是流动负债的两倍，也就是每1元流动负债可以有2元流动资产作为偿还，这样即使流动资产中有一半在短期内不能变现，也能保证全部的流动负债得以偿还。

[例4]富源公司2013年上半年流动资产671 000元，流动负债610 000元，试计算并分析该公司流动比率。

流动比率＝671 000/610 000×100%＝110%

该企业流动比率为110%，总体看流动比率过低，说明企业的短期偿债能力较弱，有一定风险，需注意调整。

③速动比率

速动比率也是衡量企业短期支付能力的指标，是指企业资产中可以立即偿付流动负债的能力。

速动比率＝(流动资产－存货)/流动负债×100%

总之，财务报表分析是一项非常重要的工作。创业者通过财务报表分析来了解企业的财务状况和经营成果，为企业未来发展和经营做出正确决策提供准确信息。

【案例一】

分析企业的获利能力

大学毕业生韩磊、聂军均于2011年分别创业成立A、B公司。韩磊的A公司从事服装销售，聂军的B公司从事婴幼儿用品销售。两人经过努力奋斗，2013年公司实现年利润都达到50万元，但A公司2013年财务报表显示其主营业务收入为500万元，B公司2013年财务报表显示其主营业务收入1 000万元。可以看出，2013年A、B两家公司实现的利润是相同的，那么这两家公司的获利能力是否一样呢？

如果从利润的绝对值来看，A、B公司经营成果是一样的(利润都是50万元)，但通过计算销售利润率(销售利润率＝利润/主营业务收入)×100%，A公司的销售利润率为10%(50万/500万×100%)，B公司的销售利润率只有5%(50万/1 000万×100%)，可见创业者韩磊的A公司获利能力要强于创业者聂军的B公司。

【案例二】

贷款解决流动资金不足

某技校营销专业学生周明2008年毕业后,应聘到某大型家电销售公司做销售人员。由于周明勤学好问、吃苦耐劳,销售业绩突出,一年后被公司提拔为业务主管。2012年周明决定自己创业,在经过多方考察、充分准备后,周明的家电专卖店开张了。一年后,公司客源逐渐增加,经营利润可观,周明决定扩大经营,但却苦于缺少流动资金。由于资金周转紧张,周明急需从银行贷款40万元来缓解资金压力,他准备以公司的利润收入作为还款来源,两年内还清款项。经咨询,周明的企业可以办理企业流动资金贷款,条件是:企业生产的产品有市场,经营有效益,有按期还本付息能力;企业资产负债率符合银行规定;能提供银行认可的有效抵押、质押或担保贷款等相关证明资料,贷款额根据企业经营状况、企业法人信誉记录以及所提供的贷款担保方式确定。最终,周明以其名下的个人房产抵押贷款,获得了补充企业流动资金周转的贷款资金。

【创业实训一】

张辉大学毕业后准备成立并经营一家书店。2014年6月1日他拿出自己在大学期间打工挣得的20 000元投资并从父母和亲戚处借入30 000元筹备书店开张,同月购进并销售部分图书。

截止到2014年6月30日,张辉书店的成本44 000元,现金20 000元,累计本月销售额60 000元,销售出去的成本40 000元,支付工资2 200元,支付房租1 800元。

实训要求:

A. 根据以上资料计算张辉的书店6月份利润是多少?

B. 根据书店6月份的销售情况预测出7~12月份的销售额并列出依据。

【创业实训二】

创业者马晓晴的“雅美”鞋店正式营业了。本月共购进鞋子400双,每双进价150元;本月卖出300双,每双售价300元。本月支付营业员工资3 000元,水电费17 000元,广告费800元。上月马晓晴从银行借款50 000元,月利率0.5%,所得税率为30%。

实训要求:

A. 计算“雅美”鞋店该月挣了多少钱(净利润)?

B. 根据资料及计算结果编制鞋店该月利润表

附录1 模拟培训试题及答案

创业模拟培训试题及答案1

一、单选题

1. 创业的首要条件是要有(　　)。
A. 贵人的相助　B. 强烈的欲望　C. 充足的资金　D. 平和的心态
2. 下列说法中不正确的是(　　)。
A. 创业者必须进行市场调查,善于发现和捕捉市场机会
B. 创业资金不是万能的,但没有资金是万万不能的
C. 创业要成功必须依靠国家政策的支持
D. 创业构想要变为实践,必须具备相关知识技能
3. 交通主干道上人与车的流量很大,应是开店经营的(　　)。
A. 理想地段　B. 一般地段　C. 稍差地段　D. 回避地段
4. 创业者良好的身体素质不仅是身体健康,还应该是(　　)。
A. 体格强壮有力　B. 经常运动锻炼
C. 身体健康不生病　D. 精力旺盛思维敏捷
5. 下列说法不正确的是(　　)。
A. 创业不可能一帆风顺　B. 创业能为国家和社会做出贡献
C. 创业有可观的收入　D. 创业能实现自身价值
6. 创业行为对于创业者可能带来的双重效应是(　　)。
A. 功成与名就　B. 身败与名裂　C. 成功与失败　D. 事业与亲情
7. 成功创业离不开正确决策,而正确决策的前提是(　　)。
A. 闭门思考　B. 市场调研　C. 产生灵感　D. 群策群力
8. 对企业来说,市场就是(　　)。

A. 顾客　　B. 产品　　C. 技术　　D. 资金

9. 市场调查为了获得各方面的决策依据，找到进入市场的办法，明确市场需求和（　　）。

A. 促销方式　　B. 服务策略　　C. 宣传方式　　D. 竞争策略

10. 某小吃店总投资额是24000元，每月盈利2000元，如果经营顺利，则收回投资的时间是（　　）。

A. 10个月　　B. 1年　　C. 2年　　D. 3年

11. SWOT分析中的优势“S”是指（　　）。

A. 个人或企业外部可改变的因素　　B. 个人或企业外部不可改变的因素

C. 个人或企业内部可改变的因素　　D. 个人或企业内部不可改变的因素

12. “麦当劳”的特许经营方式（　　）。

A. 直营式　　B. 商标产品型　　C. 经营模式型　　D. 代理销售型

13. 预测某企业的年营业额是100万元，毛利率25%，年管理成本12万元，则年利润率为（　　）。

A. 25%　　B. 12%　　C. 15%　　D. 13%

14. 撰写创业计划书，创业者容易忽略的因素是（　　）。

A. 市场分析　　B. 投资估算　　C. 风险防范　　D. 人员配备

15. 开业启动资金中房租费用，要按租房合约中首期房屋租赁费计算，一般预算为（　　）。

A. 一个月　　B. 付一押一　　C. 三个月　　D. 付三押一

16. 私人借款不得向（　　）借款。

A. 直系亲属　　B. 未成年人　　C. 学生　　D. 公务员

17. 银行给企业贷款，不在乎企业盈亏与否，而在乎（　　）。

A. 销售量　　B. 市场大小　　C. 产品占有率　　D. 现金的流量

18. 交通便捷，客流量大，远离商业区和居住区的店铺适合经营（　　）。

A. 选择性商品　　B. 必需品　　C. 油盐　　D. 米面

19. 开店要选择的地方，应靠近（　　）。

A. 闹市　　B. 目标客户　　C. 车站　　D. 码头

20. 消费者对商店提供的商品选择机会多，商圈范围大的是（　　）。

A. 数量多　　B. 种类齐全　　C. 品种单一　　D. 档次高

21. 甲方作为出租人将其房屋出租给乙方使用，由乙方向甲方支付租金，则甲方是（　　）。

A. 使用人　　B. 居住人　　C. 占有人　　D. 所有权人

22. 以下哪一点不是个体工商户的特征是(　　)。

A. 个体工商户是个体经济的一种法律形式

B. 个体工商户的生产经营范围只限于商业

C. 个体工商户必须依法核准登记

D. 个体工商户对外以户的名义独立进行民事活动

23. 下列选项中不是合伙特征的是(　　)。

A. 共同出资　B. 共同经营　C. 共同决策　D. 共负盈亏

24. 下列不符合有限责任公司股东人数的是(　　)。

A. 100 人　B. 50 人　C. 25 人　D. 2 人

25. 以下不是非正规就业劳动组织对象的是(　　)。

A. 离退休人员　B. 失业人员

C. 协保人员　D. 农村富余劳动力

26. 下列不是自主型劳动组织的经营方式的是(　　)。

A. 个人独立出资　B. 合伙出资　C. 设立有限公司　D. 加盟连锁

27. 下列哪项是个体工商户不可以从事的经营范围(　　)。

A. 法律服务　B. 快餐店　C. 刻字　D. 电器修理

28. 申请个体工商户设立登记时不需要提交的文件是(　　)。

A. 申请书　B. 出资证明

C. 申请人身份证明　D. 经营场所证明

29. 个人独资企业的成立日期以下列哪个为准(　　)。

A. 设立申请日　B. 设立申请材料递交日

C. 营业执照签发日　D. 营业执照领取日

30. 办理合伙企业设立登记时,下列文件中不需要提交的是(　　)。

A. 合伙协议　B. 出资权属证明

C. 经营场所证明　D. 设备证明

31. 设立一个电器批发有限公司,法定最低资本是(　　)。

A. 10 万元　B. 30 万元　C. 50 万元　D. 100 万元

32. 有限责任公司成立后,应当向股东签发(　　)。

A. 经营证明书　B. 出资证明书　C. 公司证明书　D. 权益证明书

33. 创办下列哪个机构,应在企业登记申办之前先得到教育部门的批准和许可(　　)。

A. XX 书报亭　B. 加盟超市　C. 电脑培训中心　D. XX 健身中心

34. 企业经营活动的导向对企业经营的成败有决定性的作用,它应该是

(　　)。

A. 产品导向　　B. 顾客导向　　C. 生产导向　　D. 推销导向

35. 小英辞去公司打字员工作,自己创办了小饭店,用马斯洛需要层次理论来分析,是为了满足自己的(　　)。

A. 生理需求　　B. 心理需求　　C. 社交需求　　D. 自我实现需求

36. 展销会上用宣传资料换取名片,是收集客户资料方法中的(　　)。

A. 见面交换名片　B. 直接询问　　C. 个人细节　　D. 交易记录

37. "一盒起送"是丽华快餐的服务理念,其主要表达的是(　　)。

A. 对待顾客的态度　　B. 完善的服务体系

C. 对服务境界的追求　　D. 服务的具体承诺

38. 最直接影响顾客对企业满意程度的是(　　)。

A. 老板　　B. 员工　　C. 店堂装潢　　D. 商品布置

39. 微小型企业的用人标准除在素质上、道德上、精神上、智力上有一定标准外,还要求员工(　　)。

A. 具有丰富的工作经验和很高的工作技能

B. 对业主忠诚,并能独当一面开展工作

C. 具有大专本科学历

D. 要有团队精神和创新精神

40. 由熟人推荐到企业工作,其优点是用人较为可靠,招聘费用也低,其缺点是(　　)。

A. 质量不一定高,不易聘到高级人才

B. 较难做到客观评价,碍于人情难以择优录取

C. 只能招聘到急需用工

D. 挑选面受限

41. 劳动试用期是用人单位与劳动者在劳动合同中协商约定的对对方的考察期,试工期应(　　)。

A. 不包含在劳动合同期限内　　B. 包含在劳动合同期限内

C. 部分包含在劳动合同期限内　　D. 部分不包含在劳动合同期限内

42. 企业经营者,要改变"老板忙得团团转,员工闲得发慌"的现象,可采用(　　)。

A. 放权　　B. 授权　　C. 集权　　D. 掌权

43. 下列各项中,属于企业无形资产的是(　　)。

A. 建筑物所有权　　B. 场地使用权

C. 债权　　　　　　　　　　　　　　D. 未分配利润

44. 以下业务中,不必在流水账中进行记录的是(　　)。

A. 业务出资 30000 元

B. 支付门面租赁定金 2000 元

C. 购买电脑 1 台,支付银行存款 6000 元

D. 计提每月折旧额 500 元

45. 企业进行成本核算时,一般将运营成本分为固定成本和(　　)。

A. 生产成本　　B. 管理费用　　C. 变动成本　　D. 机会成本

46. 某服装店,平均每月固定成本 12000 元,平均每件服装进货价 100 元,平均售价 150 元,则该店每月的保本销售额是(　　)。

A. 6000 元　　B. 12000 元　　C. 24000 元　　D. 36000 元

47. 下列项目中,企业可用现金支付的是(　　)。

A. 支付个人劳动报酬　　　　　　B. 偿还银行小额借款

C. 支付以前欠某单位 1200 元货款　　D. 退还某单位多付货款 1500 元

48. 金银首饰、汽车轮胎、保健食品、啤酒,货物中征收消费税的是(　　)。

A. 1234　　B. 134　　C. 14　　D. 124

49. 纳税人在领取营业执照后,方按下列规定时间向税务机关申办税务登记(　　)。

A. 领取营业执照之日起 15 天内　　B. 领取营业执照之日起 30 天内

C. 领取营业执照后 15 天内　　　　D. 领取营业执照后 30 天内

50. 影响定价的四个方面因素是:市场需求、成本费用、同业竞争和(　　)。

A. 物价政策　　B. 生意好坏　　C. 市口地段　　D. 定价策略

51. 企业营销要有一定的计划性,对营销目标的设定应是(　　)。

A. 轻松便可实现的　　　　　　B. 切实可行须努力才能达到的

C. 体现行业最高水平的　　　　D. 反映本企业愿望的

52. 选择广告形式要考虑:覆盖范围、表现能力、费用成本和(　　)。

A. 受众对象　　B. 播出时段　　C. 版面位置　　D. 外形尺寸

53. 合理搭配广告版面上色彩、字号、字型的变化,会(　　)。

A. 造成画面凌乱　　　　　　　B. 增强感染力

C. 产生视觉疲劳　　　　　　　D. 分散注意力

54. 微小型企业在选择其供应商时,考虑其价格,质量等因素外,更应考虑的是(　　)。

A. 服务态度　　B. 路程远近　　C. 交通方便　　D. 信用等级

55. 在验收时,发现物资质量检测结果同合同约定标准不符,可以(　　)。

A. 收下再说　　B. 拒收或退回　　C. 双方谈判　　D. 向领导请示

56. 盘点后填写的库存物资统计表上,在清册上签名的应是(　　)。

A. 企业领导　　B. 财务人员　　C. 仓库保管员　　D. 盘点人员

57. 在产品质量控制的要求中,带有强制性的是(　　)。

A. 适用性　　B. 耐用性　　C. 可靠性　　D. 安全性

E. 经济性

58. 在制订企业质量控制标准时,如没有国家和行业标准也无同行参照标准的,可以(　　)。

A. 参照相关行业国家标准　　B. 参照相关行业标杆企业标准

C. 直接制订高于国家的企业质量标准　D. 制订企业自己的标准

59. 在创业的初创阶段,创业者最主要的需求,首先要解决的问题是(　　)。

A. 资金　　B. 项目　　C. 生存　　D. 技术

60. 企业的成功经验表明了企业最可宝贵的资源是(　　)。

A. 技术　　B. 人才　　C. 设备　　D. 资金

61. 选择目标市场的依据是要进行(　　)。

A. 市场细分　　B. 发现市场机会

C. 寻找目标市场　　D. 搜集市场特征

62. 创业是一个艰苦的过程,是一个渐进的过程,切忌情绪(　　)。

A. 激进　　B. 消极　　C. 浮躁　　D. 紧张

二、多选题

1. 危及企业生存和发展的财务问题是(　　)。

A. 亏损　　B. 资金周转困难

C. 资不抵债,无力偿还债务　　D. 销售成本增加

2. 下列解决企业亏损的办法有(　　)。

A. 扩大销售,增加收入　　B. 避免高利借贷,减少利息费用

C. 降低成本,紧缩开支　　D. 妥善安排富余人员,减少工资支出

3. 下列情况中,用人单位可以解除劳动合同(但应提前30日通知)的是(　　)。

A. 劳动者患病,医疗期满后仍不能从事安排的工作

B. 劳动者经培训后仍不能胜任工作

C. 客观情况发生重大变化致使劳动合同不能履行

D. 劳动者工伤并丧失劳动能力

E. 女职工怀孕期间

三、判断题

1. 选择项目时,创业者必须清楚,重要的是"我想干什么"。( )

2. 一个优秀的企业家,只要能拼命地赚钱,别的都不重要。( )

3. 小企业为了迅速做大做强,就必须在短期内增加经营规模,扩大经营区域。( )

4. 创业意向书的主要内容就是确定资金和经营场地。( )

5. 产品的使用定位、外形定位、包装定位要根据企业要求和成本条件等因素来决定。创业计划书一旦制定,就要严格执行,在行动中不能更改。( )

6. 市场分析主要了解消费者的情况,不需要了解竞争对手的情况。( )

7. 创业计划书是书面计划,无法预算好所用的人员、数量、岗位及薪酬。( )

8. 企业的经营目标是根据创业者的愿望来制定的。( )

9. 个人独资企业由一个自然人投资,其财产为投资人家庭所有。( )

10. 有经营能力的城镇待业人员、农村村民以及国家政策允许的其他人员,可以申请从事个体工商业经营,经本人申请后成为个体工商户。( )

11. 个人独资企业要有投资人申报的出资,因此,个人独资企业有法定的最低注册资本金。( )

12. 国家公务员在不影响本职工作的情况下,可以在与本职工作无关联性的合伙企业中担任合伙人。( )

13. 非正规就业劳动组织没有注册资金的法定要求,但应有开办资金。( )

14. 沟通时应牢牢把握主动,让对方多听少讲,接受我方的主张。( )

15. 企业的用人理念是"以人为本",就是说要不断降低用人成本。( )

16. 企业定的工资不能低于本地区劳动部门规定的最低工资标准,其中还包括企业应该为职工支付的社会保险金。( )

17. 企业员工培训是一种很重要的人力资源开发手段,是比物质资本投资更重要的人力资源投资。( )

18. 企业保持一定比例的人才流动,对企业管理和效率的提高不利的。( )

19. 即使参与生产经营,企业老板也不用开支工资,因为企业利润是老板的。( )

20. 采用收付实现制记录收支的企业,其月底现金结余数就是企业当月的利润。(　　)

21. 对违反税法的行为,可以处以加收滞纳金,罚款直至司法机关处理。(　　)

22. 企业的市场营销主要包括了推销和促销这二大过程。(　　)

23. 为了提高广告的效果,要尽可能使用夸张的手段。(　　)

24. 在初始铺货采购物资时,可以通过增加采购数量的方法来降低来采购价格。(　　)

25. 由于市场行情错综复杂,人们无法预知市场走向,如果出现"低买高卖"情况,则亏损在所难免。(　　)

26. 成功与失败往往只是一步之差,唯有那些能够坚持不懈的人,才能获得最后的成功和胜利。(　　)

27. 经营和管理的主要区别是经营是赚钱,管理是管人。(　　)

28. 诚信不是企业宝贵的资源,人才是企业的宝贵资源。(　　)

29. 消费者的权利就是经营者的义务,因此,消费者应该了解消费者的相关权利。(　　)

答案

一、单选题

1. B　2. C　3. D　4. D　5. C　6. C　7. B　8. A　9. D
10. B　11. C　12. C　13. D　14. C　15. D　16. B　17. D　18. A
19. B　20. B　21. D　22. B　23. C　24. A　25. A　26. C　27. A
28. B　29. C　30. D　31. C　32. B　33. C　34. B　35. D　36. D
37. D　38. B　39. B　40. D　41. B　42. B　43. B　44. D　45. C
46. B　47. A　48. D　49. B　50. D　51. B　52. A　53. B　54. D
55. B　56. D　57. D　58. D　59. C　60. B　61. A　62. C

二、多选题

1. ABC　2. ACD　3. ABC

三、判断题

1. ×　2. ×　3. ×　4. ×　5. ×　6. ×　7. ×　8. ×　9. ×
10. ×　11. ×　12. ×　13. ×　14. √　15. ×　16. ×　17. ×　18. ×
19. ×　20. ×　21. ×　22. ×　23. √　24. ×　25. ×　26. ×　27. ×
28. √　29. ×

创业模拟培训试题及答案2

一、单选题

1. 良好的开始是成功的一半，创业者所选择的项目必须是(　　)。

A. 最赚钱　B. 别人成功的　C. 朋友推荐的　D. 适合自己的

2. 小王从自己和朋友每月要吃十多次小龙虾的现象中，萌生自己去做生意的念头，这是(　　)的创业动机。

A. 向往发财致富　B. 偶尔发现市场机会

C. 展现个人才能　D. 受他人成功影响

3. 交通主干道上人与车的流量很大，应是开店经营的(　　)。

A. 理想地段　B. 稍差地段　C. 回避地段　D. 一般地段

4. 调查问卷的设计，首先要确定调查的(　　)。

A. 主题　B. 副题　C. 标题　D. 题材

5. 市场调查时，建议一般取样在(　　)份左右。

A. 100 ~ 200　B. 200 ~ 300　C. 300 ~ 400　D. 500 ~ 600

6. 投资估算要求在估算费用时要求包括招聘员工的最少(　　)个月工资开支。

A. 一　B. 二　C. 三　D. 四

7. 毛利是除去(　　)成本后的销售金额。

A. 进货　B. 租金　C. 工资　D. 行政费用

8. 对于连锁加盟，创业者要选择(　　)的公司。

A. 规模较大　B. 科技含量高　C. 比较成熟　D. 名气响亮

9. 创业计划书的撰写是在可行性报告的基础上，制定企业(　　)年的规划。

A. 1 ~ 2　B. 1 ~ 3　C. 1 ~ 4　D. 1 ~ 5

10. 创业计划不仅仅是一份书面计划，而是一个实实在在的行动(　　)。

A. 纲领　B. 计划　C. 目标　D. 方向

11. 创业者的一切经济活动必须按照(　　)需求，遵循市场经济规律进行。

A. 顾客　B. 市场　C. 经济　D. 社会

12. 交通便捷通常是客流量大小的(　　)因素。

A. 必然　B. 重要　C. 必要　D. 次要

13. 促进销售表现了企业与消费者之间(　　)沟通。

A. 商品　　B. 信息。　　C. 服务　　D. 资金

14. 启动资金预测的一般原则为流动资金预算和(　　)投入。

A. 房屋租金　　B. 固定资金　　C. 员工工资　　D. 日常开销

15. 房屋租赁(　　)租赁合同。

A. 无须签订　　B. 可签可不签　　C. 必须签订　　D. 看情况

16. 合伙企业是指(　　)以上的民事主体共同出资,共同经营,共负盈亏的企业组织形式。

A. 一个或一个以上　　B. 两个或两个以上

C. 三个或三个以上　　D. 四个或四个以上

17. 非正规就业劳动组织的主体是上海市的失业人员,协保人员和农村富余劳动力,从业中的其他人员所占比例不得超过(　　)。

A. 30%　　B. 40%　　C. 50%　　D. 60%

18. 若在本市某区某地开店,那么你的潜在客户可能是(　　)。

A. 全市 1000 万人　　B. 全区 100 万人

C. 全街道 10 万人　　D. 附近小区一万人

E. 其中几十或几千人

19. 经营者可以适当放大顾客支付能力,比如(　　)。

A. 降价打折　　B. 免费赠送　　C. 积分兑奖　　D. 信用透支

20. 处理顾客投诉作出道歉的原因是(　　)。

A. 店方全责　　B. 店方有错

C. 顾客强烈要求　　D. 给顾客带来不便

21. 微小型企业员工培训主要以(　　)为主。

A. 岗位　　B. 文化知识　　C. 管理知识　　D. 安全生产

22. 在我国会计一般以(　　)为记账本位币。

A. 美元　　B. 元　　C. 元、角、分　　D. 人民币

23. 现金流量中的"现金"包括现金,银行存款和(　　)。

A. 短期借款　　B. 现金等价物　　C. 应付票据　　D. 股票

24. "排队也是一种广告"这句话说明(　　)。

A. 商品少抢购囤积　　B. 商品好踊跃购买

C. 商品差上门交涉　　D. 没事干凑热闹

25. 企业要推行正规化的物资管理,就应该建立库存物资账务管理制度,做到(　　)。

A. 账实相符　　B. 账账相符　　C. 账实,账账相符

26. 现代企业制度的基本特征是:产权清晰,权责明确,政企分开和(　　)。

A. 自主经营　　B. 管理科学　　C. 用工合理　　D. 制度齐全

27. 企业经营者在选择目标市场时,主要依赖于(　　)。

A. 客户需求　　B. 市场细分　　C. 市场机会　　D. 市场大小

28. 企业(　　)的问题是企业家必须考虑的战略问题。

A. 资金　　B. 技术　　C. 生存　　D. 发展

29. (　　)是商品经营的根本。

A. 诚实　　B. 诚恳　　C. 诚信　　D. 诚意

30. 商品价格主要包括生产成本,流通费用和(　　)。

A. 税金　　B. 利息　　C. 人工　　D. 利润

31. 商圈可分为几类?(　　)

A. 二类　　B. 三类　　C. 五类　　D. 四类

32. 对原材料. 外购商品进行接收检验,查验各类合格证明和检验凭证,是哪个部门的职责?(　　)

A. 仓管员/仓储部　　B. 质管员/质管部门

C. 搬送工/搬运部门　　D. 采购员/采购部门

33. 广告要达到一定的效果,必须(　　)。

A. 增加投放量　　B. 延长发布时间

C. 增强刺激量和达到一定的强度　　D. 反复播放

34. 目前,非正规劳动组织无须个人担保的最低贷款数额是(　　)。

A. 30 万　　B. 50 万　　C. 10 万　　D. 7 万

35. 有限公司股东的人数是(　　)

A. 30 个　　B. 2 个至 50 个　　C. 50 个以下　　D. 2 个以上

36. 某快餐店平均每个盒饭售价 5.3 元。每月(30 天)的保本销售量为 2234 盒。问每天至少要卖出多少盒才能保本?(　　)

A. 100　　B. 80　　C. 77　　D. 60

37. 招聘初中级人才或急需用工,且费用较低的渠道为(　　)。

A. 刊登招聘广告　　B. 内部保荐

C. 当地职业介绍机构　　D. 店铺张贴广告

38. 洽谈环境差,挑选面受限,是那种招聘方式的不足之处?(　　)

A. 刊登招聘广告　　B. 内部保荐

C. 当地职业介绍机构　　D. 店铺张贴广告

E. 人才招聘会

39. 对销售数量多,毛利率高的产品要(　　)。

A. 增加销售　　B. 扩大销售　　C. 重点经营　　D. 集中经营

二、多选题

1. 现金流量是(　　)。

A. 企业在一定时期内资金流入和资金流出的数量

B. 企业在一定时期内资金流入的数量

C. 企业同外部用现金结算的收入和支出数

D. 企业同外部和内部用现金结算的收入和支出数

2. 租赁房屋时潜在的变动因素。(　　)

A. 房租变动　　B. 市政动迁　　C. 拓宽马路　　D. 改造下水道

E. 改装燃气管线等

三、判断题

1. 在创办企业时,不必重视自身条件的个性和特殊性。(　　)

2. 微小型企业在创业初期,大多属于市场的追随者,或是补缺者。(　　)

3. 创业计划的周密性,与成功的可能性关系不大。(　　)

4. 一个企业的盈利能力等于现金流入能力。(　　)

5. 非正规劳动组织没有注册资金的法定要求。(　　)

6. 财务管理制度是企业诸多规章制度中最基础的制度。(　　)

7. 个人购买国库券取得的红利不用交纳个人所得税。(　　)

8. 企业危机就是企业的财务危机。(　　)

9. 政策与法律是企业经营的内部环境。(　　)

10.《消费者权益保护法》对消费者有哪些具体权利都做了全面的规定(　　)

11. 借贷记账法的主要记账规则是:“有债必有贷,借贷必相等。”(　　)

12. 委托合同中,委托人可以任意解除委托,受委托人解除委托必须得到委托人同意方可解除委托。(　　)

13. 居民纳税人和非居民纳税人仅需要对来源于国内的所有收入纳税。(　　)

答案

一、单选题

1. D	2. B	3. C	4. A	5. D	6. C	7. A	8. C	9. B
10. A	11. B	12. B	13. B	14. B	15. C	16. B	17. A	18. E
19. D	20. D	21. A	22. D	23. A	24. B	25. C	26. B	27. D
28. C	29. C	30. D	31. C	32. B	33. C	34. C	35. B	36. C
37. C	38. E	39. C						

二、多选题

1. AC　　2. BCDE

三、判断题

1. ×	2. √	3. ×	4. ×	5. √	6. √	7. ×	8. ×	9. ×
10. √	11. √	12. ×	13. √					

创业模拟培训试题及答案 3

一、单选题

1. 创业的第一个条件，就是要有(　　)。

A. 贵人的相助　　B. 强烈的愿望　　C. 充足的资金　　D. 无所求的心态

2. 考虑到创业前期可能出现的经营困难，一般对资金预算有(　　)的宽裕期。

A. 1 个月　　B. 3 个月　　C. 6 个月　　D. 12 个月

3. 下列那一种表现可称为是创业者应有的良好的心理素质：如(　　)。

A. 不顺利时的心浮气躁　　B. 稍有吃亏耿耿于怀

C. 面对挫折百折不挠　　D. 稍有成就得意忘形

4. 在选择项目时，应根据(　　)特点进行个性化处理。

A. 市场　　B. 自身　　C. 员工　　D. 政策

5. 找到进入市场的办法，明确市场需求和竞争策略，从而获得各方面决策依据，这就是市场调查的(　　)。

A. 手段　　B. 方法　　C. 目的　　D. 目标

6. 创业者(　　)到市场区调查是最可靠的方法。

A. 朋友　　B. 亲戚　　C. 亲自　　D. 员工

7. 调查问卷样本一般在(　　)分钟左右的时间内被答完。

A. 5　　B. 15　　C. 25　　D. 35

8. 项目的可行性分析主要分析(　　)个方面。

A. 一　　B. 二　　C. 三　　D. 四

9. 经营场地租赁费常有(　　)的惯例。

A. 租一押一　　B. 租二押一　　C. 租三押一　　D. 租四押一

10. 行业定位的含义是(　　)的发展机遇如何。

A. 相关行业　　B. 本行　　C. 其他行业　　D. 相邻行业

11. 企业固定资产的贷款可用(　　)期贷款。

A. 短　　B. 中　　C. 中长　　D. 长

12. 企业在掌控内部条件上犯错误,造成了损失,这种风险称为(　　)风险。

A. 人为　　B. 系统　　C. 非系统　　D. 内部

13. 在何处开店对企业是至关重要的,众多考虑因素中的(　　)是尤其要重视的。

A. 客流量大小　　B. 商圈档次　　C. 租金高低　　D. 物业条件

14. 对微小型企业来说,当前的市场竞争主要反映在(　　)。

A. 产品比较　　B. 价格比拼　　C. 店铺抢占　　D. 客户争夺

15. 倾向于价格低廉,产品差异不大且经常购买的消费行为,属于(　　)。

A. 就便消费　　B. 选择消费　　C. 特殊消费　　D. 诱发消费

16. 记录客户资料的方法有很多种,现在普遍使用的是(　　)。

A. 凭脑子记忆　　B. 记写在本子上　　C. 输入电脑　　D. 交给秘书去办

17. 个人独资企业的投资人以其个人财产对企业债务承担(　　)的经济实体。

A. 有限责任　　B. 无限责任　　C. 直接责任　　D. 间接责任

18. 申请从事个体工商户,申请人应持本人有效身份证明向(　　)所在地工商行政管理所提出申请。

A. 户口　　B. 经营场所　　C. 居住地　　D. ABC 三项均可

19. 非正规就业劳动组织的申请人应为(　　)户籍,能独立承担民事责任的创业者。

A. 上海　　B. 外地　　C. 上海和外地均可

20. 非正规就业劳动组织名称中文全称不得超过(　　)个汉字。

A. 12　　B. 13　　C. 14　　D. 15

21. 有效沟通应做到(　　),否则将失去信誉。

A. 言行一致　　B. 和颜悦色　　C. 善于言谈　　D. 经常联络

22. 有这样一种说法,"最好的广告"是(　　)。

A. 政府颁奖　　B. 媒体颂扬　　C. 名人示范　　D. 顾客满意

23. 应该明白这个道理,只有(　　)的顾客才会再次来店购买,经常购买。

A. 存在需要　　B. 感到满意

C. 贪图便宜　　D. 无所谓,不计较

24. 微小型企业录用员工标准明显与大众不同,其标准之一是(　　)。

A. 学习能力强,适应能力强　　B. 具有大专,本科学历

C. 具有专业知识及创新精神　　D. 要有一定年限的从业经验

25. 年长的员工有经验,年轻的员工有闯劲,企业在组建员工队伍时按老中青一定比例进行搭配,我们称这种结构搭配为(　　)。

A. 知识结构　　B. 性别结构　　C. 性格结构　　D. 年龄结构

26. 企业在进行人员招聘工作时应先确定招聘程序,其第一程序是(　　)。

A. 选择合适的招聘渠道　　B. 发布招聘信息

C. 企业接受招聘者报名材料　　D. 做出招聘决策

27. 用人单位与劳动者建立劳动关系应当订立(　　)。

A. 书面劳动协议　　B. 书面试工期劳动合同

C. 承诺书　　D. 书面劳动合同

28. 企业与劳动者已建立劳动关系未同时订立书面劳动合同的应当自用工之日起(　　)内订立书面劳动合同

A. 十天　　B. 四十天　　C. 一个月　　D. 三个月

29. 激励员工要从"结果均等"转移到"机会均等",并努力创造(　　)竞争环境。

A. 合理的　　B. 公平的　　C. 合情合理　　D. 适当的

30. 企业人力资源开发最主要强调(　　)。

A. 人尽其才　　B. 以人为本　　C. 与人为善　　D. 任人唯贤

31. 微小型企业制定的人事管理制度中包括(　　)内容。

A. 网络管理,网络操作　　B. 员工手册,员工考勤

C. 生产流程,产品标准　　D. 生产安全,操作记录

32. 创业者要(　　)每个员工的个性特征,处事风格。

A. 理解　　B. 保护　　C. 关注　　D. 尊重

33. 创业者的个人素质、(　　)、判断力,可决定企业成败。

A. 经验　　B. 水平　　C. 能力　　D. 资历

34. 创业初期企业家的(　　),判断力可决定企业的成败。

A. 文化水平,专业能力　　B. 技术技能

C. 个人素质,能力　　D. 社会关系,公关能力

35. 企业领导采取定期或不定期找员工个别谈心,沟通信息,征求意见,这是企业(　　)留人措施。

A. 感情　　B. 事业　　C. 待遇　　D. 企业文化

36. 按照在企业经营过程中周转的情况,可以把资产分为固定资产和(　　)。

A. 有形资产　　B. 无形资产　　C. 实物资产　　D. 流动资产

37. 需要用企业的(　　)来偿还债务,称为负债。

A. 资产或劳务　　B. 货币资金　　C. 人力和物力　　D. 资本

38. 反映企业一定时期的财务状况,经营状况以及财务状况变动的情况的书面文件是(　　)。

A. 会计报表　　B. 资产负债表　　C. 损益表　　D. 现金流量表

39. 最基本的会计等式是(　　)。

A. 资产 + 负债 = 所有者权　　B. 资产 = 负债 + 所有者权益

C. 收入 - 费用 = 利润　　D. 收入 - 成本 = 利润

40. 下列各项中,不会引起企业成本费用增加的项目是(　　)。

A. 经营费用　　B. 管理费用　　C. 财务费用　　D. 预提费用

41. 在以下业务中,不必再流水账中进行记录的是(　　)。

A. 业务出资 30000 元　　B. 支付门面租赁定金 2000 元

C. 购买电脑 6000 元　　D. 计提每月折旧额 500 元

42. 企业进行成本核算时,一般将运营成本分为固定成本和(　　)。

A. 生产成本　　B. 管理费用　　C. 变动成本　　D. 机会成本

43. 某企业上月销售收入 10 万元,销售成本 4 万元,则该企业上月(　　)为6 万元。

A. 纯利润　　B. 毛利润　　C. 税前利润　　D. 税后利润

44. 对触犯法律被追究刑事责任的会计人员(　　)不得从事会计工作。

A. 终身　　B. 5 年内　　C. 10 年内　　D. 15 年内

45. 个人得奖,中奖,中彩以及其他偶然所得的为(　　)。

A. 劳务报酬所得　　B. 偶然所得

C. 特许使用费所得　　D. 工资,薪金所得

46. 下列储蓄存款利息个人所得税税率自 2007 年 8 月 15 日起调整为(　　)。

A. 10%　　B. 20%　　C. 17%　　D. 5%

47. 从竞争力角度分析,(　　)是核心竞争力。

A. 产品技术　　B. 产品价格　　C. 产品差别　　D. 产品宣传

48. 微小型企业公共关系的重点,应是在(　　)。

A. 经营伙伴　　B. 服务中介　　C. 管理部门　　D. 新闻媒体

E. 商圈社区

49. 电视机的使用寿命,视频的保质期等,是指产品质量的(　　)。

A. 可靠性　　B. 耐用性　　C. 安全性　　D. 经济性

50. 人类行为模式理论指出,人类的行为根源于(　　)。

A. 动机　　B. 需要　　C. 理想　　D. 利益

51. 在创业初创阶段,创业者最主要的需求首先是解决(　　)。

A. 资金　　B. 项目　　C. 生存　　D. 技术

52. 美国社会心理学家马斯洛认为,人的动机是由(　　)种需要构成的。

A. 四　　B. 五　　C. 三　　D. 六

53. 创业生存阶段在财务方面问题之一(　　)。

A. 成本概念不清　　B. 材料、设备等进价过高

C. 管理制度不全不完善　　D. 进货渠道选择不当,采购成本过高

54. 创业者在销售方面的制约问题是服务对象(　　)。

A. 不好找　　B. 不明确　　C. 太复杂　　D. 太少了

55. 在企业管理的各项职能中处于首要地位的职能是(　　)。

A. 计划职能　　B. 组织职能　　C. 指挥职能　　D. 控制职能

56. 企业经营战略体系的核心是(　　)。

A. 市场战略　　B. 投资战略　　C. 产品战略　　D. 资源战略

57. 企业在销售中的问题应从(　　)的角度进行分析,寻求解决策略。

A. 资金　　B. 客户　　C. 方法　　D. 经营

58. 创业是一个艰苦的过程,是一个渐进的过程,切记(　　)的情绪。

A. 急躁　　B. 消极　　C. 浮躁　　D. 紧张

59. 诚信是市场经济对企业的(　　)。

A. 要求　　B. 基本要求　　C. 规定　　D. 期望

60. 对中小企业来讲,最常用的法律包括《合同法》《劳动合同法》《消费者权益保护法》和(　　)。

A.《刑法》　　B.《民法》
C.《妇女儿童权益保护法》　　D.《反不正当竞争法》

二、多选题

1. 淮海路上一家品牌化妆品专卖店,它的目标客户是(　　)。
A. 附近居民　B. 逛街休闲客　C. 男性　D. 女性
E. 收入偏低　F. 收入偏高
2. 下列属于无形资产的是(　　)。
A. 专利权　B. 非专利权　C. 土地使用权　D. 商誉
3. 企业在招聘、选拔应聘者过程中,应遵循的原则是(　　)。
A. 因事设岗,因岗设人　B. 任人唯贤,择优录用
C. 量才录用,用其所长　D. 公开公平,竞争上岗
4. 不同促销组合是一种(　　)等基本内容的特殊形式的排列与组合。
A. 人员推销　B. 广告　C. 营业推广　D. 公共关系
E. 柜台推销
5. 户外广告的具体表现类型有(　　)。
A. 广告牌　B. 招贴画　C. 车身广告　D. 霓虹灯广告
E. 报刊广告
6. 与市场营销紧密联系的公共关系三要素是(　　)。
A. 企业　B. 广告　C. 公众　D. 信息
E. 传播体
7. 反映企业财务状况的会计要素有(　　)。
A. 收入　B. 所有者权益　C. 资产　D. 利润
E. 负债
8. 下列属于流动资产的项目是(　　)。
A. 货币资金　B. 存货　C. 短期投资　D. 应收债权
E. 无形资产

三、判断题

1. 在选择项目时,创业者必须清楚:重要的是“我想干什么”。(　　)
2. 许多创业者往往会走“先打工后创业”的道路,为创业积累必要的经验和能力。(　　)
3. 市场是由买方构成的。(　　)

4. 企业固定资金比例占有越大,企业的财务风险越大。( )

5. 创业者可以邀集亲友出资入股,共同参与企业的经营。( )

6. 创业者选择的创业项目必须在市场经济条件下策划、运作、经营。( )

7. 个体工商户的生产经营范围只限于商业。( )

8. 非正规劳动组织必须经工商机构才能注册。( )

9. 个体工商户可以一业为主,兼营其他业务。( )

10. 根据《公司法》的规定,有限责任公司,可以用货币出资,也可以用食物,工业产权,非专利技术,土地使用权作价出资。( )

11. 服务理念是跨国公司,大型企业才有的企业文化,微小型企业没有这种必要。( )

12. 顾客不满的只是枝节小事,但是情绪很激动,就没有必要多解释,少说为佳。( )

13. 企业人力资源开发强调的是以人为本。( )

14. 企业只要建立起激励制度,就能达到调动员工积极性的激励效果。( )

15. 尊重员工价值取向和独立人格是企业事业留人措施之一。( )

16. 所有者权益就是指投资者对企业全部资产的所有权。( )

17. 借贷记账法的记账规则是有借必有贷、借贷必相等。( )

18. 盈亏平衡点,也叫保本点,说明在这个点上,企业的收入和成本是相等的。( )

19. 实行收付实现制的企业,其会计利润为企业实际的现金流量是较相符的。( )

20. 成本加成定价方法是计划经济时期常用的方法,现在已不再采用。( )

21. 为使企业在每次采购中都买到价廉物美的物资,故每次都在不同供应商处采购是明智的。( )

22. “成功与失败只是一步之遥”,告诉所有创业者:只要我们意志坚定,不轻易言弃就一定可以取得成功。( )

23. 促销可以推动顾客购买,但是频繁使用也会降低产品的身价。( )

24. 库存过多,库存不足,都是库存不合理的表现,都会造成企业资金周转困难。( )

25. 企业危机的表现形式主要有信誉危机、产品危机、财产危机和财务危机。( )

26. 企业长期的根本战略问题是资金问题。(　　)

27. 诚信是企业生存和发展最可宝贵的资源。(　　)

28. 人才是企业的立家之本。(　　)

29. 我国现行的《合同法》分为总则和分则两部分。(　　)

30. 消费者为生活消费需要购买,使用商品或接受产品服务,其权益不受法律保护。(　　)

答案

一、单选题

1. B	2. B	3. C	4. B	5. C	6. C	7. B	8. C	9. C
10. B	11. C	12. C	13. A	14. B	15. A	16. C	17. B	18. B
19. A	20. D	21. A	22. D	23. B	24. A	25. D	26. B	27. D
28. C	29. B	30. B	31. B	32. D	33. C	34. C	35. A	36. D
37. A	38. B	39. B	40. D	41. D	42. C	43. B	44. A	45. B
46. D	47. C	48. E	49. B	50. A	51. C	52. B	53. A	54. B
55. A	56. A	57. B	58. A	59. B	60. D			

二、多选题

1. ABDF　2. AD　3. BCD　4. C　5. ABCD　6. ACD

7. ABCDE　8. ABCD

三、判断题

1. ×	2. √	3. ×	4. √	5. √	6. √	7. ×	8. ×	9. √
10. √	11. ×	12. ×	13. ×	14. ×	15. √	16. ×	17. √	18. √
19. ×	20. ×	21. ×	22. √	23. √	24. ×	25. ×	26. ×	27. ×
28. √	29. √	30. ×						

附录2 相关政策支持

一、国家相关政策

附件1:国务院办公厅关于发展众创空间推进大众创新创业的指导意见

国办发〔2015〕9号

各省、自治区、直辖市人民政府,国务院各部委、各直属机构:

为加快实施创新驱动发展战略,适应和引领经济发展新常态,顺应网络时代大众创业、万众创新的新趋势,加快发展众创空间等新型创业服务平台,营造良好的创新创业生态环境,激发亿万群众创造活力,打造经济发展新引擎,经国务院同意,现提出以下意见。

一、总体要求

(一)指导思想。全面落实党的十八大和十八届二中、三中、四中全会精神,按照党中央、国务院决策部署,以营造良好创新创业生态环境为目标,以激发全社会创新创业活力为主线,以构建众创空间等创业服务平台为载体,有效整合资源,集成落实政策,完善服务模式,培育创新文化,加快形成大众创业、万众创新的生动局面。

(二)基本原则。

坚持市场导向。充分发挥市场配置资源的决定性作用,以社会力量为主构建市场化的众创空间,以满足个性化多样化消费需求和用户体验为出发点,促进创新创意与市场需求和社会资本有效对接。

加强政策集成。进一步加大简政放权力度,优化市场竞争环境。完善创新创业政策体系,加大政策落实力度,降低创新创业成本,壮大创新创业群体。完善股权激励和利益分配机制，保障创新创业者的合法权益。

强化开放共享。充分运用互联网和开源技术，构建开放创新创业平台，促进更多创业者加入和集聚。加强跨区域、跨国技术转移，整合利用全球创新资源。推动产学研协同创新，促进科技资源开放共享。

创新服务模式。通过市场化机制、专业化服务和资本化途径，有效集成创业服务资源，提供全链条增值服务。强化创业辅导，培育企业家精神，发挥资本推力作用，提高创新创业效率。

（三）发展目标。到2020年，形成一批有效满足大众创新创业需求、具有较强专业化服务能力的众创空间等新型创业服务平台；培育一批天使投资人和创业投资机构，投融资渠道更加畅通；孵化培育一大批创新型小微企业，并从中成长出能够引领未来经济发展的骨干企业，形成新的产业业态和经济增长点；创业群体高度活跃，以创业促进就业，提供更多高质量就业岗位；创新创业政策体系更加健全，服务体系更加完善，全社会创新创业文化氛围更加浓厚。

二、重点任务

（一）加快构建众创空间。总结推广创客空间、创业咖啡、创新工场等新型孵化模式，充分利用国家自主创新示范区、国家高新技术产业开发区、科技企业孵化器、小企业创业基地、大学科技园和高校、科研院所的有利条件，发挥行业领军企业、创业投资机构、社会组织等社会力量的主力军作用，构建一批低成本、便利化、全要素、开放式的众创空间。发挥政策集成和协同效应，实现创新与创业相结合、线上与线下相结合、孵化与投资相结合，为广大创新创业者提供良好的工作空间、网络空间、社交空间和资源共享空间。

（二）降低创新创业门槛。深化商事制度改革，针对众创空间等新型孵化机构集中办公等特点，鼓励各地结合实际，简化住所登记手续，采取一站式窗口、网上申报、多证联办等措施为创业企业工商注册提供便利。有条件的地方政府可对众创空间等新型孵化机构的房租、宽带接入费用和用于创业服务的公共软件、开发工具给予适当财政补贴，鼓励众创空间为创业者提供免费高带宽互联网接入服务。

（三）鼓励科技人员和大学生创业。加快推进中央级事业单位科技成果使用、处置和收益管理改革试点，完善科技人员创业股权激励机制。推进实施大学生创业引领计划，鼓励高校开发开设创新创业教育课程，建立健全大学生创业指导服务专门机构，加强大学生创业培训，整合发展国家和省级高校毕业生就业创业基金，为大学生创业提供场所、公共服务和资金支持，以创业带动就业。

（四）支持创新创业公共服务。综合运用政府购买服务、无偿资助、业务奖励等方式，支持中小企业公共服务平台和服务机构建设，为中小企业提供全方位专业化优质服务，支持服务机构为初创企业提供法律、知识产权、财务、咨询、检验检测认证和技术转移等服务，促进科技基础条件平台开放共享。加强电子商务基础建设，为创新创业搭建高效便利的服务平台，提高小微企业市场竞争力。完善专利审查快速通道，对小微企业亟需获得授权的核心专利申请予以优先审查。

（五）加强财政资金引导。通过中小企业发展专项资金，运用阶段参股、风险补助和投资保障等方式，引导创业投资机构投资于初创期科技型中小企业。发挥国家新兴产业创业投资引导基金对社会资本的带动作用，重点支持战略性新兴产业和高技术产业早中期、初创期创新型企业发展。发挥国家科技成果转化引导基金作用，综合运用设立创业投资子基金、贷款风险补偿、绩效奖励等方式，促进科技成果转移转化。发挥财政资金杠杆作用，通过市场机制引导社会资金和金融资本支持创业活动。发挥财税政策作用支持天使投资、创业投资发展，培育发展天使投资群体，推动大众创新创业。

（六）完善创业投融资机制。发挥多层次资本市场作用，为创新型企业提供综合金融服务。开展互联网股权众筹融资试点，增强众筹对大众创新创业的服务能力。规范和发展服务小微企业的区域性股权市场，促进科技初创企业融资，完善创业投资、天使投资退出和流转机制。鼓励银行业金融机构新设或改造部分分（支）行，作为从事科技型中小企业金融服务的专业或特色分（支）行，提供科技融资担保、知识产权质押、股权质押等方式的金融服务。

（七）丰富创新创业活动。鼓励社会力量围绕大众创业、万众创新组织开展各类公益活动。继续办好中国创新创业大赛、中国农业科技创新创业大赛等赛事活动，积极支持参与国际创新创业大赛，为投资机构与创新创业者提供对接平台。建立健全创业辅导制度，培育一批专业创业辅导师，鼓励拥有丰富经验和创业资源的企业家、天使投资人和专家学者担任创业导师或组成辅导团队。鼓励大企业建立服务大众创业的开放创新平台，支持社会力量举办创业沙龙、创业大讲堂、创业训练营等创业培训活动。

（八）营造创新创业文化氛围。积极倡导敢为人先、宽容失败的创新文化，树立崇尚创新、创业致富的价值导向，大力培育企业家精神和创客文化，将奇思妙想、创新创意转化为实实在在的创业活动。加强各类媒体对大众创新创业的新闻宣传和舆论引导，报道一批创新创业先进事迹，树立一批创新创业典型人物，让大众创业、万众创新在全社会蔚然成风。

三、组织实施

（一）加强组织领导。各地区、各部门要高度重视推进大众创新创业工作，切实抓紧抓好。各有关部门要按照职能分工,积极落实促进创新创业的各项政策措施。各地要加强对创新创业工作的组织领导,结合地方实际制定具体实施方案,明确工作部署,切实加大资金投入、政策支持和条件保障力度。

(二)加强示范引导。在国家自主创新示范区、国家高新技术产业开发区、小企业创业基地、大学科技园和其他有条件的地区开展创业示范工程。鼓励各地积极探索推进大众创新创业的新机制、新政策,不断完善创新创业服务体系,营造良好的创新创业环境。

(三)加强协调推进。科技部要加强与相关部门的工作协调,研究完善推进大众创新创业的政策措施,加强对发展众创空间的指导和支持。各地要做好大众创新创业政策落实情况调研、发展情况统计汇总等工作,及时报告有关进展情况。

国务院办公厅

2015 年 3 月 2 日

附件 2:国家税务总局　财政部　人力资源社会保障部　教育部　民政部关于支持和促进重点群体创业就业有关税收政策具体实施问题的公告

国家税务总局公告 2014 年第 34 号

为贯彻落实《财政部、国家税务总局、人力资源社会保障部关于继续实施支持和促进重点群体创业就业有关税收政策的通知》(财税〔2014〕39 号)精神,现将创业就业有关税收政策的具体实施意见公告如下:

一、个体经营税收政策

(一)申请

1. 在人力资源社会保障部门公共就业服务机构登记失业半年以上的人员、零就业家庭或享受城市居民最低生活保障家庭劳动年龄内的登记失业人员,可持《就业失业登记证》、个体工商户登记执照和税务登记证向创业地县以上(含县级,下同)人力资源社会保障部门提出申请。县以上人力资源社会保障部门应当按照财税〔2014〕39 号文件的规定,核实创业人员是否享受过税收扶持政策。核实后,对符合条件人员在《就业失业登记证》上注明"自主创业税收政策"。

2. 毕业年度高校毕业生在校期间创业的,可注册登录教育部大学生创业服务网(网址:http://cy.ncss.org.cn),提交《高校毕业生自主创业证》申请表,由所在高校进行网上信息审核确认,学校所在地省级教育行政部门依据学生学籍学历电子注册数据库，对高校毕业生身份、学籍学历、是否是应届高校毕业生等信息进行核实后，向高校毕业生发放《高校毕业生自主创业证》，并在数据库中将其标注为“已领取《高校毕业生自主创业证》”。高校毕业生持《高校毕业生自主创业证》向创业地人力资源社会保障部门提出申请，由创业地人力资源社会保障部门相应核发《就业失业登记证》。

3. 毕业年度高校毕业生离校后创业的，可凭毕业证，直接向创业地县以上人力资源社会保障部门提出申请。县以上人力资源社会保障部门在对人员范围、就业失业状态、已享受政策情况核实后，对符合条件人员相应核发《就业失业登记证》，并注明“自主创业税收政策”。

(二)税款减免顺序及额度

符合条件人员从事个体经营的，按照财税〔2014〕39 号文件第一条的规定，在年度减免税限额内，依次扣减营业税、城市维护建设税、教育费附加、地方教育附加和个人所得税。纳税人的实际经营期不足一年的，应当以实际月份换算其减免税限额。换算公式为：减免税限额 = 年度减免税限额 ÷ 12 × 实际经营月数。

纳税人实际应缴纳的营业税、城市维护建设税、教育费附加、地方教育附加和个人所得税小于减免税限额的，以实际应缴纳的营业税、城市维护建设税、教育费附加、地方教育附加和个人所得税税额为限；实际应缴纳的营业税、城市维护建设税、教育费附加、地方教育附加和个人所得税大于减免税限额的，以减免税限额为限。

(三)税收减免备案

纳税人在享受税收优惠政策后的当月，持《就业失业登记证》(注明“自主创业税收政策”或附着《高校毕业生自主创业证》)和税务机关要求的相关材料向其主管税务机关备案。

二、企业、民办非企业单位吸纳税收政策

(一)申请

符合条件的企业、民办非企业单位持下列材料向县以上人力资源社会保障部门递交申请：

1. 新招用人员持有的《就业失业登记证》。

2. 企业、民办非企业单位与新招用持《就业失业登记证》人员签订的劳动合同(副本)，企业、民办非企业单位为职工缴纳的社会保险费记录。

3.《持〈就业失业登记证〉人员本年度实际工作时间表》(见附件)。

4. 人力资源社会保障部门要求的其他材料。

其中，劳动就业服务企业要提交《劳动就业服务企业证书》，民办非企业单位提交《民办非企业单位登记证书》。

县以上人力资源社会保障部门接到企业、民办非企业单位报送的材料后，应当按照财税〔2014〕39 号文件的规定，重点核实以下情况：

1. 新招用人员是否属于享受税收优惠政策人员范围，以前是否已享受过税收优惠政策；

2. 企业、民办非企业单位是否与新招用人员签订了 1 年以上期限劳动合同，为新招用人员缴纳社会保险费的记录；

3. 企业、民办非企业单位的经营范围是否符合税收政策规定。

核实后，对符合条件的人员，在《就业失业登记证》上注明"企业吸纳税收政策"，对符合条件的企业、民办非企业单位核发《企业实体吸纳失业人员认定证明》。

（二）税款减免顺序及额度

1. 纳税人按本单位吸纳人数和签订的劳动合同时间核定本单位减免税总额，在减免税总额内每月依次扣减营业税、城市维护建设税、教育费附加和地方教育附加。纳税人实际应缴纳的营业税、城市维护建设税、教育费附加和地方教育附加小于核定减免税总额的，以实际应缴纳的营业税、城市维护建设税、教育费附加、地方教育附加为限；实际应缴纳的营业税、城市维护建设税、教育费附加和地方教育附加大于核定减免税总额的，以核定减免税总额为限。

纳税年度终了，如果纳税人实际减免的营业税、城市维护建设税、教育费附加和地方教育附加小于核定的减免税总额，纳税人在企业所得税汇算清缴时，以差额部分扣减企业所得税。当年扣减不足的，不再结转以后年度扣减。

减免税总额 = $\sum$每名失业人员本年度在本企业工作月份 ÷ 12 × 定额

企业、民办非企业单位自吸纳失业人员的次月起享受税收优惠政策。

2. 第二年及以后年度当年新招用人员、原招用人员及其工作时间按上述程序和办法执行。每名失业人员享受税收优惠政策的期限最长不超过 3 年。

（三）税收减免备案

1. 经县以上人力资源社会保障部门核实后，纳税人依法享受税收优惠政策。纳税人持县以上人力资源社会保障部门核发的《企业实体吸纳失业人员认定证明》《持〈就业失业登记证〉人员本年度实际工作时间表》和税务机关要求的其他材料，在享受税收优惠政策后的当月向主管税务机关备案。

2. 企业、民办非企业单位纳税年度终了前招用失业人员发生变化的，应当在人员变化次月按照前项规定重新备案。

三、管理

(一)严格各项凭证的审核发放。任何单位或个人不得伪造、涂改、转让、出租相关凭证,违者将依法予以惩处;对采取上述手段已经获取减免税的企业、民办非企业单位和个人,主管税务机关要追缴其已减免的税款,并依法予以处罚;对出借、转让《就业失业登记证》的人员,主管人力资源社会保障部门要收回其《就业失业登记证》并记录在案。

(二)《就业失业登记证》采用实名制,限持证者本人使用。创业人员从事个体经营的,《就业失业登记证》由本人保管;被用人单位录用的,享受税收优惠政策期间,证件由用人单位保管。《就业失业登记证》由人力资源社会保障部统一样式,各省、自治区、直辖市人力资源社会保障部门负责印制,统一编号备案,作为审核劳动者就业失业状况和享受政策情况的有效凭证。

(三)《企业实体吸纳失业人员认定证明》由人力资源社会保障部统一式样,各省、自治区、直辖市人力资源社会保障部门统一印制,统一编号备案。

(四)《高校毕业生自主创业证》采用实名制,限持证者本人使用。《高校毕业生自主创业证》由教育部统一样式,各省、自治区、直辖市教育行政部门负责印制,其中注明申领人姓名、身份证号、毕业院校等信息,并粘贴申领人本人照片。

(五)县以上税务、财政、人力资源社会保障、教育、民政部门要建立劳动者就业信息交换和协查制度。人力资源社会保障部建立全国统一的就业信息平台,供各级人力资源社会保障、税务、财政、民政部门查询《就业失业登记证》信息。地方各级人力资源社会保障部门要及时将《就业失业登记证》信息(包括发放信息和内容更新信息)按规定上报人力资源社会保障部。教育部门要按季将《高校毕业生自主创业证》发放情况以电子、纸质文件等形式通报同级人力资源社会保障部门和税务机关。

(六)主管税务机关应当在纳税人备案时,在《就业失业登记证》中加盖戳记,注明减免税所属时间。各级税务机关对《就业失业登记证》有疑问的,可提请同级人力资源社会保障部门予以协查,同级人力资源社会保障部门应根据具体情况规定合理的工作时限,并在时限内将协查结果通报提请协查的税务机关。

四、本公告自 2014 年 1 月 1 日起施行。《国家税务总局财政部人力资源社会保障部教育部关于支持和促进就业有关税收政策具体实施问题的公告》(国家税务总局公告 2010 年第 25 号)同时废止。

特此公告。

附件:持《就业失业登记证》人员本年度实际工作时间表

持《就业失业登记证》人员本年度实际工作时间表

企业名称(盖章):　　　　　　　　　　　年度

序号	录用人员姓名	《就业失业登记证》编号	在本企业工作时间(单位:月)

附件3:2015年高校毕业生就业创业政策全集纳

李克强总理在2015年政府工作报告中提道:“要加强就业指导和创业教育,落实高校毕业生就业促进计划,鼓励到基层就业。”近年,国家针对毕业生就业推出了哪些政策呢?

一、鼓励高校毕业生 到城乡基层就业

1. 各地区要结合城镇化进程和公共服务均等化要求,充分挖掘教育、劳动就业、社会保障、医疗卫生、住房保障、社会工作、文化体育及残疾人服务、农技推广等基层公共管理和服务领域的就业潜力,吸纳高校毕业生就业。

2. 各地区要结合推进农业科技创新、健全农业社会化服务体系等,引导更多高校毕业生投身现代农业。

3. 继续统筹实施好大学生村官、“三支一扶”等各类基层服务项目,健全鼓励高校毕业生到基层工作的服务保障机制。高校毕业生到中西部地区和艰苦边远地区县以下基层单位就业的,实行学费补偿和助学贷款代偿政策。

4. 高校毕业生在中西部地区和艰苦边远地区县以下基层单位从事专业技术工作,申报相应职称时,可不参加职称外语考试或放宽外语成绩要求。

5. 充分挖掘社会组织吸纳高校毕业生就业潜力,对到省会城市及省会以下城市的社会团体、基金会、民办非企业单位就业的高校毕业生,所在地的公共就业人才服务机构要协助办理落户手续,在专业技术职称评定方面享受与国有企事业单位同类人员同等待遇。

二、鼓励小型微型企业 吸纳高校毕业生就业

1. 各地区、各有关部门要认真落实《国务院关于进一步支持小型微型企业健康发展的意见》(国发〔2012〕14 号),为小型微型企业发展创造良好环境,推动小型微型企业在转型升级过程中创造更多岗位吸纳高校毕业生就业。

2. 对小型微型企业新招用毕业年度高校毕业生,签订 1 年以上劳动合同并按时足额缴纳社会保险费的,给予 1 年的社会保险补贴,政策执行期限截至 2015 年年底。

3. 科技型小型微型企业招收毕业年度高校毕业生达到一定比例的,可申请最高不超过 200 万元的小额担保贷款,并享受财政贴息。

4. 对小型微型企业新招用高校毕业生按规定开展岗前培训的,要求各地根据当地物价水平,适当提高培训费补贴标准。

三、激励高校毕业生自主创业

1. 2014 年至 2017 年,在全国范围内实施大学生创业引领计划。通过提供创业服务,落实创业扶持政策,提升创业能力,帮助和扶持更多高校毕业生自主创业,逐步提高高校毕业生创业比例。

2. 各地要采取措施,确保符合条件的高校毕业生都能得到创业指导、创业培训、工商登记、融资服务、税收优惠、场地扶持等各项服务和政策优惠。

3. 各高校要广泛开展创新创业教育,将创业教育课程纳入学分管理,有关部门要研发适合高校毕业生特点的创业培训课程,根据需求开展创业培训,提升高校毕业生创业意识和创业能力。

4. 各地公共就业人才服务机构要为自主创业的高校毕业生做好人事代理、档案保管、社会保险办理和接续、职称评定、权益保障等服务。

5. 各地区、各有关部门要进一步落实和完善工商登记、场地支持、税费减免等各项创业扶持政策。拓宽高校毕业生创办企业出资方式,简化工商注册登记手续。

6. 鼓励各地充分利用现有资源建设大学生创业园、创业孵化基地和小企业创业基地,为高校毕业生提供创业经营场所支持。

7. 对高校毕业生创办的小型微型企业,按规定落实好减半征收企业所得税、月销售额不超过 2 万元的暂免征收增值税和营业税等税收优惠政策。

8. 对从事个体经营的高校毕业生和毕业年度内的高校毕业生,按规定享受相关税收优惠政策。

9. 留学回国的高校毕业生自主创业,符合条件的,可享受现行高校毕业生创业扶持政策。

10. 各银行业金融机构要积极探索和创新符合高校毕业生创业实际需求特点

的金融产品和服务方式，本着风险可控和方便高校毕业生享受政策的原则，降低贷款门槛，优化贷款审批流程，提升贷款审批效率。通过进一步完善抵押、质押、联保、保证和信用贷款等多种方式，多途径为高校毕业生解决反担保难问题，切实落实银行贷款和财政贴息。

11. 在电子商务网络平台开办“网店”的高校毕业生，可享受小额担保贷款和贴息政策。

12. 充分发挥中小企业发展专项资金的积极作用，推动改善创业环境。鼓励企业、行业协会、群团组织、天使投资人等以多种方式向自主创业大学生提供资金支持，设立重点面向扶持高校毕业生创业的天使投资和创业投资基金。对支持创业早期企业的投资，符合条件的，可享受创业投资企业相关企业所得税优惠政策。

四、促进离校未就业 高校毕业生就业

1. 各地区要将离校未就业高校毕业生全部纳入公共就业人才服务范围，采取有效措施，力争使每一名有就业意愿的未就业高校毕业生在毕业半年内都能实现就业或参加到就业准备活动中。

2. 有关部门、各高校要密切协作，做好未就业高校毕业生离校前后信息衔接和服务接续，切实保证服务不断线。教育部门要将有就业意愿的离校未就业高校毕业生的实名信息及时提供给人力资源社会保障部门。人力资源社会保障部门要建立离校未就业高校毕业生实名信息数据库，全面实行实名制就业服务。

3. 各级公共就业人才服务机构和基层就业服务平台要及时主动与实名登记的未就业高校毕业生联系，摸清就业需求，提供有针对性的就业服务。教育部门和高校要加强对离校未就业高校毕业生的跟踪服务，为有就业意愿的高校毕业生持续提供岗位信息和求职指导。

4. 各地区要结合本地产业发展需要和高校毕业生就业见习意愿及需求，扩大就业见习规模，提升就业见习质量，确保凡有见习需求的高校毕业生都能得到见习机会。要根据当地物价水平，适当提高见习人员见习期间基本生活补助标准。高校毕业生见习期间参加职业培训的，按现行政策享受职业培训补贴。

5. 各地区要继续推动离校未就业高校毕业生技能就业专项行动，结合当地产业发展和高校毕业生需求，创新职业培训课程，提高职业培训的针对性和实效性。在高校毕业生集中的城市，要提升改造一批适应高校毕业生特点的职业技能公共实训基地。国家级重点技工院校和培训实力雄厚的职业培训机构，要选择一批适合高校毕业生的培训项目，及时向社会公布。

五、加强就业指导和服务

1. 各地区、各有关部门、各高校要根据高校毕业生特点和求职需求，创新服务方式,改进服务措施,提高服务质量,促进更多的高校毕业生通过市场实现就业。

2. 加强网络信息服务,建立健全全国公共就业信息服务平台,加快招聘信息全国联网,更多开展网络招聘,为用人单位招聘和高校毕业生求职提供高效便捷的就业信息服务。

3. 积极开展公共就业人才服务进校园活动,为高校毕业生送政策、送指导、送信息,特别是要让高校毕业生知晓获取就业政策和岗位信息的渠道。

4. 精心组织民营企业招聘周、高校毕业生就业服务月、就业服务周、部分大中城市联合招聘高校毕业生专场活动和每季度的全国高校毕业生网络招聘月等专项服务活动,搭建供需信息平台,积极促进对接。

5. 高校要加强就业指导课程和学科建设,积极聘请专家学者、企业人力资源经理、优秀校友担任就业导师。

6. 各地区、各高校要将零就业家庭、优抚对象家庭、农村贫困户、城乡低保家庭以及残疾等就业困难的高校毕业生列为重点对象实施重点帮扶。

7. 要在高校毕业生离校前,将享受城乡居民最低生活保障家庭的毕业年度内高校毕业生的求职补贴全部发放到位,求职补贴标准较低的要适当调高标准。

8. 鼓励各地结合本地实际将残疾高校毕业生纳入享受求职补贴对象范围。党政机关、事业单位、国有企业要带头招录残疾高校毕业生。

9. 离校未就业高校毕业生实现灵活就业的,在公共就业人才服务机构办理实名登记并按规定缴纳社会保险费的,给予一定数额的社会保险补贴,补贴数额原则上不超过其实际缴费的2/3,最长不超过2年,所需资金从就业专项资金中列支。

六、创造公平就业环境

1. 各地区、各有关部门要积极采取措施,促进就业公平。用人单位招聘不得设置民族、种族、性别、宗教信仰等歧视性条件,不得将院校作为限制性条件。省会及以下城市用人单位招聘应届毕业生不得将户籍作为限制性条件。

2. 国有企业招聘应届高校毕业生,除涉密等特殊岗位外,要实行公开招聘,招聘应届高校毕业生信息要在政府网站公开发布,报名时间不少于7天;对拟聘人员应进行公示,明确监督渠道,公示期不少于7天。

3. 各地区、各有关部门要严厉打击非法中介和虚假招聘,依法纠正性别、民族等就业歧视现象。加大对企业用工行为的监督检查力度,对企业招用高校毕业生不签订劳动合同、不按时足额缴纳社会保险费、不按时支付工资等违法行为,及时予以查处,切实维护高校毕业生的合法权益。

4. 各地区、各有关部门要消除高校毕业生在不同地区、不同类型单位之间流动就业的制度性障碍。省会及以下城市要放开对吸收高校毕业生落户的限制，简化有关手续，应届毕业生凭《普通高等学校毕业证书》、《全国普通高等学校毕业生就业报到证》、与用人单位签订的《就业协议书》或劳动（聘用）合同办理落户手续；非应届毕业生凭与用人单位签订的劳动（聘用）合同和《普通高等学校毕业证书》办理落户手续。

5. 高校毕业生到小型微型企业就业、自主创业的，其档案可由当地市、县一级的公共就业人才服务机构免费保管。办理高校毕业生档案转递手续，转正定级表、调整改派手续不再作为接收审核档案的必备材料。

附件4：大学生创业优惠政策盘点

一、优惠政策

1. 各国有商业银行、股份制银行、城市商业银行和有条件的城市信用社要为自主创业的各大高校毕业生提供小额贷款。在贷款过程中，简化程序，提供开户和结算便利，贷款额度在5万元左右。

2. 贷款期限最长为两年，到期后确定需要延长贷款期限的，可以申请延期一次。

3. 贷款利息按照中国人民银行公布的贷款利率确定，担保最高限额为担保基金的5倍，担保期限与贷款期限相同。大学生创业贷款办理方法如下：大学毕业生在毕业后两年内自主创业，需到创业实体所在地的当地工商部门办理营业执照，如有创业大学生家庭成员的稳定收入或有效资产提供相应的联合担保，信誉良好、还款有保障的，在风险可控的基础上可以适当加大发放信用贷款，并可以享受优惠的低利率。

二、税收优惠政策

国家在大学生创业优惠政策中对于税收方面作出了以下规定：

1. 凡高校毕业生从事个体经营的，自当地工商部门批准其经营之日起1年内免交税务登记证工本费（即免税）。

2. 新成立的城镇劳动就业服务企业（国家限制的行业除外），当年安置待业人员（含已办理失业登记的高校毕业生，下同）超过企业从业人员总数60%的，经相关主管税务机关批准，可免纳所得税3年。劳动就业服务企业免税期满后，当年新安置待业人员占企业原从业人员总数30%以上的，经相关主管税务机关批准，可减半缴纳所得税2年。

三、除此之外,具体不同的行业还有不同的税务优惠

1. 大学毕业生创业新办咨询业、信息业、技术服务业的企业或经营单位,提交申请经税务部门批准后,可免征企业所得税两年。

2. 大学毕业生创业新办从事交通运输、邮电通讯的企业或经营单位,提交申请经税务部门批准后,第一年免征企业所得税,第二年减半征收企业所得税。

3. 大学毕业生创业新办从事公用事业、商业、物资业、对外贸易业、旅游业、物流业、仓储业、居民服务业、饮食业、教育文化事业、卫生事业的企业或经营单位,提交申请经税务部门批准后,可免征企业所得税一年。

大学生创业贷款条件

一、贷款申请条件

1. 大学专科以上毕业生;

2. 毕业后6个月以上未就业,并在当地劳动保障部门办理了失业登记;

3. 在申请此类贷款时,有三点比较重要:第一,贷款申请者必须有固定的住所或营业场所。第二,营业执照及经营许可证,稳定的收入和还本付息的能力;第三也是最重要的一点,就是创业者所投资项目已有一定的自有资金。

具备以上条件的方能向银行申请,申请时需要提供的资料主要包括:婚姻状况证明、个人或家庭收入及财产状况等还款能力证明文件;贷款用途中的相关协议、合同;担保材料,涉及抵押品或质押品的权属凭证和清单,银行认可的评估部门出具的抵(质)押物估价报告。

除了书面材料以外就是要有抵押物。抵押方式较多,可以是动产、不动产抵押,定期存单质押、有价证券质押、流通性较强的动产质押,符合要求的担保人担保。发放额度就根据具体担保方式决定。

二、贷款期限和金额要求

国家为大学毕业生提供的小额创业贷款是政府贴息贷款,其期限为1~2年,2年之后不再享受财政贴息。创业贷款金额要求一般:最高不超过借款人正常生产经营活动所需流动资金、购置(安装或修理)小型设备(机具)以及特许连锁经营所需资金总额的70%;期限一般为2年,最长不超过3年,其中生产经营性流动资金贷款期限最长为1年;个人创业贷款执行中国人民银行颁布的期限贷款利率,可在规定的幅度范围内上下浮动。

三、贷款偿还方式

1. 贷款期限在一年(含一年)以内的个人创业贷款,实行到期一次还本付息,利随本清;2. 贷款期限在一年以上的个人创业贷款,贷款本息偿还方式可采用等额本息还款法或等额本金还款法,也可按双方商定的其他方式偿还。具体优待政

策可以咨询了解当地政府。

四、大学生创业贷款流程

大学生创业贷款流程分为三部分：质押，抵押，担保。

贷款申请资料

申请时需要提供的资料主要包括：婚姻状况证明、个人或者家庭收入及财产状况等还款能力证明文件，贷款用途中的相关协议、合同，担保资料，涉及抵押品或质抵押品的权属凭证和清单，银行认可的评估部门出具的抵（质）押物估价报告。定期存单质押、有价证券质押、流通性较强的动产质押，符合要求的担保人担保。发放额度就是根据具体的担保方式决定。

大学生创业优惠政策

一、企业注册登记方面

1. 程序更简化

凡高校毕业生（毕业后两年内，下同）申请从事个体经营或申办私营企业的，可通过各级工商部门注册大厅“绿色通道”优先登记注册。其经营范围除国家明令禁止的行业和商品外，一律放开核准经营。对限制性、专项性经营项目，允许其边申请边补办专项审批手续。对在科技园区、高新技术园区、经济技术开发区等经济特区申请设立个私企业的，特事特办，除了涉及必须前置审批的项目外，试行“承诺登记制”。申请人提交登记申请书、验资报告等主要登记材料，可先予颁发营业执照，让其在3个月内按规定补齐相关材料。凡申请设立有限责任公司，以高校毕业生的人力资本、智力成果、工业产权、非专利技术等无形资产作为投资的，允许抵充40%的注册资本。

2. 减免各类费用

除国家限制的行业外，工商部门自批准其经营之日起1年内免收其个体工商户登记费（包括注册登记、变更登记、补照费）、个体工商户管理费和各种证书费。对参加个私协会的，免收其1年会员费。对高校毕业生申办高新技术企业（含有限责任公司）的，其注册资本最低限额为10万元，如资金确有困难，允许其分期到位；申请的名称可以“高新技术”“新技术”“高科技”作为行业予以核准。高校毕业生从事社区服务等活动的，经居委会报所在地工商行政管理机关备案后，1年内免予办理工商注册登记，免收各项工商管理费用。

提醒：据工商局个体处的工作人员介绍，有关政策已经执行，大学毕业生在办理自主创业的有关手续时，除带齐规定的材料，提出有关申请外，还要带上大学毕业生就业推荐表、毕业证书等有关资料。

二、金融贷款方面

1. 优先贷款支持、适当发放信用贷款

加大高校毕业生自主创业贷款支持力度，对于能提供有效资产抵（质）押或优质客户担保的 金融机构优先给予信贷支持。对高校毕业生创业贷款，可由高校毕业生为借款主体，担保方可由其家庭或直系亲属家庭成员的稳定收入或有效资产提供相应的联合担保。对于资信良好、还款有保障的，在风险可控的基础上适当发放信用贷款。

2. 简化贷款手续

通过简化贷款手续，合理确定授信贷款额度，一定期限内周转使用。

3. 利率优惠

对创业贷款给予一定的优惠利率扶持，视贷款风险度不同，在法定贷款利率基础上可适当下浮或少上浮。

提醒：中行、农行、建行、民生银行、中信实业银行等银行相关人士均表示，该行没有开办大学生自主创业贷款这项业务，这种尴尬情况主要缘于此类贷款的高风险。中信实业银行办公室有关人士表示，银行在追求资金收益性、流动性的同时，也要考虑其安全性。大学毕业生自主创业贷款相对其他贷款，风险高。大学生刚毕业，缺少社会工作经验，又没有合适的抵押物或担保，银行一般不会轻易贷款。另一位业内人士也表示，即使大学生手头上有合适的项目，但这也只是个别现象。作为企业，银行发放这样贷款投入成本和收入不成正比。

事实上，大学生创业贷款难就难在无法提供有效资产作抵押或质押。已有多家银行开办了针对具有城镇常住户口或有效居留身份，年满 18 周岁自然人的个人创业贷款。此类创业贷款要求个人采用存单质押贷款，或者房产抵押贷款以及担保贷款。

三、税收缴纳方面

凡高校毕业生从事个体经营，自工商部门批准其经营之日起 1 年内免交税务登记证工本费。新办的城镇劳动就业服务企业（国家限制的行业除外），当年安置待业人员（含已办理失业登记的高校毕业生，下同）超过企业从业人员总数 60% 的，经主管税务机关批准，可免纳所得税 3 年。劳动就业服务企业免税期满后，当年新安置待业人员占企业原从业人员总数 30% 以上的，经主管税务机关批准，可减半缴纳所得税 2 年。

四、企业运营方面

1. 员工聘请和培训享受减免费优惠

对大学毕业生自主创办的企业，自工商部门批准其经营之日起 1 年内，可在政府人事、劳动保障行政部门所属的人才中介服务机构和公共职业介绍机构的网站免费查询人才、劳动力供求信息,免费发布招聘广告等;参加政府人事、劳动保障行政部门所属的人才中介服务机构和公共职业介绍机构举办的人才集市或人才、劳务交流活动给予适当减免交费;政府人事部门所属的人才中介服务机构免费为创办企业的毕业生、优惠为创办企业的员工提供一次培训、测评服务。

2. 人事档案管理免2年费用

对自主创业的高校毕业生,政府人事行政部门所属的人才中介服务机构免费为其保管人事档案(包括代办社保、职称、档案工资等有关手续)两年。

3. 社会保险参保有单独渠道

高校毕业生从事自主创业的,可在各级社会保险经办机构设立的个人缴费窗口办理社会保险参保手续。

附件5:大学生自主创业优惠政策

大学生自主创业优惠政策为鼓励高校毕业生自主创业,以创业带动就业,财政部、国家税务总局发出《关于支持和促进就业有关税收政策的通知》,明确自主创业的毕业生从毕业年度起可享受三年税收减免的优惠政策。其中,高校毕业生在校期间创业的,可向所在高校申领《高校毕业生自主创业证》;离校后创业的,可凭毕业证书直接向创业地县以上人社部门申请核发《就业失业登记证》,作为享受政策的凭证。

一、减免政策:

1. 施行时间

自2011年1月1日起,毕业年度内的高校毕业生在校期间创业,可向所在高校申领《高校毕业生自主创业证》。

2. 离校创业

(1)学生申领《就业失业登记证》

毕业生凭毕业证直接向创业地县以上人社部门提出申请,县以上人社部门在对提交申请相关情况审核认定后,对符合条件的毕业生相应核发《就业失业登记证》,并注明"自主创业税收政策"。

(2)学生享受税收优惠

二、税收优惠政策。

1. 在校创业

(1)学生网上申请

注册登录教育部大学生创业服务网，按要求在网上提交《高校毕业生自主创业证》申请。

(2)高校网上初审

所在高校对毕业生提交的相关信息进行审核，通过后注明已审核，并在网上提交学校所在地省级教育行政部门。

(3)省级教育行政部门复核

省级教育行政部门对毕业生提交的相关信息进行复核并确认。

(4)高校发放《高校毕业生自主创业证》

复核通过后，由所在高校打印并发放《高校毕业生自主创业证》，相关部门和学生本人都可随时查询。

(5)学生申领《就业失业登记证》

毕业生持《高校毕业生自主创业证》向创业地县以上人社部门提出《就业失业登记证》认定申请，由创业地人社部门核发《就业失业登记证》，一并作为当年及后续年度享受税收扶持政策的管理凭证。

(6)学生享受税收优惠

内容同“离校创业”。

(7)《高校毕业生自主创业证》发放对象：

毕业年度内在校期间创业的高校毕业生。其中，高校毕业生是指实施高等学历教育的普通高等学校、成人高等学校毕业的学生；毕业年度是指毕业所在自然年，即1月1日至12月31日。

2. 具体内容

高校毕业生自主创业政策的具体内容是，对持《就业失业登记证》(注明“自主创业税收政策”或附着《高校毕业生自主创业证》)毕业生从事个体经营(除建筑业、娱乐业以及销售不动产、转让土地使用权、广告业、房屋中介、桑拿、按摩、网吧、氧吧外)的，在3年内按每户每年8000元为限额依次扣减其当年实际应缴纳的营业税、城市维护建设税、教育费附加和个人所得税。

3. 三个突破

2011年出台的针对高校毕业生自主创业的优惠政策有三方面新的突破：

(1)税收优惠

一是我国首次对大学生自主创业出台了税收优惠的政策。世界各国都非常重视大学生创业工作，美国、日本、英国等国均对大学生创新创业有税收减免方面的政策。新出台的政策在这方面填补了我国大学生创业扶持政策的空白。

(2)覆盖在校

二是创业优惠政策首次覆盖毕业年度内在校创业的大学生。随着创业教育的蓬勃开展,在校大学生创业人数越来越多,而以往的扶持政策都只针对社会人员。2011 年,国家对在校创业的大学生“扶上马,送一程”,让他们能够更早更快地开创自己的事业。

(3)网络申领

三是首次采用网络申领方式,便捷、高效,充分体现了教育部“高校毕业生就业优质服务年”的工作理念。据悉,2011 年教育部将继续把创新创业教育和大学生自主创业作为工作重点,袁贵仁部长强调,要“认真做好《高校毕业生自主创业证》的审核发放工作,把好事办好,全力支持高校毕业生自主创业”。

4. 注意事项

(1)积极利用现有资源

不少在职人员都选择了与工作密切相关的领域创业,工作中积累的经验和资源是最大的创业财富,要善于利用这些资源,以便近水楼台先得月。对能帮你生存的项目,要优先进行考虑。不要在只能改善形象或者带来更大方便的项目上乱花费用。大学生梦想心了利用现有的资源,创造了财富。

切不可误用资源,在职老板不能将个人生意与单位生意混淆,更不能吃里扒外,唯利是图,否则不仅要冒道德上的风险,而且很可能会受到法律的制裁。在你的地盘,时间、金钱和才能任由你使用。但是,如果乱搞一气,你的生意就会逆转而下。

(2)自己业务渠道

有些上班族有投资资金或有一定的业务渠道,但苦于分身无术,因此会选择合作经营的创业方式。如果你需要合伙人的钱来开办或维持企业,或者这个合伙人帮助你设计了这个企业的构思,或者他有你需要的技巧,或者你需要他为你鸣鼓吹号,那么就请他加入你的公司。这虽能让兼职老板轻松上阵,但要慎重选择合作伙伴,在请帮手和自己亲自处理上,要有一个平衡点。首先要志同道合,其次要互相信任。不要聘用那些适合工作,却与你合不来的人员,也不要聘用那些没有心理准备面对新办企业压力的人。

此外,和合作伙伴之间的责、权、利一定要分清楚,最好形成书面文字,有合作双方和见证人的签字,以免起纠纷时空口无凭。

(3)细致准备必不可少

创业是一项庞大的工程,涉及融资、选项、选址、营销等诸多方面,因此在职人员创业前,一定要进行细致的准备。

通过各种渠道增强这方面的基础知识;根据自己的实际情况选择合适的创业

项目，为创业开一个好头；撰写一份详细的商业策划书，包括市场机会评估、赢利模式分析、开业危机应对等，并摸清市场情况，知己知彼，打有准备之仗。

不要对未经试验的创意随手扔在一边。如果用这种创意来做生意，也得留心其中可能的陷阱。自问一下：你是否得花大力气来宣传你的产品或者服务？你具有足够的财经资源、技能、人手和业务关系吗？找错潜在销售客户——你没有必要在那些没有决策能力的人身上浪费你的时间。

（4）尽量用足相关政策

政府部门有很多鼓励创业的政策，是对大学生创业的鼓励和支持，创业时一定要注意“用足”这些政策，如免税优惠、在某地注册企业可享受比其他地区更优惠的税率等。这些政策可大大减少创业初期的成本，使创业风险大为降低。

（5）经商之道，以计为首

所有商业经营活动，如果从表面上来看，好像是一种仅仅同物质打交道的经营活动，但是，透过现象看本质，在今天的“食脑时代”里，商业经营活动实质上已经变成了是一种人与人之间的智力角逐，是一场“斗智斗勇”的“智力游戏”，是人与人之间的谋略大比试。因此，正如古代军事家所说的“用兵之道，以计为首”一样，经商之道也应该以计为首。面对空前惨烈的市场竞争，你想要找准自己的立足点和切入点、站稳脚跟、生存下来、谋取利益、发展壮大，那么，就必须首先考虑如何运用自己的商业智慧制定全面系统的、可执行的、可操作的和切实有效的经营策略和实施方案，以便确保每战必捷，战无不胜。

（6）决策问题

决策失误时，不要对失误过于敏感，你的失误会带来直接后果，如发错货可能致使一个客户立刻与你断绝关系。作为企业家，冒风险时，要谨而慎之。如果出现失误，不要过于敏感。接受事实，从中吸取教训。

（7）不要被胜利冲昏头脑

你第一步的成功全靠你的创意好、时机合适、运气不错和良好的业务关系。不过，这一切随时都可能离你而去。因此，不要太过自信，投入过量的资金，使自己陷入泥沼之中。

大学生创业是自己的事，又不仅仅是自己的事。父母对创业观念如何直接影响到大学生的选择。大部分学生生长在普通家庭，为上大学家里已经拿出为数不少的一笔学费，如果要创业，需要再投入一笔启动资金，这对刚毕业的大学生而言存在着一定的风险。大部分父母希望孩子毕业后能找到一个稳定的工作，他们要么强烈反对孩子的选择，要么用担忧的眼神“拷问”孩子的选择。在这种情况下，即使不需要家人投资的大学生也会犹豫反思，那些希望家里资金支持的学生更会一筹莫展。

附件6:注册资本登记制度改革相关问题解答

1. 关于注册资本认缴制

问:注册资本认缴制的核心内容是什么?

答:注册资本认缴制,即公司股东对出资额、出资时间、出资方式等自行规定,并记载于公司章程。股东没有按规定的时间交付出资,根据法律和公司的章程承担民事责任;如果没有按照约定交付出资,按时交足出资的股东和公司可以追究该股东的责任。

问:实行注册资本认缴制后,是否还要对实缴资本进行监管?

答:一方面,实行注册资本认缴制,认缴出资是否缴纳,由公司章程约定,属于股东之间的义务,工商行政管理机关不再进行监管;另一方面,依据法律、法规仍然实行注册资本实缴制的行业的企业,工商行政管理机关仍应履行出资监管职责。

问:放宽注册资本登记条件,是否会出现大量"一元钱办公司""皮包公司"的情形?是否会出现更多的企业经营恶意欺诈行为?

答:社会上说的"一元钱办公司"是一个形象的比喻,并不是开办公司就没有条件、不用花钱就可以办公司了。注册资本只是设立公司需要具备的基本条件之一,而且维持公司的基本运营也需要一定的资本,所以完全不花钱办公司实际上是不可能的,办公司要有场地和人员。从试点地区看,基本上现在大家对于办公司还是慎重的,信用体系还是比较好的,出现特别少的钱来办公司的情况是很少的,从试点的情况看基本是正常的。

在现行的公司注册资本登记制度下,一些恶意欺诈行为时有发生,而注册资本登记制度改革之后,这种现象仍然可能会出现。随着各项改革措施的落实,这种恶意行为今后会大大减少,原因在于此前企业的行为是对监管部门负责,接受监管部门的监督,今后将有更多的社会成员——政府部门、行业组织、企业和社会公众关注该企业的行为。

2. 关于年度报告公示制度

问:为什么要实行年度报告公示制度?

答:改革年检制度为年度报告公示制度,是方便企业的一项重要措施。实行年度报告公示制度,一方面,充分借助信息化技术手段,采取网上申报的方式,便于企业按时申报，切实减轻企业负担，增强企业披露信息的主动性；另一方面，强化企业的义务，要求其向社会公示年报信息，供社会公众查询，更便于社会各方面了解企业的情况，可以充分发挥社会监督力量，促进企业自律和社会共治。同时，将年度检验改为年度报告公示，也有利于避免市场主体因疏忽大意而陷入不可逆转的退市境地，彰显政府服务功能。

与现行的企业年度检验制度相比较，实行年度报告公示制度对企业的监管将更加有效。这个改革把传统的通过年检方式，市场主体向监管部门负责，改为市场主体通过有关信息的公示向社会负责，突出了信息公示的服务功能。任何单位和个人都可以在市场主体信用信息公示系统上来查询企业的有关信息。对企业来说，也不用每年年检都要跑工商部门了，减轻了企业的负担。同时，增强了企业披露信息的主动性，也就增强了企业对社会负责的意识，这会使社会公众便于了解企业的情况，促进企业自律和社会共治，维护良好的市场秩序。

问：企业年度报告内容的真实性由谁负责？对于未在规定期限报送年度报告的行为，工商行政管理机关可以采取何种监管措施？

答：年度报告公示是企业的一项法定义务。企业每年应在规定期限内通过市场主体信用信息公示系统向工商行政管理机关报送年度报告，并向社会公示，供社会公众查询。企业对年度报告的真实性、合法性负责。工商行政管理机关通过抽查的方式对企业年度报告公示的内容进行监管，将未按规定报送公示年度报告的企业载入经营异常名录，以信用监管方式取代行政处罚方式，达到引导企业规范经营的目的。

对于经检查发现企业年度报告隐瞒真实情况、弄虚作假的，和对未按规定报送公示年度报告而被载入经营异常名录或“黑名单”的企业，工商行政管理机关将企业法定代表人、负责人等信息通报公安、财政、海关、税务等有关部门，各有关部门采取相关信用约束措施，从而更有效地监管企业，促进其诚信守法经营。

问：为什么要对市场主体公示信息进行抽查？

答：全国的市场主体有6100多万，要对每个企业进行检查，用传统的办法是做不到的。国务院已经明确要求建立公平规范的抽查制度，工商行政管理机关将按照国务院的要求，建立科学、有效、公平公正的市场主体公示信息抽查制度，制订工作细则和抽查办法，提高监管效能。

问：如何确保抽查的公平公正，避免抽查的随意性？

答：企业的抽查不是随意的，不能说工商行政管理机关或其他部门想查谁就查谁，想罚谁就罚谁，想罚多少就罚多少。抽查应坚持两个原则：一是根据企业的信用信息，有的企业信用非常好，当然通过社会评估，那就可以减少对这些企业的抽查；二是采取随机抽样的办法，每个企业都会随时面临被抽查的可能，但是抽查应有一个具体的规定。

对抽查中发现信息公示虚假的，要严格依法查处，并将查处结果在市场主体信用信息公示系统上公布。社会公众一旦发现市场主体披露的信息有虚假的，可以随时向工商行政管理机关或其他相关部门举报。

3. 关于住所（经营场所）登记

问：为什么要简化住所（经营场所）登记手续？

答：住所是企业经营发展的一个重要条件，目前各地因为情况不一样，对住所登记条件也有所不同。一方面，很多中小企业，特别是现代服务业、高新技术产业、新兴产业等企业以及初次创业的企业，对住所的要求不高，希望能够根据生产经营的情况自主选择住所，包括利用居民的住宅经商办企业；另一方面，出于社会管理的需要，并非任何场所都可注册为企业的住所。

比如注册登记的住所为住宅，经营者的活动可能会扰乱邻里的生活，造成民事纠纷；注册登记的住所是违章建筑或者是危险建筑，可能就会造成住所的合法性问题，造成危害隐患。

简化住所（经营场所）登记手续目的就是按照方便注册和规范有序的原则，放宽住所的条件管制，既要释放更多的场地资源，特别是要满足电子商务、创意产业发展的要求，方便企业注册登记。

问：把制定住所（经营场所）登记条件的权限下放到地方人民政府，是出于何种考虑？

答：把权限下放到地方人民政府，由地方政府根据本地实际情况和社会管理的需要作出具体的规定。这样既满足企业的需要，也满足加强社会管理的需要。各地工商行政管理机关应结合登记注册工作实际，积极提出建议，推动地方政府出台相应的规定，确保简化住所（经营场所）登记手续落到实处。

问：具体而言，地方人民政府制定住所（经营场所）登记条件的权限包括哪些？

答：在同一个场所可以登记注册一家企业还是几家企业、什么地方可以作为市场主体的住所（经营场所）进行工商注册、什么地方不能作为市场主体的住所（经营场所）进行工商注册、需要提交什么样的材料，等等，凡涉及住所（经营场所）的，都由地方人民政府具体规定。

4. 关于推行电子营业执照和全程电子化登记管理

问：为什么要推行电子营业执照和全程电子化登记管理？

答：推行电子营业执照和全程电子化登记管理，是工商注册便利化大力推进的技术保障,也是大势所趋。世界各国普遍重视网络科技在公司注册中的应用,网上注册已成为登记服务的潮流,英国、澳大利亚、新西兰、瑞典、新加坡等国家已经实现全程网上注册。可以说,公司注册已进入"e"时代。我们国家这么大,市场主体总量比任何一个国家和地区都多,以后还会大量增加。不加快信息化步伐,就不可能推进工商注册制度便利化。

问:有人认为,电子营业执照就是纸质营业执照的电子复印件,对此应如何正确认识?

答:电子营业执照不是纸质营业执照的电子复印件。电子营业执照是依照国家有关行政和技术法规由行政管理部门颁发的法律电子证件,与纸质营业执照相比应更方便、更安全,公开性更强,信息量更多,作用更大,必须具备登记注册全程电子化、网上申请、网上发放、网上识别等功能;在发给申请人营业执照的同时通过市场主体信用信息系统向社会公示告知,申请者在领到电子营业执照的同时,其他市场主体和社会成员就可以在网上看到同一个执照;看到营业执照就可以看到持照者的基础信息和最新的应公示信息;发照机关依法吊销电子营业执照通过相应的操作,在通知持照者的同时向社会公示告知该营业执照失去法律效力,或者在网上将该执照注销。

对于电子营业执照,应看得更深一些、更远一些。目前电子营业执照与纸质营业执照都是市场主体从事经营活动的合法凭证。长远看,电子营业执照将会是市场主体首先是企业从事经营活动唯一的合法凭证。

5. 关于市场主体信用公示体系

问:建立市场主体信用信息公示系统对于注册资本登记制度改革具有什么重大意义?

答:市场信用信息公示系统是为注册资本登记制度改革提供技术支撑的信息平台,是工商部门实现有效监管的重要手段,是推进社会诚信体系建设的重要保障,也是面向公众提供便捷服务的重要渠道。建立市场主体信用信息公示系统的目的就是要落实严管,既立足于主体信息的公示,又对企业披露信息起到监督作用,可以有效实现信息资源的社会共享,从单一的部门监管,扩充到全社会各方面参与的监管。应该说,对于注册资本登记制度的改革,以及整个工商登记制度的改革,包括其他方面的改革而言,信用信息公示系统是一个基础,是经济管理的基础,也是社会管理的基础。如果没有信用信息系统,信息的公示、市场的监管就会失去效果。从某种意义上讲,市场主体信用信息公示系统建设和公示制度的制定决定着工商登记制度改革能不能成功,会不会打折扣。

问:市场主体信息公示系统的主要内容是什么?

答:市场主体信用信息公示系统,就是运用电子信息和网络技术把市场主体真实的登记备案信息、股东缴纳出资、资产状况、资质资格以及监管等更多的信息,依法在更广范围更及时地公示,是工商注册的社会功能在更广范围更及时、更便捷地实现。

以后,凡涉及市场主体信用信息都可以通过市场主体信用信息公示系统查询。这个系统还应随着经济社会发展的需要,实现更多信息资源的共享,更好地为社会服务。长远看,这个系统还应该成为公共服务的平台。在这个系统上,市场主体依法公示信用信息,政府部门依法公告监管信息,政府部门的监管同时受社会监督。

6. 关于严管

问:如何确保严管落实到位?

答:一是转变监管的方式,改变过去单纯依靠行政手段实施监管的方式,更加注重运用信息公示、信息共享、信息约束的手段,推进诚信体系的建设,强化信用监管,用加强信用监管的方式促进市场的诚信经营,这是一个基础。如果没有社会信用体系,仅靠政府以及工商部门和其他部门的巡查、抽查,还达不到严管的目的。

二是夯实监管的基础,扩大信息公示的范围,构建统一的市场主体信用信息公示系统,实现信息资源共享,不仅是企业和政府共享、政府部门之间共享,而且是社会各方面能够方便、及时、全面地了解市场主体登记和信用信息,为监管奠定坚实的基础。也就是说,企业和企业之间的交易、个人和企业之间的交易,都可以通过查询信息系统来了解这个企业的信用状况。

三是完善监管机制,加强部门间的协调配合,建立健全相应的信用激励惩戒制度,对失信的行为共同采取措施,实现"一处违法、处处受限",同时强化司法救济和刑事惩治,强化行业自律和企业的自我管理,形成部门协同监管。比如说,工商部门企业注册的信息和税务部门的信息、银行的信用信息,等等,这些部门的信息要共享,形成部门协同监管、行业自律、社会监督和主体自治相结合的监管新格局。

四是规范监管行为,坚持依法行政,依照公平规范的要求统一执法程序和标准,严格依法履职,提高执法的公平性和效能,努力实现监管执法的公正、透明、规范。

二、山东省相关政策

附件7:山东省人民政府办公厅关于促进创业带动就业的意见

鲁政办发〔2013〕25号

各市人民政府,各县(市、区)人民政府,省政府各部门、各直属机构,各大企业,各高等院校:

为促进创业带动就业,经省政府同意,现提出以下意见:

一、鼓励支持城乡劳动者自主创业

1. 设立创业带动就业扶持资金。2014年至2018年,省政府每年从失业保险滚存结余基金中安排不少于10亿元,作为省级创业带动就业扶持资金;各市在按规定留足支付失业保险待遇资金和应对失业风险资金的基础上,每年从失业保险滚存结余基金中安排市级创业带动就业扶持资金。创业带动就业扶持资金主要用于扶持小微企业发展,加强职业技能培训,支持产业转型升级,给予小额担保贷款贴息和促进创业孵化基地、创业园区建设等。

2. 提高创业补贴标准。支持各类初创期自主创业小微企业,提高创业成功率和存活率,创造更多就业岗位。从2014年起,对首次领取营业执照并正常经营1年以上的小微企业,给予不低于1万元的一次性创业补贴;对吸纳就业人员并与其签订1年以上期限劳动合同的,按照申请补贴时创造就业岗位数量给予每个岗位2000元的一次性创业岗位开发补贴。有条件的地方可在此基础上适当提高。一次性创业补贴和一次性创业岗位开发补贴所需资金,由各地从就业专项资金和创业带动就业扶持资金中统筹安排,省级创业带动就业扶持资金对各地一次性创业补贴给予40%的补助。

3. 加大小额担保贷款支持力度。2013年年底前,省级担保基金增加到5亿元,各市担保基金增加到不低于1亿元,有条件的县(市、区)担保基金增加到不低于1000万元。扩大小额贷款担保基金不足部分,可从扩大失业保险基金支出范围试点资金中安排。从2014年起,全省各类创业人员小额担保贷款最高额度统一提高到10万元,符合条件的小企业小额担保贷款最高额度提高到300万元。提高小额担保贷款额度后,中央财政贴息不足部分和省财政贴息资金,从省级创业带动就业扶持资金中列支。对还款及时、无不良信贷记录的，允许再申请一次小额担保贷款，期限不超过2年，原则上不再贴息。要简化程序，降低门槛，即时受理，快速办结。

4. 加强创业载体建设。各地要通过政府投资、鼓励高校和企业建设、社会共建等多种形式建设一批孵化条件好、承载力强、融创业指导服务为一体的创业孵化基地和创业园区。给予孵化效果好、企业存活率高的创业孵化基地和创业园区一次性奖补，所需资金从省、市创业带动就业扶持资金中列支。每年评估认定20处省级创业孵化示范基地、创业示范园区，根据入驻企业个数和吸纳就业人数，给予每处不超过500万元的一次性奖补资金。提升创业型城市创建水平，启动创业型街道（乡、镇）、社区创建工作。对国家级创业型城市给予一次性奖补100万元，对省级创业型城市给予一次性奖补50万元，对创业型街道（乡、镇）给予一次性奖补20万元，对创业型社区给予一次性奖补5万元，所需资金从省级创业带动就业扶持资金中安排。

二、推动实现更高质量就业

5. 深入落实就业优先战略。制定出台财税、外贸、中小企业发展等相关政策，要征求就业主管部门意见，要有利于促进就业并与就业优惠扶持政策相衔接。完善政府公共投资和重大建设项目对就业影响评估机制，将落实情况作为对各级政府目标责任考核的重要内容。建立国有大中型企业公开招聘制度，切实做到招聘信息公开、过程公开、结果公开，招聘计划、程序和结果须向同级就业主管部门备案。

6. 提高劳动者就业创业能力。以推动素质就业，服务产业转型升级为主线，整合各类培训资源，建立覆盖城乡劳动者的职业培训体系。完善政府购买培训成果机制，全面推行“企业订单、劳动者选单、培训机构列单、政府买单”的培训模式。制定实施山东省职业技能培训规划，采取多种措施加强对高校毕业生、退役军人、农民工、失业人员、就业困难人员的培训，使素质与岗位需求相一致。从2014年起，城乡各类劳动者均可在户籍所在地或求职、就业地享受职业培训补贴和技能鉴定补贴。提高省级培训补助标准，初级工、中级工和高级工分别提高到350元/人、400元/人、450元/人，创业培训补助提高到800元/人，增加部分所需资金从省级创业带动就业扶持资金中列支。建立职业培训补贴标准与社会需求程度、培训成本相挂钩的动态调整机制，逐步实现初、中级技能免费培训。提高企业定额职业培训补贴，新录用符合条件人员并签订1年以上期限劳动合同，经培训后取得初级以上职业资格证书的，将企业定额职业培训补贴提高到80%。

7. 积极促进就业公平。推进就业机会平等，采取切实措施，消除性别、民族、年龄、户籍、毕业院校类型等就业限制和歧视。依法使用被派遣劳动者，确保符合临时性、辅助性、替代性岗位要求，用工人数不得超过国家规定的比例。以农民工等群体为重点，依法保障同工同酬权利。以小微企业、民营企业为重点，提高劳动合同签订率。保持职工工资收入水平合理增长，一线职工工资增长不低于企业平均工资增长水平。加大专项执法检查力度，依法及时调处各类劳动争议，坚决打击拖欠工资、不签劳动合同、违法超时加班、非法用工等违法行为。

8. 努力确保就业稳定。对列入省市节能减排、淘汰落后产能计划范围，依法参加失业保险并履行缴费义务的企业，在实施“转、调、创”过程中，组织职工依托定点职业培训机构开展转岗培训或岗位技能提升培训，不向社会输出失业人员的，根据培训合格人数，参照当地职业培训补贴标准的50%给予职业培训补贴，补贴数额不超过该单位上年度缴纳失业保险费总额的50%，所需资金从失业保险基金中列支。加强失业动态监测，科学分析研判，及时预警预报，对可能出现的区域性、行业性集中失业风险，制订应急预案，切实将失业率控制在社会可承受范围。因不可抗力等客观原因造成企业生产经营严重困难时，对不裁员或少裁员的困难企业，在一定期限内给予政策扶持，确保岗位不流失，具体办法由省人力资源社会保障厅会同省财政厅等有关部门另行制定。

三、全面提升创业就业服务能力

9. 强化创业指导服务。依托创业孵化基地和创业园区，为创业者从项目推介到成功创业提供全过程跟踪服务，并落实房租和水电费减免等扶持政策。建立创业导师队伍，注重创业培训师、创业咨询师等师资培养深造，所需资金从省、市创业带动就业扶持资金中列支。加强创业培训、实训，2014年至2018年每年组织20万人参加创业培训。继续开展创业助推“1+3”行动，为每一个有创业意愿且创业培训合格的城乡劳动者推荐一个创业项目、协助落实一处经营场地、帮助办理一笔小额担保贷款，帮助创业者成功创业。

10. 完善公共就业服务体系。依托街道（乡、镇）和社区（行政村）公共就业服务平台，以2公里为半径、半小时为时限，着力打造“山东半小时公共就业服务圈”。推进公共就业服务信息化，建设数字化就业社区，尽快实现劳动者求职、岗位招聘等信息“一点登录、全省查询”。加快推进公共就业服务标准化建设，加强公共就业服务人员培训，全面实现劳动保障协理员持证上岗，为城乡劳动者提供更加便捷、及时、高效的公共就业服务。

11. 加强就业困难群体就业帮扶。开展“充分就业县（市、区）”和“充分就业社区”创建工作。落实就业援助措施，对就业困难人员做到全员登记认定、全员免费服务、全员岗位提供、全员特困安置。统筹公益性岗位开发管理，拓展岗位设置，发挥好托底安置作用。确保灵活就业的困难人员社会保险补贴等政策落实到位，城镇“零就业”家庭和农村“零转移就业”贫困家庭实现动态消零，就业困难群体基本实现就业。

各级政府要切实加强对就业创业工作的领导，加大工作力度，强化工作措施，狠抓政策落实，积极推进“创业齐鲁·乐业山东”建设，实现更多劳动者创业、更高素质就业、更充分就业、更公平就业、更和谐就业。2014 年至 2018 年，确保创业成功率年均增长 5% 以上；年培训城乡劳动者 120 万人以上，培训后就业创业率达到 85% 以上；年度城镇新增就业和农村劳动力转移就业均稳定在 100 万人以上，城镇登记失业率控制在 4% 以内。到 2018 年，各类企业劳动合同签订率达到 95% 以上。

山东省人民政府办公厅
2013 年 9 月 18 日

附件 8：山东省财政厅《关于积极利用财政贴息政策促进小额担保贷款工作开展的通知》

各市财政局，省直有关部门：

近日，财政部下发财金函〔2010〕101 号文件，同意自 2010 年 7 月 1 日起给予我省中西部省份小额担保贷款中央财政贴息政策。为充分利用好中央财政贴息政策，进一步推动小额担保贷款工作开展，促进就业再就业，现就做好小额担保贷款及财政贴息工作的有关事项通知如下：

一、进一步发挥财政贴息资金对小额担保贷款工作的支持作用

（一）对小额担保贷款微利项目中央财政据实全额贴息。小额担保贷款经办金融机构（以下简称“经办金融机构”）对符合条件的个人新发放的小额担保贷款，其贷款利率可按国家规定，在中国人民银行公布的贷款基准利率的基础上上浮 3 个百分点。其中，微利项目贷款，由中央财政据实全额贴息（包括上浮利率增加的利息）。

（二）加大对劳动密集型小企业的扶持力度。经办金融机构对符合条件的劳动密集型小企业发放小额担保贷款，由财政部门按中国人民银行公布的贷款基准利率的 50% 给予贴息，贴息资金由中央和地方财政各承担一半。

（三）完善担保基金的风险补偿机制。各级财政部门要建立小额贷款担保基金持续补充机制，不断提高担保基金的代偿能力。对于担保基金规模当年增长 5% 以上的市，中央财政按当年新增担保基金总额的 5% 给予资金支持，全部用于补充担保基金。

(四)建立小额担保贷款奖励机制。对各市当年新发放小额担保贷款总额的1%给予奖励,中央和省级各承担0.5%,用于小额担保贷款工作突出的经办银行、担保机构和信用社区等单位的工作经费补助。

二、积极利用财政贴息政策,促进小额担保贷款工作开展

各级财政部门要高度重视,认真学习和执行相关政策规定,抓紧开展各项工作。一是落实好有关资金和政策,保证开展小额担保贷款工作需要。各级财政部门要做好资金安排,及时补充担保基金,加强对贴息资金的管理,确保小额担保贷款贴息资金的及时到位和专款专用。二是主动加强与有关部门和金融机构的沟通和配合,齐心协力做好工作。已经开展小额担保贷款工作的市,要进一步加大政策实施力度,积极做好扩面发动工作;尚未开展此项工作的市,要积极向领导汇报争取,加大政策宣传,尽快开创工作新局面。三是请各市结合自身实际,进一步完善小额担保贷款财政贴息政策,更好地发挥小额担保贷款助推创业带动就业的积极作用。

二〇一〇年七月二十日

附件9:济南市劳动就业办公室文件 关于印发《济南市大学生创业孵化中心管理意见》的通知

济就办字〔2013〕20号

济南市大学生创业孵化中心(以下简称"创孵中心")是政府出资建设的公益性创业服务机构,是为大学生为主体的各类创业人员搭建的创业平台。为规范管理,促进我市大学生(含全日制专科、本科、自考本科、研究生、留学生)等各类创业人员创业实践活动,优化创业环境,提高服务质量,确保创孵中心健康、有序发展,特制定本意见。

一、创孵中心的管理与职责

(一)创孵中心由济南市劳动就业办公室负责组织管理。

(二)主要工作职责:

1. 研究制定创孵中心的发展规划,为入驻企业的"进-管-出"提供综合管理服务,协助入驻企业落实各项创业扶持政策。

2. 制定创孵中心大学生创业培训计划,为入驻企业或有创业意向的劳动者提供创业培训、创业指导和创业政策咨询服务。

3. 为入驻企业提供经营办公、商务洽谈等场所。

4. 为符合条件的入驻企业提供小额担保贷款服务；协助入驻企业做好工商注册、税务登记等工作。

5. 建立"济南市大学生创业孵化中心"网站，为入驻企业提供项目开发与推介、人才招聘等信息服务。

6. 协助和督促物业管理单位，做好后勤、安保、卫生等管理工作。

7. 完成上级主管部门交办的其他工作。

二、企业入驻条件

入驻企业必须是独立法人经营单位，且自主经营，独立核算，自负盈亏，能独立承担入驻期间发生的经营风险和因企业运营而产生的经济、民事等法律责任。

(一)毕业5年内的高校毕业生、硕士以上高端人才和留学回国人员初创的企业或创业项目符合以下条件之一的可申请入驻：

1. 属于科技研发与应用、环境保护、生物制药、工程设计、美术设计、动漫创意、影视制作、文化传播等科技型、创新型的。

2. 具有较好潜在经济效益和社会效益的商贸物流、现代服务业或以电子信息技术为手段经营的。

3. 特困家庭大学生自主创办企业可适当放宽入驻条件。

(二)其他人员初创企业(1年以内)符合以下条件之一，且优先招聘大学生的，可申请入驻：

1. 具有良好发展前景的。

2. 对大学生创业具有良好示范和带动作用的。

3. 为大学生创业提供服务的融资机构、担保机构、创业培训、法律援助机构等。

4. 能够提供适合大学生创业的科技成果转化项目，并在创孵中心进行科技研发的。

三、企业入驻申报程序

(一)符合入驻条件的企业或创业项目，填写《企业(项目)入驻申请表》(见附件)，加盖企业公章，并向创孵中心提交以下材料：

1. 属于毕业5年内高校毕业生带创业项目入驻的，需提供身份证、毕业证、学位证和创业规划书等材料。

2. 属于毕业5年内高校毕业生初创企业的，除提供身份证、毕业证、学位证等材料外，还需提供企业工商营业执照、组织机构代码证、税务登记证明等相关材料的原件和复印件。其中，属于硕士以上高端人才的，除提供上述相关材料外，还需提供企业现状和发展前景等详细情况。

3. 留学回国人员创办企业入驻除提供基本资料外,还需向留学回国人员服务部门提供身份证、护照、《国外学历学位认证书》和创业规划书等材料。

4. 其他人员创办的企业入驻除提供身份证、工商营业执照、组织机构代码证、税务登记证等相关材料的原件及复印件外,还需提供创业规划书及拟安置大学生就业或见习的具体人数、岗位、薪酬等详细情况。科技成果转化企业和培训机构入驻,除提供企业营业执照等相关材料的原件和复印件外,还需提供拟研发的科技成果转化项目、培训机构简介和培训内容、拟安置大学生就业或见习的具体人数、岗位、薪酬等详细情况。

(二)创孵中心在接到申报材料后,先进行初审,属于创业项目的,要经专家进行评审。属于初创企业入驻的,中心工作人员要进行实地考察。评审考察情况报主管部门研究,获准入驻的与创孵中心签订《企业入驻协议书》《房屋租赁合同》《入驻企业文明自律公约》后,方能入驻。

四、入驻企业享受的扶持政策

(一)房租减免政策。毕业 5 年内济南户籍的高校毕业生、硕士以上高端人才、留学回国人员创办的企业,第一年享受 100% 房租减免,第二年享受 70% 房租减免,第三年享受 50% 房租减免。其他入驻企业第一年享受 100% 房租减免,第二年享受 60% 房租减免,第三年享受 40% 房租减免。

(二)小额担保贷款政策。入驻企业符合小额担保贷款条件的,可申请 5 ~ 10 万元的小额担保贷款和贴息,贴息期限累计最长不超过 2 年;符合劳动密集型小企业小额担保贷款范围条件的入驻企业,按规定可申请享受劳动密集型小企业小额担保贷款扶持政策。

(三)事业性收费减免政策。大学生自主创业,可放宽注册条件,申请试营业,并可在 3 年内减免管理类、登记类和证照类等行政事业性收费。

(四)创业"两项补贴"政策。入驻企业符合条件的,可按规定申请享受一次性创业补贴和一次性岗位开发补贴。

(五)见习补贴政策。入驻企业吸纳高校毕业生就业见习,且符合《济南市高校毕业生就业见习管理办法(试行)》有关规定的,可申请享受见习补贴政策。

(六)创业培训补贴政策。入驻企业的创业带头人可优先参加创孵中心举办的各类培训活动,其中符合条件的派遣期内高校毕业生和登记失业人员参加创业培训的享受创业培训补贴。

(七)税收减免政策。入驻企业符合税收减免条件的,可按规定申请享受最长不超过 3 年的税收减免政策。

(八)岗位补贴和社保补贴政策。入驻企业吸纳安置符合条件的就业困难人员,并与其签订1年以上劳动合同,为其缴纳社会保险的,可按规定申请享受岗位补贴和社会保险补贴,期限最长不超过3年。

(九)对创业成绩突出的留学回国人员,符合相关规定的,将优先推荐享受国家、省、市关于留学回国人员创新创业的各类优惠政策。

(十)入驻企业符合我市高新区相关政策的还可享受到高新区制定的相关优惠扶持政策。

五、入驻企业日常管理

创孵中心根据本意见和入驻协议等有关规定对入驻企业进行管理。

(一)入驻企业与创孵中心的入驻协议一年一签,创孵中心每年对入驻企业进行综合考核,考核合格的可与创孵中心续签入驻协议。孵化期满3年后,入驻企业须退出创孵中心。如确实要延期的,需提前30天写出书面申请,中心报主管部门同意后,签订相关协议,方可延期,期限最长不超过1年,不再享受房租减免政策。

(二)入驻企业房租按1.00元/平方米/天(租用场所建筑面积)标准收取,物业管理费(物业费标准按照齐鲁文化创意园物业收费标准3.00元/平方米/月收取)按租用场所建筑面积缴纳,水电暖费、空调费按实际用量缴纳,各项费用缴纳具体事宜以签订的《房屋租赁合同》规定执行。

(三)入驻企业应遵守以下管理规定:

1. 严格执行本管理意见和入驻协议,服从创孵中心的管理,支持、配合创孵中心开展各项工作。

2. 经营场地不得进行转租、转借,不得从事法律法规禁止和经营许可范围以外的商业活动。

3. 遵守物业管理规定,按时缴纳场地租赁费、设备租赁费、水电暖费、物业管理费等应承担的费用。

4. 做好安全工作,维护创孵中心公用设施,保持正常经营秩序。

5. 工作人员日常在位办公率保持在40%以上。

(四)入驻企业在入驻期间出现以下情况之一的,创孵中心有权终止协议,并要求入驻企业在规定期限内迁出创孵中心,同时办理工商注册变更手续:

1. 入驻企业发生违法、犯罪行为的。

2. 入驻企业违反国家有关法律法规,被工商、税务、环保等部门关停处罚的。

3. 入驻企业经营范围变更后不符合创孵中心规定范围的。

4. 入驻企业已停止经营或依法注销的。

5. 入驻企业经营、注册地址迁出创孵中心的。

6. 入驻企业提供虚假资料，恶意套取优惠条件的。

7. 入驻协议签订后30日内未入驻的。

8. 入驻企业不服从创孵中心管理，不按时报送各类报表数据和缴纳各项费用，无故不参加活动的。

9. 入驻企业损坏公共设施，不经同意随意拆除装修设施的。

10. 入驻企业经中心考核认定管理水平低下，经营逐渐萎缩，已失去孵化价值的。

（五）入驻企业在履行协议期间，主动提出提前解除协议的，须提前30个工作日向创孵中心提交申请，经审核同意后，可解除协议。

（六）入驻企业退出时，应结清应承担的费用。所使用的办公场所应恢复到入驻前状态。不能恢复得，入驻企业须承担相关恢复费用。

本意见自印发之日起执行，原《济南市大学生创业孵化中心管理意见（试行）》文件作废。

企业（项目）入驻申请表

企业名称						（一寸照片）
经营地址						
法人姓名		性 别		文化程度		
居民身份证号码		联系电话		户籍地址		
创业团队人　数		带动就业人数		工商营业执照号码		
注册时间		注册资金		税务登记证号码		
经营范围						

企业（项目）简介	企业公章（签字）： 年　　月　　日
专家评审 意　见	专家签名（盖章）： 年　　月　　日
创孵中心 审核意见	公　　章 年　　月　　日
主管部门 审核意见	公　　章 年　　月　　日
备　注	

申请入驻创孵中心企业需提交的材料及填报说明

1. 企业入驻申请表(需盖公章);

2. 企业法人(企业负责人)身份证明、学历证明复印件及个人简历;

3. 企业营业执照副本复印件;

4. 企业国地税登记证副本复印件;

5. 企业组织机构代码证复印件;

6. 企业验资报告复印件;

7. 公司章程复印件(需盖公章);

8. 公司项目可行性报告或创业计划书,包括:

公司简介、项目背景;项目概况(项目所属领域、应用范围、项目水平等);项目在市场竞争优势及市场前景分析;投资收益与风险分析;三年发展规划等。附:专利证书、成果鉴定报告、各类报奖批复、证书复印件。

9. 企业人员名单表(需盖公章)。

说明:申请资料用 A4 纸、抽杆夹装订成册,提交创孵中心。

联 系 人:杨津亮　李媛媛

联系电话:88819308 88819302

电子邮箱:jncfzx@ 126. com

参考书目

1. 李敏、刘宗盛主编:《基础会计》,中国商业出版社 2008 年版。

2. 张海林主编:《财务管理》,高等教育出版社 2008 年版。

3. 靖昊编著:《玩的就是会计》,浙江大学出版社 2012 年版。

4. 徐迁、王维主编:《创业企业财务管理》,中国劳动社会保障出版社 2011 年版。

5. 孙振国主编:《创业常识速查速用大全集》,中国法制出版社 2011 年版。

6. 陈劲主编:《管理学》,中国人民大学出版社 2010 年版。

7. 马鸿佳著:《创业环境、资源综合能力与过程对新创企业绩效的影响研究》,吉林大学 2008 年博士论文。

8. 骆守俭主编:《创业精神导论》,高等教育出版社 2012 年版。

9. 邓建成主编:《大学生创新与创业》,湘潭大学出版社 2008 年版。

10. 刘沁玲、陈文华主编:《创业学》,北京大学出版社 2012 年版。

11. 余立波主编:《创业培训辅导教程(初创篇)》,中国劳动社会保障出版社 2013 年版。

12. 张耀辉、朱锋主编:《创业基础》,暨南大学出版社 2013 年版。

13. 互联网与社会研究院著:《我是 90 后 我是创业家》,机械工业出版社 2015 年版。

14. 人力资源和社会保障部职业能力建设司组织编写:《创办你的企业:创业培训手册(大学生版)》,中国劳动社会保障出版社 2003 年版。

图书在版编目（CIP）数据

创业理论及能力训练 / 杜喜亮主编. -- 济南：山东人民出版社，2015.9（2021.1重印）
ISBN 978-7-209-09201-2

Ⅰ. ①创… Ⅱ. ①杜… Ⅲ. ①企业管理－教材 Ⅳ. ①F270

中国版本图书馆CIP数据核字(2015）第223954号

创业理论及能力训练
主编 杜喜亮

主管单位 山东出版传媒股份有限公司
出版发行 山东人民出版社
社　　址 济南市英雄山路165号
邮　　编 250002
电　　话 总编室（0531）82098914
　　　　 市场部（0531）82098027
网　　址 http://www.sd-book.com.cn
印　　装 济南万方盛景印刷有限公司
经　　销 新华书店

规　　格 16开（169mm×239mm）
印　　张 24
字　　数 450千字
版　　次 2015年9月第1版
印　　次 2021年1月第3次
ISBN 978-7-209-09201-2
定　　价 39.00元